STUDIA
HUMANITATIS
문명공동연구

STUDIA HUMANITATIS
문명공동연구
8

덕의 귀환

동서양 덕의 역사 | 동양편

김경희·이혜경 지음

서울대학교출판문화원

STUDIA HUMANITATIS
문명공동연구
8

덕의 귀환

동서양 덕의 역사 | 동양편

초판 1쇄 인쇄 2017년 4월 25일
초판 1쇄 발행 2017년 4월 30일

지은이 김경희 · 이혜경
펴낸곳 서울대학교출판문화원
펴낸이 성낙인

책임편집 박희자
디자인 장혜원

출판등록 제15-3호

주소 (08826) 서울 관악구 관악로 1
대표전화 02-880-5252 | 팩스 02-888-4148
출판관리팀(주문상담) 02-889-4424, 02-880-7995
이메일 snubook@snu.ac.kr
홈페이지 www.snupress.com

ISBN 978-89-521-1897-4 94150
978-89-521-1575-1 (세트)

이 저서는 2007년 정부(교육과학기술부)의 재원으로
한국연구재단의 지원을 받아 수행된 연구임(NRF-2007-361-AL0016).

❁ 책을 펴내며

근대문명을 주도했던 유럽에서 근대비판이나 탈근대의 논의가 시작된 것을 보면, '근대'라는 것이 심란함을 유발하는 대상인 것은 식민지로 근대를 맞이한 우리의 특수한 사정 때문만은 아닌 듯하다. 그렇다고 해도 우리에게 근대는 국권을 위협하는 군사력으로 다가와 무엇보다 '부국강병'의 이미지로 각인된 만큼, 근대비판이나 탈근대의 영역에서도 남다른 문제를 안고 있음은 피할 수 없다.

잘 알려졌듯이 현대 덕윤리의 문제제기 역시 근대비판의 일환으로서, 근대 이후 주류 윤리학으로 작동하고 있는 규범윤리학의 한계를 비판하며 등장했다. 규범윤리학은 이성적이고 자율적인 존재로서 개인을 자명하게 전제한다. 덕윤리를 제안하는 학자들은 이성적인 인간은 현실과 유리된 추상일 뿐이라고 비판하며, 인간의 품성을 중시하면서 완전한 인격을 향해 성장해가고자 했던 고대 그리스의 전통을 다시 살려내고자 한다.

특히 영미권에서 활약했던 학자들에 의해 부활된 덕윤리는 그들이 쌓아온 근대적 경험 위에서 나온 것이다. 그들은 자유주의적 개인주의가 초래한 현대적 병폐들을 염려하며, 좋은 사람, 좋은 시민이 될 바람직한 길을 찾고자 한다. 이들은 자유주의가 중시해온 개인의 권리와 그것들을 보장해온 확고한 법치정신 자체를 부정하는 것이 아니라, 그것들의 성취 이면에 드러난 부작용에 주목한다.

그 점에서 우리와의 차이는 분명하다. 우리는 그들과 비교해서 근대화 과정이 대단히 짧았다. 짧은 시간에 눈앞의 어려움을 해결하다 보니 자유나 권리, 합리성 등의 가치보다는 산업화가 가장 긴급하게 추구되었다. 급박하게 산업화에 전력하느라 개인이나 자유, 합리성 등의 가치에 대해 충분히 고려하고 경험하고 누려본 적이 없다. 우리는 여전히 공동체의 이익보다 개인의 이익을 당당히 주장하고, 타인이나 단체, 기관의 불합리한 일처리에 항의하고 자신의 권리를 주장하는 일을 더 잘 할 필요가 있다. 나아가 서로 지켜줘야 할 사적 영역에 대해 침해하지 말고 침해받지 않도록 훈련할 필요도 있다.

덕윤리를 주창하는 사람들이 덕윤리가 규범윤리학을 대체할 수 있으리라 기대하는 것은 아니다. 덕윤리는 도덕적 감수성이 공유되는 한정된 공동체에서 작동할 수 있는 것으로, 그들은 덕윤리와 규범윤리가 상호보완적인 역할을 해주기를 기대한다. 그러므로 덕윤리가 규범윤리와 공존하면서 조화를 이룰 수 있는 조건을 찾고 마련하는 것이 실질적인 과제이다.

그 점에서 근대문명이 상륙하기 전인 19세기까지 시대와 환경에 따라 다양하게 변주되어온 동양의 덕은 현대 덕윤리에 풍부한 자원이 되리라 생각한다.

세부전공이 다른 네 사람이 덕윤리에 관한 자료를 모아보자고 의기투합하여 공동연구를 시작한 것이 2011년 후반이니, 책으로 엮이기까지 꽤 긴 시간이 흘렀다. 서로 다른 전통에서 비슷하면서 다른 점들을 발견할 수 있었던 세미나는 즐거운 학습의 시간이었다. 각각 덕윤리에 깊은 관심은 있으나 덕윤리가 반드시 현대윤리학에서 중요한 역할을 해야 한다고 하나같이 확신하는 것은 아니며, 이른바 근대성에 대한 회의는 있으나 아직도 우리가 품어야 할 근대적 가치에 대해서는 존중하는 사람들이다. 이러한 책을 내게 된 것은 무엇이 바람직한지 길을 찾는 이들에게 풍부한 논의의 자료들을 제공해주자는 의도에서이다. 그래서 관심 있는 사람들이 외국어에 구애받지 않고 폭넓게 읽을 수 있도록, 각자 잘 다루는 외국어로 된 텍스트들을 한글로 번역하고 해설을 붙였다. 이 책이 덕윤리에 대한 논의의 외연을 확장할 수 있기를 바란다.

2017년 4월

이혜경

✿ 차례

책을 펴내며 · 5

I 서론

1. 덕윤리에 대한 역사적 연구 · 13
2. 덕윤리의 귀환과 그 의미 · 16
3. 덕의 어원과 번역 · 26
4. 책의 구성과 내용 · 45

II 유가의 덕의 기초 — 공자 김경희

1. 공자의 덕 개괄 · 63
2. 인간다움의 가치 · 65
3. 군자(君子) · 76
4. 덕과 정치 · 82

III 덕과 인간 본성 — 맹자 김경희

1. 맹자의 덕 개괄 · 95
2. 덕과 인간의 본성 · 98
3. 마음을 보존하는 노력 · 120
4. 덕과 정치 · 125

IV 형이상학적 완전체—주희

이혜경

1. 주희의 덕 개괄 ·135
2. 덕의 형이상학적 위상 ·139
3. 마음과 덕 ·150
4. 덕의 내용 : 바람직한 인간의 모습 ·162
5. 덕 있는 사람이 되기 위한 수련 ·170
6. 예와 덕 : 유덕한 사람의 모습과 행위 ·185
7. 타인에 대한 덕의 영향력 : 덕과 정치 ·190

V 덕의 완성과 자기 발견—왕수인

김경희

1. 왕수인의 덕 개괄 ·199
2. 덕의 근원 : 마음, 본성 및 하늘 ·204
3. 밝은 덕으로서의 양지 ·210
4. 앎과 행위 : 지행합일 ·232
5. 덕의 완성을 위한 수양과 공부 ·238
6. 만물일체의 인(仁) ·250
7. 공리(功利)와 천리(天理), 패술(霸術)과 왕도(王道) ·259

VI 자연적 인간의 지적 성장—대진

이혜경

1. 대진의 덕 개괄 ·265
2. 욕구의 긍정 ·268
3. 욕구와 지 ·277
4. 지적 성장과 덕 ·285
5. 인과 지, 그 밖의 덕들 ·300
6. 덕과 정치 ·305

VII 행위와 덕 — 정약용 이혜경

1. 정약용의 덕 개괄 ·313
2. 사람의 탄생 ·315
3. 상제와 천명 ·325
4. 덕의 성립 ·328
5. 덕의 내용 : 인과 그 밖의 덕 ·334
6. 덕을 얻는 방법 ·340
7. 타인에 대한 덕의 영향력 : 덕과 정치 ·355

VIII 근대 민족국가의 덕과 유용성 — 양계초 이혜경

1. 『신민설』의 덕 개괄 ·365
2. 두 가지 덕의 성격 : 공덕과 사덕의 분화 ·369
3. 공덕의 성격 ·378
4. 여러 가지 공덕들 ·381
5. 유학적 덕의 비판과 계승 ·414
6. 덕을 얻는 방법 : 수련과 학습 ·422

참고문헌 ·433
찾아보기 ·437
문명총서 발간사 ·443

I.
서론

1. 덕윤리에 대한 역사적 연구

덕윤리의 귀환, 이 책의 문제의식은 이 '흥미로운' 현상에서 출발한다. 20세기 후반 이후 윤리학의 지평에서는 점점 더 분명하게 지각되는 어떤 변화가 일어나고 있다. 현대 철학을 특징짓는 주요 경향들을 지칭하기 위해 사용되는 몇몇 전회들, 예를 들면 '언어적 전회', '정서적 전회', '공간적 전회' 등과 나란히 사람들은 윤리학에서의 이 변화를 '덕으로의 전회'(aretaic turn)라고 부르기도 한다.

이 현상이 '전회'라고 불릴 정도로 근본적이고 결정적인 것인지 우리는 아직 알지 못한다. 어쩌면 미셸 푸코의 말대로 역사에는 그렇게 결정적인 순간, 그것을 기점으로 전과 후가 완전히 달라지는 그러한 순간은 본래 없는지도 모른다. 덕윤리의 귀환은 이러한 의미에서 결정적인 현상은 아닐 수 있지만, 적어도 우리가 보기에 '흥미로운' 현상임에는 틀림없다.

흥미로운 것은 우리에게 생각할 거리를 제공한다. 그래서 그것은 우리에게 단순히 호기심만을 불러일으키는 것과 구별된다. 우리가 예상치 못했던 어떤 것이 일어났을 때, 혹은 새로운 현상이 발생했을 때 우리는 호기심을 갖게 된다. 물론, 우리는 새로운 것을 만나게 되면 그것을 알고자 한다. 그러나 그 앎에 대한 욕망이 단지 새롭다는 이유 때문에 촉발된 것이라면 그 앎은 단편적 지식의 획득 이상의 것이 될 수 없다. 이러한 의미에서 호기심은 데카르트의 말대로 진정한 의미에서의 새로운 앎을 구성하는 동력이 될 수 없다. 요컨대, 새롭기만 한 것은 호기심은 일으킬 수 있지만 흥미로움을 주지는 못한다. 흥미로운 것은 우리에게 근본적인 질문을 제기하는 어떤 것이다. 따라서 그것은 우리로 하여금 전면적으로 다시 생각해보거나 달리 생각해보기를 요구한다. 우리가 보기에 덕윤리의 귀환이라는 이 현대적 현상은 이러한 정확한 의미에서 '흥미로운' 현상이다.

이 책은 현재 논의되거나 개진되고 있는 덕윤리의 주요 이론들, 그것들의 논점 및 쟁점을 정리하고 소개하는 데 일차적인 관심을 갖지 않는다. 이러한 의미에서 이 흥미로운 현상에 대한 우리의 관심과 태도는 직접적이지 않다. 덕윤리에 관한 현재의 논의들에 개입하는 우리의 방식은 오히려 우회적이고 간접적이다. 이 책은 동서양에서 전개되었던 덕윤리의 다양한 모습들을 추적하는 '역사적 연구'의 형태를 띠고 있기 때문이다. 우리는 덕윤리가 자신의 귀환을 알리면서 준거하고 있는 고전적 전통으로 되돌아가 덕윤리의 정초자들이 가졌던 문제의식이 정확히 무엇이었는지를 묻고, 그 고전적 덕윤리가 겪게 되는 변형들의 모습은 어떤 것이었는지를 추적한다. 우리는 이 역사적 연구가 간접적이고 우회적이지만 덕윤리의 부활이라는 현상을 이해하고 나아가 그것에 적극적으로 관계 맺는 가장 적합한 한 방식이라고 믿고 있다.

덕윤리의 귀환이라는 현상을 역사적 관점에서 탐구하는 것은 덕윤리의 현대적 논의, 그것의 문제설정을 정당화하고 승인하기 위한 절차로서 이해되어서는 안 된다. 여기에서 '역사적'이라 함은 '비판적'이라는 의미를 동시에 담고 있기 때문이다. 우리가 과거로, 형성의 원천과 변화의 순간들로 되돌아가는 것은 현재를 승인하기 위해서가 아니라 반대로 현재에 머물지 않고 그 지평을 새로이 확장하기 위해서인 것이다. 과거를 단순화하거나 그것의 일부분만을 보면서 가졌던 협소한 시각에서 벗어나기 위해서, 우리는 다시 그 과거로 되돌아갈 필요가 있다. 우리가 이 책을 기획하면서 가졌던 일차적인 문제의식은 바로 이것이었다.

이 역사적 연구는, 다른 모든 역사적 연구들이 그러하듯이, 역사에 대한 특정한 관점을 가질 수밖에 없다. 역사 연구는 특정한 시선으로부터 자유로운 절대적 관점은 존재할 수 없기 때문이다. 덕윤리의 역사를 보는 우리의 관점은 이 책에서 다루는 철학자들의 선택에서 일차적으로 드러난다. 이 책에서 제시하는 덕윤리의 역사는 여러 가능성 가운데 하나에 불과하다는 점은 분명하다. 그러나 이것은 이 책의 선택이 순전히 자의적이라는 것을 의미하지 않는다. 그러한 선택을 하게 된 근거와 이유에 대해서는 다시 언급할 기회가 있을 것이다. 우리는 동서양의 덕윤리를 정초한 철학자들과 함께 덕윤리의 역사적 전개 과정에서 중요한 기점을 마련한 철학자들에 주목했다. 우리는 덕윤리의 역사가 단선적이라고 생각하지 않는다. 우리가 선택한 철학자들은 오히려 덕윤리의 다양한 가능성을 보여줄 것이다.

이 책에서 제시하는 역사적 연구가 하나의 해석이라는 점은 부인할 수 없다. 그러나 우리는 가능한 한 우리의 시선이 주제적으로 드러나지 않도록 노력하였다. 오히려 독자들이 또 다른 시선이나 해석을 가질 수 있는 여지를 마련하고자 하였다. 덕윤리에 관련된 원전을 논의 순서에 따라 체계적으로 제시하고 있는 것은 바로 이러한 이유에서이다. 이러한 관점에서 보면, 이 책은 덕윤리 전통을 형성하고 있는 주요 철학자들의 원전에 대한 입문적 해설로 간주될 수도 있을 것이다.

다시 말하지만 이 책은 덕윤리의 역사에 대한 연구이다. 그러나 동시에 그것은 이 역사에서 중요한 순간들을 형성하였던 철학자들의 원전에 대한 길잡이이기도 하다. 우리는 이것이 앞에서 언급한 덕윤리의 귀환이라는 흥미로운 현상을 진지하게 접근하는 적합한 방식이라고 판단하였다. 그러나 이것은 그것을 다루는 유일한 방식이 될 수는 없다. 우리가 이 책에서 의도했던 것은 단지 그것의 본격적인 탐구를 위한 출발점이 될 수 있을 뿐이다. 그러나 그것은 우회하거나 회피할 수 없는 것이기도 하다.

2. 덕윤리의 귀환과 그 의미

덕윤리가 돌아왔다. 근대 이후 서양 사회를 지배해온 윤리는 임마누엘 칸트가 그 전형을 제시한 의무론과 제레미 벤담과 존 스튜어트 밀로부터 유래한 공리주의이다. 이 두 윤리이론은 각각 행위의 동기와 결과를 강조하고 있다는 점에서 서로 구별되고 나아가서는 대립하기도 하지만, 도덕적으로 올바른 '행위'의 규칙들을 제시하는 것을 목적으로 삼고 있다는 점에서는 다르지 않다. 그런데 20세기 후반 근대에 탄생했던 이 두 지배적인 윤리이론에 대한 비판과 함께 그것의 대안으로 덕윤리가 부상했다.

'덕윤리'(virtue ethics)는 현대 규범윤리학(normative ethics)에서 의무를 중시하는 접근법과 행위의 결과를 중시하는 접근법과는 달리, 행위자의 덕 또는 훌륭한 성격을 강조하는 접근법을 일컫는 전문용어이다.[1] 이러한 의미에서 덕윤리는 가장 새로운 윤리이지만, 그 기원을 따지면 가장 오래된 윤리이기도 하다. 현대의 덕윤리학자들은 덕윤리의 기원을 고대 그리스 철학, 특히 플라톤과 아리스토텔레스의 윤리학적 저술들에서 찾는다. 이런 식으로 덕을 중심으로 한 고대 윤리가 현대 덕윤리를 통해 '부활'한다. 따라서 '덕윤리'는 현대에 생긴 말이지만, 그 실체는 이미 존재했던 것이라고 할 수 있다. 우리가 덕윤리에 대해서 '귀환'과 '부활'을 말하는 것은 이러한 이유에서다.

부활, 이것은 당연히 옛것의 재탄생을 의미한다. 죽었던 것, 혹은 적어도 죽은 것처럼 간주될 만큼 잊혀 있던 것의 재등장이 부활을 의미한다면, 이 부활은 그것의 쇠퇴나 소멸을 만들어냈던 것에 대한 비판을 동시에 의미할 수밖에 없다. 덕윤리의 부활이 근대의 의무론과 공리주의에 대한 반론으로 이해될 수 있다면, 그것은 '근대성 비판'이라는 보다 넓은 문제설정 속에서 파악될 필요가 있다. 요컨대, 덕윤리의 부활이라는 이 현대적 현상은 많은 다른 현대철학의 이론적 경향들과 마찬가지로 소위 '근대'와 비판적 관계를 맺고 있는 것으로 간주될 수 있다.

그렇다면 이때 '근대성'을 우리는 어떻게 이해해야 하는가? 특별히 의무론과 공리주의가 담지하였던 근대성은 어떠한 것인가? 이 문제에 답하는 것은 쉽지 않다. 더욱이 현대의 많은 포스트 담론들이 비판의 대상으로 삼고 있는 근대성이 실제로는 현대적 비판의 관점에서 단순화되어 재구성되는 경우가 많다는 점을 고려할 때, 근대성의 실체가 무엇인가를 정의하는 것은 적지 않은 위험을 안고 있기도 하다. 어떤 시대도 동질적이지 않다는 점을 고려하면 더욱 그러하다.

---

1 Hursthouse, R.(1999), "Introduction", *On Virtue Ethics*, Oxford: Oxford University Press; Hursthouse, R.(2003), "Virtue Ethics", *Stanford Encyclopedia of Philosophy*, http://plato.stanford.edu/entries/ethics-virtue/.

이러한 위험에도 불구하고, 덕윤리의 부활이 의미하는 것이 정확하게 무엇인지를 이해하기 위해서는 그것이 함축하고 있는 근대성 비판이 무엇인지를 따져 물어볼 필요가 있다. 왜냐하면 이 근대성은 바로 고대 덕윤리 전통의 쇠퇴와 소멸을 만들어냈던 이론적 환경이기도 하기 때문이다. 따라서 덕윤리의 쇠퇴와 부활을 이해하는 데 근대성에 대한 탐문은 필연적으로 요청될 수밖에 없다.

근대철학을 열었던 데카르트와 베이컨에게서 두드러지게 나타났던 모습은 단절의 의식이었다. 그들은 전통과의 단절을 원했고, 자신들을 절대적 출발점으로 간주했다. 특히 이 단절은 '학문'(scientia)의 이념과 관련된 것이었다. 근대철학의 정초자들은 새로운 학문, 더 이상 의심할 수 없는 확실한 기반 위에 세워질 수 있는 학문은 어떻게 가능하며, 그러한 학문의 본성은 어떻게 규정될 수 있는지를 물었고, 그에 대한 답을 추구하였다. 그런데 이 학문의 혁신은, 오랫동안 잘못 이해해온 것처럼, 중세의 그리스도교 신학과의 단절을 의미하지 않았다. 오히려 데카르트에서 전형적으로 잘 드러나고 있듯이, 새로운 학문의 이념은 그리스도교 신학의 전제 하에서 성립된 것이었다. 신과 인간 사이의 건널 수 없는 간극, 달리 말하면 인간의 유한성에 대한 긍정은 인간 지성의 한계를 필연적으로 인정하게 된다. 그리고 이것은 인간이 획득할 수 있는 앎의 영역에서 사물들의 '의미와 목적'에 대한 탐구를 배제하는 것으로 귀결되었다. 이렇게 인간의 앎은 제한적인 것이 될 수밖에 없었다. 우리는 이러한 학문 개념에 '제한적 합리주의', '계산적 합리주의' 혹은 '실증주의적 합리주의' 등의 이름을 붙일 수 있을 것이다.

우리의 원래 주제로 되돌아오자. 우리가 보기에 근대 의무론과 공리주의를 가능케 하였던 이론적 배경에는 바로 이 근대적 학문 이념, 실증주의적 합리주의가 놓여 있었다. 그리스 고대의 지성주의적(intellectualist) 윤리학은 앎은 삶을 변화시킨다는 전제를 가지고 있었다. 따라서 좋은 삶에 대한 성찰은 자연 전체에 대한 앎, 그리고 그 자연 안에서 우리 인간이 차지하고 있는 위상, 즉 인간 본성에 대한 앎에 기반해야 했다. 이러한 의미에서 고대인들에게 앎 혹은 학문은 근본적으로는 '실천적인' 것이었다. 달리 말하면 존재와 당위, 자연에 대한 인식판단과 가치판단이 완전히 별개의 원리를 갖지 않았다. 그러나 근대인들에게 앎은 삶의 방식의 문제와 구별되었다. 우리 인간이 확실하게 참된 인식으로서 가질 수 있는 것은, 예를 들면 사물들 사이의 기계적 법칙뿐이기 때문이었다. 이 제한적 인식은 그 자체로는 우리 인간은 누구이고, 따라서 어떻게 살아야 하는지의 문제에 답할 수 없다.

학문에 대한 이러한 근대적 이해는 윤리의 문제를 두 가지 방향에서 해결하도록 이끌게 된다. 앞에서 말했듯이 근대적 앎은 윤리와 분리된다. 따라서 윤리는 자신의 원리를 별도로 가져야 한다. 칸트의 경우에 잘 나타나고 있듯이, 인간은 무엇을 해야만 하는가라는 당위의 문제는 과학적 인식의 토대인 이론이성과 구별되는 실천이성에서 그 답을 구해야 한다. 실천이성은 도덕 법칙의 입법자이다. 특별히 이 입법자는 그리스 고대에서처럼 권고하거나 설득하는 자가 아니라, 그리스도교의 신처럼 무조건적으로 명령하는 자이다. 여기에서 덕은 이 실천이성의 도덕적 명령을 따르고자 하는 '의지'로 환원된다. 칸트가 말하고 있듯이, 최고선은 선의지인 것이다.

근대적 학문 이해가 낳은 또 다른 윤리이론은 공리주의다. 앞에서 언급했듯이, 근대를 합리주의 시대로 규정할 수 있다면 그 합리주의는 제한적 합리주의 혹은 계산적 합리주의이다. 요컨대, 학문을 구성하는 우리의 이성 능력은 오직 추론적이고 계산적인 기능으로 환원된다. 따라서 우리가 삶에서 추구해야 할 목적이나 동기는 이성의 능력 밖에서 설정되어야 한다. 영국의 경험론자들은 칸트와는 다르게 쾌락으로서의 행복을 인간이 추구하는 가치로 설정한다. 이성은 여기에서 목적으로서의 쾌락을 극대화할 수 있는 수단들 및 정보들을 계산하고 제공하는 기능으로 축소된다.

이렇게 근대 의무론과 공리주의는 서로 상반된 도덕적 행위 규칙들을 제시하고 있지만, 그것들은 모두 근대의 산물이라고 할 수 있다. 앞에서 살펴본 바와 같이, 이 근대성은 학문에 대한 새로운 이해, 삶의 실천적 문제와 분리된 앎에 그 뿌리를 두고 있다. 인간이 획득할 수 있는 앎에 한계를 부여하고자 했던 모든 시도들은 '확실한' 인식에 대한 열망을 표현하고 있었다. 그러나 확실성에 대한 이 열망은 대가를 치러야만 했다. 확실한 인식은 더 이상 윤리의 토대가 되지 못했기 때문이다.

그런데 앎과 삶의 근대적 분리는 현실에서는 단순한 분리로 그치지 않았다. 근대적 자본주의의 발전 속에서 근대적 합리주의는 점점 더 우리의 삶을 지배하는 원리가 되어 갔다. 그러나 현실의 삶을 지배하는 도구적이고 계산적인 합리성 앞에서, 그것과는 독립된 원리로부터 이끌어낸 도덕적 행위의 동기들은 미약하기 그지없는 것이었다. 자본주의가 발전하면 할수록 개인들의 내면은 더욱 황폐해지고, 시민사회는 붕괴되어 인간이 인간에게 '늑대'로서 살아가는 '자연' 상태에 가까워져가고 있지만, 같은 뿌리에서 나온 근대의 도덕이론은 그것에 대한 어떤 비판이나 저항의 힘이 될 수 없었다.

덕윤리의 부활은 근대의 규범윤리학이 태생적으로 가질 수밖에 없었던 이러한 무능력에 대한 자각에서 비롯한다. 따라서 부활된 덕윤리는 근대의 두 윤리이론에 대한 비판을 넘어서 그것이 기초하고 있는 근대성, 즉 학문에 대한 근대적 이해, 그리고 그로부터 나온 앎과 삶의 분리에 대한 비판과 극복을 겨냥한다. 현대의 덕윤리가 고대 그리스의 윤리적 전통으로 돌아가고 있는 이유가 여기에 있다.

이러한 전통의 맨 앞에 소크라테스가 서 있다. 그에게 철학은 이론을 구성하는 지적 작업에 그치는 것이 아니라 삶을 구성하는 전인적인 작업이었다. 이러한 철학은, 피에르 아도가 강조했듯이, 하나의 '삶의 방식'이었다.[2] '어떻게 살아야 할 것인가?'에 대한 철학적 탐구는 앎에서 끝나는 것이 아니라 삶에서 완성되는 것이었다.

소크라테스가 추구한 철학적 삶은 잘 살고 싶다는 인간의 근원적 욕망을 추동력으로 삼아 잘 산다는 것이 과연 무엇인지, 잘 살기 위해 무엇을 해야 할지를 묻고 따지며 체계적으로 생각하는 삶이자 생각한 것을 실천하는 삶이다. 그는 좋은 것을 바라는 마음만으로는 잘 살 수 없다고 보았다. 잘 살기 위해서는 그럴 수 있는 실력이 필요하고, 무엇보다도 무엇이 좋고 나쁜지를 분별할 수 있는 지혜가 필요하다고 보았다.

소크라테스에서 시작하는 고대의 덕윤리 전통에서 지혜는 덕의 요체 또는 최고의 덕이다. 이때 지혜는 인간을 행복한 삶으로 인도하

---

2 Hadot, P.(1995), *Qu'est-ce que la philosophie antique?*, Paris: Folio.

는 살아 있는 지혜이다. 그리스 철학자들은 행복한 사람을 신처럼 사는, 신을 닮은 사람이라고 여겼다. 바로 이런 시각에서 플라톤주의자들은 철학의 목표가 신을 닮는 것이라고 선언했다. 여기에서 철학자들의 신은 완전한 지성이거나 그러한 지성의 원천이었다.

고대 그리스의 덕윤리 전통은 그리스도교 문화의 정착과 함께 쇠퇴하게 된다. 그리스도교에서 인간을 신으로 인도하는 것은 더 이상 지혜와 그러한 지혜에 대한 사랑(철학)이 아니라 신에 대한 사랑, 신으로 향하는 의지, 신에 대한 복종이 된다. 인간의 덕은 앎에 있지 않다. 달리 말하면, 인간이 인간다운 것은 무엇이 옳고 그른지를 아는 것이 아니라 옳은 것을 행하려는 의지에 있다. 옳은 것이 무엇인지를 알아도 그것을 행하고자 하는 의지가 없으면, 오히려 악을 행하고자 하는 의지가 있다면, 앎은 아무 소용이 없기 때문이다.

그런데 선을 행하고자 하는 의지는 결국은 선 그 자체인 신을 따르려는 의지, 신의 명령에 복종하고자 하는 의지에 다름 아니다. 신은 우리에게 도덕적 명령을 주는 자이다. 후에 칸트는 이 신의 자리에 실천이성을 위치시켰다. 그러나 본질에는 변화가 없다. 그것이 신의 명령이든 아니면 실천이성의 명령이든 우리에게는 도덕법칙이 명령으로 주어진다. 이 도덕적 명령을 절대적으로 따르려고 하는 의지가 곧 덕이다.[3]

---

3 그리스도교 전통에서 지성과 감정으로부터 독립된 제3의 심적 요소로서 행위의 동기력으로 기능하는 의지가 부상한다. 의지 개념의 기원과 전개에 대해서는 다음 연구를 참조하라. Dihle, A.(1982), *The Theory of Will in Classical Antiquity*, Berkeley, Los Angeles, London: University of California Press; Frede, M.(2012), *A Free Will. Origins of the Notion in Ancient Thought*, Berkeley, Los Angeles, London: University of California

이렇게 덕이 의지로 환원되는 한에서, 바람직한 인간상의 구성이라는 덕윤리의 문제설정은 사라진다. 덕은 인식과 수련을 통해 습득되어야 하고 구성되어야 하는 어떤 것이 더 이상 아니기 때문이다. 결국, 덕은 결단과 회심(conversio)의 문제로 환원된다. 우연한 사건이나 만남을 통해 우리는 언제든지 새로운 인간이 될 수 있다. 사실, 플라톤도 회심을 말한다. 하지만 플라톤의 회심은 순간적인 결심이 아니라 오랜 교육과 훈련의 결과이다. 그것은 의지의 혁명이 아니라 지성의 정립이다. 지성의 정립은 마음 전체의 변화를 동반한다.

서양의 경우 덕윤리의 부활은 형이상학의 부활과 밀접한 연관이 있다. 앞에서 언급했듯이, 근대 윤리이론의 배후에는 형이상학에 대한 비판이 존재한다. 거기에 어떤 형이상학이 존재한다면, 그것은 도덕을 앎이 아니라 다른 원리, 예를 들면 그리스도교 신학에서처럼, 자유의지에 기초해서 정초하고자 하는 형이상학이다. 덕윤리는 이러한 형이상학 전통, 혹은 형이상학에 대한 비판의 전통과 갈라선다.

덕윤리는 형이상학을 요청한다. 일반적으로 이해되고 있듯이, 덕윤리는 행위가 아니라 그 행위를 만들어내는 성격, 보다 정확히 말하면 '인간 유형'을 고려한다. 요컨대 덕윤리는 바람직한 인간 유형은 무엇이며, 그것은 무엇에 기초해서 구성될 수 있는지를 묻는다. 고대의 덕윤리학자들은 유덕한 인간 유형은 '자연' 또는 '본성'에 기초한다고 대답한다. 따라서 어떻게 살아야 하느냐에 대한 기본적 대답은 자연에 합치하여 본성에 맞게 살아가는 것이라는 데 그들은 동의한

Press.

다. 따라서 덕윤리는 필연적으로 자연과 본성에 대한 이해, 그것의 원리에 대한 형이상학적 이해를 요청할 수밖에 없다. 그리고 이 형이상학의 차이에 따라 상이한 덕윤리가 나오는 것이다.

우리가 보기에 덕윤리의 부활은 형이상학의 부활을 동반할 때 그 진정한 의미를 갖게 될 것이다. 이 점은 덕윤리의 부활이 함축하는 근대성 비판이 무엇을 의미하는지를 논구하는 과정에서 충분히 드러난 것으로 보인다. 그것은 삶과 분리되지 않는 앎에 대한 요구, 불확실성이라는 이유로 존재의 궁극적인 의미 혹은 무의미에 대한 탐구를 폐기하였던 근대정신에 대한 문제제기였다.

주지하듯이 동양의 근대는 서양과 다른 양상으로 전개되었다. 선교사를 태운 상선의 상륙이 이윽고는 주권을 위협하는 군사적 실력행사로 바뀌기 전까지, 동양의 철학적 전통, 특히 유학전통은 고대 이래 단절 없이 이어져왔다. 즉 100여 년 전까지도 유학은 동양에서 현실의 이념이었다. 유학의 철학적 전통에서 앎이란 윤리적인 앎이었다. 이 전통에서 앎은 오롯이 선한 사람이 되어 선한 공동체를 만드는 것과 관련되었다. 개인은 자신의 도덕적 성장을 인생의 과제로 설정하며, 도덕적 성장은 선한 공동체에 기여할 것으로 기대되었다. 그리고 도덕적 성장을 이룬 사람들의 내면은 '덕'과 관련되어 논의되었다. 이 전통에서 앎은 실천을 동반하는 것이었고, 윤리적 탐구는 앎과 실천을 가능하게 하는 것으로서 인간의 내면 탐구에 집중되었다.

윤리적 탐구가 내면과 그 내면의 발현이라는 주제를 중심으로 전개되어왔다는 점에서, 유학전통은 서양의 고대 그리스 전통과 공명하고 있다. 또한 유학전통은 시대의 변동에 민감하게 반응하여, 시대가 요구하는 선한 삶은 무엇인가에 대해 끊임없이 묻고 답을 찾는 자기혁신을 통해 오랫동안 생명을 유지해왔다. 근대까지 이어져온 성장과 실천의 윤리, 변화에 적응하는 자기혁신성, 이러한 특징을 갖고 있는 유학전통은 현대 덕윤리에 적지 않은 시사와 풍부한 자료를 제공해줄 수 있으리라 생각한다. 그러한 기대에서 십여 년 전부터 서양에서 중국사상을 연구하는 학자들을 중심으로 덕윤리의 관점에서 유가윤리의 전통을 조명하는 일이 이루어지고 있다.[4]

이 책은 '덕윤리'라는 현대 서양철학의 현상에 주목하고 그것을 연구의 출발점으로 삼고 있다. 현대 덕윤리 논의에 참여하고 있는 일군의 학자들은 현대 덕윤리의 틀을 만들고 유학을 그 안에서 다루는 것이 적실한지에 관해 논쟁하기도 한다. 이 책은 그 논쟁에 참여하는 것을 당면의 목적으로 하지 않으며, 동양의 유학전통에서 변곡점을 이룬다고 생각되는 학자의 덕 이론을 소개하는 것을 1차적인 목표로 한다. 앞에서도 언급했듯이 이 책을 만든 사람들의 의도는 현대 덕윤리의 지평을 확장하기 위해서 덕의 역사에 관심을 갖는 것이었다.

이질적인 철학전통에 속해 있음에도 덕이라는 매개를 통해서 동서양의 철학자들이 어떤 근본적인 문제의식을 공유하고 있었는지를 독자들은 이 책에서 확인할 수 있을 것이다.

---

4 유학을 덕윤리의 관점에서 조명한 대표적인 연구는 다음과 같다. Norden, B. W. Van(2007), *Virtue Ethics and Consequentialism in Early Chinese Philosophy*, Cambridge: Cambridge Univeristy Press; Yu, J.(2007), *The Ethics of Confucius and Aristotle: Mirrors of Virtue*, London: Routledge: Angle, S. C.(2009), *Sagehood: The Contemporary Significance of Neo-Confucianism*, Oxford: Oxford University Press.

3. 덕의 어원과 번역

현대의 덕윤리는 서양 고대 윤리학의 논의 틀과 기초 개념들을 계승했는데, 가장 중요한 유산은 덕에 대한 논의일 것이다. 그러나 현대의 덕윤리가 고대 윤리학으로부터 덕에 대한 일의적이고 고정된 개념을 그대로 물려받은 것은 아니다. 실제로 현대의 덕윤리학자들은 여러 가지 상이한 덕 개념을 바탕으로 이론체계를 구축하고 있으며, 때로는 모호한 개념을 사용하여 혼동을 불러일으키기도 한다. 이미 고대 윤리학 전통 내에서도 덕에 대한 체계적인 이해를 도모한 철학자들이 여러 가지 상이한 덕 개념을 제시했다. 그렇지만 고대 윤리학자들은 덕의 기본적인 의미를 다소간 공유했으며, 그러한 공유된 이해를 기반으로 덕에 대한 철학적 반성과 토론을 전개할 수 있었다.

고대 그리스어에서 '덕'(德, virtue)으로 번역된 용어는 'ἀρετή'(아레테)이다. 이 용어가 라틴어 'virtus'로 옮겨졌으며, 여기에서 영어 'virtue'가 나온다. 근대 일본 지식인들은 서양의 학문을 도입하면서 영어 'virtue'를 '德'으로 옮겼다. 이때 '德'은 번역을 위해 새로 고안된 용어가 아니라 이미 오랫동안 동양 윤리 전통을 대표해온 핵심용어였다. 번역자들은 단순히 서양 개념을 이식할 용어를 찾은 것이 아니라 서양 개념에 상응하는 개념을 동양 윤리 전통에서 발견한 것이다. 우리는 '덕'의 어원, 의미 및 번역 문제를 덕윤리의 역사를 연구하는 출발점으로 삼고자 한다.

(1) ἀρετή의 의미와 번역

그리스어 'ἀρετή'(aretê)의 어원은 불분명하지만, '좋다'는 뜻의 형용사 'ἀγαθός'(agathos)의 비교급 'ἀρείων'(areiôn)에서 파생된 명사로 추정된다.[5] '아레테'는 일반적으로 탁월성, 다시 말해 훌륭하고 뛰어난 상태를 의미한다. 이 용어는 원래 인간에 국한되어 사용되지 않고 생물과 사물에 두루 적용될 수 있었다. 그래서 집을 잘 지키는 개, 잘 드는 칼, 나아가 잘 보는 눈과 같은 신체의 일부도 '아레테'를 가지고 있다고 말할 수 있었다. 현존하는 그리스 문학작품 가운데 가장 오래된 호메로스의 『일리아스』(기원전 8-7세기 기록)에는 잘 달리는 말(馬)의 '아레테'가 다음과 같이 언급되어 있다. "그러나 날랜 말들이 다시 잿빛 바다를 향해 돌아서서/마지막 주로를 달릴 때 각각의 아레테가 뚜렷이 드러났다."[6]

인간의 '아레테'는 인간이 지니는 훌륭한 상태를 의미한다. 하지만 '어떤 인간이 훌륭하고 뛰어난가?'라는 물음에 대해 어떤 대답을 하느냐에 따라 그 실질적인 의미가 달라질 것이다. 호메로스의 영웅서사시는 용감한 전사를 '훌륭한' 인간으로 제시한다. 그에 따라 용기가 인간의 훌륭함을 대표한다.[7] 가령, 헥토르는 디오메모스와의 결전을 앞두고 다음과 같이 말한다. "내일이면 그가 과연 내 창의 공격을

---

5 Chantraine, P.(1990), *Dictionnaire étymologique de la langue grecque. Histoire des mots*, Bd. 1/2 Paris: Klincksieck, p. 107.

6 호메로스, 『일리아스』, 23. 373-375: Ἀλλ' ὅτε δὴ πύματον τέλεον δρόμον ὠκέες ἵπποι/ ἂψ ἐφ' ἁλὸς πολιῆς, τότε δὴ ἀρετή γε ἑκάστου/φαίνετ', ἄφαρ δ' ἵπποισι τάθη δρόμος·

7 대체로 전사는 남자였기 때문에 용기는 주로 남자의 덕이었다. '용기'로 옮긴 그리스어 '안드레이아'(andreia)는 남자를 뜻하는 명사 '아네르'(anêr)의 속격인 '안드로스'(andros)에서 파생된 용어로 '남자다움' 내지 '사내다움'을 의미한다.

버틸 수 있을지/그 아레테를 보여주게 될 것이다."[8] 이 문장에서 '아레테'는 용기로 번역될 수 있다.

호메로스가 그린 영웅시대에 용감한 전사는 사회적으로 귀족층에 속했으며 대체로 부유했다. 그리하여 '좋다', '훌륭하다'를 뜻하는 'agathos'는 '귀족임'을 의미하기도 했다. 물론, 귀족 신분을 지닌 사람이라고 해서 우리가 생각하는 훌륭하고 좋은 인품을 지닌 것은 아니다. 아가멤논이 아킬레우스에게 '전리품'으로 배정된 아름다운 브리세이스를 빼앗으려고 하자, 네스토르는 아가멤논에게 다음과 같이 충고한다. "그대가 아무리 훌륭하기로서니(agathos) 그에게서 그녀를 빼앗지 마시오."[9] 여기에서 '훌륭함'은 신분상의 고귀함을 가리키는 것이지 인품의 고귀함을 가리키지 않는다. 따라서 아가멤논이 '훌륭하기' 때문에 불의를 범하지 않으리라 기대할 수도 없고, 불의를 범한다고 해서 '훌륭하기'를 멈추는 것도 아니다.[10]

앞서 말했듯이, 호메로스의 서사시에서 아레테는 주로 남성 귀족 전사의 용기를 가리켰다. 그런데 시간이 흘러 전투 형태가 변화함에 따라 용기의 내용도 달라졌다. 호메로스는 개별 영웅들의 개인적인 전투능력과 패기에 주목했지만,[11] 7세기 말 스파르타의 엘레기 시인인 튀르타이오스는 군대의 결집력을 중시하면서 전열에서 이탈하지

8 호메로스, 『일리아스』, 8. 535-536: αὔριον ἣν ἀρετὴν διαείσεται, εἴ κ' ἐμὸν ἔγχος/μείνῃ ἐπερχόμενον.

9 호메로스, 『일리아스』, 1. 275: μήτε σὺ τόνδ' ἀγαθός περ ἐὼν ἀποαίρεο κούρην.

10 MacIntyre, A.(1998), *A Short History of Ethics. A History of Moral Philosophy from the Homeric Age to the Twentieth Century*, Routeledge, p. 8.

11 호메로스의 작품에 나타난 덕의 이상에 대해 Adkins, A. W. H.(1960), *Merit and Responsibility*, Oxford: Clarendon, pp. 34-40.

않는 군인의 용기를 아레테로 제시한다.

어떤 이들은 다른 사람들과 함께 머물며
전열의 맨 앞으로 나아가 적과 맞붙어 싸웠다.
이들은 가장 적게 죽었으며 뒤에 있는 사람들을 구해주었다.
뒤로 물러서는 사람들은 모든 아레테를 잃는다.[12]

기원전 7-8세기경 활동한 서사시인 헤시오도스는 『일과 나날』에서 과거 전쟁 영웅들의 삶을 노래하는 대신, 당대 촌부의 일상적인 삶과 노동을 노래한다. 그에게 '아레테'는 인간이 노력을 통해 성취할 수 있는 인간적인 훌륭함과 탁월함을 의미한다. 그것은 '용기'가 아니라 보다 포괄적인 '덕'을 가리킨다. 이러한 헤시오도스의 덕 개념은 성공과 그에 따르는 명예를 함축한다.[13]

그러나 덕 앞에는
땀 흘릴 일들을 불사의 신들이 놓아두었으니
그것에 이르는 길은 멀고도 가파르며
처음엔 험하기조차 하지. 하지만 정상에 오르고 나면
그 뒤로는 견디기가 그야말로 쉽지? 그 힘들던 길이.[14]

---

12 튀르타이오스, 『단편』, 11. 11-14: οἳ μὲν γὰρ τολμῶσι παρ' ἀλλήλοισι μένοντες/ἔς τ' αὐτοσχεδίην καὶ προμάχους ἰέναι, παυρότεροι θνήσκουσι, σαοῦσι δὲ λαὸν ὀπίσσω·/τρεσσάντων δ' ἀνδρῶν πᾶσ' ἀπόλωλ' ἀρετή.

13 헤르만 프랭켈(2011), 『초기 희랍의 문학과 철학 1』, 김남우·홍사현 옮김, 파주: 아카넷, 223쪽; 헤시오도스, 『일과 나날』, 313 참조.

기원전 6세기 말에서 5세기 초에 활동한 메가라의 테오그니스는 용기가 아니라 정의를 귀족적인 인간 이상을 대표하는 덕으로 부각시킨다.

> 스스로의 청렴을 유지하고, 불법적으로 획득한
> 재산을 즐기기보다는 차라리 궁핍한 삶을 살아라.
> 정의(正義) 속에 덕 전체가 포함되어 있다. 퀴르노스여!
> 그러므로 정의로운 사람은 누구나 훌륭하다(agathos).[15]

이 시에서 '훌륭한'(agathos) 인간은 더 이상 부와 권세를 누리는 귀족이 아니다. 남의 것을 탐하는 불의한 아가멤논은 더 이상 '훌륭한' 사람이 아니다. 궁핍해도 정의로운 자가 훌륭하다. 그가 진정 귀족이다. 귀족의 특징은 더 이상 부와 권세가 아니라 덕이다.

기원전 5세기에 이르러, 상류층 시민들의 교육열이 고조되면서 덕은 더 이상 소수 귀족의 전유물이 아니라 배울 능력이 있는 자 모두에게 획득 가능한 것으로 인식되기 시작한다. 이제 페리클레스처럼 나라를 이끄는 데 필요한 실천적 분별력과 정치적 지도력을 지닌 인물이 '훌륭한' 인간으로 인정받게 된다. 때마침 인간적인 덕을 가르

---

14 헤시오도스, 『일과 나날』, 289-292: τῆς δ' ἀρετῆς ἱδρῶτα θεοὶ προπάροιθεν ἔθηκαν/ ἀθάνατοι· μακρὸς δὲ καὶ ὄρθιος οἶμος ἐς αὐτὴν/ καὶ τρηχὺς τὸ πρῶτον· ἐπὴν δ' εἰς ἄκρον ἵκηται,/ῥηιδίη δὴ ἔπειτα πέλει, χαλεπή περ ἐοῦσα.

15 테오그니스, 『애가』, 1. 145-148: Βούλεο δ' εὐσεβέων ὀλίγοις σὺν χρήμασιν οἰκεῖν/ἢ πλουτεῖν ἀδίκως χρήματα πασάμενος./ἐν δὲ δικαιοσύνηι συλλήβδην πᾶσ' ἀρετή 'στι/πᾶς δέ τ' ἀνὴρ ἀγαθός, Κύρνε, δίκαιος ἐών.

칠 수 있다고 자부하는 소피스트들이 나타난다. 이들은 그리스의 전통적인 윤리와 기존의 가치체계를 비판하며 계몽의 시대를 연다. 이러한 시대에 분주한 시민들 사이에서 덕이 과연 무엇인지, 그것을 도대체 가르치고 배울 수 있는지를 묻고 따지는 일에 인생을 바친 철학자가 등장하는데, 그가 바로 윤리학의 시조로 불리는 소크라테스이다.

소크라테스를 비롯한 그리스 철학자들이 'ἀρετή'로 제시하는 덕목들에는 4주덕으로 일컬어지는 용기, 정의, 절제, 슬기 또는 지혜 외에 경건, 후함과 온화함, 긍지, 호탕함 등이 포함된다. 이러한 덕들은 한자문화권에서, 특히 유교전통에서 '德'으로 지칭하던 인의예지나 후덕함, 호연지기 등에 가까운 것으로 보인다. 이런 측면에서 'ἀρετή'를 '덕'(德)으로 옮기는 것이 타당한 것으로 여겨진다.

그러나 서양고전학을 전공하는 학자들 가운데 그리스어 'ἀρετή'를 '덕'(德)으로 번역하는 데 반대하는 이들도 적지 않다. 반대의 이유로 '덕'이 주로 인간의 인품이나 공덕을 가리키는 데 반해,[16] 'ἀρετή'는 앞에서 본 바와 같이 인간 외 생물이나 사물의 탁월성도 의미할 수 있다는 사실을 지적한다. 비슷한 반론이 서양 학계에서도 제기되었으며, 그런 이유로 일부 학자들은 'ἀρετή'의 전통적인 번역어인 'virtue' 대신 'excellence'를 사용한다. 국내 학계에서도 영어 'excellence'에 해당하는 '탁월성'이 '아레테'의 번역어로 사용되곤 한다.[17] 더욱이

16 국립국어원의 『표준국어대사전』에서는 덕(德)의 의미를 다음과 같이 제시한다. 1. 도덕적·윤리적 이상을 실현해나가는 인격적 능력. 2. 공정하고 남을 넓게 이해하고 받아들이는 마음이나 행동. 3. 덕분(德分): 베풀어준 은혜나 도움. 4. 공덕(功德): 착한 일을 하여 쌓은 업적과 어진 덕.

17 독일 베를린 아카데미 출판사에서 아리스토텔레스의 『니코마코스 윤리학』의 권위

개신교 도덕이 지배했던 시기를 거치면서 영어 'virtue'가 무엇보다 성적 정결 내지 정조를 의미하게 되었기 때문에 'ἀρετή'의 번역어로 부적절하다고 간주된다.

하지만 영어의 'virtue'와 달리, 우리말의 '덕'에서는 정결의 의미가 강하지 않다. 따라서 영어권에서 'virtue'를 꺼리는 큰 이유 중에 하나가 '덕'에는 해당되지 않는다. 사실상, 한 언어권의 사회적, 역사적 변천에 따라 한 용어의 지배적인 의미와 용법은 변할 수 있다. 영어 'virtue'의 의미가 처음부터 현재 통용되는 의미와 뉘앙스를 가지고 있었던 것은 아니다. 'ἀρετή'와 마찬가지로 'virtue'의 의미도 역사적 변천을 겪어왔다.

영어 'virtue'는 라틴어의 'virtus'에서 유래한 말이고, 'virtus'는 키케로와 같은 로마 철학자들이 그리스 철학을 수용하면서 'ἀρετή'의 번역어로 채택한 말이다. 'virtus'는 어원상 남자를 뜻하는 'vir'에서 유래한 말로 원래 사내다움, 특히 용기를 지시한다.[18] 하지만 'virtus'의 의미는 다른 생물이나 사물에도 전이되어, 그것이 지닌 좋음과 가치, 힘을 가리키게 되었다. 나아가 그것은 다른 대상에 미치는 영향력이나 도움을 의미한다. 이런 연유로 'virtus'에서 파생된 'virtute'는 '(누구/ 무엇) 덕분에' 또는 '(누구/ 무엇) 덕에'와 유사한 용법으로 사용

있는 번역서를 출간할 도로테아 프레데(Dorothea Frede)에 따르면, 최근 학계에서는 'ἀρετή'의 번역어로 'excellence'에서 'virtue'로 회귀하는 경향을 보이고 있다고 한다.

18 키케로, 『투스쿨룸 대화』, 2권 XVIII 43: Appellata est enim ex viro virtus. Viri autem propria maxime est fortitudo, cuius munera duo sunt maxima, mortis dolorisque contemptio('덕'은 '남자'에서 나온 말입니다. 그런데 남자에게 가장 고유한 것은 용기이며, 용기의 대업은 두 가지인데, 죽음과 고통을 경시하는 것입니다).

된다. 이 용법에서 볼 수 있듯이, 'virtus'와 '덕'은 인간에 대해서만 사용되는 용어가 아니다.

그러나 로마 철학자들이 그리스 철학을 수용하면서 주목한 'ἀρετή'는 탁월성 일반이 아니라 인간이 인간으로서 지닌 탁월성을, 무엇보다도 인간 정신의 탁월성을 지시했다.[19] 또한 정신의 탁월성으로 용기, 지혜, 절제, 정의 등과 같은 전통적인 윤리적 덕목들을 떠올렸다. 윤리학적 논의에서 언급되는 'ἀρετή'와 'virtus'는 주로 인간의 훌륭함을 가리킨다는 점에서 유교전통의 '덕'(德)에 상응하는 것으로 보인다. 이런 점에서 우리는 'ἀρετή'와 'virtus'에서 유래한 'virtue'를 '덕'(德)으로 옮기는 것이 타당하다고 본다. 물론, 두 개념이 얼마나 겹치고, 어디에서 갈라서는지에 대해서는 앞으로 면밀한 검토가 필요할 것이다. 이러한 검토 작업은 두 개념 모두에 대한 이해를 심화시키고, 두 개념을 윤리학적 논의에서 생산적으로 활용하는 데 도움을 줄 것이다.

(2) 德의 어원

중국 후한(後漢)의 허신(許愼, 58?-147?)이 편찬한 『설문해자』(說文解字)[20]에서는 '德'(덕) 자를 다음과 같이 풀이한다. "德은 오르는 것을

19 키케로는 덕을 '정신의 모든 올바른 상태들'(omnes rectae animi adfectiones)로 규정한다. 『투스쿨룸 대화』 2권 XVIII 43 참조.

20 『설문해자』(說文解字)는 진(秦)·한(漢) 무렵 중국에서 사용된 한자들의 자형(字形)과 자의(字意) 및 자음(字音)에 대해 해설한 책으로, 9,353자라는 방대한 양의 한자들에 대해 다루고 있는 중국 최초의 자전(字典)이다.

의미한다. 彳을 부수로 하며 悳을 소리로 한다."[21] 그런데 오른다는 의미의 이 '德'에서는 현재 우리가 사용하고 있는 덕 개념과 의미상 연관성을 찾아보기가 어렵다. 『설문해자』에서는 '彳'을 부수로 하는 '德' 자보다는 '心'을 부수로 하는 '悳' 자가 오히려 현재의 덕 개념과 연관성이 있는 것으로 보인다. 『설문해자』의 가장 뛰어난 주석가로 알려져 있는 청대(淸代)의 단옥재(段玉裁, 1735-1815)는 '德'은 본래 '悳'의 가차자(假借字)였다고 주장한다. 그는 '悳'에 대한 주에서 "속자(俗字)에서는 '德'을 가차자로 쓴다. '德'은 오르는 것이다. 고자(古字)에서는 '得'을 가차자로 쓰기도 한다"라고 설명하였다.[22] 가차(假借)는 한자의 형성 원리 중 하나로서, 비슷하게 발음되는 글자를 빌려서 표기하는 방식이다.

『설문해자』를 경유하여 '悳'을 '德'의 초기 형태로 본다면, '德'이라는 용어의 어원은 '悳'이라는 자형을 어떻게 풀이할지에 달려 있다. 그러나 '悳'의 초기 자형이 어떠한지, 또 그 자형의 의미를 어떻게 풀이할지를 두고는 학자들 사이에 의견이 분분하다. 크게는 두 가지 설이 있다. 첫째는 이 글자를 '直'과 '心'이 결합한 회의자(會意字)로 보는 것이고, 둘째는 '省'과 '心'이 결합한 회의자로 보는 것이다. 회의(會意) 역시 한자의 형성 원리 중 하나로, 둘 이상의 글자가 의미상의 요소로 결합하여 새로운 의미를 만들어내는 방식이다. '悳'에서 '心'과 결합하고 있는 글자를 정직함이나 올바름을 의미하는 '直'으로 보는 견해는 『설문해자』에서 잘 볼 수 있다. 허신은 '悳'을 '直'과

---

21 『說文解字』「彳部」: 德, 升也. 从彳悳聲.

22 『說文解字注』「心部」: 俗字假德爲之, 德者, 升也. 古字或假得爲之.

'心'의 회의자로 보며, 단옥재는 이에 대해 "直과 心으로 이루어져 있다. 『상서』 「홍범」의 '삼덕'(三德)에서는 '정직'(正直)을 그 하나로 꼽았다"라고 설명한다.[23] 반면, '悳'에서 '心'과 결합된 글자를 '省'으로 볼 경우, 초기 덕 개념의 내적 성찰성이 강조된다. 대표적으로 청말의 손이양(孫詒讓)과 곽말약(郭末若)은 '悳'을 '내성(內省)하는 마음'으로 풀이하였다.[24] 그러나 용경(容庚)은 금문(金文)에서 '悳'의 본자(本字)와 '省'의 본자가 명확하게 구별되어 쓰인다는 점을 들어 '悳'을 '省'과 '心'의 결합으로 보는 입장에 반대하면서, 허신을 따라 '悳'을 '直心'으로 보는 입장을 취한다.[25]

문일다(聞一多) 역시 손이양이나 곽말약처럼 '直'이 아닌 '省'의 요소를 강조하지만, 그는 '悳'에서 아직 '心'이 아직 나타나지 않는 갑골문 자형에 주목한다. 그에 따르면 '德'의 어원이 되는 갑골문 ''은 돌아다니면서 보는 행위, 즉 순시(巡視)나 사냥, 정벌의 행위를 의미한다.[26] 이렇게 볼 경우 초기 덕 개념은 영토를 순찰하거나 감찰하는 통치행위와 관련이 있으며, '德'은 특별히 통치자의 행위를 가리키는 데에서 유래되었다고 할 수 있다. 이런 주장은 '德'이 춘추전국시대 이후까지도 정치철학적 맥락에서 두드러지게 사용된 문자학적 배경을 잘 설명해준다.

한편으로 한자의 주술적 어원에 주목하는 시라카와 시즈카(白川

---

23 앞의 책, "从直心. 洪範三德, 一曰正直."

24 赤塚忠·金谷治 외(1987), 『중국사상개론』, 조성을 옮김, 이론과실천, 212-213쪽 참조.

25 위와 같음.

26 聞一多(1994), 『聞一多全集』 10卷, 「釋省彳省」, 湖北: 湖北人民出版社, 507-517쪽; 김형중(2011), 『'덕(德)'의 함양과 행위지침』, 고려대학교 박사학위논문, 17-19쪽 참조.

靜)는 '直'의 갑골문 자형을 ''으로 보고 '省'의 갑골문 자형을 ''으로 보면서, 모두 눈의 주술적인 힘에 호소하는 행위를 가리킨다고 주장한다. 두 글자에서 ''(目/罒) 위에 그려진 선들은 "눈에 주술적인 힘을 더하기 위한 주술적인 장식"으로, 두 글자는 모두 "눈의 주술적 힘에 의하여 상대방에게 영향을 미치는 것이며, 보는 것에 의하여 상대방과 영적 교류를 하는 것"을 나타낸다는 것이다.[27] 이러한 풀이는 덕 개념이 초기에 원시종교적 문화를 배경으로 출현하였음을 강조한 것이다.

그 구성요소를 '省'으로 보든 '直'으로 보든, 중요한 것은 이 글자들에 '心'이 결합된 '悳'의 자형은 갑골문에서는 나타나지 않고, 서주(西周)의 성왕(成王, 기원전 1104-1067 재위) 때 새겨진 금문(金文)에 가서야 처음으로 등장한다는 점이다. 금문은 각종 청동기 기물에 새겨져 있는 문자로서 갑골문을 잇는 옛 한자체이다. '德'에 '心'의 요소가 들어 있다는 것은, 정직하고 올바른 상태이든 성찰이나 감찰의 행위이든 주술적 능력이든 그것이 마음이라는 내적 근거를 갖는다는 인식이 생겨남으로써 덕 개념이 비로소 출현할 수 있었다는 점을 보여준다. 내적 근거에 대한 인식은 일회적이거나 우발적인 상태나 행위가 아니라, 일정한 지속성이나 일관성 또는 반복된 경향성에 관심을 가질 때 생겨난다. 이러한 관심은 서주 초기의 통치방향이 이전 시대와 비교해서 인간의 주체적 행위와 그에 따른 책임과 의무를 강조하는 인문주의적 문화를 확립하는 데 있었다는 사실과도 궤를 같이

27 시라카와 시즈카(2008), 『한자의 세계』, 고인덕 옮김, 솔, 219-220쪽.

한다.

서주의 금문에서 '德'은 '올바른'(正), '밝은'(明), '아름다운'(懿)과 같이 도덕적인 의미를 갖는 수식어와 나란히 등장하는 경우가 많다. 이는 이 시대에 도덕적 행위의 경향성, 내적인 덕성에 대한 관심과 자각이 커졌음을 보여준다. 그러나 '德'이라는 용어가 그 자체로 도덕적 의미를 갖거나 규범에 합치되는 상태나 행위를 함의하는 것은 아니었다. 이 시대에 성립된 것으로 추정되는 『금문상서』(今文尙書)에서 '德'은 단지 행위의 규칙성이나 경향성, 일관된 태도를 가리키는 데 사용되었으며, 규범적 행위나 태도뿐만 아니라 규범에 반하는 행위나 태도에 대해서도 적용되었다. 「입정」(立政)의 다음 단락은 '德'의 이런 중립적 용법을 잘 보여준다.

> 걸(桀)임금의 덕(德)은 이전 제왕들이 행한 관리 임용의 도리를 따르지 않고, 포악한 덕(暴德)을 가진 자들을 임용했습니다. 그러니 후대가 없었던 것입니다. 탕(湯)임금은 즉위하셔서 상제의 밝은 명을 잘 받드시어, 세 정승들을 데리고 정승의 지위에 잘 나아가게 하시고, 이른바 '세 준걸'이 준걸의 지위에 잘 나아가게 하셨습니다. 엄숙하게 크게 모범이 되시어 세 정승과 세 준걸들을 잘 등용하셨으므로 상(商)나라 도읍에서는 그 도읍을 조화롭게 만드시고, 사방에서는 크게 본받아 덕(德)을 드러내셨습니다.[28]

---

28 『尙書』「立政」: 桀德, 惟乃弗作往任, 是惟暴德罔後. 亦越成湯陟, 丕釐上帝之耿命, 乃用三有宅; 克即宅, 曰三有俊, 克即俊. 嚴惟丕式, 克用三宅三俊, 其在商邑, 用協于厥邑; 其在四方, 用丕式見德.

먼로(D. J. Munro)는 서주시대의 '德'을 중립적인 의미에서 타인에 의해 모방될 만한 행위 모델을 가리키는 것으로 본다. "서주의 금문에서 '刑'(형)과 '帥'(수) 두 용어는 '모방하는 것'을 의미한다. 이것은 '德'이라는 용어와 연결되어 매우 빈번하게 등장한다."[29] '德'의 이러한 특성은 춘추전국시대까지도 지속되어 유가들은 '德'을 주로 모범이나 이상적 기준이 될 만한 행위의 경향이나 태도에 대해 언급하면서 사용하지만, 그럼에도 불구하고 여전히 악덕을 가리키는 데에도 사용하였다. 예컨대, 『맹자』「이루·상」의 "염구(冉求)가 계씨(季氏)의 가신이 되어서도 그의 덕(德)을 고치지 못하고 세금으로 곡식을 거둬들이는 것이 다른 날보다 배가되었다"고 서술한 것은 이 용례를 잘 보여준다.[30]

'德'이나 '悳'이라는 글자의 초기 자형과는 큰 연관성이 없지만, 덕 개념에 철학적 의미를 부가하려고 할 때 전통적으로 가장 많이 시도한 것은 '得'(득)이라는 글자를 사용해서 이 글자를 풀이하는 것이다. 대표적으로 『설문해자』에서는 '悳'의 의미를 다음과 같이 풀이한다. "悳은 밖으로는 다른 사람들로 하여금 얻는 게 있도록 하고, 안으로는 자기에게 얻는 게 있도록 하는 것이다."[31] 이에 대해 단옥재는 "'안으로는 자기에게 얻는 게 있도록 하는 것(內得於己)'은 자신의 마음이 스스로 얻는 것"을 말하고, "'밖으로는 다른 사람들로 하여금 얻는 게 있도록 하는 것(外得於人)'은 은혜를 베풀어 다른 사람들로 하

29 Munro, D. J.(1969), *The Concept of Man in Early China*, Ann Arbor: University of Michigan Press, p.99.

30 『孟子』「離婁·上」: 求也爲季氏宰, 無能改於其德, 而賦粟倍他日.

31 『說文解字』「心部」: 悳, 外得於人, 內得於己也.

여금 얻게 하는 것을 말한다"고 설명한다.[32]

『설문해자』에서 '德'을 '得'과 연관시켜 풀이한 것은 이전의 여러 전적들의 전례들을 따른 것이다. 『논어』에서 '政'(정치)을 '正'(바로잡음)으로 풀이한다든가 '仁'(인간다움)을 '訒'(과묵함)으로 풀이한 데에서 알 수 있듯이, 중국에서는 한 글자가 담고 있는 함의들을 동일한 음을 가진 다른 글자를 활용하여 풀이하는 성훈(聲訓)이 오래 전부터 유행하였다.[33] '德'을 동일한 음의 '得'[34]으로 풀이하는 가장 오래된 용례는 전국시대 문헌으로 추정되는 『관자』「심술·상」에서 발견된다. 「심술·상」에서는 "德이라는 것은 얻는 것이다"라고 설명하며,[35] 이와 동일한 설명이 『예기』「악기」에서도 발견된다. 그러나 '得'으로 '德'의 의미를 설명하는 것은 전국시대 이후의 문헌에서나 볼 수 있을 뿐, 그 이전의 문헌에서는 발견되지 않는다. '得'으로 풀이할 경우, 德 개념은 비교적 추상성을 띠면서 무엇으로부터 언제 무엇을 어떻게 얻는 것인지를 두고 다양한 철학적 의미화가 가능하다. 이러한 풀이는 전국시대 이후 '德'이 풍부한 철학적 해석을 가능하게 하는 철학적 개념으로 확립됨에 따라 나타난 현상으로 볼 수 있을 것이다.

(3) Virtue와 德의 만남

일본의 대표적인 근대주의자 후쿠자와 유키치(福澤諭吉, 1835-1901)는 1875년 간행한 『문명론의 개략』에서 "덕이란 덕의(德義)라는 것으로

---

32 『說文解字注』「心部」: 內得於己, 謂身心所自得也. 外得於人, 謂惠澤使人得之也.

33 赤塚忠·金谷治 외(1987), 『중국사상개론』, 204쪽.

34 중국어 발음으로 둘 다 'de'이다.

35 『管子』「心術·上」: 德者, 得也.

서양 말로는 모럴"[36]이라고 '덕'을 설명했다. 그는 '덕'을 다시 '공덕'(公德)과 '사덕'(私德)으로 나누었다. 그의 의하면 공덕과 사덕은 개인의 마음을 경계로 나뉜다. 사덕이 외부와의 교섭 없이 개인의 "마음 안"에서 일어나는 작용이라면, 공덕은 "밖의 사물"이나 "타인"과의 교섭에서 일어나는 작용이다. 사덕으로 열거되는 것은 정숙, 결백, 겸손 등이고, 공덕으로 열거되는 것은 염치, 공평, 중정, 용감 등이다.[37] 그는 덕이 아니라 '지식'을 문명을 성취하기 위한 핵심능력으로 꼽으면서, 유학으로 대표되는 아시아 문화를, 개인의 활동인 사덕만을 가지고 정치영역까지 해결하려 한 미개한 것으로 폄하했다. 그리고 문명시대의 덕이란 지식을 매개로 하여 외부 존재와의 관계를 넓혀가는 공덕이어야 한다고 주장했다. 사덕이든 공덕이든 그가 꼽은 항목을 보면 통상적으로 '덕'의 영역에 속하는 것들이고 그 자신도 '덕'이라는 말로 지칭했다. 그런데 그에 상응하는 영어로는 '모럴'(moral)을 꼽았다. 덕과 도덕, 혹은 virtue와 morality를 구분하지 않고 사용한 것이다.

1881년 초판이 나온 일본의 서양철학용어사전 『철학자휘』(哲學字彙)는 도덕과 덕을 구별해서 번역어를 제시했다. 여기에서 'virtue'의 번역어로 '德'이, 'morality'의 번역어로 '道義'가 제시된다.[38] 그러나 그 이후에 '덕'이 'virtue'의 번역어로 통용되지는 않은 것 같다. 즉 번역어로 의식되지 않았으며, '덕'이라는 단음절 명사가 주목되지도 않았다. 그 대신, 1889에 발포된 '대일본제국헌법'(大日本帝國憲法)과

---

36 福沢諭吉(1995), 『文明論之概略』, 岩波文庫 青102-3, 119쪽.

37 위의 책, 119-120쪽.

38 morality의 번역어로 '도의'와 함께 '行狀'(행장)도 제시된다.

그 이듬해 발표된 '교육칙어'(敎育勅語)의 등장과 거의 동시에 '덕행'(德行), '덕교'(德敎) 혹은 '덕육'(德育)과 같은 합성어가 널리 쓰이게 된다. '대일본제국헌법'은 일본의 주권은 신성불가침의 천황에게 있고, 천황의 신민(臣民)으로서 일본인민은 천황에게 봉사해야 함을 선언했으며, '교육칙어'는 '효제충신'을 주 덕목으로 하여 그 신민의 양성 방향을 제시했다.

독일에서 칸트철학을 공부하고 돌아와 도쿄제국대학 철학과의 교수가 된 이노우에 데츠지로(井上哲次郎, 1855-1944)는 일본의 근대화운동에서 후쿠자와와는 다른 노선을 대표한다. 후쿠자와가 서양화노선을 대표한다면 이노우에는 '동서조화' 노선을 대표한다. 이노우에는 1891년 '교육칙어'의 공인해설서인 『칙어연의』(勅語衍義)를 간행하여, "효제충신의 덕행을 닦고 공동애국의 도의심을 배양해야 함"[39]을 상세하게 부연했다. 이런 식으로 국가주의와 유학의 덕목이 결합되었다. 그는 '공동애국'도 '효제충신'도 동양에 본래부터 있는 것이지만, 서양 각국의 학술이 동점해오면서 공동애국, 효제충신의 시비를 의심하는 지경에 이르렀기 때문에[40] 새롭게 현창되어야 한다고 주장했다. 특히 양명학을 재해석하여 효제충신을 가르치는 덕육의 원천으로 삼으려고 했다. 그는 1900년 『일본양명학파의 철학』(日本陽明學派之哲學)을 간행하면서 "국민적 도덕심에 대해 구명하고자," 국민의 심성을 도야해온 "덕교(德敎)의 연원을 천명"하기 위해 양명

---

39 井上哲次郎(1900), 『勅語衍義』, 東京: 敬業社, 1쪽.

40 위의 책, 5쪽.

학을 조명한다고 출간의 목적을 밝힌다.[41]

앞에서 보았듯이, 후쿠자와는 'moral'을 덕의(德義)에 상응하는 말로 보았고, 『철학자휘』 역시 '도의'라는 상응어를 제시했다. 그런데 오래지 않아 'moral' 또는 'morality'를 가리키는 '도덕'이라는 용어가 등장한다. 1886년 니시무라 시게키(西村茂樹, 1828-1902)는 도쿄제국대학에서 "일본도덕론"이라는 제목의 연설을 했는데, 곧이어 '일본'이라는 단어 대신에 '국민'이 들어앉아 '국민도덕'이라는 말이 한 시대를 풍미하게 된다. '국민도덕'은 '공동애국'을 이끌어낼 국민의 심성을 일컫는 명칭으로 자리잡는다. 후쿠자와와 이노우에는 '국민도덕'의 내용에 대해서는 생각이 매우 달랐지만, 둘 다 국민도덕의 개발과 확산에 종사했다.[42]

'도덕'이 번역어로서 정확하게 누구에 의해 사용되기 시작했는지 확인할 수 없으나, 역시 번역어인 '윤리'와 동일범주의 개념으로 자주 나란히 운위되는 것은 확인할 수 있다. 가령, 1888년에 출간된 『윤리통론』(倫理通論)에서는 다음과 같이 '윤리', '윤리학'이라는 말을 특필한다.

---

41 井上哲次郎(1900), 『日本陽明學派之哲學』, 東京: 富山房, 5쪽.

42 關口すみ子(2007), 『國民道德と國民道德とジェンダー—福澤諭吉·井上哲次郎·和つじ哲郎』, 東京: 東京大學出版部, 92-93쪽. 세키구치에 의하면 '국민도덕'은 national morality의 번역으로서, 허버트 스펜스가 쓴 *Social Statics*의 일본어 번역본 『社會平權論』(1881)에 처음 등장한다. 이 책에서는 부제가 보여주듯이, 후쿠자와와 이노우에를 국민도덕의 주창자로 다루고 있다. 이노우에는 국민도덕의 재료로 유학적인 것을 끌어온 데 반해, 후쿠자와는 도덕은 시대에 따라 변해야 하며, 같은 도덕을 국민에게 일률적으로 적용할 수도 없다는 생각을 갖고 있었다.

> 윤리학은 서양말로 'ethics'라고 한다. 혹은 'moral philosophy' 또는 'moral science'라고 한다. 지금 이 말을 도덕학, 도의학, 수신학 등의 이름으로 번역하기도 하는데, 나는 특히 윤리학이라는 명칭을 사용한다. 윤리학, 즉 ethics는 선악의 표준, 도덕의 규칙을 논정(論定)하여 사람의 행위와 거동을 명령하는 학문을 말한다. 내가 말하는 '논정'이란 논리적으로 고려하여 구명한다는 뜻으로 가정과 억측에서 나오는 것이 아니다.[43]

근대의 분과학문의 하나로서, '도덕학'보다는 '윤리학'이 더 적절하다고 받아들여진 것은 '도덕'과 '윤리'의 한자 구성 때문이라고 추측된다. 앞의 인용에 이어 저자는 '윤리학'이란 '윤'에 관한 "리학(理學), 즉 사이언스"[44]라고 말한다. '리'가 과학에서 추구하는 객관적 원리를 의미하는 것으로 받아들여진 반면, '도덕'은 비록 과거의 '도덕'의 용법[45]과는 달랐지만, '윤리'보다는 친숙한 것으로 느껴졌던 듯하다. 같은 문장 안에서 "도덕의 규칙"이라는 말이 사용되는 것을 보면, 'ethics'의 번역어로 '도덕학'이 거론되고 있음을 알고 있으면서도 '도덕'이라는 말을 이미 자명한 명사로 사용하고 있는 것으로 보인다.

---

43 井上圓了(1888), 『倫理通論』, 東京: 普及舍, 3-4쪽.

44 앞의 책, 5쪽. "리학, 즉 사이언스의 명칭은 논리적으로 각종 사실을 연구하여 일정한 규칙을 살펴 정하고 하나의 학파로서 학문적으로 계통이 있는 것을 말한다."

45 물론, 노자의 『도덕경』(道德經)에서 '도덕' 역시 지금의 '도덕'과 뜻이 다르다. 그런데 유가경전 안에서도 지금처럼 사용되지는 않았다. 가령, '道德'이라는 말은 『예기』「곡례상」의 "도덕인의는 예가 아니면 이루어지지 않는다"(道德仁義, 非禮不成)는 구절에서 보이는데, 이에 대해 정현(鄭玄)은 "도는 재주가 많은 것이고 '덕'은 몸소 행동할 수 있다는 것"(道, 多才藝, 德, 能躬行)으로 풀이했다.

『윤리통론』의 저자 이노우에 엔료(井上圓了, 1858-1919)는 위 인용문에 이어, 유학은 "리학(理學)의 고증을 결여하고 논리의 규칙에 맞지 않기[46] 때문에 윤리학이라고 할 수 없다"고 단언한다. 그런데 앞에서 언급한 대로 이노우에 데츠지로는 '도덕심'과 '덕교'와 '양명학'을 동일선상에서 다뤘다.

이노우에 데츠지로는 서양에서 수입된 윤리학의 대표를 "공리주의 혹은 이기주의"라고 생각했는데, 그 사조의 수입으로 "국민적 도덕심이 파괴"되는 것을 두려워했다.[47] 도쿄제국대학 한문학과 박사로서 동양철학 전공자인 다카세 다케지로(高瀨武次郞, 1868-1950)는 자신의 전공을 살려, 양명학 현창 분야에서 적극적으로 이노우에 데츠지로에 호응했다. 그는 왕양명을 '윤리학자'와 구별해서 "도덕실천가"[48]라고 불렀다. 다카세는 나아가 다른 책에서 서양은 이론, 동양은 실천을 중요시하는 것으로 특징짓기도 했다.[49] 윤리가 이론적이고 도덕은 실천적이며, 수입된 것은 이론적이고 전통적인 것은 실천적이라는 인식은 중국에도 그대로 이식된다.[50]

국민국가 건설에 실천의 동력으로서 도덕이 동원된 그 시기, '도덕'은 빈번하게 회자되면서도 '덕'은 그렇지 못했다. 다만, 그 국민도덕의 교육, 즉 '덕육', '덕교'라는 조어로 사용되면서, 유학적 덕목이

---

46 井上圓了(1888), 『倫理通論』, 6쪽.

47 井上哲次郞(1990), 『日本陽明學派之哲學』, 東京: 富山房, 4-5쪽.

48 高瀨武次郞(1904), 『陽明學詳傳』, 東京: 文明堂, 284쪽.

49 高瀨武次郞(1909), 『支那哲學史』, 「緖論」, 東京: 文盛堂書店.

50 특히 양계초의 용어 사용에서 확인할 수 있다. 이혜경(2012), 「유학과 문명, '倫理'를 둘러싸고 주도권을 다투다」, 『개념의 번역과 창조』, 돌베개 참조.

그대로 '덕육'의 항목으로 지목되었다. 메이지 초기부터 확인할 수 있듯이 '德'과 'morality'가 구별되지 않았고, 이윽고는 morality의 번역어인 '도덕'과 '덕'도 구분하지 않았음을 알 수 있다. '국민도덕'은 분명 새로운 것이었는데, 그 내용을 채운 것은 종래의 '유학적 덕'이었다.

'virtue'의 대응어 내지 번역어로서 '덕'에 대한 의식과 천착은 현대에 비로소 일어난 일이다. 즉 현대 이전까지 '덕'은 'virtue'의 번역어가 아니라 이전부터 친숙하게 사용하던 '덕'이었다. 국민국가의 산물로서 국민도덕이 근대기획의 일환이었다면, 유럽에서도 오히려 근대의 뒤안길에 남겨진 'virtue'가 이 시기 일본에서 주의 깊게 다뤄지지 않은 것은 오히려 당연한지도 모르겠다.

그리고 일본에서의 사정은 조금씩 시차를 두고 중국이나 우리나라에서 거의 비슷하게 반복되었다. 즉 번역어가 아닌 '덕'의 사용, '덕육', '덕교' 등 조어 빈출, 그리고 유학적 덕을 전용한 '국민도덕' 등은 한때 동아시아에서 공동으로 볼 수 있는 현상이었다.

4. 책의 구성과 내용

이 책은 동양편과 서양편 총 2부로 구성되어 있다. 각 부마다 덕윤리의 역사적 전개에서 중요하고 주목할 만한 시각을 제시한 철학자들을 다룬다. 동양편에서는 일곱 명의 철학자를, 서양편에서는 다섯 명의 철학자를 다룬다.

동양편은 유가철학의 창시자이자 유가 덕윤리 전통의 기본 토대를 마련한 공자(孔子, 기원전 551-479)의 덕이론에서 시작한다. 공자는 춘추시대 초기에 봇물처럼 쏟아져나온 다양한 덕목들에 대한 성찰을 바탕으로, 이후 유가철학의 핵심이 되는 주요 개념들과 가치들을 제시하였다. 공자가 제시한 덕목들은 궁극적으로 하나의 통합된 전인적 인격의 실현과 바람직한 인간상의 달성을 목표로 한다는 점에서 덕윤리 이론의 주요 특성을 잘 보여준다. 우리는 덕이 개인의 자기완성과 인간공동체의 번영에 어떤 역할을 하는지에 대한 공자의 견해를 살펴보고, '인'(仁)을 비롯해 공자가 인간 삶의 의미이자 지표가 될 가치로 제시한 덕목들 사이의 관계에 대해 검토할 것이다. 아울러 그 덕목들이 '군자'(君子)라는 인간상으로 어떻게 수렴되는지, 군자의 요건은 무엇인지에 대한 공자의 견해를 살펴볼 것이다.

이어서 공자의 덕윤리를 인성론적으로 뒷받침하고 발전시킨 맹자(孟子, 기원전 372-289)의 덕이론을 소개한다. 맹자는 인간다움의 실현을 목표로 삼는 공자의 윤리학적 방향 설정을 계승하면서도 전국시대에 철학적 쟁점으로 떠오른 인간 본성에 대한 논의를 통해 공자가 미처 명시화하지 못한 도덕적 행위의 내적 동기와 기반으로서의 덕성(德性) 개념을 덕윤리 이론의 전면에 내세웠다. III장에서는 맹자의 인성론을 덕윤리의 맥락에서 재검토하고, 그가 유가의 덕윤리 이론의 필수 요소로 도입한 수양론의 내용에 대해서도 살펴볼 것이다.

다음으로 성리학의 집대성자인 주희(朱熹, 1130-1200)의 덕이론을 소개한다. 성리학은 우주 전체가 리(理)로 연결되어 있다는 형이상학을 제시하였다. 이에 따르면, 인간은 우주적 진리를 본성으로 품고 태어나는 존재이며, 덕은 존재론적으로 본성과 동격이다. 따라서 덕은 애초에 내적인 것이며 동시에 보편적인 것이다. 주희는 본성과 덕이 경험을 통해 완성되는 것이 아니라, 그 이전에 이미 완전한 것이라고 생각했다. 이러한 생각을 바탕으로 인간과 사회를 각각 전체적으로 조망하면서 그 운동방향을 제시했다. 개인이 갖는 덕의 근원은 개인의 본성이다. 덕은 습득하는 것이 아니라 내면의 것을 발현 내지 발휘하는 것이다. 개인이 덕을 갖는다는 것은 덕에 의한 행위가 주관을 넘어 객관성을 얻는다는 것을 의미하며, 훌륭한 사회인, 나아가 우주의 조화를 실현하는 우주인이 된다는 것을 의미한다. 공자와 맹자에 의해 정초된 유학의 덕은 주희에 이르러 형이상학적 보편으로 재해석된다.

양명학의 창시자 왕수인(王守仁, 1472-1528)의 덕론이 그 뒤를 잇는다. 왕수인은 마음, 본성, 정, 리, 기, 본체, 작용 등 성리학이 사용한 개념들을 그대로 공유하면서, 도덕적 본성과 도덕적 가치가 둘이 아니라는 점을 강조하며 '심즉리'(心卽理)라는 명제를 제시하였다. 그에 의하면 진리는 경험에 앞서 존재하는 것이 아니며, 인간의 지각에 의해 진리로 드러난다. 선한 본성과 진리는 다른 것이 아닐 뿐 아니라 선한 본성은 그대로 선한 감성이다. 그는 그것을 '양지'(良知)라는 이름으로 불러, 그 활동의 측면을 강조했다. 인간은 태어날 때부터 어떤 가감도 필요하지 않은, 완전한 형태의 순수 선, 즉 양지를 타고난다. 양지는 본체이면서 동시에 발용이다. 덕은 그 양지에 뿌리를 두고 있는 것으로서, 어떤 장애도 없이 양지를 현실에서 발휘할 때 덕 역시 성취되는 것으로 설명된다.

이어서 욕망을 긍정한 철학자로 유명한 청대의 대진(戴震, 1723-1777)을 다룬다. 고증학자로서도 명성이 높은 대진은 그 시대에는 드물게도 자신의 고유한 철학을 전개했다. 그는 성리학이 불교에 물들어 유학 본연의 모습을 잃고 인간의 욕망을 억압했다고 비판하며 욕망을 적극적으로 인정하는 윤리학을 제시했다. 그의 비판에 따르면, 성리학이 보편원리로 내세운 리(理)는 불교의 의식 개념을 변용한 것일 뿐이다. 나아가 권력자 개인의 의견에 불과한 것을 보편원리라고 통용시켜서 보통 사람의 욕망을 압살한다. 그의 철학은 현실과 절연된 보편원리의 존재를 부정하면서, 현실을 구성하고 있는 기(氣)의 존재만을 인정하고 그에 바탕을 두고 세상의 질서를 도출해야 한다는 기일원(氣一元)철학의 전형을 보여준다. 그에게 덕은 나의 욕망뿐만 아니라 타인의 욕망까지도 긍정하고 고려하는 능력이다. 대진의 윤리학은 현실주의적이고 비판적인 철학으로 기능할 수 있는 유학철학의 변주를 보여준다.

정약용(丁若鏞, 1762-1836)은 유학사에서 독특한 덕론을 전개한 조선의 학자이다. 역시 유학적 전통 위에 있는 그는 유가경전을 재해석하는 방식으로, 그리고 경세를 강조하는 입장에서 새로운 덕론을 제시하였다. 그의 관심은 선이란 앎의 대상이 아니라 실행의 대상이라는 것을 천명하는 것이었다. 그가 논하는 덕의 가장 큰 특징은 "행위 뒤에 붙이는 이름"이라는 정약용 자신의 말로 요약된다. 덕이 있다고 평가되기 위해서는 선을 좋아하는 본성, 선을 선택하는 자유의지, 몸의 실행이라는 세 가지 조건이 갖춰져야 한다고 주장함으로써, 그는 덕의 성립을 신체 위, 즉 행위로 끌어내었다. 주희에게서 덕이 마음의 것이라면, 정약용에게 덕은 몸이 얻는 것이다.

마지막으로 근대 유럽문명이 지배하는 세상에서 적응하기 위해 애국과 덕을 결합한 양계초(梁啓超, 1873-1929)를 조명한다. 양계초가 구상한 덕은 사회의 공익에 이바지하는 덕이라는 점에서 종래의 덕과 다르지 않을 수도 있으나, 그 사회가 경쟁사회이고, 개인에게 요구되는 덕이 사회의 경쟁력 고양에 이바지하는 것이라는 점에서 종래의 덕과 성격이 달랐다. 당시 양계초에게 최고의 경쟁주체는 민족국가였고, 민족국가의 부강에 이바지하는 것이 개인에게 요구되는 덕이었다. 국가의 안위가 개인의 안위에 직결된다는 이해관심(interest)의 논리가 동원되었으나, 인간 본성에 뿌리내리고 있는 선함을 근거로 국가의 공공이익에 이바지하는 것이 당연하다는 유학적 논리도 병존했다. 양계초는 개인적 이익추구에 갇히지 않는 유학적 선을 자국의 이익에 봉사하는 마음으로 한정시킨다. 전통적인 선 개념과 이해관심의 결합, 도덕과 국가주의의 결합, 이는 동아시아가 근대를 지나면서 만들어낸 하나의 전형이 되었다. 경쟁국가를 전제하고 그들과 경쟁하는 데 요구되는 애국심과 애국행위가 덕이 된 것이다.

서양편은 플라톤(기원전 427-347)의 윤리학에서 출발한다. 플라톤의 윤리학은 다시금 스승 소크라테스(기원전 469-399)의 윤리학에서 출발한다. 소크라테스는 서양윤리학의 시조로 인정받지만, 글을 남기지 않았다. 그의 윤리학으로 전해진 것은 대체로 플라톤의 저작, 특히 초기 저작에 주인공으로 등장하는 소크라테스의 대화에 나타난 사상이다. 플라톤의 작품을 통해 기억되는 소크라테스는 평생 덕의 탐구에 헌신한 철학자이다. 소크라테스는 기존 관습과 전통적인 가치를 그대로 고집하거나 한꺼번에 거부하는 대신, 그것에 대한 철저한 반성을 통해 객관적이고 보편적인 윤리를 확립하는 데 기여하고자 했다. 그는 행복을 인생의 최종 목적으로 내세웠을 뿐더러 행복의 달성이 덕의 실현에 있다고 본 점에서 행복주의와 덕윤리를 근간으로 하는 서양 고대 윤리학의 전형을 제시했다. 그에 따르면, 행복은 다름 아니라 우리가 좋은 사람이 됨으로써, 다시 말해 덕을 갖춤으로써 도달할 수 있다. 따라서 그는 사람들이 제각기 자신의 덕을 돌보는 데 마음을 쓰길 촉구했으며, 사람들이 덕을 잘 돌볼 수 있도록 옆에서 도와주는 봉사자이길 자처했다. 소크라테스는 특히 좋음과 나쁨을 분별할 수 있는 지혜의 중요성을 강조했으며, 이 지혜야말로 모든 덕을 덕으로 만드는 실체로 보았다.

플라톤은 소크라테스로부터 물려받은 윤리학의 문제를 보다 확장된 철학의 지평에서 천착하길 시도한다. 그는 자연학을 철학으로 다시 불러들여, 대자연 또는 우주의 질서를 개인과 국가가 구현해야 할 질서의 모델로 삼는다. 또한 플라톤은 소크라테스가 개인적으로 실천했던 돌봄의 윤리를 국가적 차원에서 실행하기 위한 제도적 방안을 세우느라 고심한다. 이런 식으로 덕의 윤리학은 덕의 정치학으로 확장된다. 잘 알려져 있듯이, 그는 철인군주론을 통해 덕을 돌보는 철학과 국가를 다스리는 권력이 일치하는 덕치(德治)의 이상을 제안한다. 그가 꿈꾸는 이상국가에서는 덕의 모범이 되는 철학자가 덕으로 나라를 다스려서 시민들을 유덕하고 행복하게 만든다. 하지만 그는 덕치의 이상이 현실에서 실현되기 어렵다는 사실을 인정해야 했다. 후기에 접어들면서 플라톤은 차선책으로 올바른 법치(法治)의 가능성을 타진한다. 더 이상 타락하기 쉬운 인간에 기대는 정치 대신 법에 기대는 정치를 모색한 것이다.

다음으로 고전적 덕윤리를 체계화한 아리스토텔레스(기원전 384-322)를 살펴본다. 아리스토텔레스는 처음부터 자신의 윤리학을 정치학의 일부로서, 아니 정치학으로서 구상했다. 그에게 인간이란 본성적으로 정치적 존재, 다시 말해 정치공동체(polis)를 이루고 사는 존재이다. 이처럼 그는 인간으로서의 정체성을 정치공동체의 구성원, 즉 시민(politês)으로서의 정체성과 분리하여 생각하지 않는다. 그의 정치학이 추구하는 최고선은 정치공동체의 울타리 안에서 시민으로서 살아가는 인간이 추구하는 행복이다.

아리스토텔레스는 행복이 덕의 실현에 있다고 보았으며, 인간의 본질을 이성에서 찾는 이성적인 인간관과 한 사물이 제기능을 발휘하기에 가장 좋은 상태를 '덕'(德)으로 간주하는 기능주의적 덕 개념을 주장한 점에서 소크라테스와 플라톤이 수립한 고대 윤리학의 기본 틀을 계승했다. 나아가 정치공동체가 구성원들의 행복을 목적으로 하며, 그 목적을 이루기 위해 무엇보다도 시민들의 덕 교육에 힘써야 하고, 법 또한 덕을 위해 있어야 한다고 생각한 점에서 플라톤의 정치학적 입장을 수용했다.

그러나 아리스토텔레스는 몇 가지 중요한 지점에서 소크라테스와 플라톤과 길을 달리한다. 우선, 그는 덕을 지식으로 간주하고 배움을 통해 덕을 획득해야 한다고 주장한 소크라테스를 비판하면서, 덕을 지성의 덕과 성격의 덕으로 양분하고, 전자는 배움을 통해 획득될 수 있지만, 후자를 획득하기 위해서는 실천과 습관이 필요함을 강조한다. 다음으로, 그는 플라톤과 달리 실천적 지혜(phronêsis)를 이론적 지혜(sophia)로부터 구분함으로써 실천철학을 이론철학으로부터 독립시킨다. 그의 정치학은 이론철학이 아니라 실천철학이다. 실천철학으로서 정치학의 목표는 행복과 덕이 무엇인지를 아는 데 그치지 않고, 그것을 산출하고 실행하는 데 있다. 마지막으로 그는 정치가가 실천적 지혜를 얻기 위해, 플라톤이 주장하듯이, 수학과 형이상학을 배워야 하는 것은 아니라고 생각했다. 이제 정치가는 더 이상 철학자일 필요가 없고, 철학자가 정치가일 필요도 없다. 이리하여 플라톤의 철인군주의 이상은 거부된다.

소크라테스, 플라톤, 아리스토텔레스의 삼대(三代)에 걸쳐 확립된 덕윤리는 헬레니즘 시대를 거쳐 고대 후기에 이르기까지 윤리학의 주류를 이룬다. 이 책에서 별도로 다루지 않았지만, 아리스토텔레스 이후 고대 덕윤리가 어떻게 전개되었는지를 간략하게 소개하는 것이 이후 논의를 이해하는 데 도움이 될 것이다.

헬레니즘 시대부터 여러 왕조의 부흥과 소규모 도시국가의 쇠퇴로 인해 시민들의 정치활동이 축소되었고, 철학자들도 개인 내면의 '국가'와 자기통치(self-government)에 많은 관심을 기울이게 되었다. 헬레니즘 시대의 철학계를 주도했던 에피쿠로스학파와 스토아학파는 철학의 치유기능을 강조했다. 철학이 무엇보다 영혼의 병을 고치는 의술로 간주된다. 두 학파의 철학자들은 영혼의 건강이 곧 덕이고, 덕이 인간을 행복하게 만들어준다고 생각했다. 그들에게 철학은 영혼의 덕을 돌봄으로써 행복으로 이끄는 삶의 기술(ars vivendi)을 의미했다.

에피쿠로스주의자들은 인간 영혼을 병들게 하는 주된 원인이 신과 죽음, 좋음과 나쁨에 대한 잘못된 생각이라고 진단하고, 병든 영혼을 치유하기 위해 '네 가지 약'(tetrapharmakos)을 처방한다. 첫째, 신은 두려워할 존재가 아니다. 둘째, 죽음은 걱정거리가 아니다. 셋째, 좋은 것은 얻기 쉽다. 넷째, 끔찍한 것은 견디기 쉽다. 에피쿠로스주의자들은 자연과 신, 인간 본성에 대한 철학적 탐구를 통해 이 네 가지 주장을 정당화하려고 노력했다. 그들은 무엇보다도 종래의 종교에서 주장해온 신의 섭리와 사후 심판의 존재를 부정함으로써 공포와 걱정을 제거하고자 했다. 나아가 그들은 행복하기 위해 필요한 쾌락은 이루기 어려운 허황된 것이 아니라 얻기 쉬우며, 행복을 방해하는 고통도 그 자체로는 견디기 어려운 것이 아니라고 안심시킨다. 사실, 에피쿠로스주의자들이 추구하는 행복은 육체의 고통과 영혼의 혼란으로부터 해방된 상태에서 맛볼 수 있는 고요한 쾌락이었다. 그들에 따르면, 덕은 이러한 쾌락을 성취하기 위해 필수불가결한 도구였다. 그들은 슬기를 비롯해 용기와 절제, 정의 없이는 무고통(aponia)과 무혼란(ataraxia)의 '극락'을 확보할 수 없다고 보았다.

이에 비해 스토아주의자들은 덕이 행복의 도구가 아니라 곧 행복의 내용이라고 보았다. 그들은 행복이 '본성에 따르는 삶'에서 성립한다고 여겼다. 또한 인간의 본성을 이성으로 파악했다. 따라서 그들에게 행복이란 이성에 따르는 삶이다. 그들은 덕이 이성의 완성에서 성립한다고 보았다. 그들은 이러한 덕만 있으면 행복하기에 부족함이 없이 충분하다고 믿었다. 그리하여 스토아의 현자(賢者)는 고문대 위에서도 행복하다는 결론에 이르렀다.

스토아주의자들은 인간을 불행으로 이끄는 영혼의 병을 비이성적인 감정(pathos)이라고 보았고, 이러한 병리적인 감정을 제거하기 위해 이성적인 논변을 사용하거나 지혜를 담은 경구나 격언들을 처방하기도 했다. 이처럼 이성의 힘으로 그들은 '부동심'(apatheia), 다시 말해 영혼의 평온을 회복하려고 했다. 그런데 스토아에서 감정은 비이성적인 영혼의 상태가 아니라 이성적인 영혼의 오작동 상태이다. 스토아주의자들에 따르면, 성인이 된 인간의 영혼에는 비이성적인 부분이 없다. 감정은 그 자체로 잘못된 생각이거나 그것으로 환원되는 심리적 흥분상태이다.

에피쿠로스주의와 마찬가지로 스토아주의는 '잘못된 생각'을 바로잡는 것이 철학적 치유의 핵심이라고 보았다. 이런 맥락에서 에피쿠로스주의와 스토아주의는 '바른 생각', 다시 말해 '정설'(orthodoxy)의 확립과 체계화 및 대중화를 시도했으며, 이런 점에서 교조주의(dogmatism)로 규정될 수 있다. 헬레니즘 시대의 교조주의는 '정설'의 확립 가능성에 의문을 제기한 회의주의의 도전을 받았다. 하지만 회의주의조차(특히 섹스투스 엠피리쿠스가 묘사한 퓌론주의) 영혼의 치유책으로 제시된다. '바른 생각' 내지 '참된 판단'을 추구하지 말고, 오히려 그것에 대한 집착을 버리고 '생각 없이' 판단을 중지하고 살 때, 영혼의 평온에 도달할 수 있다는 역설이 회의주의의 가르침 아닌 가르침이다.

헬레니즘 시대가 막을 내리고 로마 제정기에 접어들 무렵, 플라톤 철학에 대한 관심이 증대했고, 고대 후기에는 신플라톤주의가 종래의 고대 철학 전통들을 집대성했다. 신플라톤주의는 신(神)을 닮는 것을 목표로 삼은 경건한 철학이었다. 신플라톤주의자들에게 신은 본받아야 할 윤리적 모범이었다. 그들은 신을 닮아가는 철학적 여정의 종착점이 신과의 합일에 있다고 여겼고, 그 지복의 경지에 이르기 위해서는 덕을 사다리로 삼아야 한다고 주장했다. 플로티누스는 덕이 신을 보여줄 것이라고 했다. 그리고 덕 없이 외치는 '신'은 빈 이름일 뿐이라고 했다. 신플라톤주의자들은 전통적인 덕론들을 비판적으로 종합하여 덕의 위계론으로 발전시켰다. 포르피리우스는 정치적/시민적 덕, 정화의 덕, 관조적 덕, 범형적 덕으로 상승하는 덕의 위계를 수립한다. 덕의 위계에서 하위의 덕은 상위의 덕으로 올라가기 위한 계단이 된다. 이암블리코스에 오면 지적인 덕을 초월하는 성사적 덕이 도입되는데, 이때 성사(聖事, theourgia, sacramentum)란 신을 모방하는 신비적 행위를 뜻한다. '성사' 개념과 함께 신플라톤주의는 서양 고대의 지성주의 전통을 마침내 떠난 것이라는 의혹을 산다.

행복을 성취할 목표로 내세우고, 주체의 자존감과 자긍심에 호소하면서 지적 각성과 감정 및 욕망의 수련을 요구했던 고대의 덕윤리 전통은 그리스도교 문화의 정착과 함께 점차 쇠퇴하게 된다. 행복은 더 이상 행위자가 자력으로 성취할 수 있는 것이 아니다. 그것은 신의 은총이 내리는 선물이다. 이제 드높은 자긍심이나 자존감보다 깊은 겸손과 죄의식이 강조된다. 무엇보다도 고대인들의 자긍심의 원천이었던 덕이 빛을 잃는다. '소위 이교적 덕'이 전정한 덕이 아니라, '빛나는 죄'(splendida peccata)일 뿐이라는 평가가 내려진다.[51] 참된 종교 없이는 참된 덕도 없다는 아우구스티누스의 말은 서양 고대 덕윤리의 종언이다.[52] 사실, 그리스도교에서 예찬하는 믿음, 소망 그리고 사랑의 '신학적 덕들'은 더 이상 인간이 자신의 노력을 통해 성취하는 훌륭함이 아니라, 신이 인간에게 내리는 은총의 선물이며 초자연적인 힘이다.

그리스도교 문화는 근대의 대표적인 규범윤리인 의무론과 공리론의 이론적 배경이 되었다. 그리고 그 속에서 덕윤리는 철학사의 중심무대에서 사라졌다. 그러나 그렇다고 덕윤리 전통이 완전히 소멸되었던 것은 아니었다. 이러한 그리스도교 전통에 대립하면서 고대

51 17세기에 활약한 프랑스의 계몽주의자 피에르 베일(Pierre Bayle)은 그의 유명한 사전(*Dictionnaire historique et critique*, 1697년 초판 발행)에서 이러한 견해를 아우구스티누스에게 귀속시킨다(Dict. 401).

52 『신국』 xix 25b. 이와 관련해서 아우구스티누스는 '신앙으로부터 오지 않은 모든 것은 죄'(로마서 14:23)라는 성 바울의 언명에 권위를 부여한다.

덕윤리의 문제설정을 이어받고 있는 철학적 전통이 존재했기 때문이다. 물론, 근대의 덕윤리 전통은 고대 덕윤리를 변형 없이 그대로 수용하고 있는 것은 아니다. 이 전통은 그리스도교 도덕에 대항하여 고대 덕윤리 전통을 복원하고 있지만, 그것에 적지 않은 변형을 가하게 된다. 따라서 근대 덕윤리는 양자를 동시에 비판하면서 제3의 길을 모색했다고 할 수 있다.

이 덕윤리 전통을 구성하는 철학자로 우리는 여기에서 니콜로 마키아벨리, 베네딕투스 데 스피노자, 그리고 프리드리히 니체를 다루려고 한다. 이 세 철학자들은 고대 철학자들이 자연을 이해한 방식을 거부했다. 이들은 모든 자연 사물들은 실현해야 할 목적으로서 본성을 가지고 있으며, 그 본성에 따를 때 그것들은 조화로운 전체를 형성한다는 고전적 믿음을 부정한다. 그들에게 자연에는 어떤 궁극적 목적이나 의미도 존재하지 않는다. 그 목적이나 의미는 인간이 창조하고 구성하는 것이다. 인간의 덕은 바로 질서, 형식, 의미를 생산하고 창조하는 덕이다. 따라서 이 덕은 자연이 가지고 있는 질서나 형식에 합치하며 살아가는 데 있는 것이 아니다. 자연은 그러한 질서를 가지고 있지 않다. 오히려 자연은 특정한 질서가 아니라 다양한 질서나 형식을 산출해낼 수 있는 '힘'을 가지고 있다. 자연의 일부인 인간의 경우 이 생산적 힘은 욕망으로 불린다.

마키아벨리, 스피노자, 니체로 이어지는 이 철학적 전통에서는 인간을 이성이 아니라 욕망의 존재로 파악한다. 이들에게 이것은, 이전의 철학자들이 자신들의 바람대로 만들어낸 이상적인 인간, 어디에서도 존재할 수 없는 인간이 아니라 현실에 있는 그대로의 인간이다. 이들의 덕윤리는 이렇게 인간의 현실을 정확히 직시하는 것에서 출발해야 한다는 문제의식을 표현하고 있다. 이러한 문제의식을 공유하고 있지만 이 세 철학자의 덕윤리는 조금씩 다른 모습으로 등장한다.

우선, 르네상스 인문주의자인 마키아벨리(1469-1577)는 스피노자-니체로 이어지는 근대 덕윤리 전통을 열고 있는 선구자이다. 비록 그는 정치론에 국한된 문제설정 속에서 자신의 철학을 발전시켰지만, 그가 거기에서 성취하고 있는 개념적 혁신은 정치론을 넘어 인간학, 존재론에까지 확장된다. 우리가 마키아벨리를 '근대 덕윤리' 전통의 선구로 삼는 이유가 여기에 있다.

그는 고대 덕윤리 전통이 제기하였던 '좋은 삶은 어떤 것인가'라는 물음을 '삶이란 무엇인가'라는 물음으로 대체한다. 이 물음의 전환은, 전자가 함축하고 있었던 형이상학적, 인간학적, 윤리적 전제들을 문제 삼는다. 조화로운 전체로서의 자연이라는 자연관, 이성적 동물로서의 인간에 대한 정의, 조화, 질서, 평화 등에 대한 도덕적 가치부여가 마키아벨리의 현실주의적 관점 속에서 폐기된다. 이 점에서 마키아벨리주의는 '비도덕적'이라고 평가될 수 있다. 그러나 그의 비도덕주의는 도덕 자체의 부정이 아니라 전통적 도덕과는 다른 도덕, 새로운 덕 개념의 구성으로 이해되어야 한다. 새로운 덕 개념은 철학자들이 자신들의 욕망에 따라 꾸며낸 이상과 목적이 아니라 부정할 수 없는 현실에 대한 긍정으로부터 형성되어야 한다. 인간은 욕망하는 존재라는 점, 이것은 부정할 수 없는 현실일 뿐만 아니라 덕이 근거해야 할 토대이다. 즉 덕은 욕망의 억제가 아니라 그것이 갖는 활력에 기대야 한다. 그러한 한에서 윤리는 현실에서 그 효력을 갖는 실천적인 것이 될 수 있다.

마키아벨리주의에 대한 사람들의 통속적 이해는 마키아벨리의 현실주의 철학에 대한 오해의 산물이다. 마키아벨리는 단지 절대적인 선과 악을 부정할 뿐이다. 우리가 전제하는 어떤 절대적 선과 악에 의해서 우리의 삶이 평가되어야 하는 것이 아니라, 반대로 삶의 관점에서, 존재의 보존이라는 관점에서 도덕적 가치들은 재평가되어야 한다는 것을 그는 주장할 뿐이다. 스피노자와 니체가 이어받고 있는 것은 바로 이러한 관점의 전환이다.

스피노자(1632-1677)는 마키아벨리의 이러한 통찰을 체계화한다. 그의 윤리적 성찰은, 한편으로는 당시의 지배적인 윤리적 담론이었던 그리스도교 도덕의 자유의지론과, 다른 한편으로는 고대 덕윤리 전통의 목적론을 동시에 극복하려는 문제의식에서 출발한다. 그가 기획했던 새로운 '보편 윤리학'은 보다 강한 인간 본성의 구성이라는 덕윤리 고유의 문제설정 하에서 제시된다. 더 나아가 스피노자는 이 유덕한 인간유형을 합리성과 자유를 통해 규정한다. 이 점에서 스피노자는 마키아벨리보다는 고전적 전통에 합류하고 있는 것처럼 보인다. 그러나 그는 합리성과 자유를 전적으로 새로운 존재론과 인간학에 기초해서 재규정함으로써 고전적 덕윤리 전통과 갈라서고 있다. 합리성과 자유를 특정한 결과의 관점에서, 즉 특정하게 전제된 적합한 인식 혹은 '의지의 자유'로서 파악하는 대신에 그 발생과 기원의 관점에서, 즉 다양성과 균형 개념을 통해서 이해함으로써 스피노자는 덕 개념을 계보학적으로 재구성하고 있다. 이 재구성에서 궁극적 토대가 되고 있는 것은 그의 역량의 존재론과 욕망의 인간학이 응축되어 나타나는 코나투스의 원리이다. 여기에서 스피노자는 다시 마키아벨리의 통찰을 따르고 있다. 요컨대 스피노자는 마키아벨리가 열어놓은 새로운 인간학의 지평 위에서 고전적인 덕윤리를 재전유하고 있다고 말할 수 있다.

니체(1844-1900)는 스피노자를 자신의 유일한 선구자로 찬양한 바 있다. 의지의 자유, 목적, 도덕적 세계질서, 비이기주의, 악을 부정하고 있다는 점에서 그는 자신을 스피노자와 동일시한다. 또한 그는 마키아벨리의 덕 개념을 자신의 그것과 동일시하기도 한다. 이렇듯 니체는 마키아벨리와 스피노자의 사상이 자신의 철학과 맺고 있는 친화성을 긍정하고 있으며, 스스로를 이 전통의 계승자로 인식한다. 마키아벨리나 스피노자보다 니체에게서 분명하게 드러나는 것은 덕 개념의 미학적 전화이다. 니체에 따르면, 모든 것은 힘에 대한 의지의 산물이다. 서양철학을 오랫동안 지배하였던 진리의 형이상학, 그리고 그것에 기초해 있었던 윤리도 마찬가지이다. 이 모든 것은 진리를 향한 의지의 산물인 것이다. 그러나 니체는 실제로 이 의지가 만들어 낸 것은 진리가 아니라 가상에 불과했다고 주장한다. 철학자들이 말했던 진리는 존재하지 않기 때문이다. 니체는 더 나아가 힘에 대한 의지는 근본적으로 허구 혹은 가상을 향한 의지라고 말한다. 즉 이미 존재하는 어떤 것의 본성을 파악하려는 의지가 아니라 존재하지 않는 것을 창조하려는 의지인 것이다. 바로 이러한 의미에서 힘에 대한 의지는 예술을 향한 의지라고 할 수 있다. 덕이 힘에 대한 의지의 능동적인 발현에 있는 것이라면, 그 덕은 바로 예술에서, 보다 정확히 말하면 예술이 전형적으로 보여주고 있는 창조적 활동 속에서 자신의 본질을 발견하게 될 것이다.

II.

유가의 덕의 기초

— 공자

1. 공자의 덕 개괄

공자(孔子, 기원전 551-479)는 고대 유가철학의 창시자로서 제자백가(諸子百家) 시대의 서막을 연 철학자이다. 공자 이래 유가철학은 이론적 갱신과 발전을 거듭하면서 2천 년이 넘는 긴 시간을 지속해왔지만, 그러한 변화에도 불구하고 모든 유가들은 공통의 목표를 추구해왔다. 그들은 인간 존재의 본질은 개체적 생존의 본능과 이익 추구의 성향을 따르는 데 있다기보다는 사회적 관계 속에서 제 역할을 수행하고 타인에 대한 공감적 이해를 바탕으로 다양한 배려의 행위를 하는 데 있다고 보았다. 그런 전제 하에서 유가들은 공동체적 맥락에서 개개인의 인간다운 삶의 전망을 그려보이고 윤리적 인격의 완성 속에서 인간의 자기실현이 가능함을 역설해왔다. 유가철학의 이런 공통 목표와 전체적인 방향을 설정한 이가 바로 공자이다. 유가적 덕의 전통 역시 공자의 이런 방향 설정에 뿌리를 두고 있다.

공자의 윤리학적 관심은 인간의 행위를 두고 어떤 행위들이 도덕적으로 올바른 것이고 또 어떤 행위들이 그렇지 않은지를 판별해줄 보편적 기준이나 원칙을 명료하게 제시하는 데 있지는 않다. 그는 사람들이 삶의 전 과정을 통해 달성해야 할 이상적 인격과 바람직한 인간상이 있으며, 그 인간상에 도달하려는 열망으로부터 인생의 의미에 대한 추구가 시작된다고 본다. 공자의 윤리학은 그 인간적 이상에 다가가기 위해 갖추어야 할 덕목들을 제시하고, 사람들을 그 덕목들을 실현할 실천적 행위들로 이끌려고 한다는 점에서 덕윤리의 특색을 강하게 보이고 있다.

물론, 공자의 덕 개념과 덕목들은 그가 순전히 독창적으로 창안

해낸 것이라고 할 수는 없다. 서주(西周, 기원전 11-8세기)시대와 춘추(春秋, 기원전 770-403)시대 초기에 중국인들은 이미 개인이 타인들과의 관계에서 취해야 할 일정한 규범적 행위방식이나 태도, 또는 정치적 힘의 원천으로서의 덕 개념에 주목하면서 구체적인 덕목들을 모색하는 데 매우 적극적이었다. 공자철학의 핵심개념이라고 할 수 있는 '인'(仁)과 '예'(禮)를 비롯해 그가 비중 있게 언급하는 대부분의 덕목들은 『춘추좌전』(春秋左傳)과 같은 문헌에서 쉽게 발견할 수 있다. 공자는 이전 시대로부터 이런 덕목들에 대한 관심을 물려받으면서도, 그것들에 새로운 의미를 부여하여 유가의 고유한 핵심개념들로 재탄생시킴으로써 유가의 덕론의 토대를 마련하였다.

공자는 개개인이 갖추어야 할 구체적 덕목들을 다양하게 거론하기는 하지만 그의 궁극적 의도가 덕목들의 목록이나 체계를 구성하는 데 있다고 볼 수는 없다. 또한 공자는 덕목들 하나하나의 의미를 명확하게 한정하거나 정의내리는 것을 목적으로 삼고 있지도 않다. 『논어』에는 공자와 제자들이 개별적 덕목들에 대해 주고받은 문답의 내용들이 풍부하게 실려 있지만, 그가 그 덕목들에 대해 단번에 분명한 개념 정의를 시도하는 경우는 드물다. 공자는 각 덕목이 갖는 특성이나 그 덕목이 특수한 상황 속에서 실행되는 방식에 대해 초점을 계속 달리해 가면서 설명할 뿐이다. 또한 한 덕목에 대해 설명하기 위해 역시 설명이 필요한 다른 덕목들을 끌어들임으로써 의미의 완결성을 발견하기 어렵게 만든다. 이런 설명들은 제자들이 그 덕목의 의미를 각자 삶의 맥락 속에서 스스로 채워갈 수 있도록 유도하기 위한 사유의 실마리들로서 제공되는 듯이 보인다.

공자의 덕론이 궁극적으로 추구하는 것은 개인의 통합적 인격의 완성이지 특정 덕목의 완성이 아니다. 인간의 완성은 특정한 어느 한 덕목에 뛰어나거나 인간 삶의 어느 일면에서 탁월한 자질을 보인다고 해서 보장되는 것이 아니다. 공자에게 제 덕목들은 어느 하나로 치우치는 일 없이 한 개인 속에서 상호 제약적인 또는 상호 보충적인 역할을 함으로써 통합적인 유덕자의 상을 달성하는 데 기여해야 한다. 공자는 그 인간상을 '군자'(君子)라는 용어로 집약한다. 『논어』는 군자라는 인간 이상을 제시하고 군자가 되려는 자들을 위한 덕목들의 지침서라고 할 수 있다.

2. 인간다움의 가치

여불위(呂不韋, ?-기원전 235)가 편찬찬 『여씨춘추』(呂氏春秋)에서는 노자를 비롯해 10인의 철학자들을 열거하면서, "공자는 인(仁)을 귀하게 여겼다"고 소개하고 있다.[1] 굳이 『여씨춘추』의 이 말을 거론하지 않더라도 인(仁)이 공자철학의 핵심가치이자 그가 추구하는 중심 덕목임은 『논어』를 보면 한눈에 알 수 있다. 앞서 언급했듯이 이 개념은 공자 이전부터 사용되었고 춘추시대 사람들에 의해 이미 여러 덕목들 가운데 하나로 꼽히고 있었다. 그럼에도 불구하고 『논어』에서 여러 제자들이 '인'의 의미에 대해 공자에게 거듭해서 질문하고 있다는 사실은 공자가 이 용어에 일상적으로 통용되던 의미 이상의 새롭

---

1 『呂氏春秋』「審分覽」: 孔子貴仁.

고 심오한 의미를 부여하였음을 말해준다. 인 개념은 공자에 의해 여러 덕목들 가운데 하나가 아니라 사람들이 일생을 통해 추구해야 할 최고 덕목으로, 그리고 유가의 덕론 및 정치철학의 토대로 자리매김할 수 있었다.

공자 이전에 사용된 '인'(仁)의 용법은 『시경』의 〈숙우전〉(叔于田)과 〈노령〉(盧令)이라는 두 편의 시에서 확인할 수 있다. 〈숙우전〉에서는 "숙(叔)이 사냥을 가니 마을에 사는 사람이 없네. 어찌 사는 사람이 없을까마는 숙처럼 정말 아름답고도 인(仁)한 이가 없기 때문이리"라는 시구 속에서 등장하고,[2] 〈노령〉에서는 "사냥개 방울 달랑달랑, 그 사람 아름답고도 인(仁)하기도 하지"라는 시구 속에서 등장한다. 두 시는 모두 시적 화자가 자신이 흠모하는 남성에 대한 연정을 표현한 작품으로, 여기서 '인'(仁)은 단지 '씩씩하다' 또는 '남자답다'는 의미로 사용되었다. 그러나 공자는 이 용어를 '인'(人)을 다른 존재들과 차별화되는 고귀한 존재로 만들어주는 속성, 즉 '인간다움'을 뜻하는 말로 사용하기 시작한다. 훗날 맹자는 "인간다운 자가 인간이다"(『맹자』「진심·하」: 仁也者, 人也)라는 말로 '인'(仁)의 이러한 용법을 명시해준다. 그렇다면 인간이 인간답다는 것은 어떤 것인가?

(1) 타인에 대한 배려와 서(恕)

인(仁)에 대해 가장 많이 알려져 있는 설명이자, 또 인의 가장 기본적인 내용으로 꼽히는 것은 "다른 사람을 사랑하는 것"(愛人)이다. 춘추

---

2 『詩經』「鄭風」〈叔于田〉: 叔于田, 巷無居人. 豈無居人, 不如叔也, 洵美且仁.
『詩經』「齊風」〈盧令〉: 盧令令, 其人美且仁.

시대 이전에 '인'(人)이라는 용어는 주로 관직에 있던 사람들이나 귀족계층의 사람들이 자신들을 일반 백성들, 즉 민(民)과 구별해서 지칭할 때 사용하던 말이었다. 『시경』에서 '씩씩하다' 또는 '남자답다'는 의미의 '인'(仁)은 이런 인(人)이 지닌 어떤 고귀한 속성을 표현하기 위해 사용된 용어인 것으로 보인다. 그러나 춘추시대로 오면서 '인'(人)은 보편적인 인간을 지칭하는 말로 그 외연이 확장되었고, 그에 조응하여 '인'(仁)은 인간을 인간이 아닌 다른 존재들과 구별시켜 주는 속성이자 인간으로서의 고귀한 존재 가치를 실현하기 위해 사람들이 보편적으로 추구해야 할 가치로서의 '인간다움'을 의미하기 이른다.

공자는 한 인간이 지닌 인간다움은 자신과 같은 인간에 속하는 다른 사람들을 자기처럼 사랑하는 데 있다고 본다. 다른 자연물들과 구별되는 인간만의 고유한 속성은 개체적 사물로서의 자기 존재에 갇혀 있는 것이 아니라, 다른 사람들도 자기와 똑같은 인간이라는 동류(同類)의식에 기초해서 그들을 자기처럼 아끼고 배려하는 데 있다는 것이다. 다시 말해 인간이 다른 인간들과 모여 인간 공동체를 구성하고, 그 속에서 서로 배려하고 보살피는 행위를 하면서 살아가는 데에서 인간다움의 가치가 발견될 수 있다고 본 것이다.

다른 사람에 대한 사랑으로서의 인(仁)

번지(樊遲)가 인(仁)에 대해서 물었다. 공자가 말했다. "남을 사랑하는 것이다."(『논어』「안연」: 樊遲問仁. 子曰 "愛人.")

해설 인(仁)을 다른 사람을 사랑하는 것으로 설명하는 것은 『논어』뿐만 아니라 공자와 동시대인인 좌구명(左丘明)이 편찬한 것으로 알려져 있는 『국어』(國語)에서도 찾아볼 수 있다. 『국어』의 「주어·하」(周語·下)에서는 문덕(文德)에 대해 설명하면서 그것의 하위 덕목으로서 경(敬)을 비롯해 11개의 덕목에 대해 열거하는데, 그 가운데 하나가 '인'이며, "다른 사람을 사랑하면 인(仁)에 능하다"(愛人能仁)[3]고 말한다. 공자는 '인'을 인간 삶의 최고 가치로 격상시키고, 그것을 행하는 구체적인 방식, 즉 다른 사람을 아끼고 배려하는 방식과 그 행위에 수반되어야 할 태도들에 대해서 자기 나름의 견해들을 제시함으로써, 그것을 자신의 고유한 개념으로 확립시켰다.

인(仁)과 성(聖)

자공(子貢)이 말했다. "만일 백성들에게 널리 은혜를 베풀 수 있고, 환란으로부터 민중들을 구제할 수 있다면 어떻겠습니까? 인(仁)이라고 해도 되겠습니까?" 공자가 말했다. "어찌 인(仁)에 그치겠느냐? 그야말로 성(聖)일 것이다. 요순 임금도 그 때문에 애태웠다." 공자가 말했다. "무릇 인(仁)한 자는 자기가 서고 싶으면 남을 세우고, 자기가 성취하고 싶으면 남도 성취하게 한다. 가까운 곳에서 비유를 취할 수 있는 것은 인(仁)을 행하는 방법이라 할 수 있다."(『논어』「옹야」: 子貢曰 "如能博施於民, 而能濟衆, 何如. 可謂仁乎." 子曰 "何事於仁, 必也聖乎. 堯舜其猶病諸." 子曰 "夫仁者, 己欲立而立人, 己欲達而達人. 能近取譬, 可謂仁之方也已.")

해설 '박시제중'(博施濟衆)과 같은 이상은 인(仁)보다는 성(聖)에 가깝다.

---

3 사마천의 『사기』에서는 좌구명(左丘明)을 『국어』의 저자로 지목하지만, 『국어』의 저자와 관련해서는 계속 논란이 있어왔다. 『논어』「공야장」에는 공자가 좌구명에 대해 언급한 구절이 있다. 좌구명은 공자와 동시대 사람인 것으로 보인다.

일반적으로 유가의 이상적 인간상은 '성인'(聖人)으로 알려져 있다. 그러나 공자에게 '성스러움'(聖)은 개인의 의지만으로는 달성할 수 없는 이상이고, 역사적으로도 요순(堯舜) 같은 소수의 전설적 성군들의 소관이었다. 공자가 추구하는 것은 사람들이 보편적으로 달성해야 할 '인간다움'의 가치이며, 그의 관심은 성인이라는 인간상이 아니라 '군자'(君子)라는 인간상에 집중되어 있다. 『논어』「계씨」에서 공자는 "태어날 때부터 아는 자가 최상이고, 배워서 아는 자가 그다음이며, 곤란에 처해 배우는 자가 또 그다음이다. 곤란에 처해서도 배우지 않으면 사람은 최하가 된다"(孔子曰 "生而知之者上也, 學而知之者次也, 困而學之, 又其次也, 困而不學, 民斯爲下矣")고 한다. 공자의 관심은 '타고난'(生) 영역이 아닌 '배움'(學)의 영역에 있다. "가까운 곳에서 비유를 취할 수 있다"는 것은 자기 입장에 비추어서 타인의 입장을 유추하는 것을 말한다. 유추를 통한 공감과 이해의 능력이 윤리적 행위의 기초로 제시되어 있다.

자기가 원하지 않는 것은 남에게 베풀지 말라

중궁(仲弓)이 인(仁)에 대해서 물었다. 공자가 말했다. "문밖에 나서면 누구에게나 큰 손님을 뵙는 것처럼 하고, 백성들에게 일을 시킬 때에는 국가의 큰 제사를 받들 듯하며, 자기가 원하지 않는 것을 남에게 베풀지 않는 것이다. 그리하면 나라에 있어도 원망받는 일이 없고, 집에 있어도 원망받는 일이 없다."(『논어』「안연」: 仲弓問仁. 子曰 "出門如見大賓, 使民如承大祭. 己所不欲, 勿施於人. 在邦無怨, 在家無怨.")

해설 타인을 배려하는 행위는 상대방이 어떤 지위에 있든 상관없이 나와 똑같은 인간으로서 존중하는 태도로부터 나온다. 공자는 타인들도 나와 똑같은 인간이라는 동류의식과 사람들이 보편적으로 공유하고 있는 기본적인 삶의 방식들과 조건들을 사람들의 공감적 이해와 배려의 출발점으로 삼는다.

서(恕)

자공이 물었다. "일생동안 행할 만한 한마디 말이 있을까요?" 공자가 말했다. "그것은 서(恕)일 것이다. 내가 원하지 않는 것은 남에게도 행하지 말라."(『논어』「위령공」: 子貢問曰 "有一言而可以終身行之者乎. 子曰, 其恕乎. 己所不欲, 勿施於人.")

해설 공자는 사람들이 평생 동안 지켜야 할 행위의 준칙으로서 "내가 원하지 않는 것은 남에게도 행하지 말라"는 부정명령문의 형식으로 표현되는 '서'(恕)를 제시하고 있다. 그가 인(仁)을 행하는 방법으로 언급한 "자기가 서고 싶으면 남을 세우고, 자기가 성취하고 싶으면 남도 성취하게 한다"는 '서'의 적극적 표현형식이라고 할 수 있다. '서'는 타인에 대한 공감적 이해와 배려를 구체적 행위로 표출하고자 할 때 따라야 할 기본준칙이다. 공자는 행위준칙을 준수하는 것보다는 덕목들의 실현에 더 큰 관심을 두는데, '서'는 드물게 행위준칙으로서 제시되었다고 할 수 있다.

(2) 인(仁)과 예(禮)

공자가 인(仁)과 더불어, 또는 인(仁)만큼 강조한 개념 중의 하나가 예(禮)이다. '禮'라는 한자는 '示'와 '豊'의 결합으로 이루어져 있는데, '豊'은 갑골문에서 제사 때 사용하는 제기에 옥과 같은 예물이 담겨 있는 모양을 상형한 것으로, 제사와 같은 의례적 행사에서 지켜야 하는 세세한 절차나 행위규범을 가리키는 말이었다. 주(周)왕조 초기에 '예'는 종교적 의례뿐만 아니라 인간과 인간 사이에서 지켜야 하는 언행의 규범들, 사회적 신분질서에 따라 결정되는 각종 문화적 생활양식들 전반을 가리키는 용어로 사용되었다. 구체적 상황에서 어떤 행위가 예에 부합하는지는 주로 관습적이고 사회적으로 결정되는 것이지만, 공자는 시대가 변하고 사람들의 삶의 양식이 변함에 따라 예의 구체적 형식 역시 변화를 겪을 수밖에 없음을 인정한다.

이러한 예는 형식적인 행위규범들의 체계이기 때문에, 그 자체로는 덕목으로 보기 어렵다. 『논어』에서 '예'(禮)는 '예를 안다'는 의미의 '지례'(知禮)의 형태로 많이 등장한다. 여기서 '예를 안다'는 것은 구체적 상황 속에서 어떻게 행동해야 하는지를 단순히 인지하고 있다는 의미가 아니라, 그 규범들을 지킬 줄 아는 것을 말한다. 예 자체는 덕목은 아니지만 예를 잘 지키는 것은 유덕자의 주요 요건이다. 사실 예는 공자 이전에 이미 중요한 개념으로 자리잡고 있었다. 특히 춘추시대 초기의 정치가들은 사회의 위계적 신분질서와 인간관계를 지탱할 문화적 수단으로서 예를 중시했는데, 공자 역시 예의 이런 측면에 주목하였다. 그러나 공자는 이 예를 인(仁)의 가치와 결합함으로써 전에 없던 고유한 의미를 창조해낸다. 공자에게서 예와 인은 상호 제약적이면서도 보충적인 관계에 있다.

인(仁)과 예악(禮樂)

공자가 말했다. "사람이 인(仁)하지 않으면 예(禮)인들 무엇하랴! 사람이 인(仁)하지 않으면 악(樂)인들 무엇하랴!"(『논어』「팔일」: 子曰 "人而不仁, 如禮何. 人而不仁, 如樂何.")

해설 이 문장에서 공자는 인간에게 인간다움의 가치가 우선이며, 예(禮)와 악(樂)과 같은 문화적 수단들은 이 인간다움의 기초 위에서 의미를 갖는다고 주장하고 있다. '예'와 '악' 없이 인(仁)만으로 가치를 갖는다는 의미는 아니다. 아래 단락에서 공자는 '인'이란 '예'를 준수하면서 행해진다는 점을 강조한다.

극기복례(克己復禮)로서의 인(仁)

안연(顔淵)이 인(仁)에 대해서 물었다. 공자가 말했다. "극기복례(克己復禮)하는 것, 그것이 '인'의 실천이다. 하루 동안 나를 버리고 예로 돌아가면, 온 세상 사람들이 '인'으로 돌아간다. '인'을 행하는 것은 자기에게서 말미암는 것이지, 어찌 남으로부터 말미암는 것이겠는가?" 안연이 말했다. "그 세부항목에 대해 여쭙습니다." 공자가 말했다. "예가 아니면 보지 말고, 예가 아니면 듣지 말며, 예가 아니면 말하지 말고, 예가 아니면 움직이지 말지어다."(『논어』「안연」: 顔淵問仁. 子曰 "克己復禮, 爲仁. 一日克己復禮, 天下歸仁焉. 爲仁由己, 而由人乎哉." 顔淵曰 "請問其目." 子曰 "非禮勿視, 非禮勿聽, 非禮勿言, 非禮勿動.")

해설 '극기복례'는 흔히 '자기를 극복하여 예를 회복한다'는 의미로 풀이된다. 특히 주희는 '존천리, 거인욕'(存天理, 去人欲)의 기치하에 '기'(己)를 개인의 '사욕'(私欲)으로, '예'(禮)를 '천리의 절문'(天理之節文)으로 풀이하였다. 그러나 '극기'(克己)를 자기를 극복하는 것으로 해석하는 것은 "인(仁)을 행하는 것은 자기에게서 말미암는다"(爲仁由己)는 뒷 문장과 모순을 일으킨다. '극'(克)에는 '극복하다·이기다'는 의미 외에 '능히 해내다·감당하다'는 의미도 있다. '극기복례'는 '자기의 힘을 능히 발휘해서 예를 회복한다'는 의미로 풀이하는 것이 적절하다.

예(禮)와 다른 덕목들

공자가 말했다. "공손하되 예(禮)가 없으면 수고롭기만 하고, 신중하되 예가 없으면 두렵기만 하다. 용감하되 예가 없으면 난을 일으키고, 강직하되 예가 없으면 가혹해진다."(『논어』「태백」: 子曰 "恭而無禮則勞, 愼而無禮則葸, 勇而無禮則亂, 直而無禮則絞.")

해설 공손함, 신중함, 용감함, 강직함과 같은 덕목들도 예라는 사회적 규범 형식과 결합되지 않으면 도덕적인 행위나 태도로부터 멀어질 수 있다.

(3) 인(仁)과 다른 덕목들

공자는 인(仁)에 대해 설명하면서 다른 덕목들을 거론하는 경우가 많다. 거론된 덕목들만 해도 열 가지가 넘는다. 이로부터 알 수 있는 것은 인간다움이란 어느 한 가지 태도나 행위 방식만으로 달성되는 것이 아니라 여러 덕목들과의 상호관계 속에서 포괄적으로 달성되는 것이라는 점이다. 관련된 덕목들을 보면, 공손함, 관대함, 믿음직함, 은혜로움, 충실함, 경건함, 민첩함, 어눌함 등이다. 이 가운데 어눌함과 민첩함은 언(言)과 행(行)의 방면에서 추구해야 할 덕목이라고 할 수 있다. 실천적 행위를 중시하고, 그 행위들을 통해 이상적 인간상에 근접해간다고 생각하는 공자의 입장에서는 당연히 말보다는 행동을 앞세우고, 아는 것을 곧바로 행동으로 옮길 줄 아는 태도를 강조한다. '민'(敏)은 그런 실천적 민첩성을 가리키는 덕목이다. 다른 한편으로는 과묵함을 의미하는 '눌'(訥)이나 '인'(訒)은 말이 행위를 담보하지 못하는 것을 막기 위한 덕목이다.

민첩함과 어눌함 이외의 덕목들, 즉 공손함, 관대함, 믿음직함 등은 그 내용이나 초점이 다르기는 해도 대체로 타인을 배려하고 보살피는 행위에서 중요성을 갖는 덕목들이다. 즉 이 덕목들은 모두 타인에게 나의 이익과 권리를 존중해줄 것을 요구하는 자기주장과는 거리가 멀다. 공자는 타인과의 관계 속에서 자신의 이익과 요구를 적극적으로 내세우기보다는 자신을 낮추고 억제하는 겸양의 덕목들을 강조한다. 공자로부터 비롯된 유가 덕론의 중요한 특징이 바로 겸양의 덕목들을 중심으로 한 배려의 윤리학이라는 점이다. 이 윤리학에서는 개인의 권리나 자유보다는 한 개인이 다양한 관계 속에서 담당해야 하는 역할들과 각 역할에 따른 책임과 의무가 중요한 문제가 되며, 개인의 이익보다는 다양한 관계들의 네트워크가 만들어낸 공동체 전체의 안정과 조화를 더 중시하는 경향이 있다.

인(仁)과 다섯 가지 덕목

자장(子張)이 공자에게 인(仁)에 대해서 물었다. 공자가 대답했다. "다섯 가지를 세상에 행할 수 있으면, 그것이 바로 인(仁)이다." 그 다섯 가지에 대해서 묻자, 공자가 말했다. "공손함(恭), 관대함(寬), 믿음직함(信), 민첩함(敏), 은혜로움(惠)이다."(『논어』「양화」: 子張問仁於孔子. 孔子曰 "能行五者於天下爲仁矣." 請問之. 曰 "恭寬信敏惠.")

해설 인(仁)이 이 다섯 가지 덕목으로 환원될 수 있다는 의미는 아니다. 주희는 『논어집주』(論語集注)에서 "다섯 가지 조목은 자장의 부족한 점에 따라 말한 것일 뿐이다"(五者之目, 蓋因子張不足而言耳)라고 풀이하면서 그 점을 분명히 하려 한다.

인(仁)과 세 가지 덕목

번지(樊遲)가 인(仁)에 대해서 물었다. 공자가 말했다. "평소 생활할 때에는 공손하고(恭), 일을 맡아 처리할 때에는 경건하며(敬), 다른 사람을 대할 때에는 충실한 것(忠)이다. 이것은 비록 이적(夷狄)의 나라에 가더라도 버려서는 안 된다."(『논어』「자로」: 樊遲問仁. 子曰 "居處恭, 執事敬, 與人忠, 雖之夷狄, 不可棄.")

해설 인간다움의 가치를 실현하기 위해 요구되는 태도들은 일관되게 견지되어야 한다. 야만적인 이민족이 사는 지역이라고 해서 예외는 없다.

인(仁)에 가까움

공자가 말했다. "강직하고 과감하고 질박하고 어눌한 사람, 이런 사람은 인(仁)에 가깝다."(『논어』「자로」: 子曰 "剛毅木訥, 近仁.")

해설 강직함과 과감함과 질박함과 어눌함을 갖춘 것은 인(仁)에 가까워진 것이지 인 자체는 아니다.

말을 참기

사마우(司馬牛)가 인(仁)에 대해서 물었다. 공자가 말했다. "인(仁)한 자는 말을 참아서 한다." 사마우가 말했다. "말하는 것을 참아서 하면 그것을 인(仁)이라고 할 수 있겠습니까?" 공자가 말했다. "실천하기가 어렵거늘 말하는 것을 참아서 하지 않을 수 있겠는가!"(『논어』「안연」: 司馬牛問仁. 子曰 "仁者, 其言也訒." 曰 "其言也訒, 其謂之仁矣乎." 子曰 "爲之難, 言之得無訒乎.")

해설 '인'(仁)을 발음이 같은 '인'(訒)으로 풀이하고 있다. 공자는 덕을 행하는 데 있어서 말이 행위를 앞서거나 말이 행위를 압도해서는 안 된다고 주장한다.

3. 군자(君子)

(1) 통합적 인간상 : 군자와 도(道)

공자의 덕론에서 궁극적인 목표는 군자(君子)라는 이상적 인간상에 도달하는 것이다. 공자는 군자는 특정한 도구적 가치를 갖는 인간상이 아님을 강조한다. 군자는 장인처럼 한 분야에서 탁월한 성과를 보이는 기능인이나 전문가가 아니다. 군자가 추구하는 것은 인간 삶 전체가 따라야 할 인생의 길, 즉 도(道)를 찾는 데 있지, 특정 분야에서의 성취에 있지 않다. 특정 분야에서 성취를 한 사람이라고 해도, 군자라는 통합적 인간 이상에 대한 지향이 없으면 그 사람의 삶은 길을 찾지 못했다고 할 수 있다. 덕에 있어서도 마찬가지이다. 한 가지 덕목을 완벽하게 갖추었다고 해서 군자가 될 수 있는 것이 아니다. 군자는 특정한 덕목에 치우침 없이 제 덕목들을 균형 있게 갖추고서 통합적인 인격의 완성을 이룬 사람이다.

군자불기(君子不器)

공자가 말했다. "군자는 특정한 기능에 국한되지 않는다."(『논어』「위정」: 子曰 "君子不器.")

해설 주희는 『논어집주』에서 다음과 같이 풀이한다. "완성된 덕을 갖춘 선비는 체(體)가 갖추어지지 않음이 없다. 그러므로 용(用)도 두루 미치지 않음이 없으니, 한 가지 재능, 한 가지 기예만이 아니다."(成德之士, 體無不具, 故用無不周, 非特爲一才一藝而已.) 군자는 특수한 재능이나 기예에 능한 자가 아니라, 제 덕들을 균형 있게 통합적으로 지닌 자이다.

군자와 도(道)

자하가 말했다. "온갖 장인들은 공장에 있으면서 그 일을 완성하고, 군자는 배워서 그 도(道)에 이른다."(『논어』「자장」: 子夏曰 "百工居肆以成其事, 君子學以致其道.")

해설 군자가 추구하는 것은 인간 삶 전체가 따라야 할 도(道)이다. 군자의 배움은 특정한 기술을 습득하는 데 있지는 않다.

(2) 내적 성찰과 자기 수양

인간에게 반성과 수양이 필요한 이유는 누구나 잘못과 과오를 범하기 때문이다. 유덕자가 되기 위해서는 부단히 덕 있는 행위를 하는 것도 중요하지만, 덕에 어긋한 행위를 했을 때 그것을 자각하여 고치는 것이 중요하다. 공자에게 유덕자는 완벽하게 선하고 올바른 행위만을 하는 사람이 아니라, 자신이 범한 과오를 고쳐서 재차 반복하지 않는 자이다. 『논어』에는 심지어 공자 스스로 예에 어긋난 행동을 하여 사람들의 책망을 받는 일화가 실려 있다(「술이」). 자신의 과오를 자각하기 위해서는 일상적으로 자신에 대한 반성이 요구되며, 반성에는 반드시 과오를 다시 반복하지 않으려는 자기 개선의 노력, 즉 수양이 따라야 한다. 공자가 중요시한 '학'(學)에는 이와 같은 자기반성과 수양의 과정이 포함된다.

수기안인(修己安人)

자로(子路)가 군자에 대해서 물었다. 공자가 말했다. "군자는 경건하게 자기를 수양한다." 자로가 말했다. "이와 같을 뿐입니까?" 공자가 말했다. "자기를 수양해서 다른 사람들을 편안하게 한다." "이와 같을 뿐입니까?" "자기를 수양하여 백성들을 편안하게 하는 것은 요순 임금조차도 애태우신 일이로다."(『논어』「헌문」: 子路問君子. 子曰, "修己以敬." 曰 "如斯而已乎?" 曰 "修己以安人." 曰 "如斯而已乎?" 曰 "修己以安百姓, 堯舜其猶病諸!")

해설 수기안인(修己安人)의 군자상이 제시되어 있다. 자기수양은 타인을 편안하게 만든다는 목표를 가지며 타인을 편안하게 만드는 것은 자기수양으로부터 출발해야 한다. 자기수양은 자신을 공동체의 윤리적 주체로서 형성해가는 과정이다.

군자의 과오

자공(子貢)이 말하였다. "군자의 과오는 일식이나 월식과 같은 것이다. 그가 과오를 범하면 누구나 다 그것을 본다. 그것을 고치면 누구나 다 그것을 우러러 본다."(『논어』「자장」: 子貢曰 "君子之過也, 如日月之蝕焉. 過也, 人皆見之. 更也, 人皆仰之.")

해설 군자는 과오를 범하지 않는 자가 아니다. 자신이 범한 과오를 정직하게 드러내고 그것을 시정하거나, 반복하지 않기 위해 노력하는 자이다. 과오를 있는 그대로 드러내고 인정하는 것은 그것을 시정하는 첫 걸음이다. 「학이」와 「자한」에서는 "과오가 있으면 꺼리지 말고 고친다"(過則勿憚改)라고 하였고, 「위령공」에서는 "과오가 있는데도 고치지 않는 것, 그것을 과오라고 한다"(過而不改, 是謂過矣)라고 하였다.

과오를 아는 것의 다행스러움

진(陳)나라의 사패(司敗)가 "소공(昭公)은 예를 알았습니까?"라고 묻자 공자가 말했다. "예를 알았습니다." 공자가 물러나자 사패가 무마기(巫馬期)에게 읍하고 나아가 말했다. "나는 군자는 편을 먹는 일이 없다고 들었는데, 군자도 역시 편을 먹는 것인가? 소공은 오(吳)나라에서 부인을 맞았는데, 동성(同姓)이기 때문에 오맹자(吳孟子)라 불렀으니, 소공이 예를 안다면 누가 예를 모르겠는가?" 무마기가 고하자 공자가 말했다. "나는 다행이로다. 만일 과오가 있으면 남들이 반드시 알려주는구나!"(『논어』「술이」: 陳司敗問昭公知禮乎? 孔子曰 "知禮." 孔子退, 揖巫馬期而進之, 曰 "吾聞君子不黨, 君子亦黨乎? 君取於吳爲同姓, 謂之吳孟子. 君而知禮, 孰不知禮?" 巫馬期以告. 子曰 "丘也幸, 苟有過, 人必知之.")

해설 노나라 군주와 오나라 군주는 성이 모두 희씨(姬氏)이다. 동성은 혼인을 하지 않는 것이 예인데, 노나라 소공은 같은 성의 오나라 여성을 부인으로 맞아들였다. 제후의 부인은 자신이 태어난 본국의 나라 이름에 성을 붙여서 부른다. 따라서 소공의 부인은 '오희'(吳姬)라 불러야 맞지만, 성을 피하기 위해 '맹자'(孟子)라는 자(字)를 만들어 '오맹자'(吳孟子)라 불렀다. 이는 예에 크게 어긋난 것이다. 공자가 이 점을 의식하지 못하고 소공이 예를 안다고 했다가, 무마기의 지적에 자신의 과오였음을 인정한다. 과오를 인정할 뿐만 아니라 과오가 그대로 드러나서 시정의 기회가 주어진 것을 다행으로 삼는다.

(3) 향원(鄕愿)

공자는 덕을 지닌 인간상을 '군자'(君子)로 제시하였다면, 덕을 해치는 인간상을 '향원'(鄕愿)으로 제시한다. '향원'의 말뜻에 대해서는 이

설들이 있지만, 일반적으로 한 마을에서 선하다는 평판이 난 사람을 가리키는 것으로 본다. '위군자'(僞君子)로 풀이되기도 한다. 공자가 말하는 향원은 단순히 덕이 없는 자, 덕을 닦지 않는 자, 덕에 어긋난 행동을 하는 자가 아니다. 향원은 덕이 있는 듯이 스스로 가장하여, 주변 사람들에게 유덕자로 보이는 사람이다. 향원이 그렇게 덕을 가장하는 이유는 덕에 뒤따르는 보답 때문이다. 공자는 좋은 평판과 사람들의 우호적 태도를 목적으로 하여 행위하는 것은 도덕적 행위가 될 수 없다고 본다.

향원(鄕愿)

공자가 말했다. "향원(鄕愿)은 덕을 해치는 자이다."(『논어』「양화」: 子曰 "鄕愿, 德之賊也.")

해설 '향원'(鄕愿)은 한 마을에서 좋은 사람으로 평가받는 사람을 가리킨다. 향원을 왜 유덕자라고 할 수 없는지에 대해서는「자로」에 실린 자공과 공자의 문답(다음 단락을 볼 것)에서 어느 정도 추측할 수 있다. 공자가 왜 그런 인물을 "덕을 해치는 자"라고 강력하게 비난하였는지에 대해서는『맹자』「진심·하」에서 상세하게 다루고 있으므로 다음 장을 보도록 한다.

선한 자는 좋아하고 선하지 못한 자는 미워하는 자

자공이 물었다. "마을 사람들이 모두 좋아하면 어떻겠습니까?" 공자가 말했다. "괜찮지 않다." "마을 사람들이 모두 미워하면 어떻겠습니까?" 공자가 말했다. "괜찮지 않다. 마을 사람 중에 선한 자는 좋아해주고 선하지 못한 자는 미워하는 것만 못하다."(『논어』「자로」: 子貢問曰 "鄕人

皆好之, 何如?" 子曰 "未可也." "鄕人皆惡之, 何如?" 子曰 "未可也, 不如鄕人之善者好之, 其不善者惡之.")

해설 이 단락에서는 『논어』「양화」에서 공자가 향원을 비난한 이유의 일면을 찾을 수 있다. 공자는 주변의 모든 사람들로부터 좋은 평가를 받아야 한다고 생각하는 것은 도덕적 행위의 동기가 될 수 없다고 본다. 선하지 못한 자들이 나를 좋아하는 것은 오히려 나의 도덕적 결함을 증명하는 것이 될 수 있다.

통달(達)과 소문(聞)

자장이 물었다. "선비가 어떠해야 통달했다고 말할 수 있겠습니까?" 공자가 말했다. "어떤 것인가? 네가 말하는 통달이라는 것은?" 자장이 대답했다. "제후의 나라에 있을 때에도 반드시 소문이 나고, 경·대부의 집안에 있을 때에도 반드시 소문이 나는 것입니다." 공자가 말했다. "이것은 소문나는 것일 뿐이지 통달한 것은 아니다. 통달한다는 것은 본바탕이 충직해서 의(義)를 좋아하고, 남의 말을 주의 깊게 살피고 남의 안색을 꿰뚫어보며, 사려 깊게 남에게 자신을 낮추는 것이다. 그래서 나라에 있을 때에도 통달한 것이 되고 집안에 있을 때에도 통달한 것이 된다. 소문이란 얼굴빛은 인(仁)을 취하지만 행실은 인을 위배하면서도 자신이 인에 머문다는 것을 의심치 않는 것이니, 나라에 있어도 반드시 소문이 나고 집안에 있어도 반드시 소문이 난다."(『논어』「안연」: 子張問 "士何如斯可謂之達矣?" 子曰 "何哉, 爾所謂達者?" 子張對曰 "在邦必聞, 在家必聞." 子曰 "是聞也, 非達也. 夫達也者, 質直而好義, 察言而觀色, 慮以下人. 在邦必達, 在家必達. 夫聞也者, 色取仁而行違, 居之不疑. 在邦必聞, 在家必聞.")

해설 공자는 내적인 충실성을 결여한 채 겉으로만 인(仁)하다는 소문이 나는 것은 진정으로 덕(德)에 통달한 것이 아니라고 말하고 있다. 덕이 있다는 평판이나 평가는 내적인 덕이 충실하고 자기의 수양이 잘 되면 자연스럽게 뒤따르는 것이다. 공자는 평판이나 평가 자체가 목적이 되면 위선을 만들어낼 수 있음을 우려한다.

4. 덕과 정치

공자 이전 서주시대와 춘추시대 초기의 문헌들에 나오는 '덕'(德)은 규칙성을 띠고 출현하는 어떤 행위를 가리키기도 하고, 그 행위의 규칙성을 통해 드러나는 행위 주체의 일관된 태도나 일정한 경향성을 가리키기도 하였다. 이런 의미의 '덕'은 규범에 부합하는 행위나 태도에 대해 적용되기도 하지만, 규범에 반하거나 규범과 무관한 경우를 가리키는 데에도 사용되었다. 따라서 초기의 '덕'은 도덕적으로 중립적인 용어였다고 할 수 있으며, 이런 용법은 이후 전국시대의 문헌들에서도 나타난다. 그러나 공자는 '덕'을 주로 도덕적 의미를 갖는 규범적 행위나 태도를 가리키는 데 사용하였다. 따라서 공자에게 '덕'은 그 자체로 도덕적 행위, 도덕적 자질이나 태도, 도덕적 성향을 함의한다. 이 도덕적 성향은 특히 정치적인 지도자의 자질로 요청되는 것이었으므로, 공자는 정치의 효용을 말하면서 덕에 대해 자주 언급한다. 즉 덕은 그에 상응하는 어떤 보답을 가져오는 것으로 설명된다.

(1) 덕의 응보

『시경』「대아」(大雅)의 〈억〉(抑)이라는 시에는 "말에는 반드시 대답이 있고 덕에는 반드시 보답이 있다. 친구들에게 은혜롭고 서민들과 젊은이들에게도 그러하면, 자손들이 대대로 번성하며 만민이 받들 것이다"라는 시구가 있다.[4] 사람들에게 덕을 베풀면 사람들은 반드시 그에 보답할 것이라는 점을 들어 군주에게 덕행을 권면하는 시로서, 덕을 베푸는 행위에는 상대방의 호의적이고 우호적인 반응이 뒤따를 것이라는 기대가 전제되어 있음을 보여준다. 그 보답은 덕을 베푼 자에 대한 감사나 존경의 태도일 수도 있고 공공연한 찬사일 수도 있으며, 그에게 똑같이 덕을 베풀어서 되갚은 것일 수도 있다. 덕에는 그에 상응하는 보답이 뒤따른다는 이런 응보 관념은 공자의 '덕'의 용례에서도 발견된다. 공자는 내가 상대방에게 덕을 베풀면 상대방은 내게 호의적인 반응을 보일 것이며, 따라서 덕을 가진 사람은 일상의 영역에서든 정치의 영역에서든 타인과의 관계로부터 고립되는 일이 없을 것이라고 생각한다. 또한 그는 '덕은 덕으로 갚는다'(以德報德)는 보덕(報德)의 원칙을 제시함으로써, 덕의 모방적 속성과 더불어 덕의 응보 관념에 기초해서 덕의 파급과 확산을 기대하는 듯이 보인다.

덕과 이웃

공자가 말했다. "덕 있는 자는 외롭지 않다. 반드시 이웃이 있다."(『논어』「이인」: 子曰 "德不孤, 必有鄰.")

---

4 『詩經』「大雅·蕩之什」〈抑〉: 無言不讎, 無德不報. 惠于朋友, 庶民小子. 子孫繩繩, 萬民靡不承.

해설 주희는 『논어집주』에서 "덕은 고립되지 않으니, 반드시 같은 부류끼리 응한다. 그러므로 유덕자는 반드시 같은 부류의 사람들이 그를 따른다. 마치 거처하는 곳에 이웃이 있는 것과 같다"(德不孤立, 必以類應. 故有德者, 必有其類從之, 如居之有隣也)라고 풀이한다. 덕이 있는 자들은 서로를 알아보고 따르기 때문에 외로울 일이 없다는 것이다. 그러나 남조(南朝)시대 양(梁)나라의 황간(皇侃, 488-545)이 쓴 『논어의소』(論語義疏)에서는 "일설에 따르면, '隣'은 '보답'(報)이다. 덕행은 외롭지 않으니, 반드시 사람들의 보답이 있음을 말하였다"(又一云隣, 報也. 言德行不孤矣, 必爲人所報也)라고 풀이하고 있다. 이 풀이에 따른다면, 이 문장은 덕에는 반드시 보답이 따른다는 덕의 응보 관념을 보여주고 있다. 덕을 베푸는 행위는 사람들의 우호적 태도를 불러오기 때문에 유덕자는 고립될 일이 없다는 것이다.

보원(報怨)과 보덕(報德)

누군가가 말했다. "원한을 덕으로 갚는다면 어떻겠습니까?" 공자가 말했다. "그렇다면 덕은 무엇으로 갚겠는가? 원한은 정직함으로 갚고, 덕은 덕으로 갚아라."(『논어』「헌문」: 或曰 "以德報怨, 何如?" 子曰 "何以報德? 以直報怨, 以德報德.")

해설 '보덕'(報德)과 '보원'(報怨)의 문제를 다루고 있다. '원한을 덕으로 갚는다'(以德報怨)는 표현은 『노자』에서도 보인다. 『노자』 제63장에서는 "작은 것을 크게 여기고, 적은 것을 많다고 여기며, 원한을 덕으로 갚는다"(大小多小, 報怨以德)라고 말한다. 공자는 이 관념에 반대하면서 '덕에는 덕으로, 원한에는 정직함으로'의 원칙을 제시한다. 『국어』「주어·중」(周語·中)에는 "원한으로 덕을 갚는 것은 불인(不仁)이다"(以

怨報德, 不仁)라는 말이 있다. 보덕과 보원의 방식은 이 시대 사람들의 공통 관심사였던 것으로 보인다.

(2) 정치적 구심력으로서의 덕

서론에서 언급하였듯이 허신의 『설문해자』에서는 당시 '德' 자와 통용되었던 '悳'을 "밖으로는 다른 사람들로 하여금 얻는 게 있도록 하고, 안으로는 자기에게 얻는 게 있도록 하는 것이다"라고 설명하였고,[5] 단옥재는 "'안으로는 자기에게 얻는 게 있도록 하는 것'(內得於己)은 자신의 마음이 스스로 얻는 것"을 말하고, "'밖으로는 다른 사람들로 하여금 얻는 게 있도록 하는 것'(外得於人)은 은혜를 베풀어 다른 사람들로 하여금 얻게 하는 것"을 말한다고 설명한다.[6] 이런 설명은 공자가 말하는 '덕'의 용법이 갖는 특징을 잘 드러내 보인다. 공자는 덕은 개인적 차원에서는 윤리적 행위를 통한 인격 완성의 토대가 되는 동시에, 정치적 차원에서는 공동체에 질서와 번영을 가져와서 유기적 이상사회를 실현할 수 있게 하는 정치적 구심력이 된다고 보았다.

공자가 덕의 응보 관념에 호소하는 것은 주로 군주나 위정자에게 덕을 권할 때이며, 정치적 힘으로서의 덕에 초점을 맞출 때이다. 위정자가 백성들에게 덕을 발휘하고 은혜를 베풀면 백성들은 자발적인 귀의와 복종으로 그 덕에 보답할 것이다. 따라서 위정자의 덕은 그 사회 전체를 응집시키고 번영시키는 강력한 정치적 구심력으로 작용

5 『說文解字』「心部」: 悳, 外得於人, 內得於己也.

6 『說文解字注』「心部」: 內得於己, 謂身心所自得也. 外得於人, 謂惠澤使人得之也.

한다. 공자는 위정자들이 무력이나 형벌과 같은 강압적 수단에 따라 사회 질서와 안정을 추구하려는 경향에 반대하면서, '덕'으로 폭력적 수단을 대체하거나, 적어도 그런 수단과 더불어 갖추어야 할 자질로서 논의한다. 무력이나 폭력적인 수단은 강압에 의한 복종을 야기하지만, 군주가 백성들에게 덕을 발휘하고 은혜를 베풀면, 백성들은 자발적 귀의와 복종으로 그 덕에 보답한다는 것이다.

정치에서의 원근(遠近)

섭공이 정치에 대해서 물었다. 공자가 말했다. "가까이 있는 자들은 기뻐하고, 먼 곳에 있는 자들은 찾아오는 것이다."(『논어』「자로」: 葉公問政. 子曰 "近者說, 遠者來.")

해설 춘추전국시대 제후들의 최고 관심사 중 하나는 영토의 확장과 더불어 백성들의 수를 늘리는 것이다. 농경사회는 정주(定住)적 생활양식을 기초로 하기 때문에, 사람들이 좀처럼 태어나 살던 곳을 떠나 다른 곳으로 이주하려고 하지 않는다. 그러나 어떤 사회든 생존이 어려울 정도로 삶이 피폐해지면 사람들은 생존을 도모할 수 있는 환경을 찾아 이동하기 마련이다. 이 시대에는 방국(邦國) 사이에서 자유로운 인구 이동이 가능했기 때문에, "먼 곳에 있는 자들이 찾아오게" 하는 것은 곧 국력을 증명하는 것이기도 하였다. 공자 자신이 정치적인 이유로 고향인 노나라를 떠나 여러 나라를 돌아다녔고, 사(士) 집단의 유세 전통이 이로부터 확립되었다. 공자는 위정자가 덕을 베푸는 정치를 하면 무력을 사용해 강제로 영토를 병합하거나 인구수를 늘리지 않아도, 기존 인구의 유출은 줄고 유입은 늘어날 것이라고 전망한다. 이 단락에는 '덕'이라는 용어가 명시적으로 나오지 않지만, 공자는 가까이 있는 자들이 기뻐할 수 있게 하고, 멀리 있는 사람들을 찾아올 수 있게 하는 원동력을 위정자의 덕에서 찾았다. 덕은 사람들은 계속 머물게 하고 멀리서 자발적으로 찾아오게 하는 자석과 같은 힘이다.

문덕(文德)과 창·방패

공자가 말했다. "… 내 들으니, 나라를 가지고 있고 가(家)를 가지고 있는 자는 [백성들이] 적음을 걱정하지 않고 고르지 못함을 걱정하며, 빈곤함을 걱정하지 않고 편안하지 못함을 걱정한다고 한다. 고르면 빈곤함이 없고, 화합하면 적음이 없고, 편안하면 기울어짐이 없다. 무릇 이와 같으므로 멀리 있는 사람들이 복종하지 않으면 문덕(文德)을 닦아서 그들을 오게 하고, 이미 오게 했으면 편안하게 해주어야 한다. 지금 자로와 염유는 계씨를 돕는 데 있어, 멀리 있는 사람들이 복종하지 않는데도 그들을 오게 할 수 없고, 나라가 분열되고 무너지는데도 지킬 수가 없다. 그런데도 창과 방패를 나라 안에서 사용할 것을 꾀하니, 나는 계손의 근심이 전유(顓臾)라는 나라에 있는 것이 아니라 담장 안에 있을까 두렵다."(『논어』「계씨」: 孔子曰 "… 丘也聞有國有家者, 不患寡而患不均, 不患貧而患不安. 蓋均無貧, 和無寡, 安無傾. 夫如是, 故遠人不服, 則脩文德以來之. 旣來之, 則安之. 今由與求也, 相夫子, 遠人不服, 而不能來也, 邦分崩離析, 而不能守也, 而謀動干戈於邦內. 吾恐季孫之憂, 不在顓臾, 而在蕭牆之內也.")

해설 앞 단락에서 보여주듯 공자에게 좋은 정치란 멀리 있는 사람들은 찾아오게 하고 가까이 있는 사람들은 편안하게 해주는 것이다. 이 단락에서 공자는 멀리 있는 사람들을 찾아오게 하는 방법은 '창과 방패'

(干戈)에 있는 것이 아니라 '비폭력적 덕'(文德)에 있음을 분명하게 밝히고 있다.

덕으로 정치하기

공자가 말했다. "덕으로 정치를 하는 것은 비유하자면 북극성이 제자리에 머물러 있고 많은 별들이 그것을 중심으로 둘러싸고 있는 것과 같다."(『논어』「위정」: 子曰 "爲政以德, 譬如北辰, 居其所而衆星共之.")

해설 이상적 정치는 '덕으로 정치를 하는'(爲政以德) 것, 즉 덕치(德治)이다. 공자에게 덕은 물리적 강제력을 행사하지 않고서도 타인을 올바르게 행동할 수 있도록 유도하는 도덕적 감화력이다. 위정자들의 덕에 기반한 덕치는 이후 유가의 정치철학에서 주요 원리로 자리잡는다.

덕과 예에 의한 정치

공자가 말했다. "위압적 정치로써 이끌고 형벌로써 가지런히 하려고 하면, 백성들은 형벌을 면하려고만 하고 부끄러워하는 마음이 없을 것이다. 그러나 덕으로써 이끌고 예(禮)로써 가지런히 하려고 하면, 백성들은 부끄러워하는 마음을 가지고 따라올 것이다."(『논어』「위정」: 子曰 "道之以政, 齊之以刑, 民免而無恥, 道之以德, 齊之以禮, 有恥且格.")

해설 위압적인 정치와 형벌과 같은 강제적 수단은 이후에 법가들이 중요시한 수단이다. 공자는 위정자가 이런 정치적 수단들에 의존하는 것은 백성들의 자발성을 담보할 수 없으므로 사회의 질서와 안정을 이루는 장기적이고 근본적인 방법이 될 수 없다고 생각한다.

선인(善人)의 정치

공자가 말했다. "선인(善人)이 나라 다스리기를 백 년 동안 하면, 잔악한 사람들을 교화시키고 사형을 없앨 수 있다고 한다. 참으로 옳은 말이로다!"(『논어』「자로」: 子曰 "善人爲邦百年, 亦可以勝殘去殺矣. 誠哉是言也!")

해설 공자는 악인들을 처벌하고 제거하는 것보다는 그들을 교화하는 것이 정치의 임무라고 생각한다. 그들을 교화하기 위해서는 군주가 먼저 자신부터 도덕적으로 바로잡아야 한다.

군자의 덕은 바람, 소인의 덕은 풀

계강자(季康子)가 공자에게 정치에 대해 물으며 말했다. "무도한 자를 죽여, 도가 있는 자를 육성하는 것이 어떻겠습니까?" 공자가 대답했다. "당신이 정치를 하는데, 어째서 사람을 죽일 필요가 있겠습니까? 당신이 선하고자 하면 백성들도 선해집니다. 군자(君子)의 덕은 바람이요, 소인(小人)의 덕은 풀입니다. 풀 위로 바람이 불면 풀은 반드시 쏠립니다."(『논어』「안연」: 季康子問政於孔子曰 "如殺無道, 以就有道, 何如?" 孔子對曰 "子爲政, 焉用殺? 子欲善而民善矣. 君子之德風, 小人之德草. 草上之風, 必偃.")

해설 군자의 덕과 소인의 덕을 구별하고 있다. 군자의 덕은 사회의 질서와 안정을 주도하는 능동적 역할을 하는 데 반해, 소인의 덕은 군자의 덕에 자발적으로 복종하는 것이다.

바로잡음으로서의 정치

계강자(季康子)가 공자에게 정치에 대해서 물었다. 공자가 대답했다. "정치(政)란 바름(正)입니다. 그대가 솔선해서 바르다면, 어느 누가 감히 바르지 않겠습니까?"(『논어』「안연」: 季康子問政於孔子. 孔子對曰 "政者, 正也. 子帥以正, 孰敢不正?")

해설 공자는 '政'을 발음이 같은 '正'으로 풀이하면서, 정치의 첩경은 물리적 강제력을 사용하여 사회를 바르게 만들어가는 게 아니라, 군주가 자신의 덕을 올바로 닦는 것이라고 본다. 군주가 자신을 바르게 하면 다른 사회 구성원들은 저절로 올바르게 된다는 것이다. 공자를 비롯한 유가들은 정치가들의 지배의 힘은 자기통제력과 자기지배력으로부터 온다고 본다.

자신을 바로잡기

공자가 말했다. "진실로 자기 자신을 바르게 한다면, 정치에 종사하는 데 무슨 어려움이 있겠는가? 자기 자신을 바르게 할 수 없다면, 어찌 다른 사람을 바로잡을 수 있겠는가?"(『논어』「자로」: 子曰 "苟正其身矣, 於從政乎何有? 不能正其身, 如正人何?")

해설 역시 정치를 바름으로 해석하고 있다.

(3) 지극한 덕(至德)

덕을 위정자의 정치적 구심력으로 강조할 때 공자는 특별히 덕의 응보 관념에 호소하는 경향이 있다. 그런데 정치영역에서든 일상의 영역에서든 덕을 행하면 그에 상응하는 보답이 주어질 것이라는 기대하에서 그 행위를 하는 것은 그 보답을 목적으로 하여 덕을 행하는 결과를 낳을 수 있다. 이것을 윤리적 입장으로 일반화하면, 도덕적 행위의 이유나 동기를 그 행위의 결과로서 기대되는 모종의 보상에서 찾는 것이 된다. 그 보상은 물질적 보상이나 이익은 아니라 할지라도, 타인들의 인정과 좋은 평판, 그로부터 획득되는 사회적 명예나 명성일 수도 있다. 그러나 공자는 그런 입장과는 일정 정도 선을 긋는다. 타인에게 덕을 베풀고 윤리적 행위를 하는 것은 타인의 호의적 반응과 사회적 인정을 불러올 수는 있지만, 설사 그럴 가능성이 없거나 적다고 해서 그 행위를 그만둘 수는 없다는 것이다. 공자는 오히려 그런 보상과는 무관하게 그 행위 자체가 타인들을 위한 선한 행위라는 이유만으로 의지되었을 때, 진정한 덕의 실천이 이루어진다고 본다. 『논어』에는 '지덕'(至德), 즉 최상의 덕에 대해 언급한 구절이 몇 차례 나온다. 그 가운데 하나는 공자가 태백(泰伯)이라는 주(周)나라의 역사적 인물에 대해 평한 「태백」의 첫 구절이다. 태백은 상(商)과 주(周)의 왕조 교체기에 주나라 왕의 장자이면서도 왕위를 포기했던 인물이다. 그런데 그는 세 번이나 왕위를 사양했음에도 불구하고, 그 행위가 은밀하여 세상에 알려지지 않았고, 그래서 세간의 존경과 찬사를 전혀 받지 못했다. 공자는 이런 태백의 행위를 두고 최상의 덕이라고 평가한다. 태백은 자신의 행위가 가져올 보답을 의식하거나 전혀 기대하지 않았을 뿐만 아니라, 애초에 그 행위가 드러나지 않게 하였기 때문이다.

태백의 지극한 덕

공자가 말했다. "태백은 지극한 덕을 가졌다고 말할 수 있다. 세 번이나 천하를 사양하였으나, 백성들이 그를 칭송할 수가 없었다."(『논어』「태백」: 子曰 "泰伯, 其可謂至德也已矣. 三以天下讓, 民無得而稱焉.")

해설 태백(泰伯)은 주(周)나라의 시조인 태왕(大王) 고공단보(古公亶父)의 장자로, 태왕의 뜻이 동생인 계력(季歷)의 아들 창(昌)에게 왕위를 물려주는 데 있음을 알고 왕위를 사양하면서 떠났던 인물이다. 창(昌)이 곧 문왕(文王)이다. 주희는 태백은 이미 천하를 다스릴 만한 덕을 충분히 갖추고 있었음에도 불구하고 왕위를 사양하였고, 더욱이 백성들이 그 사실을 알지 못하도록 은밀하게 행했다는 점에서 단순한 '덕'의 소유자가 아니라 '지덕'의 소유자라고 풀이한다.

문왕의 지극한 덕

공자가 말했다. "… (문왕은) 천하를 삼분해서 그중 둘을 소유하고 있었으면서도 복종하여 (은나라를) 섬겼으니, 주나라의 덕은 지극한 덕(至德)이라고 할 만하다." (『논어』「태백」: 孔子曰 "… 三分天下有其二, 以服事殷. 周之德, 其可謂至德也已矣.")

해설 유보남(劉寶楠, 1791–1855)은 『논어정의』(論語正義)에서 공자가 태백과 문왕을 나란히 '지극한 덕'을 가졌다고 평가한 것은 두 사람 모두 천하를 양보하였기 때문이라고 설명한다. "주나라는 유능한 인재들을 얻었기 때문에, 천하를 삼분해서 둘을 소유할 수 있었다. 그 무렵에 사실상 천하를 얻을 수 있는 세를 가졌지만, 오히려 은(殷)을 섬기면서 복종하였으니, 태백과 더불어 천하를 양보하였다는 점에서는 다를 바가 없다. 그러므로 공자는 똑같이 '지극한 덕'이라고 찬탄한 것이다."(周得羣才, 故能三分有二, 其時實有得天下之勢, 而猶以服事殷, 與泰伯之天下讓無以異. 故夫子均歎爲至德也.) 이 두 인물의 덕은 그 덕을 통해 얻을 수 있는 왕위와 천자의 자리를 양보하였다는 점에서, 즉 응보의 결과를 거절하였다는 점에서 '지극하다'고 평가된다.

III.

덕과 인간 본성

— 맹자

1. 맹자의 덕 개괄

맹자(孟子, 기원전 372-289)는 전국시대 중기의 철학자로서 고대 유가 철학의 한 유파를 확립한 자이다. 맹자가 공자의 뒤를 이어 유가를 대표하는 철학자로 자리매김한 것은 그의 사후 1천여 년이 지난 뒤이다. 송대(宋代) 신유학의 집대성자인 주희(朱熹, 1130~1200)는 한유(韓愈)의 도통설(道統說)을 계승하여 맹자를 공자와 신유학자들 사이에서 유학의 도통을 잇는 정통 유가로 간주하면서, 맹자가 말년에 제자들과 함께 저술한 『맹자』를 『논어』, 『대학』, 『중용』과 함께 사서(四書)로 확정하여 신유학의 기본 교재로 삼았다. 이렇듯 주희를 비롯해 신유학자들이 맹자에 주목한 것은 성선론(性善論)으로 알려져 있는 그의 인간본성론으로부터 도가와 불가에 맞서 윤리적 존재로서의 인간 이해를 뒷받침하고 정당화할 수 있는 이론적 가능성을 발견했기 때문이다.

전국시대 이전의 문헌들에서는 인간의 본성에 대한 본격적인 논의나 논쟁을 찾아보기가 어렵다. 다만, 『논어』에서 우리는 비록 두 차례밖에 되지 않지만 인간의 타고난 본성을 가리키는 '성'(性)이라는 용어를 발견할 수 있다. 그중 하나는 자공(子貢)의 말로서, 스승인 공자가 본성(性)과 천도(天道)에 대해서 말하는 것을 듣지 못했다는 회고에서이다.[1] 그런데 공자가 '성'에 대해 이야기하는 것을 들을 수 없

---

1 『논어』「공야장」: 자공이 말했다. "선생님께서 문물제도에 대해 말씀하시는 것은 들을 수 있었지만, 본성(性)과 천도(天道)에 대해 말씀하시는 것은 들을 수 없었다."(子貢曰 "夫子之文章, 可得而聞也, 夫子之言性與天道, 不可得而聞也.")

었다는 자공의 말은 역설적이게도 전국시대 이전에 이미 본성에 대한 관심이 싹트기 시작했음을 말해준다. 정치적 힘의 분산과 패권적 권력의 등장으로 인해 서주(西周)의 종법 봉건제 질서가 해체되어 간 춘추시대의 현실은 인간의 자연적 성향이 사회적·정치적 질서나 규범과 어떤 관계에 있는지에 대한 의문들을 불러일으켰고, 이는 자연히 인간 본성 개념에 대한 사유와 논쟁을 촉발하였을 것이다. 그럼에도 불구하고 공자는 이 문제를 정면에서 다루기를 꺼려한 것으로 보인다.

『논어』에서 공자가 직접 '성'(性)에 대해 언급한 것은, 인간은 타고난 본성에 있어서는 서로 비슷하지만, 학습과 습관화의 결과로 서로 차이를 보인다고 한 것이 유일하다.[2] 이 문장에 대해서는 공자가 말한 인간 본성을 도덕적 성향을 가리키는 것으로 볼 것인지, 아니면 인간의 생리적 욕구와 본능을 포함한 것으로 볼 것인지에 따라 다양한 해석들이 있다. 그러나 하안(何晏)의 『논어집해』(論語集解)에 수록된 고주(古注)에서는 "군자는 익히는 것을 신중히 한다"라고 풀이함으로써[3] 공자의 관심이 '성'(性)보다는 '습'(習)에 있음을 강조한다. '성'(性)이 가리키는 것이 무엇이든 간에 공자가 후천적 습관이나 학습의 중요성에 초점을 두고 이런 발언을 하였음은 분명하다. 공자는 인간의 타고난 성향이 어떠하며, 그것이 인간 행위에 어떤 영향을 미치는지에 대해 해명하는 것보다는 인간이 행해야 할 실천적 덕목들

---

2 『논어』「양화」: 공자가 말했다. "사람들은 본성에 있어서는 서로 가깝지만, 습관으로 인해 서로 멀어진다."(子曰 "性相近也, 習相遠也.")

3 『論語集解』「陽貨」: 孔曰 "君子愼所習." 공안국(孔安國)의 주이다.

로는 어떤 것들이 있는지를 제시하는 데 더 큰 관심을 보인다. 그리고 그 덕목들의 확고한 실행으로 이끌 부단한 학습과 자기반성을 통한 수양을 강조한다. 그 점에서 공자의 '덕'은 덕행(德行)의 요소가 강하다. 즉 공자에게는 덕성(德性) 개념에 대한 문제의식이 강하지 않았던 것으로 보인다.

그러나 전국시대 학술계에서는 인간의 도덕적 행위의 근거를 두고 철학자들 사이에 활발한 논쟁이 있었다. 그 논쟁 속에서 구체적 쟁점 가운데 하나로 떠오른 것은 인간은 외부로부터의 학습이나 타율적 강제에 의해서 도덕적 행위를 하는 것인가, 아니면 내적 원천으로부터 자발적으로 도덕적 행위를 하는 것인가 하는 문제였다. 그리고 이 쟁점과 관련해서 인간의 타고난 성향은 어떠하며, 그 성향들 가운데 인간을 인간이게끔 하는 본질적 요소는 무엇인지도 문제시되었다. 맹자는 인간의 실천적 행위에 초점을 맞춘 공자의 덕 개념을 계승하면서도 인간의 도덕적 행위 가능성을 후천적 학습이나 타산적 사고과정에 앞서는 마음의 타고난 성향에서 찾는다. 그는 그런 성향을 인간을 인간이게끔 하는 배타적인 속성으로서의 인간 본성(性)으로 간주해야 한다고 주장한다. 이로써 맹자는 공자가 명료화하지 못했던 덕성 개념을 유가 덕론의 체계 속에 확고하게 정초하고 도덕심성론의 이론적 전통을 열어놓았다.

2. 덕과 인간의 본성

(1) 인간의 고귀함과 덕

공자는 부유함과 고귀함을 욕구하는 것, 반대로 빈곤함과 천함을 싫어하는 것, 이것은 사람들의 일반적 경향이지만, 정당한 방법이 아니면 부귀라도 취하지 않고 빈천이라도 피하지 않아야 한다고 강조하였다. 곤궁함을 피하려는 본능보다는 인간다움을 실현하여 군자(君子)의 이상에 도달하려는 열망이 인간에게는 더 가치 있다고 보기 때문이다.[4] 공자와 마찬가지로 맹자 역시 고귀해지고 싶은 것은 모든 사람들의 공통된 마음(同心)이라고 본다. 그러나 맹자는 부귀보다는 인간다움의 가치가 중요하다는 주장으로부터 한걸음 더 나아가 진정한 의미의 고귀함이란 어떤 것인지를 묻는다.

일반적으로 고귀함은 사회적으로 높은 신분이나 높은 지위에 있는 자들이 지닌 가치로 간주된다. 『장자』 외편에 있는 「추수」의 저자는 "세속의 관점에서 보면 고귀함과 비천함은 자기에게 달려 있지 않다"라고 하면서[5] 외재적 기준에 따라 사람들의 귀천(貴賤)을 분별하는 현상에 대해서 비판적으로 언급한 바 있다. 종법 봉건제가 붕괴되면서 사회의 신분 변동이 극심했던 춘추전국시대의 현실에서는 하루아침에 사회적 귀천이 뒤바뀔 수 있었고 신분에서 오는 고귀함은 자기 의지와 상관없이 외재적 요인에 따라 얼마든지 박탈될 수 있었다.

4 『論語』「里人」: 子曰 "富與貴, 是人之所欲也, 不以其道得之, 不處也. 貧與賤, 是人之所惡也, 不以其道得之, 不去也. 君子去仁, 惡乎成名?"

5 『莊子』「秋水」: 以俗觀之, 貴賤不在己.

맹자는 진정한 고귀함, 즉 '양귀'(良貴)란 그런 외적 요인으로부터 오는 것이 아니라 사람들 모두가 자기 속에 항구적으로 지니고 있는 것으로부터 나와야 한다고 생각한다. 그는 그것을 인간의 타고난 도덕적 정서에 기초한 인의(仁義)의 덕(德)으로 보았다.

맹자에 따르면, 덕은 인간이 스스로 고귀한 존재가 되는 근거이지만, 다만 사람들이 그것을 스스로 자각하지 못하고 있을 뿐이다. 덕이란 사람들이 태어날 때부터 가지고 있는 마음의 보편적 성향에 근원을 둔 것이기 때문에, 인간은 스스로가 자기 존재의 고귀함의 원천이 되며, 자기의 타고난 본연의 모습에 가장 충실할 때 그 고귀함을 획득할 수 있게 된다. 맹자는 인간을 고귀한 존재로 만들어주는 덕의 실현은 모든 생명체에게 자연적으로 주어져 있는 생존의 요구와 자기보존의 본능을 초월할 만큼 절대적 가치를 지니고 있다고 보았다. 그의 이런 생각은 공자의 '살신성인'(殺身成仁)에 비견되는 '사생취의'(舍生取義)의 명제로 나타난다. 이처럼 맹자에게 덕은 인간이라면 행해야 할 당위적 행위를 수행하는 능력인지, 유익한 결과를 기대하고 타인에게 은혜를 베푸는 능력인지를 논하기에 앞서서 인간 존재를 스스로 고귀하게 만들어주는 근거라는 점에서 인간의 자기실현에 결정적으로 중요한 요소이다.

고귀함과 인의(仁義)

맹자가 말했다. "고귀하고 싶은 것은 사람들의 다 같은 마음이다. 사람마다 자기에게 고귀함이 있지만, 생각하지 못하고 있을 뿐이다. 다른 사람이 귀하게 해준 것은 진정한 의미의 고귀함(良貴)이 아니다. 조맹(趙孟)이 귀하게 한 것은 조맹이 천하게 할 수도 있다. 『시경』에서는

'이미 술로 취하고 이미 덕으로 배부르다'라고 하였다. 이것은 인의(仁義)로 배가 불러서 다른 사람의 고량진미를 원하지 않고, 좋은 평판과 널리 알려진 명예가 자기 자신에게 갖추어져 있어서 다른 사람의 수놓은 비단옷을 바라지 않음을 말한 것이다."(『맹자』「고자·상」: 孟子曰 "欲貴者, 人之同心也. 人人有貴於己者, 弗思耳. 人之所貴者, 非良貴也. 趙孟之所貴, 趙孟能賤之. 詩云, '旣醉以酒, 旣飽以德.' 言飽乎仁義也, 所以不願人之膏粱之味也; 令聞廣譽施於身, 所以不願人之文繡也.")

해설 초순(焦循)은 『맹자정의』(孟子正義)에서 '양귀'(良貴)를 '최고의 고귀함'(最貴)으로 풀이한다. 조맹(趙孟)은 춘추시대 말 진(晉)나라에서 대대로 경(卿)을 지냈던 조씨(趙氏) 가문 사람으로, 사람들의 귀천을 결정할 만큼 막강한 권세를 가졌다. 맹자는 조맹과 같은 자가 주었다 뺏을 수 있는 사회적 신분이나 지위보다 인의(仁義)의 덕이 한 사람을 고귀하게 만든다고 주장하고 있다. 인의의 덕은 인간의 타고난 보편적 본성에 뿌리를 두고 있다는 점에서 인간은 누구나 고귀한 존재로 태어난다.

맹자는 여러 종류의 덕들 가운데에서도 인의를 특별히 강조한다. 「고자·상」에서는 인을 '사람의 마음'(人心), 의를 '사람의 길'(人路)이라고 하면서, 이 덕들을 방기함으로써 인간이 인간답게 될 수 있는 토대를 상실하게 되는 세태를 한탄한다. 『맹자』라는 책 전체가 이익(利)이 아닌 인의가 인간공동체를 이끌어가는 주도적 가치가 되어야 한다는 선언으로부터 출발하고 있다.

천작(天爵)과 인작(人爵)

맹자가 말했다. "천작(天爵)이 있고 인작(人爵)이 있다. 인의(仁義)와 충신

(忠信), 선을 즐거워하여 게을리 하지 않음, 이것들이 천작이다. 공(公)·경(卿)·대부(大夫), 이것들이 인작이다. 옛사람들은 천작을 닦으면 인작이 따라왔다. 지금 사람들은 천작을 닦아서 인작을 요구하지만, 이미 인작을 얻고 나면 천작을 버리기도 한다. 미혹됨이 심한 것이다. 마침내는 그것마저도 반드시 잃고 말 것이다."(『맹자』「고자·상」: 孟子曰 "有天爵者, 有人爵者. 仁義忠信, 樂善不倦, 此天爵也; 公卿大夫, 此人爵也. 古之人修其天爵, 而人爵從之. 今之人修其天爵, 以要人爵; 既得人爵, 而棄其天爵, 則惑之甚者也, 終亦必亡而已矣.")

해설 현존하는『맹자』주석서들 가운데 가장 오래된 주석서의 저자로 알려진 조기(趙岐, 108?-201)는 천작(天爵)을 '덕'(德)으로, 인작(人爵)을 '녹'(祿)으로 풀이한다. 인간에게 본래부터 주어져 있는 덕성은 인간을 이 우주에서 고귀한 존재로 만들어주는 작위와 같다.

이 단락에서 맹자는 개인의 도덕적 수양이 사회적으로 높은 지위를 얻기 위한 수단으로 전락하거나, 높은 지위로 인해 자신의 덕을 상실하는 경우에 대해서 언급하고 있다. 높은 지위가 오히려 그 사람의 타고난 내면의 고귀함을 파괴할 수 있음을 우려하고 있는 것이다.

사생취의(舍生取義)

맹자가 말했다. "… 삶도 내가 원하는 것이고, 의(義)도 내가 원하는 것이지만, 두 가지를 겸할 수 없을 때에는 삶을 버리고 의를 취하리라. 삶도 내가 원하는 것이지만 삶보다 더 원하는 것이 있다. 그래서 구차하게 삶을 얻으려고 하지 않는다. 죽음도 내가 싫어하는 것이지만 죽음보다 더 싫은 것이 있다. 그래서 피하지 않는 환난도 있는 것이다. … 현자만 이런 마음을 가지고 있는 것이 아니라 사람들이 다 이런 마음을 가지고 있지만, 현자는 그것을 잃지 않을 뿐이다. 밥 한 그릇과 국 한 그릇을 얻으면 살고 얻지 못하면 죽는다 하더라도, 혀를 차고 꾸짖으면서 주면 길 가는 사람도 받지 않고, 발로 차면서 주면 걸인도 내켜하지 않는다."(『맹자』「고자·상」: 孟子曰 "… 生, 亦我所欲也; 義, 亦我所欲也, 二者不可得兼, 舍生而取義者也. 生亦我所欲, 所欲有甚於生者, 故不爲苟得也; 死亦我所惡, 所惡有甚於死者, 故患有所不辟也. … 非獨賢者有是心也, 人皆有之, 賢者能勿喪耳. 一簞食, 一豆羹, 得之則生, 弗得則死. 呼爾而與之, 行道之人弗受; 蹴爾而與之, 乞人不屑也.")

해설 굶주림 때문에 생존의 위기에 처해 있는 걸인도 발로 차면서 음식을 주면 달갑게 여기지 않는다. 유독 인간은 마음속에 생존보다 더 소중하게 생각하는 것이 있기 때문이다. 현자에게 그것은 의(義)이다. 맹자에게 의는 내적 욕구의 문제이기도 하다. 의에 대한 욕구는 생존의 욕구를 능가할 수 있으며, 불의(不義)를 피하고자 하는 욕구는 죽음을 피하고자 하는 욕구를 능가할 수 있다. 생명을 지키기 위해 의를 저버리는 것은 스스로에게 수치스러움을 유발한다. 맹자에게 수치심은 인간으로 하여금 자기존재의 존엄성을 지키고 도덕적 행위를 할 수 있도록 인도하는 내적 바로미터이다. 「진심·상」에서 맹자는 말한다. "사람이 부끄러움이 없어서는 안 된다. 부끄러움이 없음을 부끄러워한다면 부끄러운 일이 없을 것이다. … 부끄러움은 사람에게 매우 중요한 것이다. 임기응변의 교활한 짓을 하는 자는 부끄러움을 느끼는 일이 없다. 부끄러워함이 남과 같지 못하다면, 무엇이 남과 같겠는가?"(孟子曰 "人不可以無恥. 無恥之恥, 無恥矣." 孟子曰 "恥之於人大矣. 爲機變之巧者, 無所用恥焉. 不恥不若人, 何若人有?")

인(仁)과 의(義) : 양지(良知)와 양능(良能)

맹자가 말했다. “사람이 배우지 않고서도 능한 것은 양능(良能)이요, 사려하지 않고서도 아는 것은 양지(良知)이다. 손을 잡고 다닐 만한 나이의 아이도 그 부모를 사랑할 줄 모름이 없고, 자라서는 그 형을 공경할 줄 모름이 없다. 혈연적으로 가까운 사람을 친애하는 것(親親)은 인(仁)이고, 연장자를 공경하는 것(敬長)은 의(義)이다. 이는 다름 아니라 온 천하의 보편적 가치이다.”(『맹자』「진심·상」: 孟子曰 “人之所不學而能者, 其良能也; 所不慮而知者, 其良知也. 孩提之童, 無不知愛其親者 ; 及其長也, 無不知敬其兄也. 親親, 仁也; 敬長, 義也. 無他, 達之天下也.”)

해설 맹자는 인간은 외재적 학습이나 이성적 사고의 과정에 앞서 선(善)을 향한 타고난 성향을 보편적으로 지니고 있으며, 그로부터 인의의 덕이 나온다고 주장한다. 양지(良知)와 양능(良能)의 ‘양’(良)은 일반적으로 선(善)으로 풀이되지만, 주희는 『맹자집주』(孟子集注)에서 ‘본연의 선’(本然之善)으로 풀이한다.

맹자에 따르면 친친(親親)과 경장(敬長), 즉 부모를 가깝게 여겨 친애하는 것과 자기보다 나이가 많은 형이나 연장자를 공경하여 따르는 것은 특별한 학습과 사려가 없이도 자연스럽게 생겨나는 태도이다. 부모에게 애착의 감정을 느끼는 것은 타인에게 배려와 사랑을 행하게 되는 인(仁)의 내적 토대이고, 연장자 앞에서 조심스럽고 삼가는 마음이 드는 것은 마땅히 행해야 할 바를 행하는 의(義)의 내적 토대이다. 도덕적 행위의 출발점을 인간 마음의 정서적 반응능력에서 찾는 맹자의 입장은 사단론(四端論)에서 더 구체적으로 드러난다.

아끼는 바로써 아끼지 않는 바에 미친다

맹자가 말했다. "불인(不仁)하도다, 양혜왕이여! 인자(仁者)는 그 사랑하는 바로써 사랑하지 않는 바에 미치고, 불인자(不仁者)는 사랑하지 않는 바로써 사랑하는 바에 미친다." 공손추가 물었다. "무슨 말씀이십니까?" "양혜왕은 토지 때문에 그 백성을 피폐하게 만들고 전쟁을 일으켰다가 대패하였는데도 장차 다시 전쟁하려 하였고, 이기지 못할 것을 두려워하여 그 사랑하는 자식을 내몰아서 희생시켰으니, 이것을 사랑하지 않는 바로써 사랑하는 바에 미친다고 한 것이다."(『맹자』「진심·하」: 孟子曰 "不仁哉, 梁惠王也! 仁者以其所愛及其所不愛, 不仁者以其所不愛及其所愛." 公孫丑曰 "何謂也?" "梁惠王以土地之故, 糜爛其民而戰之, 大敗, 將復之, 恐不能勝, 故驅其所愛子弟以殉之, 是之謂以其所不愛及其所愛也.")

해설 인(仁)은 친친(親親)으로부터 출발하기는 하지만, 친친에만 머물지는 않는다. 맹자는 부모를 비롯한 친족에 대한 자연스러운 애착의 감정을 다른 사람들에게로 확대해가야 한다고 주장한다. 가까운 곳에서부터 먼 곳으로 미루어 나가는 것이 맹자가 권하는 사랑의 파급 방식이다. 양혜왕의 예가 보여주듯, 맹자 시대에는 친친조차 이루어지지 않는 경우들이 많았다.

(2) 본성의 선함

흔히 알려져 있는 바대로 맹자는 인간의 본성은 도덕적으로 선하다는 성선론의 입장을 취한다. 『맹자』에서 성선론은 주로 고자(告子)와의 논쟁 속에서 구체화된다. 고자는 인간의 타고난 본성은 그 자체로는 선과 불선의 구별이 없다는 입장을 취한다. 선과 불선은 후천적인 환경과 외적인 힘에 의해 생겨나는 것이지, 본성 자체가 타고나는 것이 아니라는 것이다. 맹자는 고자의 이런 입장에 맞서, 인간의 타고난 본성은 선하며, 불선만이 후천적 환경과 외적인 힘에 의한 것이라고 주장한다. 맹자와 고자의 본성에 대한 견해는 선·불선의 문제와 관련해서만 다른 것이 아니라, '본성'의 개념 규정부터 애초에 다르다. 고자에게 본성이란 타고난 생명활동이다. 타고난 생명활동을 하지 않으면 인간은 생명을 유지해갈 수가 없으며, 인간으로서 이전에 생명체로서도 살아갈 수가 없다. 이것은 생명을 가진 모든 존재의 공통 속성이기도 하다. 그러나 맹자는 '본성'이란 타고난 모든 성향들을 가리키는 것이 아니라, 인간을 인간이 아닌 다른 존재들과 구별되는 존재로 만들어주는 속성, 즉 인간에게만 고유한 배타적 속성이어야 한다고 생각한다.

본성과 선(善)·불선(不善)

고자(告子)가 말했다. "사람의 본성은 여울물과 같다. 동쪽으로 터주면 동쪽으로 흐르고, 서쪽으로 터주면 서쪽으로 흐른다. 물 자체에 동쪽과 서쪽의 구분이 없는 것처럼, 사람의 본성에도 선(善)과 선하지 않음(不善)의 구분이 없다." 맹자가 말했다. "물에는 진실로 동쪽·서쪽의 구분이 없다. 그러나 위아래의 구분마저 없겠는가? 물이 아래로 흘러가는 것처럼 사람의 본성도 선(善)하고, 물이 아래로 흘러가지 않음이 없는 것처럼, 사람의 본성도 선하지 않음(不善)이 없다. 물론, 지금 손으로 물을 쳐서 튀어오르게 하면 이마를 넘어가게 할 수 있고, 물을 막아서 역류시키면 산에까지 끌어올릴 수 있다. 그러나 이것이 어찌 물의 본성이겠는가? 다 외적인 힘(勢)이 그렇게 한 것이다. 인간 역시도 선하지 않게 할 수 있지만, 그것 역시 본성이 외적인 힘에 의해서 그렇게 된 것이다."(『맹자』「고자·상」: 告子曰 "性猶湍水也. 決諸東方則東流, 決諸西方則西流. 人性之無分於善不善也, 猶水之無分於東西也." 孟子曰 "水信無分於東西, 無分於上下乎. 人性之善也, 猶水之就下也. 人無有不善, 水無有不下. 今夫水搏而躍之, 可使過顙, 激而行之, 可使在山, 是豈水之性哉? 其勢則然也, 人之可使爲不善, 其性亦猶是也.")

해설 고자는 물에는 동쪽과 서쪽의 구분이 없듯이 본성에는 선(善)·불선(不善)의 구분도 없다고 주장한다. 이에 대해 맹자는 물이 위로 흘러가지 않고 아래로 흘러가듯 본성은 선(善)하다고 반박한다. 인간이 선하지 못한 것은 타고난 내적 본성 때문이 아니라 외적 힘 때문이라는 것이다.

생(生)으로서의 본성 : 고자의 입장

고자가 말했다. "타고난 생명활동(生)을 본성(性)이라고 한다." 맹자가 말했다. "타고난 생명활동을 본성이라고 한 것은 흰색을 흰색이라고 하는 것과 같은 것인가?" "그렇다." "그렇다면 흰 깃털의 흰색이 흰 눈의 흰색과 같으며, 흰 눈의 흰색이 흰 옥의 흰색과 같은 것인가?" "그렇다." "그렇다면 개의 본성이 소의 본성과 같고, 소의 본성이 사람의 본성과 같다는 말인가?"(『맹자』「고자·상」: 告子曰 "生之謂性." 孟子曰 "生之謂性也, 猶白之謂白與?" 曰 "然." "白羽之白也, 猶白雪之白; 白雪之白, 猶白玉之白與?" 曰 "然." "然則犬之性, 猶牛之性; 牛之性, 猶人之性與?")

해설 고자는 타고난 생명활동을 인간의 본성으로 본다. 다음 단락에서는 그런 생명활동의 예로 '식색'(食色)을 든다. 그러나 맹자는 그런 생명활동은 인간만 하는 것이 아니라 개와 소 같은 다른 동물들도 한다는 점을 들어 고자의 입장에 반대한다. 맹자는 '본성'에 대한 정의부터 고자와 다르게 한다. 인간의 '본성'은 다른 동물들은 가지고 있지 않고 인간만이 가지고 있는 배타적 속성이어야 한다는 것이다.

인간이 금수와 다른 근거

맹자가 말했다. "사람이 금수와 다른 근거는 얼마 안 된다. 단지 서민들은 그것을 버리고, 군자는 그것을 보존한다."(『맹자』「이루·하」: 孟子曰 "人之所以異於禽獸者, 幾希. 庶民去之, 君子存之.")

해설 맹자는 타고난 생명활동을 인간의 본성으로 보는 고자의 견해에 반대하지만, 그와 같은 생명활동이 동물의 한 종으로서의 인간 삶에 필수적이고, 또 주요한 부분을 차지하고 있음을 부정하지 않는다. 인간 본성이란 인간이 동물의 한 종으로서만이 아니라 다른 동물들과 구별되는 인간으로서 살아가기 위해서 보존하고 길러야 하는 것이다.

(3) 인의예지(仁義禮智)와 본성

맹자는 인의예지가 인간의 본성으로부터 나온다는 점을 논증하기 위해 인의예지 각각의 단초가 되는 마음을 언급한다. 인(仁)의 단초는 측은지심(惻隱之心)이고, 의(義)의 단초는 수오지심(羞惡之心)이며, 예(禮)의 단초는 공경지심(恭敬之心) 또는 사양지심(辭讓之心)이고, 지(智)의 단초는 시비지심(是非之心)이다. 이 네 가지 마음은 도덕적 행위가 요구되는 상황에서 그 행위가 자신에게 미칠 결과에 대한 타산적 고려를 거치는 일 없이 즉각적으로 일어나는 정서적 반응이다. 맹자는 유덕한 행위의 기초는 인간의 타고난 본능과도 같은 이런 자연스러운 정서적 반응능력에 있으며, 모든 인간은 이런 능력을 보편적으로 지니고 있다는 점에서 인간의 본성은 선하다고 주장한다. 도덕적 행위는 생물학적 충동이나 감각적 본능만큼이나 인간의 자연적인 본능에 기초한다는 것이다. 또한 감각적 욕구의 충족이 인간에게 쾌락과 기쁨을 가져다주는 것처럼, 도덕적 행위 역시 인간에게 즐거움을 가져다주고, 궁극적으로는 인생의 의미와 행복을 달성하게 해준다. 이 점에서 맹자는 행복의 달성은 덕의 실현과 함께 한다고 본다.

마음에 뿌리를 둔 인의예지(仁義禮智)

맹자가 말했다. "… 군자가 본성(性)으로 삼는 바는 인의예지(仁義禮智)로서 마음속에 뿌리내려져 있다. 그것은 겉으로 나타나면 윤택하게 얼굴에 드러나고, 등에 풍만하게 넘쳐흐르며, 수족으로까지 뻗어나가 수족이 굳이 말하지 않아도 저절로 깨달아 행해진다."(『맹자』「진심·상」: 孟子曰 "… 君子所性, 仁義禮智根於心. 其生色也, 睟然見於面, 盎於背, 施於四體, 四體不言而喩.")

해설 맹자는 인간에게 타고난 성향이라고 지칭할 만한 속성들은 많지만, 군자는 그 가운데 인의예지만을 본성으로 삼는다고 말한다. 군자는 다른 식색(食色)의 감각활동은 제쳐두고 인의예지가 인간의 본성이자 존재 가치임을 자각하고 그것을 지키고 기르려고 노력하는 자이다. 인간이 자신의 내적 본성에 충실하면 물리적 신체는 저절로 그 본성대로 움직이게 된다. 「이루·하」에서 맹자는 순(舜)임금은 "인의(仁義)로부터 행한 것이지, 인의를 행한 것이 아니었다"(由仁義行, 非行仁義也)라고 말하고 있다. 도덕적 행위들은 인간이 마음속에 지니고 있는 선한 본성이 행위의 원천으로서 온전하게 작용할 때 자연스럽게 흘러나오는 것이지, 당위적 의무나 목적으로 간주되어 의식적으로 수행되어야 하는 것이 아님을 강조한 것이다.

맹자는 인의예지가 마음속에 '뿌리내려져 있다'라고 하면서 식물의 비유를 사용하고 있는데, 식물의 생장과정은 그의 '성'(性) 개념을 이해하는 데 도움을 준다. 본성은 도덕적 행위의 원천이기는 해도 그 자체로 선한 덕들의 완전한 현실태가 아니다. 식물이 뿌리로부터 싹을 틔우고, 또 싹이 자라나서 줄기가 생기고 잎이 나는 과정을 거쳐서 한 그루 큰 나무로 성장할 수 있듯이, 본성 역시 도덕적 행위를 할 수 있는 잠재적 소질로 주어져 있을 뿐이다. 그것을 잘 기르고 성장시키는 것이 사람들의 임무이다.

본성과 명(命)

맹자가 말했다. "입이 맛을, 눈이 색깔을, 귀가 소리를, 코가 냄새를, 사지가 편안함을 추구하는 것은 본성이지만 그것을 얻는 것은 명(命)에 달려 있다. 그러므로 군자는 이것을 본성이라고 하지 않는다. 인(仁)이 부자관계에, 의(義)가 군신관계에, 예(禮)가 손님·주인관계에, 지(智)가 현자에게 있는 것과 성인에게 천도(天道)가 있는 것은 명(命)이지만 그것들은 본성에서 나온다. 그러므로 군자는 명(命)이라고 하지 않는다.(『맹자』「진심·하」: 孟子曰 "口之於味也, 目之於色也, 耳之於聲也, 鼻之於臭也, 四肢之於安佚也, 性也, 有命焉, 君子不謂性也. 仁之於父子也, 義之於君臣也, 禮之於賓主也, 智之於賢者也, 聖人之於天道也, 命也, 有性焉, 君子不謂命也.")

해설 군자가 인의예지의 덕만을 인간의 본성으로 삼는 이유를 설명하고 있다. 맹자는 식색의 감각활동 역시 인간의 타고난 성향에 속하며, 생명체로서의 인간이 살아가는 데 큰 비중을 차지한다는 점을 인정한다. 그러나 이런 감각적 욕구를 충족시키는 것은 개인의 뜻대로

만 되는 것이 아니라 명(命)에 좌우되기도 한다. 따라서 군자에게 그것은 특별히 추구할 가치가 없다. 그러나 인의예지는 인간에게 명(命)으로 주어져 있지만, '구하면 얻고, 버리면 잃는다'는 말이 보여주듯이 인간의 의지에 따라 얼마든지 실현할 수 있다는 점에서 본성으로 삼아 추구할 만한 가치가 있다.

인간의 타고난 재질과 바탕

맹자가 말했다. "사람의 실질적 바탕(情)은 선할 수 있다. 이것이 내가 말하는 선이다. 선하지 못한 일을 하는 것은 타고난 재질(才)의 잘못이 아니다. 측은히 여기는 마음(惻隱之心)은 사람들이 모두 다 가지고 있고, 부끄러워하는 마음(羞惡之心)도 사람들이 모두 다 가지고 있으며, 공경하는 마음(恭敬之心)도 사람들이 모두 다 가지고 있고, 옳고 그름을 분별하는 마음(是非之心)도 사람들이 모두 다 가지고 있다. 여기서 측은히 여기는 마음은 곧 인(仁)이고, 부끄러워하는 마음은 의(義)이며, 공경하는 마음은 예(禮)이고, 옳고 그름을 분별하는 마음은 지(智)이다. 인의예지(仁義禮智)라는 것은 밖으로부터 나를 녹여서 들어오는 것이 아니라, 내가 본래부터 가지고 있는 것이다. 단지 사람들이 생각하지 못할 뿐이다. 그러므로 '구하면 얻고, 버리면 잃는다'는 말이 있다. 사람들이 두 배, 다섯 배, 심지어 헤아릴 수 없을 정도로 차이가 나는 것은 타고난 재질을 다하지 못했기 때문이다. 『시경』에서 말했다. '하늘이 수많은 백성들을 낳으시니, 무언가가 있으면 법칙도 있다. 백성들에게는 떳떳한 본성이 있는지라, 이 아름다운 덕을 좋아한다.'"

(『맹자』「고자·상」: 孟子曰 "乃若其情則可以爲善矣. 乃所謂善也. 若夫爲不善, 非才之罪也. 惻隱之心, 人皆有之. 羞惡之心, 人皆有之. 恭敬之心, 人皆有之. 是

非之心, 人皆有之. 惻隱之心仁也. 羞惡之心義也. 恭敬之心禮也. 是非之心智也. 仁義禮智, 非由外鑠我也, 我固有之也, 弗思耳矣. 故曰 求則得之, 舍則失之, 或相倍蓰而無算者, 不能盡其才者也. 詩曰 天生蒸民, 有物有則, 民之秉夷, 好是懿德.")

해설 '실질적 바탕'으로 번역한 '정'(情)은 감정을 의미하는 것으로 풀이되기도 한다. 측은지심, 수오지심, 공경지심, 시비지심은 어떤 사태들에 대한 즉각적이고 본능적인 정서적 반응이라는 점에서 타당한 풀이이다. 도덕적 행위는 인간 마음의 타고난 바탕과 재질로서의 정서적 반응능력에 기초한다고 할 수 있다. 내면의 바탕과 재질을 얼마나 투철하게 자각하고 잘 배양하느냐에 따라 사람들의 덕에 차이가 생길 뿐이다. '구하면 얻고, 버리면 잃는다'는 것은 덕의 배양은 철저하게 그 사람의 의지와 노력에 달려 있음을 말한 것이다.

불인지심(不忍之心)과 사단(四端)

맹자가 말했다. "사람들 모두에게 다른 사람의 불행을 참지 못하는 마음(不忍人之心)이 있다. … 사람들 모두에게 다른 사람의 불행을 참지 못하는 마음이 있다고 말한 까닭은 다음과 같다. 지금 사람들이 갑자기 어린아이가 막 우물에 빠지려는 것을 본다면, 모두 깜짝 놀라서 측은해하는 마음을 갖게 된다. 그것은 어린아이의 부모와 교분을 맺으려고 해서도 아니고, 마을 친구들로부터 칭찬을 받기 위해서도 아니며, 비난의 소리가 듣기 싫어서도 아니다. 이로써 보건대, 측은한 마음이 없으면 인간이 아니고, 부끄러워하는 마음이 없으면 인간이 아니며, 사양하는 마음이 없으면 인간이 아니고, 옳고 그름을 분별하는 마음이 없으면 인간이 아니다. 측은해하는 마음은 인(仁)의 단초이고, 부끄러워하는 마음은 의(義)의 단초이며, 사양하는 마음은 예(禮)의 단초이고, 옳고 그름을 분별하는 마음은 지(智)의 단초이다. 사람은 몸뚱이를 가지고 있는 것처럼, 이 네 가지 단초를 가지고 있다. 이 네 가지 단초를 가지고 있으면서도 스스로 행할 수 없다고 말하는 자는 자신을 해치는 자이고, 자기 임금이 행할 수 없다고 말하는 자는 임금을 해치는 자이다. 무릇 나에게 있는 네 가지 단초를 모두 다 확장하여 충만하게 할 줄 안다면, 마치 불이 처음 타오르듯 물이 처음 솟아오르듯 할 것이다. 만일 이것을 충만하게 할 수 있으면 온 세상도 보호할 수 있고, 이것을 충만하게 할 수 없다면 자기 부모도 섬기지 못할 것이다."(『맹자』 「공손추·상」: 孟子曰 "人皆有不忍人之心. … 所以謂人皆有不忍人之心者, 今人乍見孺子將入於井, 皆有怵惕惻隱之心, 非所以內交於孺子之父母也, 非所以要譽於鄉黨朋友也, 非惡其聲而然也. 由是觀之, 無惻隱之心, 非人也. 無羞惡之心, 非人也. 無辭讓之心, 非人也. 無是非之心, 非人也. 惻隱之心, 仁之端也. 羞惡之心, 義之端也. 辭讓之心, 禮之端也. 是非之心, 智之端也. 人之有是四端也, 猶其有四體也. 有是四端而自謂不能者, 自賊者也. 謂其君不能者, 賊其君者也. 凡有四端於我者, 知皆擴而充之矣. 若火之始然, 泉之始達. 苟能充之, 足以保四海. 苟不充之, 不足以事父母.")

해설 측은지심, 수오지심, 공경지심, 시비지심은 인의예지 사덕(四德)의 단초라는 점에서 '사단'(四端)이라고 불린다. 이 네 가지 마음은 이성적 숙고나 논리적 사유를 거쳐서 생겨나는 것이 아니라 억누를 수 없는 충동적이고 즉각적인 내면의 발로로서 일어난다. 그것을 맹자는 참을 수 없는 마음, 즉 '불인지심'(不忍之心)이라고 부른다. 맹자에게 도덕적 행위는 참을 수 없는 내적 충동과 정서로부터 시작된다. 그러나 모든 사람들에게 사단의 마음이 있다고 해도, 그 마음을 "확장하여 충만하게 할(擴而充之)" 수 있을 때에만 사덕을 구현할 수 있고, 타인을 위하고 세상을 보호한다는 윤리의 궁극적 목표를 달성할 수 있다.

미루어 넓히기

[맹자가] 말했다. "… 내 노인을 노인으로 섬기는 태도를 남의 집 노인에게까지 미치게 하고, 내 어린아이를 어린아이로 아끼는 태도를 남의 집 어린아이에게까지 미치게 한다면, 온 세상을 손바닥 안에서 움직일 수 있을 것이다. 『시경』에서는 '자신의 아내에게 모범이 되어 형제에 이르게 하고, 그로써 집과 나라를 다스린다'고 하였다. 이 마음을 들어 다른 곳에 가한 것을 말한 것이다. 그러므로 은혜를 미루어 넓히면 사해(四海)를 보호할 수 있고, 은혜를 미루어 넓히지 못하면 처자도 보호할 수 없다. 옛사람들이 다른 사람들보다 크게 뛰어났던 이유는 다름 아니라 자기가 하는 바를 잘 미루어 넓혔다는 데 있을 따름이다."(『맹자』「양혜왕·상」: 曰 "…老吾老, 以及人之老, 幼吾幼, 以及人之幼, 天下可運於掌. 詩云 '刑于寡妻, 至于兄弟, 以御于家邦.' 言擧斯心加諸彼而已. 故推恩足以保四海, 不推恩無以保妻子. 故之人所以大過人者無他焉, 善推其所爲而已矣.")

해설 사단의 마음을 확충(擴充)하는 것은 도덕적인 정서적 반응능력을 스스로 자각하여 그 대상을 자신과 혈연관계에 있는 가족으로부터 이웃으로 넓혀가고, 그리고 점차 멀리 떨어져 있는 타인과 인류 전체를 향해 발휘될 수 있도록 미루어 넓혀가는 과정이다.

(4) 도덕적 본성과 욕구 및 쾌락

맹자는 네 가지 단초가 되는 마음을 잘 확충하면 그로부터 도덕적인 행위는 마치 불이 타오르듯, 물이 솟아오르듯 걷잡을 수 없이 자연스럽게 온 세상에 행해질 것이라고 말한다. 그는 인간의 도덕적 본성에 대해 설명할 때면 감각적 욕구들을 끌어와 유비적(類比的) 사례로 쓰는 경우가 많다. 이것은 그가 유비의 오류를 범한 것이라기보다는 도덕적 본성 역시 인간의 본능적 욕구의 큰 부분이라고 생각한 데에서 기인한 것으로 보인다. 그리고 감각적 욕구의 충족이 인간에게 쾌락을 가져오듯 도덕적 본성 역시 실현되었을 때에는 큰 즐거움을 가져온다는 것이다. 맹자는 식색(食色)의 감각활동을 군자가 본성으로 삼는 대상에서 제외시키긴 했지만, 도덕적 본성을 인간의 자연적 욕구나 자발적 충동과 대립된 것으로 보기보다는 오히려 그 한 부분으로 본다. 다시 말해 인간에게는 감각적 욕구만큼이나 도덕적인 욕구가 자연적으로 주어져 있다는 것이다.

이치(理)와 의(義)가 주는 즐거움

맹자가 말했다. "… 사람들이 입으로 맛을 느끼는 데에도 다 같이 좋아하는 것이 있다. 역아(易牙)는 우리의 입이 좋아하는 것을 먼저 안 사람이다. 개나 말이 우리와 같은 부류가 아닌 것처럼, 입으로 맛을 느끼는 우리의 본성(性)이 사람들마다 다르다면, 온 세상 사람들이 어찌 좋아서 다들 역아의 맛을 따르겠는가? 맛에 있어서 온 세상 사람들이 역아에게 기대를 거는 것은 사람들의 입이 비슷하기 때문이다. 귀 역시 마찬가지이다. 소리에 있어서 온 세상 사람들이 사광(師曠)에게 기대를 거는 것은 사람들의 귀가 서로 비슷하기 때문이다. 눈도 역시 마찬가지이다. 자도(子都)의 경우, 온 세상 사람들은 그의 아름다움을 안다. 자도의 아름다움을 알지 못하는 자는 눈이 없는 자이다. 그러므로 입으로 맛을 느끼는 데에도 다 같이 좋아하는 것이 있고, 귀로 듣는 소리에도 다 같이 듣기 좋아하는 것이 있고, 눈으로 보는 모습에도 다 같이 아름답게 여기는 것이 있다고 하는 것이다. 마음에 있어서만 유독 다 같이 그렇다고 여기는 것이 없겠는가? 마음이 다 같이 그렇다고 여기는 것은 무엇인가? 바로 이치(理)와 의(義)이다. 성인은 우리의 마음이 다 같이 옳다고 여기는 것을 먼저 알았다. 그러므로 이치와 의가 우리의 마음을 즐겁게 해주는 것은 맛있는 고기가 우리의 입을 즐겁게 해주는 것과 같다."(『맹자』「고자·상」: 孟子曰 "… 口之於味, 有同耆也, 易牙先得我口之所耆者也. 如使口之於味也, 其性與人殊, 若犬馬之與我不同類也, 則天下何耆皆從易牙之於味也. 至於味, 天下期於易牙, 是天下之口相似也. 惟耳亦然. 至於聲, 天下期於師曠, 是天下之耳相似也. 惟目亦然. 至於子都, 天下莫不知其姣也. 不知子都之姣者, 無目者也. 故曰, 口之於味也, 有同耆焉, 耳之於聲也, 有同聽焉, 目之於色也, 有同美焉. 至於心, 獨無所同然乎? 心之所同然者何也? 謂理也, 義也. 聖人先得我心之所同然耳. 故理義之悅我心, 猶芻豢之悅我口.")

해설 역아의 요리가 사람들의 입에 쾌락을 가져다주듯, 도덕적 이치와 의(義)는 마음에 쾌락을 가져다준다. 달리 말하자면, 도덕적 이치와 의(義)는 인간 마음이 보편적으로 옳다고 하고 즐거워하는 것에 토대를 두고 있다. 사람들의 감각의 호오에 어느 정도의 보편성이 있듯이, 마음의 호오에도 보편성이 있는 것이다. 맹자는 인간 존재를 바라볼 때, 감각적인 신체와 도덕적인 마음으로 이분화되어 두 영역이 대립하고 있다는 식으로 보지 않는다. 감각적 욕구나 도덕적 욕구나 기본적으로는 인간의 타고난 성향들로서, 둘 다 충족되면 인간의 삶에 큰 쾌락과 행복을 가져다준다. 둘 다 충족되는 것이 가장 이상적이겠지만, 문제는 그렇지 못한 상황, 즉 둘 중의 하나를 택하고 하나를 버려야만 하는 선택의 상황이 벌어질 수 있다는 점이다. 그 경우에는 둘 사이에서 가치 판단이 일어날 수밖에 없다.

큰 몸과 작은 몸, 큰 사람과 작은 사람

맹자가 말했다. "사람들은 자기 몸에 대해서는 어느 것이나 다 아낀다. 어느 것이나 다 아끼므로 어느 것이나 다 기르게 된다. 한 자 한 치의 살이라도 아끼지 않는 것이 없으므로 한 자 한 치의 살이라도 기르지 않는 것이 없다. 잘 기르고 잘못 기르는 것 여부를 따지는 데 어찌 다른 방법이 있겠는가? 자기 몸에서 결정지을 뿐이다. 몸에는 귀한 것이 있고 천한 것이 있으며, 작은 것이 있고 큰 것이 있다. 작은 것 때문에 큰 것을 해쳐서는 안 되며, 천한 것 때문에 귀한 것을 해쳐서도 안 된다. 그 작은 것을 기르는 자는 소인(小人)이고, 그 큰 것을 기르는 자는 대인(大人)이다. 지금 한 원예사가 오동나무나 가래나무 같은 좋은 나무를 버리고 메대추나무나 가시나무 같은 하찮은 나무를 기른다면, 그는 천한 원예사이다. 자기의 한 손가락만을 기르고 그 어깨와 등을 잃으면서도 모른다면, 그는 미친 사람이다. 먹고 마시는 것을 탐하는 사람은 다른 사람들로부터 천하다는 멸시를 받는다. 작은 것을 기르고 큰 것을 잃어버렸기 때문이다. 먹고 마시는 것을 탐하는 사람이라도 잃어버린 것이 없다면, 그의 입과 배가 어찌 단순히 한 자 한 치의 살에 그치겠는가?"(『맹자』「고자·상」: 孟子曰 "人之於身也, 兼所愛. 兼所愛, 則兼所養也. 無尺寸之膚不愛焉, 則無尺寸之膚不養也. 所以考其善不善者, 豈有他哉? 於己取之而已矣. 體有貴賤, 有大小. 無以小害大, 無以賤害貴. 養其小者爲小人, 養其大者爲大人. 今有場師, 舍其梧檟, 養其樲棘, 則爲賤場師焉. 養其一指而失其肩背, 而不知也, 則爲狼疾人也. 飮食之人, 則人賤之矣, 爲其養小以失大

也. 飮食之人無有失也, 則口腹豈適爲尺寸之膚哉?")

해설 맹자는 감각적 욕구와 도덕적 욕구를 둘 다 충족시킬 수 없을 때에는 전자를 버리고 후자를 택하라고 말한다. 전자는 인간의 소체(小體)에서 나오는 것이고, 후자는 인간의 대체(大體)에서 나오는 것이기 때문이다. 소체는 작은 개체로서의 자기 존재에 국한되지만, 대체는 자기뿐만 아니라 타인들과의 관계를 통해 세계로 열려 있다. 소체를 택하는 사람은 소인(小人)이고 대체를 택하는 사람은 대인(大人)이다. 이는 큰 욕망을 위해 작은 욕망을 버리라는 것이지, 선한 욕망을 위해 악한 욕망을 버리라는 논리는 아니다.

마음의 사고능력

공도자(公都子)가 물었다. "똑같이 사람인데도 어떤 사람은 대인이 되고 어떤 사람은 소인이 되는 것은 어째서입니까?" 맹자가 말했다. "큰 몸을 따르는 자는 대인이 되고, 작은 몸을 따르는 자는 소인이 된다." 공도자가 말했다. "똑같이 사람인데 어떤 사람은 큰 몸을 따르고, 어떤 사람은 작은 몸을 따르는 것은 어째서입니까?" 맹자가 말했다. "귀와 눈 같은 기관은 사고의 능력이 없어 외부사물에 의해 가려진다. 감각기관이 외부사물과 접촉하면 거기에 끌려갈 뿐이다. 그러나 마음이라는 기관은 사고의 능력을 가지고 있다. 사고하면 얻고 사고하지 않으면 얻지 못한다. 이것은 하늘이 내게 부여한 것이다. 먼저 큰 것을 확립하면 작은 것이 침탈해 들어올 수 없다. 이것이 대인이 되는 이유일 따름이다."(『맹자』「고자·상」: 公都子問曰, "鈞是人也, 或爲大人, 或爲小人, 何也?" 孟子曰, "從其大體爲大人, 從其小體爲小人." 曰, "鈞是人也, 或從其大體, 或從其小體, 何也?" 曰, "耳目之官不思, 而蔽於物. 物交物. 則引之而已矣. 心之

官則思, 思則得之, 不思則不得也. 此天之所與我者. 先立乎其大者, 則其小者不能奪也. 此爲大人而已矣.")

해설 감각기관들은 주체적으로 사고하는 능력이 없어 외부의 감각적 대상들과 만나면 거기에 끌려가기 쉽지만, 마음은 무엇이 합당하고 그렇지 않은지를 헤아릴 수 있는 사고능력을 가지고 있어서 외부의 대상에 압도당하지 않을 수 있다. 맹자는 사단(四端)이라는 정서적 반응능력을 도덕적 행위의 토대이자 출발점으로 삼으면서도 도덕적 행위 주체에게 있어서 사고능력이 갖는 중요성을 간과하지 않는다.

(5) 향원(鄕原)과 사이비 덕의 문제

공자가 향원은 유덕자가 아니라 오히려 덕을 해치는 자라고 비난한 것을 두고(『논어』「양화」) 맹자의 후학들은 왜 향원이 그런 비난을 받아야 하는지에 대해 공공연하게 의문을 제기했던 것으로 보인다. 이러한 의문에 대해 맹자는 공자가 향원을 비난한 것은 '사이비'(似而非)를 미워했기 때문이라고 답한다. 즉 공자가 도덕적 위선의 문제를 의식하고서 향원에 대해 그런 평가를 내렸다는 것이다. 맹자의 이해에 따르자면, 공자는 명백하게 덕에 어긋난 행위를 하는 사람보다 덕이 있는 것처럼 위장하는 사람이 덕의 더 큰 파괴자라고 보았다. 즉 불선보다도 위선이 덕에 끼치는 해악이 더 크다는 것이다.

사람들이 위선적 행위를 하는 것은 덕행에 뒤따르는 결과 때문일 것이다. 덕 있는 자라는 좋은 평가를 받고 싶어서이거나 덕의 응보 관념에 따라 타인으로부터 우호적 태도를 끌어내기 위해서, 또는 도덕적이지 못하다는 비난을 받기 싫어서일 것이다. 이런 위선적 행위들의 동기는 그 행위가 자신에게 가져올 결과에 대한 고려에 있다.

그렇다면 인간이 행위의 결과로서 주어지는 평판이나 이익과 무관하게 선한 행위를 하는 근거는 어디에 있는가? 나아가 그 행위가 초래할 개인적 무익함이나 불이익에도 불구하고 그 행위를 한다면, 그 행위의 내적 추동력은 어디에서 오는 것인가? 맹자는 그 해답을 인간 본성의 영역으로부터 찾으려고 한다.

향원

[만장이] 말했다. "공자께서는 '내 집 문 앞을 지나면서 내 집에 들어오지 않더라도 내 유감으로 생각하지 않을 사람이 있다면, 오로지 향원(鄕原)일 것이다. 향원은 덕을 해치는 자이다'라고 말씀하셨습니다. 어떠해야 향원이라고 할 수 있겠습니까?" 맹자가 말했다. "… 이 세상에 태어났으면 이 세상에 맞춰 살면서 선하다는 소리나 들으면 그만이라고 생각하는 자, 그리하여 본모습을 숨기고 세상에 아첨하는 자, 이런 자가 바로 향원이다." 만장이 말했다. "한 마을에서 모두들 착한 사람이라고 칭찬한다면, 어디를 가도 착한 사람일 것입니다. 그런데도 공자께서 덕을 해치는 자라고 여기신 것은 어째서입니까?" 맹자가 말했다. "향원은 비난하려 해도 들춰낼 것이 없고, 찔러보려고 해도 찌를 것이 없다. 유속(流俗)에 동조하고 더러운 세상에 영합하여 가만히 있을 때에는 충실하고 믿음직한 듯하며, 행동하는 것을 보면 청렴하고 결백한 듯하다. 사람들이 모두 자기를 좋아해주니 스스로도 자기가 옳다고 여기지만, 그런 자와는 함께 요순의 도에 들어갈 수가 없다. 그래서 덕을 해치는 자라고 하신 것이다. 공자께서 말씀하셨다. '나는 사이비를 미워한다. … 내가 향원을 미워하는 것은 덕을 해칠까 두려워서이다.'"(『맹자』「진심·하」: 曰 "孔子曰 '過我門而不入我室, 我不憾焉者, 其惟鄕

原乎! 鄕原, 德之賊也.'" 曰 "何如斯可謂之鄕原矣?" 曰 "… 生斯世也, 爲斯世也, 善斯可矣.' 閹然媚於世也者, 是鄕原也." 萬章曰 "一鄕皆稱原人焉, 無所往而不爲原人, 孔子以爲德之賊, 何哉?" 曰 "非之無擧也, 刺之無刺也. 同乎流俗, 合乎汙世. 居之似忠信, 行之似廉潔. 衆皆悅之, 自以爲是, 而不可與入堯舜之道. 故曰德之賊也. 孔子曰 '惡似而非者, … 惡鄕原, 恐其亂德也.'")

해설 『논어』「양화」에 실려 있는 "공자가 말했다. '향원은 덕을 해치는 자이다.'"(子曰 "鄕愿, 德之賊也")라는 구절을 상세하게 풀이한 것이다. 향원은 '충실하고 믿음직한 듯'(似忠信)하지만 실제로는 그렇지 않은 자, '청렴하고 결백한 듯'(似廉潔)하지만 실제로는 그렇지 않은 자, 즉 '사이비'(似而非)한 자이다. 유덕함은 겉으로 그렇게 보이는 것 이상의 내적 동기나 근거가 있어야만 한다. 맹자가 인간 본성에 관심을 돌리는 데에는 사이비 덕과 위선의 문제를 해결하려는 의도도 있음을 알 수 있다.

3. 마음을 보존하는 노력

맹자는 인간의 본성은 선하고 그 선한 본성은 인간의 마음에 뿌리를 두고 있다고 보았다. 그러나 모든 사람들이 자기 내면에 있는 선한 심성을 자각하고 살아가는 것은 아니다. 선한 심성에 대한 자각과 회복이 수양과 학문의 목표이다. 그는 이것을 '잃어버린 마음을 찾는 것'(求其放心)으로 표현한다. 잃어버린 마음(放心)을 찾는 것은 밖에서 찾아서 안으로 들여오는 것이 아니라, 자기 속에 있는 심성을 보존하는 것, 즉 존심(存心)의 문제이다. 맹자는 마음을 보존하는 방법으로 호연지기(浩然之氣)를 기를 것을 제안한다. 호연지기는 도덕적 의지와 조화를 이룬 심신의 기상을 가리킨다. 기(氣)는 인간의 소체와 대체를 가득 채우고서 심신의 운동을 일으키는 힘이다. 이 기운은 그 자체로 강한 힘을 가질 때에는 인간의 의지를 흔들어놓고 마음에 동요를 가져올 수도 있지만, 의(義)를 꾸준히 축적함으로써 도덕적 의지와 조화를 이룰 때에는 인간의 도덕적 행위를 돕는 광대한 기상이 될 수 있다. 맹자는 이 호연지기의 양성에서 적극적 존심(存心)이 이루어진다고 본다.

(1) 학문(學問)

선한 본성이 현실에서 그대로 발현된다면, 사람들에게 유덕한 인간이 되기 위한 노력은 필요가 없을 것이다. 그러나 선한 마음을 잃어버리거나 잊어버리는 일은 수시로 발생한다. 맹자가 고자와의 대화에서 언급했듯이 외적인 현실의 힘, 즉 세(勢)는 인간에게 선한 본성을 거슬러 선하지 못한 행위를 이끌어낼 만큼 만만치 않은 것이기 때문에, 선한 마음을 다시 상기시키고 그것을 지속적으로 선한 행위를 표출되게끔 하는 노력이 필요하다. 맹자와 이후의 유가들은 학문의 목적은 마음이 본연의 선한 모습을 회복하여 제기능을 다하게 하는 데 있다고 보았다. 덕은 그 선한 마음의 자각과 확충으로부터 달성되는 것이므로 학문의 과정은 곧 덕을 키우는 과정이라고 할 수 있다.

잃어버린 마음을 찾아서

맹자가 말했다. "인(仁)은 사람의 마음이요, 의(義)는 사람의 길이다. 그 길을 버리고 따라가지 않으며, 그 마음을 잃어버리고서도 찾을 줄 모르니, 슬픈 일이다. 사람이 개나 닭을 잃어버리면 찾을 줄 알면서 마음을 잃어버리고는 찾을 줄 모르는구나. 학문의 길이란 다른 것이 아니라 잃어버린 마음을 찾는 것일 뿐이다."(『맹자』「고자·상」: 孟子曰 "仁, 人心也, 義, 人路也. 舍其路而弗由, 放其心而不知求, 哀哉. 人有雞犬放, 則知求之, 有放心而不知求. 學問之道無他, 求其放心而已矣.")

해설 맹자의 학문은 잃어버린 마음을 찾는 것이지 새로운 어떤 것을 배우는 것이 아니다. 성인의 말씀이 기록된 경전을 읽거나 성인의 행적이 기록된 역사서를 읽는 것도 성인의 마음과 행동을 계기로 자신의 마음을 되살리기 위한 것이라고 설명될 수 있다.

(2) 부동심(不動心)

마음을 잃지 않았어도 마음이 흔들려서 제기능을 못할 수도 있다. 공포나 유혹 등이 마음을 흔드는 요인이 될 수 있을 것이다. 또는 나와 다른 생각을 가진 사람의 존재 때문에도 마음이 흔들릴 수 있다. 특히 맹자처럼 정치적 이상을 펴고자 했던 사람에게는 수많은 논적들이 마음을 흔드는 존재였다. 맹자는 마음을 흔들리게 하지 않는다는 의미의 '부동심'(不動心)에 대해 두 가지 방향에서 세심하게 논의했다. 하나는 '호연지기' 기르기이고, 다른 하나는 '남의 말 잘 파악하기'(知言)이다.

호연지기의 양성

[공손추가 말했다.] "감히 호연지기(浩然之氣)가 무엇인지 여쭙습니다." 맹자가 말했다. "말하기 어렵다. 그 기(氣)는 지극히 크고 지극히 강하여 올바름(直)으로 길러 해치지 않으면 하늘과 땅 사이에 가득 차

게 된다. 그 기는 의(義)와 도(道)에 부합하는 것으로서, 이것이 없으면 시들어버린다. 그 기는 의를 쌓아서 생겨나는 것이지, 의가 밖에서 엄습해와서 취하게 되는 것이 아니다. 행하고서 마음에 흡족치 못함이 있으면 그 기는 시들어버리게 된다. 나는 그래서 고자(告子)는 의를 안 적이 없다고 말했는데, 그는 의를 외재적인 것으로 여겼기 때문이다. 반드시 의를 쌓는 것을 일삼아야 하지만, 효과를 미리 기대하지 말라. 마음에서 잊지 말되 조장하지도 말라. 송(宋)나라 사람처럼 해서는 안 된다. 송나라 사람 중에 벼의 싹이 자라지 않는 것을 안타깝게 여겨 싹을 뽑아올린 자가 있었다. 정신없이 집에 돌아와 집안사람들에게 '오늘 나는 매우 피곤하다. 싹이 자라도록 도와주었다'라고 말하였다. 그 아들이 달려가서 보니 싹이 말라 있었다. 세상에 싹이 자라도록 돕지 않는 자가 적다. 유익함이 없다 해서 버려두는 자는 비유하자면 김을 매지 않는 자이고, 무리하게 조장하는 자는 싹을 뽑아올리는 자이니, 무익할 뿐만 아니라 도리어 해치는 것이다."(『맹자』「공손추·상」: "敢問何謂浩然之氣?" 曰 "難言也. 其爲氣也, 至大至剛, 以直養而無害, 則塞于天地之閒. 其爲氣也, 配義與道, 無是, 餒也. 是集義所生者, 非義襲而取之也. 行有不慊於心, 則餒矣. 我故曰, 告子未嘗知義, 以其外之也. 必有事焉而勿正, 心勿忘, 勿助長也. 無若宋人然, 宋人有閔其苗之不長而揠之者, 芒芒然歸. 謂其人曰 '今日病矣, 予助苗長矣.' 其子趨而往視之, 苗則槁矣. 天下之不助苗長者寡矣. 以爲無益而舍之者, 不耘苗者也, 助之長者, 揠苗者也. 非徒無益, 而又害之.")

해설 호연지기를 기르는 법에 대해 설명한 유명한 단락이다. 의를 축적하는 집의(集義)의 과정을 통해 호연지기가 형성된 사람은 도덕적 올곧음에서 오는 큰 용기(大勇)를 갖추어서 세계에 대한 공포를 극복할 뿐만 아니라 자기 속에 세계를 끌어안는 포용성과 개방성을 가질 수 있다. 이를 『맹자』 「진심·상」에서는 "만물이 모두 내게 갖추어져 있다"(萬物皆備於我矣)라는 말로 표현한 바 있다. 이 단락에서는 고자의 의외설(義外說)을 비판하고 있다. 맹자는 의(義)를 외적 행위의 준칙으로 보는 것은 의에 대해 잘 모르는 것이라고 본다. 의는 우리 외부에서 내부로 엄습하여 일회적 행위로 표출되는 것이 아니라, 내적 동인과 요구에 따라 축적되는 것이다. 의를 행하는 것은 그렇지 못했을 때 마음속에 '흡족치 못한' 결과를 가져온다고 함으로써 의의 행위가 심리적 동인을 갖는다는 것을 여기서도 강조하고 있다.

남의 말 파악하기

[공손추가 물었다.] "남의 말을 안다는 것은 어떤 것입니까?" [맹자가] 대답했다. "편파적인 말을 들으면 그 사람이 어디에 가려져 있는지를 알며, 과장된 말을 들으면 그 사람이 어디에 빠져 있는지를 알고, 사특한 말을 들으면 그 사람이 어디에서 괴리되어 있는지 알고, 둘러대는 말을 들으면 그 사람이 어디에서 막혀 있는지를 안다. [이러한 말들은] 마음에서 일어나면 정치에 해를 끼치고, 정치로 드러나면 나라 일에 해를 끼치게 된다. 성인이 다시 일어나도 반드시 내 말을 따를 것이다." (『맹자』 「공손추·상」 : "何謂知言?" 曰 "詖辭知其所蔽, 淫辭知其所陷, 邪辭知其所離, 遁辭知其所窮. 生於其心, 害於其政, 發於其政, 害於其事. 聖人復起, 必從吾言矣.")

해설 '말'이란 대화할 때의 한마디에서부터 철학적인 이론까지 포괄하는 단어이다. 맹자가 성왕들의 뒤를 잇는 역할을 자임하고자 했던 것도 "과장된 말과 사특한 말을 종식"시키기 위한 것이었다. 사특한 말들은 "마음에서 일어나면 행동에 해를 미치고, 행동하는 데 영향을 주면 정치에 해를 미친다"(「등문공·하」)고 생각했기 때문이다. 즉 말은 말에서 끝나지 않고 결국에는 정치에 연관된다. '남의 말 파악하기'란 자신의 주장과 다른 주장을 하는 사상가들에 대한 맹자 자신의 대응이었다. 다른 이론, 특히 자신에게 적대적인 이론에 대항하여 그 이론의 약점을 파악하는 일은, 자신의 마음을 흔들리게 하지 않을 뿐만 아니라 사람들이 그 이론에 현혹되는 것을 막기 위해서도 매우 중요했을 것이다. 남의 말을 파악하는 능력은 부동심을 위해 중요하며, 부동심은 덕을 확립하는 데 필수 요소이다.

4. 덕과 정치

맹자의 덕 이론이 보여주는 중요한 특징 중의 하나는 유덕자를 도덕적으로 완성된 인격을 갖춘 한 개인으로 그려보이는 데 그치지 않고, 그것을 이상적인 통치사상으로 제시함으로써 덕의 정치론을 구성하였다는 데 있다. 군주는 자신의 마음속에 내재된 선한 본성을 자각하고 그 마음을 공동체의 전 구성원들에게, 나아가 인류 전체에 발휘함으로써 덕의 완성에 궁극적 가치를 두는 정치를 해야 한다는 것이다. 맹자는 덕에 의한 정치를 '왕도'(王道)라고 부르면서, 선왕의 뒤를 이어 길이 전해야 할 것은 바로 왕도의 정치라고 생각했다. 왕도란 자식을 생각하듯이 백성을 측은지심의 마음으로 보살피는 정치이다. 자식을 보살피는 일은 크게 두 가지 방면에서 이루어진다. 첫째는 의식주 생활에서 결핍이 없게 하는 것이고, 둘째는 교육을 통해 인격적 성장을 이루게 하는 것이다. 마찬가지로 군주는 우선 백성들이 배부르게 먹고 따뜻하게 입고 편안하게 지낼 수 있게 해주어야 한다. 여기에서 맹자의 정전제(井田制)의 구상이 등장한다. 그렇게 기본적인 생활이 해결되면 그다음에는 학교를 세우고 가르쳐서 인간답게 살도록 해주어야 한다. 그 학교에서 가르치는 것은 인륜이다. 인륜의 교육이 이루어진다면, 그 사회는 개인의 이익이 아니라 인간 사이의 도리에 의해 움직일 것이다. 덕 있는 사람에 의한 정치는 백성을 유덕하게 함으로써 공동체 전체를 유덕하게 만들 것이다.

(1) 인정(仁政)과 생업

군주의 첫 번째 임무는 백성들에게 생업을 보장해주어 경제적으로 안정시키는 것이다. 맹자는 사람들을 도덕적 능력을 기준으로 군자와 소인을 구분하는데, 소인은 경제적으로 안정되지 않으면 선한 마음을 가질 수 없다고 생각했다. 그러므로 경제적 안정의 도모는 그 무엇보다 군주의 덕에 의한 정치이고 백성의 덕을 키우는 정치이다. 정전제는 토지의 경계를 분명히 해서 토지 수입을 투명하게 함으로써 세금의 유출을 막고, 무거운 세금 때문에 토지를 떠나 유민이 되는 일을 방지하는 방안이기도 했다.

생업의 중요성

[맹자가] 말했다. "안정된 생업이 없으면서도 안정된 마음을 가질 수 있는 자는 선비들뿐입니다. 백성은 안정된 생업이 없으면 이 때문에 안정된 마음도 없어집니다. 정말로 안정된 마음이 없으면 방탕하고 편벽되고 사악하고 사치스러운 행위를 가리는 것 없이 다 합니다. 죄를 짓게 밀어넣은 뒤에 처벌하는 것은 백성을 그물질하는 것입니다. 인인

(仁人)이 군주로 있으면서 어떻게 백성을 그물질하겠습니까? 그러므로 현명한 군주는 백성들의 생업을 마련해주는데, 반드시 위로는 부모를 섬기기에 충분하게 하고 아래로는 처자를 먹여 살릴 만하게 하여, 풍년에는 언제나 배부르고 흉년에는 죽음을 면하게 합니다. 그렇게 한 후에 백성들을 선한 데로 유도하므로 백성들이 따르기 쉽습니다. 지금은 백성들의 생업이라는 것이, 위로는 부모를 섬기기에 부족하고 아래로는 처자를 먹여 살리기에 부족하며, 풍년에는 내내 몸이 고달프고 흉년에는 죽음을 면하지 못하는 상황입니다. 이래서는 죽음에서 자신을 건져낼 여유조차 없는데, 어느 겨를에 예의(禮義)를 익히겠습니까?" (『맹자』「양혜왕·상」: 曰 "無恒産而有恒心者, 惟士爲能. 若民, 則無恒産, 因無恒心. 苟無恒心, 放辟邪侈, 無不爲已. 及陷於罪, 然後從而刑之, 是罔民也. 焉有仁人在位罔民而可爲也? 是故明君制民之産, 必使仰足以事父母, 俯足以畜妻子, 樂歲終身飽, 凶年免於死亡, 然後驅而之善, 故民之從之也輕. 今也制民之産, 仰不足以事父母, 俯不足以畜妻子, 樂歲終身苦, 凶年不免於死亡. 此惟救死而恐不贍, 奚暇治禮義哉.")

해설 맹자는 "산 사람을 부양하고 죽은 사람을 장사지내는 데 문제가 없도록 하는 것이 왕도정치의 시작"(「양혜왕·상」)이라고 말한다. 기본적인 생활도 영위하지 못하는 사람에게 그 이상의 인간으로서의 도리를 요구하기는 어렵다고 생각하기 때문이다. 일을 할 데가 있고, 노력하면 가족을 부양할 수 있다는 전망이 서면, 백성들은 성실하고 선량해질 것이다.

정전제

인정(仁政)은 반드시 토지의 경계를 확정하는 일에서 시작한다. 경계가 바르게 확정되지 않으면 정전의 토지(井地)가 균등하지 못하고 토지의 수확에서 얻는 봉록 역시 공평하지 않게 된다. 그러므로 폭군과 탐관오리는 토지의 경계를 확정하는 것을 태만히 하게 마련이다. 경계의 확정이 바르게 되면 백성에게 토지를 분배하고 관리들의 봉록을 정하는 것은 가만히 앉아서도 할 수 있게 된다. … 지방에서는 수확량의 9분의 1을 세금으로 정하여 조법(助法)을 실시하고, 수도에서는 수확량의 10분의 1을 세금으로 정하여 스스로 세금을 납부하게 한다. 경(卿) 이하의 관리들은 규전(圭田)이 있어야 하는데, 규전은 각 가구당 오십 무씩 주되, 장정이 더 있는 경우는 각 장정당 이십오 무씩을 주도록 한다. 이렇게 한다면 죽거나 이사를 해도 마을을 벗어나지 않을 것이다. 마을의 정전을 같이 나누어 경작하면서, 정전에 드나들며 서로 친구처럼 지내고 도적에 대비해 지키고 망을 볼 때도 서로 도와주며, 질병에 걸렸을 때에도 서로 돌봐준다면, 백성들은 서로 친애하고 화목하게 될 것이다.(『맹자』「등문공·상」: 夫仁政, 必自經界始. 經界不正, 井地不均, 穀祿不平, 是故暴君汙吏必慢其經界. 經界旣正, 分田制祿可坐而定也. … 請野九一而助, 國中什一使自賦. 卿以下必有圭田, 圭田五十畝, 餘夫二十五畝. 死徙無出鄕, 鄕田同井, 出入相友, 守望相助, 疾病相扶持, 則百姓親睦.)

해설 정전제는 요임금과 순임금이 시행했다고 하는 10분의 1 세법을 계승했다. 가구당 적절한 경제적 수준을 유지할 수 있는 방법이었는데, 한편에서는 토지 이탈을 막도록 서로 유대하게 하는 역할도 할 것으로 기대되고 있다.

(2) 인륜 교육

기본적인 생계문제에서 백성에게 안정감을 갖게 한 뒤에 맹자가 해야 할 일로 제시한 것은 인륜교육이다. “백성들이란 배불리 먹고 따스하게 입으며 편안하게 지내기만 하고 가르치지 않으면 금수에 가까워진다”고 생각하기 때문이다. 여기에서 등장하는 것이 오륜(五倫)이다.

오륜

사람이란 배부르게 먹고 따뜻하게 입고 편안히 지내게 하고 가르치지 않는다면 금수처럼 되는 법이다. 그래서 성인이 이를 걱정하여 설(契)을 사도(司徒)로 삼아 인륜을 가르치게 했다. 즉 부자 사이의 친애함(父子有親)과, 군신 사이의 의리(君臣有義), 부부 사이의 구별(夫婦有別), 어른과 아이 사이의 차례(長幼有序), 친구 사이의 믿음(朋友有信)이다.(『맹자』「등문공·상」: 人之有道也, 飽食煖衣逸居而無教, 則近於禽獸. 聖人有憂之, 使契爲司徒, 教以人倫, 父子有親, 君臣有義, 夫婦有別, 長幼有序, 朋友有信.)

해설 백성들에게 안정된 생업을 보장해주어 의식주 생활에 문제가 없게 하는 것은 사람들로 하여금 생존이 활동의 가장 중요한 원리가 되는 동물의 수준에서 벗어나 사회적 인간관계 속에서 자신의 윤리적 의무와 역할을 충실히 할 수 있게 하기 위한 것이다. 주희는 『맹자집주』에서 백성들에게 인륜을 가르치는 것은 “역시 본래 가지고 있는 것에 의거하여 인도하는 것일 따름이다”(亦因其固有者而道之耳)라고 덧붙임으로써, 인륜의 출발점은 사람들의 타고난 심성에 있음을 강조한다.

(3) 군자의 정치 참여

덕을 가진 사람이 정치를 해야 한다는 것이 맹자의 정치론의 기본구상이다. 그래서 그는 "선비가 벼슬하는 것은 농부가 밭을 가는 것과 같다"(「등문공·상」)고 말한다. 실제로 덕이 있는 선비가 정치를 하려면, 권력을 가진 군주에게 발탁되어야 한다. 그러나 맹자는 군주가 아무리 권력이 막강하더라도 "덕을 존중하고 도를 즐기는" 군주가 아니라면, 그와 함께 할 수 없다고 본다. 맹자의 정치이상은 자신과 같이 덕이 있는 자가 군주를 이끌어서 덕의 정치를 하겠다는 것이다. 그 스스로도 덕을 조건으로 하여 정치 참여의 기회를 엿보았으나 쉽지 않은 길이었고, 결국 맹자는 자신의 꿈을 실현하지 못했다.

군주의 자격

[맹자가] 말했다. "…증자는 '진나라와 초나라의 부유함에는 내가 미치지 못한다. 그러나 저들에게 부유함이 있다면 내게는 나의 인(仁)이 있고, 저들에게 작위가 있다면 내게는 나의 의(義)가 있다. 내가 저들보다 무엇이 부족하겠는가?'라고 했다. 어찌 증자가 옳지 않은 소리를 했겠는가? 이것 역시 하나의 도리인 것이다. 천하에 공통적으로 존귀한 것이 셋 있다. 관작이 하나이고 나이가 하나이며 덕이 또 하나이다. 조정에서는 관작이 제일이며 마을에서는 나이가 제일이다. 세상을 도와 백성을 이끄는 데는 덕만한 것이 없다. 세 가지 중 하나를 가지고 있다고 어떻게 둘을 소홀하게 대하겠는가! 그러므로 장차 큰일을 하려는 군주에게는 반드시 함부로 부르지 못하는 신하가 있다. 의논할 일이 있으면 직접 그를 찾아간다. 덕을 존중하고 도를 즐기는 것이 이와 같지 않다면 함께 일을 도모할 수가 없다."(『맹자』「공손추·하」: 曰

"…曾子曰 '晉楚之富, 不可及也, 彼以其富, 我以吾仁, 彼以其爵, 我以吾義, 吾何慊乎哉?' 夫豈不義而曾子言之? 是或一道也. 天下有達尊三, 爵一, 齒一, 德一. 朝廷莫如爵, 鄕黨莫如齒, 輔世長民莫如德. 惡得有其一以慢其二哉! 故將大有爲之君, 必有所不召之臣, 欲有謀焉, 則就之. 其尊德樂道, 不如是, 不足與有爲也.")

해설 덕을 가진 자로서 권력을 가진 군주에게 발탁되어야 하는 상황에서, 맹자는 그것은 상하관계가 아니라 협력관계라고 말한다. 실제로는 백성을 구제하는 일은 덕이 할 일이므로, 세상이 보편적으로 높이는 세 가지인 관작, 나이, 덕 가운데 덕이 정치적으로 가장 중요하다고 말하고 있는 셈이다.

군신유의

맹자가 제나라의 선왕에게 말했다. "임금이 신하를 자신의 손발처럼 소중하게 여기면, 신하도 임금을 자신의 심장이나 위장처럼 소중하게 여길 것입니다. 군주가 신하를 개나 말처럼 하찮게 여기면, 신하는 군주를 자신과 관계없는 남처럼 여길 것입니다. 군주가 신하를 흙덩어리나 지푸라기처럼 천하게 여긴다면, 신하는 군주를 원수로 여길 것입니다."(『맹자』「이루·하」: 孟子告齊宣王曰 "君之視臣如手足, 則臣視君如腹心, 君之視臣如犬馬, 則臣視君如國人, 君之視臣如土芥, 則臣視君如寇讎.")

해설 임금과 신하는 천륜이 아니라 의지에 의해 맺어지는 관계이다. 신하는 임금에게 선택되어야 하는 입장이지만, 맹자는 신하는 임금과 동업자이지 임금의 종이 아니라고 생각한다. 그 사이에 오고가야 할 '의'라는 덕은 신하에게 일방적으로 요구되는 것이 아니다.

진퇴

진자(陳子)가 말했다. "옛날 군자들은 어떤 경우에 벼슬에 나아갔습니까?" 맹자가 대답했다. "나아가는 경우가 세 가지이고 물러나는 경우가 세 가지이다. 군주가 극진히 공경하면서 예를 다해 맞이하고, 또 자신의 주장을 실행하겠다고 하면 나아간다. 예로 대하는 태도는 달라지지 않았지만 자신의 주장을 실행하지 않을 때 물러난다. 그다음으로 자신의 주장을 실행하지는 않지만 극진히 공경하면서 예를 다해 맞이하면 나아가는데, 이때는 예를 다하는 것이 달라지면 물러난다. 마지막으로 아침도 못 먹고 저녁도 못 먹어 굶주려 문밖에도 나가지 못한다는 이야기를 군주가 듣고 '내가 크게는 그가 주장하는 도를 행하지 못하고, 또 그의 말을 따르지 못하지만, 내 땅에서 굶어죽게 한다면 나의 수치이다'라고 하면서 구제해주는 의미로 관직을 주면 받는다. 이때에는 죽음을 면하는 정도에서 그쳐야 한다."(『맹자』「고자·하」: 陳子曰 "古之君子何如則仕?" 孟子曰 "所就三, 所去三. 迎之致敬以有禮, 言, 將行其言也, 則就之. 禮貌未衰, 言弗行也, 則去之. 其次, 雖未行其言也, 迎之致敬以有禮, 則就之. 禮貌衰, 則去之. 其下, 朝不食, 夕不食, 飢餓不能出門戶, 君聞之, 曰, '吾大者不能行其道, 又不能從其言也, 使飢餓於我土地, 吾恥之.' 周之, 亦可受也, 免死而已矣.")

해설 맹자가 벼슬에 나아가는 경우와 물러나는 경우 세 가지에 대해서 이야기했다. 나아가는 최상의 경우는 군주가 선비를 덕의 전문가로 대하며 존경을 표하고 선비의 가르침을 실행하겠다는 의지를 보일 때이다. 선비가 극빈을 면하기 위해 벼슬하는 것이 마지막 경우로 꼽혔다.

Ⅳ.

형이상학적 완전체

— 주희

1. 주희의 덕 개괄

주희(朱熹, 1130-1200)는 성리학 또는 주자학으로 불리는, 중국 송대(宋代)에 일어난 새로운 유학을 집대성한 사람이다. 송대의 유학은 불교와 도가의 형이상학적 체계와 대결하면서 유학의 부흥을 꾀했다. 그 형이상학은 '성즉리'(性卽理)라는 명제로 표상된다. 이들은 우주 전체를 인륜에 의해 연결하고 그 연결의 길들을 리(理)라고 불렀다. 리는 개체들을 연결하는 길의 총체이다. 그러나 그뿐만 아니라 그 우주적 리는 그대로 인간의 본성(性)이기도 하다.

인의예지로 대표되는 전통적 유가의 덕(德) 역시 이 리, 이 성과 존재론적으로 같은 것이 된다. 즉 인간의 본성은 우주적 리와 다른 것이 아닌데, 인간의 덕 역시 그 본성과 다른 것이 아니다. 그리하여 인간은 본질적으로 이미 완전한 덕을 구비한 존재가 된다.

그런데 이는 가능성으로만 그렇다. 현실의 인간은 리로만 구성되는 것이 아니기 때문이다. 리는 자신을 드러내기 위해 필연적으로 기(氣)라는 요소를 필요로 한다. 기는 운동성을 갖는 힘이기도 하고 질료적 요소이기도 하다. 리가 빛에 비유되면 기는 리를 담고 있는 그릇에 비유되고, 리가 사람에 비유되면 기는 사람이 탄 말에 비유된다. 그릇은 질료적 요소를 강조하는 비유이고, 말은 운동의 능력을 강조하는 비유이다. 리 자체는 운동하지 않기 때문에 기와 떨어질 수 없는데, 기는 질료적 요소로 인해 리의 발현을 제한한다. 현실에서 사람이 자신이 타고난 성, 완전한 덕을 제대로 발휘하기 위해서는 기를 길들이는 노력이 필요하며, 그 노력이 윤리적 활동의 핵심이 된다.

주희의 윤리학은 본성과 덕을 경험 이전에 완전한 것으로 설정함으로써 인간 전체, 사회 전체를 한눈에 조망하며 그 운동방향을 제시했다. 인간이 경험적으로 어떤 노력을 하더라도 그 완전함, 선함은 이미 정해져 있다. 과불급(過不及)의 운동을 하는 기(氣)에 의해 다채로운 현실이 전개되고, 그 현실에서 해와 달의 역할이 다르듯이 개개인이 실현해야 할 덕도 각각 다르지만, 해와 달이 조화로운 우주를 구성하듯이 개개인 역시 각자의 자리에서 우주의 조화에 기여한다.

리와 성, 덕의 이러한 형이상학적 위상 때문에 덕은 애초에 내적인 것이며 동시에 보편적인 것이다. 개인이 갖는 덕의 근원은 개인의 성이다. 그러므로 덕은 습득하는 것이 아니라 내면의 것을 발현 내지 발휘하는 것이다. 또한 덕은 개인의 본성에서 나오는 것임에도 불구하고 본성이 우주적 진리이므로 보편적이다. 그러므로 개인이 덕을 갖는다는 것은 덕에 의한 행위가 주관을 넘어 객관성을 얻는다는 것을 의미하며, 훌륭한 사회인, 나아가 우주의 조화를 실현하는 우주인이 된다는 것을 의미한다. 개인이 갖는 개성은 기에 의해 발생한다. 태어날 때부터 정해지는 신분을 비롯해, 개인이 갖는 어떤 의미에서든 우열 역시 기로 설명될 수 있다. 주어진 기의 차이로 현실에서 기대되는 덕의 성격이나 정도 역시 달라진다.

『예기』에서 "덕은 몸에서 얻은 것이다"[1]라고 규정했다. 주희 역시 '얻음'이라는 풀이를 그대로 받아들였다. 다만, "몸에서 얻은 것"이 아니라 "마음에서 얻은 것"이라고 바꾸었다. 주희에게 덕은 성과 다른 것이 아니기 때문에, 마음에 그 근원이 있음을 표현하려 한 것이다.

---

1 『예기』「향음주의」: 德也者, 得於身也.

덕은 "도(道)를 행해 얻는다"는 식으로도 표현된다. '길'이라는 의미를 갖는 '도'는 길이라는 의미에서 추상화되어 '존재의 올바른 운행 궤도'라는 뜻으로 오래전부터 쓰이고 있었다. 하늘의 길과 인간의 길을 의미하는 '천도'(天道), '인도'(人道) 등은 고대의 문헌에서부터 등장한다. 주희는 도를 "인륜일용 사이에서 마땅히 행해야 할 것"[2]이라고 정의하면서, 리와 마찬가지로 보편원리의 이름으로 사용했다. 인간의 '도'는 윤리적 당위를 가리킨다. 덕은 내면에 있는 것임에도 이처럼 도를 실행해서 얻는다는 식으로도 표현되었다. 내면에 있음에도 진정 자신의 것으로 확인하는 데는 외적인 절차를 거쳐야 한다는 의미일 것이다.

현실의 인간은 기(氣)의 그릇에 싸여 있고, 특히 성은 마음이라는 그릇에 싸여 있다. 인간은 완전한 성을 갖고 태어나지만 성은 마음이라는 그릇에 담겨 자신의 완전함을 바로 발휘하지는 못한다. 선하지 않은 행위를 하는 사람일지라도 그것은 기 때문으로, 그 사람의 성은 상처 입지 않고 마음 안에 간직되어 있다. 그러므로 성이 악하다고 하는 것은 옳지 않다. 성은 완전한 것으로, 가려지는 일은 있어도 상처 입거나 없어지는 일은 없다.

그에 반해 덕은 상대적으로 그릇을 뚫고나온 빛을 가리킬 때 사용한다. 그릇을 뚫고나왔다는 것은 기가 할 수 있는 장애의 역할을 이기고 자신의 능력을 드러냈다는 것이고, 그것은 몸을 통해 보여주는 행위로 확인할 수 있다. 덕이 자신의 능력을 드러낸 상황은 기의

2 『논어집주』「술이」.

장애가 일시적으로 걷힌 것이 아니라, 그 능력이 지속적으로 자신의 능력을 드러낼 수 있도록 기의 상태가 바뀐 것이다. 그럴 때만 덕이 있다고 말한다. 즉 덕이 유발하는 행위가 안정감 있게 지속적으로 관찰될 때만 덕이 있다고 평가한다. 그러한 상황은 그 행동이 습관적으로 나올 때이다. 이를 주희는 "행동이 익은 것"일 뿐만 아니라 "마음이 이것을 편안히 여기는 것"이라 표현했다.

이렇게 본질적인 차원에서의 덕과 현실에서의 덕은 덕의 체(體)와 용(用)의 틀로 설명된다. 각각 '본체'와 '작용'이라고 번역된다. 체와 용의 나누기는 덕을 체현하는 방법에도 그대로 적용된다. 덕의 체현, 즉 유덕한 사람이 되기 위해서는 구체적인 상황에서 요청되는 행위방식을 몸에 익혀야 한다. 몸이 그 방식을 익힌다는 것은 기가 그 방식에 따른 운동을 한다는 것으로 표현되는데, 몸이 익히는 것이지만 이론적으로는 새로운 것을 습득하는 것이 아니라 마음에 있는 것이 발휘되도록 몸을 길들이는 것이다. 대부분의 경우 덕을 얻는 일은 구체적인 행위를 축적함으로써 진행된다. 이러한 덕의 체득은 용의 차원에서 일어나는 일이고, 전반적인 수양의 측면에서는 '이발'(已發)의 공부라고 불리는 영역에서 일어나는 일이다. '이발'은 이미 움직였다는 의미를 가지며, 그 말의 숨은 주어는 '마음'이다. 더 정확히 말하면 '기'이다. 기가 이미 움직였으므로 본체의 세계가 아닌 작용의 세계이고, 타고난 순선한 본성 역시 기에 의해 영향 받는 상태로 들어간 세계이다.

그런데 성리학이 덕을 얻는 방법으로 제시하는 것은 이 하나의 길만이 아니다. 완전한 선으로서 리가 이미 내 본성이므로, 이 본성은 이미 전체로서 내 것이다. 이들은 이것을 통째로 현실화하려는 길 역시 인정했다. 본성을 그대로 현실화한다는 이 과제는 기의 움직임이 본체를 방해하기 이전의 상태에서 일어나야 하는 일로서, 언어도단의 세계이다. 언어활동이 기의 개입이 있어야 가능하고, 언어로서 대상을 부르는 순간 전체의 마음은 전체가 아니게 된다. 이러한 노력은 본성 즉 우주의 진리(性卽理)가 전체를 유지하고 있는 그 상태를 체득하려는 것이며, 실제를 묘사하자면 '고요함'(靜)을 주로 하는 공부에 가깝다. 주희는 특히 '경'(敬)이라는 개념을 특기하며 이 공부의 중요함을 강조했다.

그러한 과정을 거치면서 유덕한 사람이 된다는 것은 결국 이미 태어날 때 부여받았던 우주적 진리를 내 몸에서 실현할 수 있게 된다는 것이고, 구체적으로는 세상을 잇는 모든 현장에서의 인륜에 통달하고 실천하는 사람이 되는 것이다.

2. 덕의 형이상학적 위상

(1) 리(理)와 기(氣)로 구성되는 우주

성리학은 모든 존재가 리와 기로 구성된다고 설명한다. 리는 모든 존재를 그 존재이게 하는 존재의 원리이다. 존재 전체란 구체적으로 해와 달을 포함한 하늘로 상징되는 우주, 하늘 아래 있는 인간, 인간 외에 모든 생물, 무생물들을 싣고 있는 땅을 포괄한다. 이 철학체계는 이 모든 존재들이 서로 무관하지 않다고 주장한다. 모든 개별자들은 서로 길로 연결되어 있는데, 길이 의미하는 것은 두 개별자 사이를 잇는 바람직한 관계이다. 모든 개별자와 개별자를 잇는 길은 어느 개별자에게나 예외 없기 때문에 결과적으로 우주는 빽빽하게 들어찬 길들이 얽혀 있다. 길의 총체가 리이고, 총체적인 리가 그대로 모든 개별자 안에 간직된다고 주장한다. 인간의 경우, 리는 마음 안에 간직된다.

그러나 리는 단독으로 존재할 수가 없다. 인간을 비롯해 모든 개별자들이 존재하는 데는 기가 필요하다. "기는 응결하고 만들어내는" 역할을 한다. "이 기는 이 리에 의지해 운동하지만" 리 자체는 운동 능력이 없다.[3] 과거 유가경전에서 '도'라고 불리던 것, 또 '태극'(太極)이라 불리던 것 역시 이 '리'와 다른 것이 아니다. 기는 과거에 음양이나 혹은 오행으로 일컬어지던 바로 그것이다. 기 즉 음양 · 오행은 자연현상 및 인간 신체, 인간 정신까지도 만들어내는 구체적 기반이다. 생명과 정신현상까지도 모두 기의 산물이다. 이 모든 것들은 동시에 리의 산물이다. 기가 그러한 작용을 할 수 있는 것은 리가 있기 때문이다.

만물의 근원인 리와 기

천지 사이에는 리도 있고 기도 있다. 리란 형이상의 도이며 만물을 낳는 근본이다. 기란 형이하의 그릇(器)으로서 만물을 낳는 도구이다. 그리하여 사람과 여타 존재가 생성될 때 반드시 이 리를 받아야 성(性)

3 "이 기는 이 리에 의지해서 작용한다고 생각된다. 이 기가 모이게 되면 리 역시 그 안에 있다. 기는 응결하고 만들어내는 데 반해 리는 의지도 없고 계획도 없고 조작도 없다. 이 기가 응결하는 곳이면 리가 그 안에 있다."(『주자어류』 1:13 : 疑此氣是依傍這理行. 及此氣之聚, 則理亦在焉. 蓋氣則能凝結造作, 理卻無情意, 無計度, 無造作. 只此氣凝聚處, 理便在其中.)

을 갖게 되고 반드시 이 기를 받아야 형체를 갖게 된다.(『주희집』「答黃道夫書」: 天地之間, 有理有氣. 理也者, 形而上之道也, 生物之本也. 氣也者, 形而下之器也, 生物之具也. 是以人物之生, 必稟此理, 然後有性, 必稟此氣, 然後有形.)

해설 만물의 형성에는 형이상의 원리로서 리와 형이하의 도구로서 기가 관여한다. 형이상의 원리는 인간의 '성'으로 현실의 인간에게 갖춰져 있다.

보편의 근거인 리와 차이를 만들어내는 기

사람이 태어나는 것은 리와 기가 합해졌기 때문이다. 천리(天理)는 본래 끝없이 넓지만, 이 기가 없으면 이 리가 있더라도 정박할 곳이 없다. 그러므로 반드시 [음과 양의] 두 기가 서로 교감하고 응결하여 모인 뒤에야 리가 붙을 곳이 있다. 사람이 말하고 움직이고 생각하고 일할 수 있는 것은 모두 기이나, 리가 거기에 있다. 그러므로 움직여서 효가 되고 제(弟)가 되고 충(忠)이 되고 신(信)이 되고 인(仁)이 되고 의(義)가 되고 예(禮)가 되고 지(智)가 되는데, 이들은 모두 리이다. 그러나 두 기와 오행이 서로 교감하고 만변하면 사람과 동물이 생기고 정밀함과 조잡함의 차이가 생긴다. 모두 기라는 관점에서 말하면 사람과 동물은 모두 이 기를 받아 태어난다. 정밀함과 조잡함의 차이에서 말하자면 사람은 기 가운데 바르고 통하는 것을 얻고, 동물은 기 가운데 치우치고 막힌 것을 얻는다. 오직 사람만이 올바른 것을 얻었기 때문에 리가 통하고 막힌 것이 없다. 동물은 치우친 것을 얻었기 때문에 이 리는 막혀서 아는 것이 없다. 또한 사람의 머리가 둥근 것은 하늘을 닮았고 발이 각진 것은 땅을 닮았으며, 공평하고 올바르며 단정하고 반듯한 것은 천지의 바른 기를 받았기 때문이다. 그래서 도리를 알고 지식이 있다. 여타 존재는 천지의 치우친 기를 받았기 때문에, 금수는 뒤엉혀 살며 초목의 뿌리는 아래로 자라고 가지는 거꾸로 달려 있다. 동물 가운데는 지혜를 가진 것도 있지만, 단지 일부분만 통하는 것에 불과하다. 가령, 까마귀가 효도할 줄 알고, 수달이 제사 지낼 줄 알듯이, 개는 [도둑을] 살필 수 있을 뿐이고 소는 밭을 갈 수 있을 뿐이다. 그러나 사람은 알지 못하는 것이 없고 할 수 없는 것이 없다. 사람이 동물과 다른 점은 여기에 있다.(『주자어류』 4:41 : 人之所以生, 理與氣合而已. 天理固浩浩不窮, 然非是氣, 則雖有是理而無所湊泊. 故必二氣交感, 凝結生聚, 然後是理有所附著. 凡人之能言語動作, 思慮營爲, 皆氣也, 而理存焉. 故發而爲孝弟忠信仁義禮智, 皆理也. 然而二氣五行, 交感萬變, 故人物之生, 有精粗之不同. 自一氣而言之, 則人物皆受是氣而生; 自精粗而言, 則人得其氣之正且通者, 物得其氣之偏且塞者. 惟人得其正, 故是理通而無所塞; 物得其偏, 故是理塞而無所知. 且如人, 頭圓象天, 足方象地, 平正端直, 以其受天地之正氣, 所以識道理, 有知識. 物受天地之偏氣, 所以禽獸橫生, 草木頭生向下, 尾反在上. 物之間有知者, 不過只通得一路, 如烏之知孝, 獺之知祭, 犬但能守禦, 牛但能耕而已. 人則無不知, 無不能. 人所以與物異者, 所爭者此耳. 僩)

해설 사람을 비롯한 만물은 리와 기의 결합으로 태어난다. 현실의 존재뿐 아니라 언어활동과 사고활동을 포함한 모든 움직임은 모두 기적인 것이다. 그러면서 동시에 리적인 것이다.

그렇다면 사람과 여타 동물의 차이는 어디에서 비롯되는가? 리는 하나로서 보편적인 것이다. 차이를 만들어내는 것은 기이다. 주희는 차이를 만들어내는 계기를 '통함'과 '막힘'이라고 설명한다. 비유적인 설명인데, 리가 빛이라면 그 리가 어디에든 있도록 하는 통하는 기가 있고, 그 리를 차단하는 막힌 기가 있을 것이다. 사람의 기는 통하는 기이므로 사람에게는 리의 속성이 그대로 살아 있다. 그 리의 속성이 효라든지 충이라든지 인이라든지 하는 가치이다. 사람의 기는 그냥 움직이는 것이 아니라 그러한 리의 질서에 따라 움직이는 것이다.

(2) 리와 덕

앞의 인용문에서 "사람과 여타 존재가 생성될 때 반드시 이 리를 받아야 성(性)을 갖게 된다"는 부분, 또 기가 "움직여서 효가 되고 제(悌)가 되고 충(忠)이 되고 신(信)이 되고 인(仁)이 되고 의(義)가 되고 예(禮)가 되고 지(智)가 되는데, 이들은 모두 리이다"라는 부분에 주목해보자. 인간이라는 개체는 우주적 리를 마음에 간직하는데, 여기에 간직된 리를 특히 '성'(性)이라 부른다. 즉 성은 리이다.(性卽理) 천하에 리 없는 존재가 없는 것처럼 "천하에 성 없는 존재는 없다."[4]

성은 리이므로 우주적 질서를 그 내용으로 갖는다. 우주적 질서는 또한 "천지의 마음"이라는 은유로도 표현되고, 천지의 질서인 리는 '천지가 갖는 미덕'이라고도 표현된다. 천지의 마음과 본질적으로 같은 것인 인간의 마음이 간직한 성은 인간의 '덕'이라고도 일컬어진다. 천지의 마음은 만물을 낳고 살리는 것을 핵심 내용으로 한다. 인간 역시 그 마음을 이어받아 낳고 살리는 마음인 인(仁)을 대표적 덕으로 삼는다. 즉 주희에게서 '덕'은 '성', 나아가 '리'와 존재론적으로 같은 위상을 갖는다. '인'은 '리'이면서 동시에 '덕'이다. 덕은 내 마음

---

4 『주자어류』 4:3 : 天下無無性之物. 蓋有此物, 則有此性; 無此物, 則無此性.

안에 성으로서, 완전한 선으로서 부여되어 있다.

덕의 대표인 인

천지는 만물을 낳는 것을 마음으로 삼는데, 사람과 사물이 생기면 또한 각각 천지의 마음을 얻어 자신의 마음으로 삼는다. 그러므로 '마음의 덕'이라고 하면 전체를 통괄하여 갖추지 않은 바가 없지만, 한마디로 총괄하면 인(仁)이라고 할 따름이다.(天地以生物為心者也, 而人物之生又各得夫天地之心以為心者也, 故語心之德雖其總攝貫通無所不備. 然一言以蔽之則曰仁而已矣. :『朱熹集』권67「仁說」, 사천교육출판사, 1966)

해설 사람의 성은 천지의 리이므로, 둘의 본질도 같다. 천지의 마음은 만물을 낳고 살리고 살게 한다. 사람에게는 '인'이라는 덕이다. 인의 덕은 모든 덕을 포괄한다.

리와 성과 덕

이에 사람(人)과 동물(物)이 태어나면, 부여되는 리(理)를 각각 얻음으로써 건순오상(健順五常)의 덕이 되며, 이것이 이른바 성(性)이다.(『중용장구』: 於是人物之生, 因各得其所賦之理, 以爲健順五常之德, 所謂性也.)

해설 리가 개별의 존재에게 부여되면 성이 되며, 그것이 또한 덕이라는 분명한 언명이다.

(3) 덕을 마음에서 얻다

존재론적으로 덕은 성과 같은 위상이지만, 용어 사용을 보면 다른 맥락에서 등장하는 경우가 많다. 성이 리로서 스스로는 움직이지 않고 손상되는 일도 없는 인간의 완전한 본질로서 언급된다면, 덕은 구체적인 행위와 관련되어 언급된다. 리가 스스로를 직접 드러내지 않고 기를 통해 드러내듯이, 성은 정(情)을 통해 자신을 드러내며, 덕은 행위를 통해 자신을 드러낸다.

덕은 마음 안에 성으로 주어진 것이므로 덕을 얻으려면 마음에서 얻어야 한다. 마음은 성과 정을 통괄하는 것이다.(心統性情) 덕의 행위가 가능한 것은 덕이라는 이 알맹이가 마음속에 있어서 이것이 행위로 드러났기 때문이다. 마음에서 행위로 드러나기까지는 어떤 경로를 거쳐야 하는가? 마음은 기로 싸여 있다. 덕이 밖으로 나오려면 이 기를 뚫고 나와야 한다. 기는 맑을 수도 있고, 탁할 수도 있고, 거칠 수도 있고, 정밀할 수도 있다. 덕의 행위가 가능하다는 것은 이러한 기의 환경이 덕이 발휘되도록 정리가 되었다는 것이다. 즉 기가 더 이상 덕의 발휘를 방해하지 않고 오로지 지원만 해주는 환경으로 정돈되어 있다는 것이다.

덕과 행위

속에 간직된 것을 리라 하고, 마음에서 얻으면 덕이 되며, 일에서 드러나면 온갖 행위가 된다.(『주자어류』 6:18 : 存之於中謂理, 得之於心爲德, 發見於行事爲百行. 節(64 이후))

해설 '속'(中)에 간직된 것과 '마음'(心)에서 얻는 것은 어떻게 다를까? 마음에서 얻는다고 하면, 수동적으로 주어진 것에서 더 나아가 의지적으로 그것을 확보한 것일 터이다. 마음은 기의 작용, 즉 감정의 작용이 개입한 상태이므로, 마음에서 얻는다는 것은 의식생활 차원에서 나의 덕을 발휘하는 단계에 이르렀다는 의미일 것이다.

덕은 행위하다 익숙해진 것

덕은 이리저리 실행하다가 행위가 익숙해져 이미 하나의 물건이 된 것이다. 이 물건은 이미 내게 얻어진 것이다. 그러므로 효란 이 물건이 흘러나와 효를 실천하는 것이며, 충이란 이 물건이 흘러나와 충을 실천하는 것이다. 만약 아들로서 효를 다하고 신하로서 충을 다했다고만 말한다면, 이는 '다했음'을 말했을 뿐 '덕'을 말한 것은 아니다. 덕이라는 이 물건은 내게 얻어진 것이기 때문에 어버이를 섬기면 반드시 효하고 불효에 이르는 일이 절대 없다. 군주를 섬기면 반드시 충하고 불충에 이르는 일이 절대 없다. 만약 오늘 효하고 내일은 불효하며, 오늘은 충하고 내일은 불충한다면 이는 아직 내게 얻어진 것이 아니므로 덕이라고 할 수 없다. 덕은 오직 내게 얻어진 것이어야만 잡아 지킬 수 있다. 만약 아직 내게 얻어진 것이 없다면 또한 잡아 지킬 수 없다.(『주자어류』 34:58 : 德是行來行去, 行得熟, 已成箇物事了. 惟這箇物事已得於我, 故孝也是這物事流出來做孝, 忠也是這物事流出來做忠. 若只說爲子盡孝, 爲臣盡忠, 這只說得盡, 說德不得. 蓋德是得這物事於我, 故事親必孝, 必不至於不孝; 事君必忠, 必不至於不忠. 若今日孝, 明日又不孝; 今日忠, 明日又不忠, 是未有得於我, 不可謂之德. 惟德是有得於我者, 故可據守之也. 若是未有得於我, 則亦無可據者. 燾(70 때))

해설 덕은 분명히 행위를 통해 안정되는 것이다. 그러나 마음에 자리 잡는 것이다. 내 마음에 갖고 있는 것이기 때문에 한결같을 수 있다. 주희는 그렇다고 강조한다. 그런데 내가 본래 갖고 있던 것은 내가 어떤 짓을 해도 변하지 않는다는 사실이다. 태생적으로 누구에게나 주어진 것이기 때문이다. 그런데도 얻은 사람이 있고 그렇지 못한 사람이 있다. 즉 덕이 있는 사람이 있고 그렇지 못한 사람이 있다. 그것은 내 마음에 본래 있는 것임에도 불구하고, 현실적으로 그것을 의미 있게 만드는 것은 역시 "이리저리 실행하다가 행위가 익숙해져" "하나의 물건"처럼 만드는 인간의 후천적 노력인 것이다.

(4) 기와 덕

리는 밖이 없는 것으로 하나이다. 이 세상의 차별상을 만들어내는 것은 기이다. 종차에 따라 그 기의 차이 또한 크다. 같은 종인 인간 사이는 대동소이하다고 하더라도, 그 작은 차이의 의미가 작지 않다. 개별자를 다르게 만드는 것은 기의 고르지 않은 성격이다. 보통 맑음과 탁함, 두꺼움과 얇음, 정밀함과 조잡함의 차이라고 표현되는데, 그릇의 성격에 비유한 표현이다. 말하자면 어떤 사람의 기는 맑고 얇고 정밀하다. 그래서 그 안의 빛인 리가 거의 장애 없이 굴절 없이 고르게 발산된다. 어떤 사람의 기는 탁하고 두껍고 조잡하다. 그래서 빛이 멀리까지 나가지 못하고 꺾이고 또 조잡한 까닭에 부분에 따라 편차가 있다.

그러므로 인간은 완전한 리를 부여받지만, 또한 리의 발휘에 장애로 작용하는 요소를 함께 부여받는다. 달리 말하면, 덕은 태어날 때부터 마음에 부여되어 있지만, 발휘에는 태생적인 장애요인이 있다. 맑고 얇고 정밀한 기의 사람이라면 덕은 어려움 없이 변덕 없이 적절한 상황에서 발휘될 것이다. 그러나 탁하고 두껍고 또 조잡한 기의 사람이라면 때로는 아주 덕스러운 행동을 할 수도 있지만 대부분은 변덕스럽고, 또 어떤 덕은 그런대로 잘 발휘되지만 다른 덕은 그렇지 않아 불균형한 인격으로 드러날 것이다. 이러한 장애상황을 극복해서 덕이 늘 한결같이 드러나도록 하는 데에 인간의 윤리적인 노력이 경주될 것이다.

사람과 동물의 차이

어떤 사람이 물었다. "사람과 동물의 성은 한가지 근원인데, 왜 달라지는가?"라고 대답했다. "사람의 성에 대해서는 밝은지 어두운지를 논하지만, 동물의 성에 대해서는 다만 치우쳤는지 막혀 있는지가 있을 뿐이다. 어두운 것은 밝게 할 수 있지만, 이미 치우치거나 막힌 것은 통하게 할 수 없다. 횡거 선생이 말씀하시기를 '만물은 모두 성을 갖는데, 통하거나 가려졌거나 열려 있거나 막혀 있기 때문에 사람과 동물의 구별이 생긴다. 결국 막혀 있는 것은 견고하여 열 수 없고, 두꺼운 것은 열 수는 있지만 열기가 어렵고, 얇은 것은 열기 쉽다'고 하였다." (『주자어류』 4:8 : 或問 "人物之性一源, 何以有異?" 曰 "人之性論明暗, 物之性只是偏塞. 暗者可使之明, 已偏塞者不可使之通也. 橫渠言, 凡物莫不有是性, 由通蔽開塞, 所以有人物之別. 而卒謂塞者牢不可開, 厚者可以開而開之也難, 薄者開之也易是也." 大雅)

해설 만물을 구성하는 리와 기를 주희는 빛과 그릇으로 비유하여 설명한다. 동물의 기는 비록 일부분은 빛이 통하는 일이 있더라도 전체적으로 탁한 그릇이다. 그러므로 내부에 빛을 안고 있더라도 현실적으로는 의미가 없다. 사람은 기본적으로 빛이 통하는 그릇이다. 즉 내부의 리가 현실적으로 발현된다. 다만, 밝고 어두움의 차이가 있다. 빛과 그릇의 비유에 더 적절하게 해석하자면 맑음의 차이, 투명도의 차이일 것이다.

형질의 차이

성은 햇빛과 같으며 사람과 동물이 부여받은 것이 같지 않은 것은 마치 틈새로 들어오는 빛에 대소의 차이가 있는 것과 같다. 사람과 동물은 형(形)과 질(質)에 의해 제한되어서 열고 넓히기 어렵다. 가령, 땅강아지나 개미는 그 틈새가 그처럼 작기 때문에 다만 군신의 분별을 알 뿐이다.(『주자어류』 4:12 : 性如日光, 人物所受之不同, 如隙竅之受光有大小也. 人物被形質局定了, 也是難得開廣. 如螻蟻如此小, 便只知得君臣之分而已. 僩)

해설 앞의 해설과 같다.

덕과 기

[『정몽』의] "덕이 기를 이기지 못한다" 장(章)에 대해 물었다. 대답했다. "장횡거 선생은 다만 성과 기가 모두 위로부터 아래로 흐르는 것에 대해 말했을 뿐이다. 자신의 덕인데, 만약 기를 이기지 못한다면, 다만 저 부여받은 기를 이을 뿐이다. 만약 덕이 기를 이긴다면 내가 부여받은 것이 모두 덕이다. 그러므로 리를 궁구하고 성을 다하면 내가 받은 것은 모두 천의 덕이며, 내게 부여된 것이 모두 천의 리이다."(『주자어류』 98:56 : 問 "德不勝氣"一章.[5] 曰 "張子只是說性與氣皆從上面流下來. 自家之德, 若不能有以勝其氣, 則祇是承當得他那所賦之氣. 若是德有以勝其氣, 則我之所以受其賦予者, 皆是德. 故窮理盡性, 則我之所受, 皆天之德; 其所以賦予我者, 皆天之理." 道夫(60 이후)).

해설 기는 현실을 이루는 바탕이다. 리로서 덕은 기가 없으면 발휘될

---

5 『근사록』「爲學」081; 『정몽』「성명편」 : 德不勝氣, 性命於氣. 德勝其氣, 性命於德. 窮理盡性, 則性天德, 命天理. 氣之不可變者, 獨死生脩夭而已.

터전을 갖지 못한다. 인간이 덕을 발휘할 상황도 기이고, 그 덕을 발휘하도록 상황을 인지하고 마음을 움직이는 것도 기이다. 그러나 리로서 덕이 자신을 온전히 발휘하기 위해서는 기에 압도되어서는 안 되고 기를 제어해야 한다.

3. 마음과 덕

(1) 마음은 성과 정을 통괄한다

리는 인간의 마음에 내려앉아 성이 되고 덕이 된다. 성은 스스로 운동하지 않으면서 모든 운동을 가능하게 하는 근거이다. 사람의 마음 안에서 성의 운동은 정(情)으로 드러난다. 성이 자신을 드러내기 위해 필요로 하는 것은 기(氣)인데, 정 즉 감정은 마음의 기라 할 수 있다. 마음은 성을 품고 있으며 기를 통해 이를 발휘하도록 하는 주관의 터전이다. 이를 성리학은 "심은 성과 정을 통괄한다"는 명제로 정리했다. 성은 절대적으로 완전하지만 기는 운동하면서 과불급의 탈선을 할 때도 있다. 그러므로 정은 선할 수도 있고 선하지 않을 수도 있다. 그러나 정을 있게 하는 뿌리로서 성은 언제나 변함없이 건재하다. 정이 선하다는 것은 그 움직임이 절도를 지킨다는 것, 즉 성에 따른다는 것이다.

마음과 성과 정

누군가 성(性)과 정(情)과 심(心)과 인(仁)에 대해 물었다. 대답했다. "횡거(橫渠)가 이에 대해 가장 잘 말했다. 즉 그는 '심은 성과 정을 통괄한다'(心統性情)고 말했다. 맹자는 '측은지심(惻隱之心)은 인의 단서(端)이고 수오지심(羞惡之心)은 의의 단서'라고 말했다. 이 역시 성과 정, 심에 대해 매우 잘 말한 것이다. 성에는 선하지 않음이 없지만, 심이 움직여 나온 것이 정인데 여기에는 간혹 선하지 않음이 있으니, '선하지 않은 것은 심이 아니다'라고 말할 수는 없다. 심의 본체(本體)는 본래 선하지 않음이 없지만, 그것이 선하지 않게 흐르는 것은 정이 외물에 움직여서 그렇게 되는 것이다. 성은 리(理)의 총체적인 이름이며, 인의예지(仁義禮智)는 모두 성 가운데 하나의 리(一理)의 이름이다. 측은·수오·사손·시비는 정이 움직여 나온 것의 이름인데, 이는 정이 성에서 나온 것으로 선하다. 그 단서가 드러난 것은 매우 작지만 모두 이 심에서 나온 것이다. 그래서 '심은 성과 정을 통괄한다'고 하는 것이다."(『주자어류』 5:68 : 問性·情·心·仁. 曰 "橫渠說得最好, 言 '心, 統性情者也.' 孟子言 '惻隱之心, 仁之端; 羞惡之心, 義之端.' 極說得性·情·心好. 性無不善. 心所發爲情, 或有不善. 說不善非是心, 亦不得. 卻是心之本體本無不善, 其流爲不善者, 情之遷於物而然也. 性是理之總名, 仁義禮智皆性中一理之名. 惻隱·羞惡·辭遜·是非是情之所發之名, 此情之出於性而善者也. 其端所發甚微, 皆從此心出, 故曰 '心, 統性情者也.' 性不是別有一物在心裏. 心具此性情." 謙)

해설 마음(心) 안에서 성은 흔들리지 않은 중심으로 자리 잡고 있고, 그 성에서 정(情)이 나온다. 정은 외부사물에 대한 반응이므로, 성의 영향력뿐만 아니라 외부의 영향력이 공존한다. 그래서 성은 오로지 선하지만 정은 그렇지 않다. 인의예지는 리의 이름이고 성의 이름이며, 또한 덕의 이름이기도 하다. 인에서 나온 정은 측은지심이라고 불린다. 즉 인이라는 성에서 측은지심이라는 정이 나온다.

인과 사랑

인부(仁父)가 "인은 사랑의 리"라는 명제에 대해 물었다. 대답했다. "이 한 구절에서 심, 성, 정을 보면 분명해진다. 한 몸 안에 혼연히 저절로 주재가 있으니 심이다. 인의예지가 있으니 이것이 성이다. 발하면 측은, 수오, 사손, 시비가 되니 정이다. 측은은 사랑이며 인의 단서이다. 인은 체(體)이고 사랑은 용(用)이다." 또 말했다. "'사랑의 리'란 사랑이 인으로부터 나온다는 것이다. 그러나 또한 사랑을 떠나 인을 말할 수 없다."

(『주자어류』 20:90 : 仁父問 "仁者愛之理". 曰 "這一句, 只將心性情看, 便分明. 一身之中, 渾然自有箇主宰者, 心也. 有仁義禮智, 則是性; 發爲惻隱·羞惡·辭遜·是非, 則是情. 惻隱, 愛也, 仁之端也. 仁是體, 愛是用." 又曰 "'愛之理', 愛自仁出也. 然亦不可離了愛去說仁.")

해설 '측은'의 마음은 '사랑'과 통용된다. 인은 사랑의 리이고 성이다. 사랑은 인이라는 성에서 나온다. 즉 인이 마음 안에 있기 때문에 사랑할 수 있다. 주희는 인과 사랑을 성과 정으로 나누기도 하고, 또 체와 용으로 나누기도 한다.

감정의 중용

선을 좋아하고 악을 싫어하는 것은 정이다. 선을 좋아하고 악을 싫어할 수 있는 것은 성의 절도가 있기 때문이다. 또 악을 보면 분노하고 선을 보면 기뻐하는 것, 이것은 정이 일어난 것이다. 마땅히 기뻐할 만할 때 기뻐하지만 기뻐하되 지나치지는 않는다. 가령, 사람이 십분의 삼 정도 기뻐할 일인데 나는 칠팔을 기뻐한다면 옳지 않다. 분노해야 할 것에 대해 분노하지만 그 분노를 옮기지 않는다. 가령, 사람이 십분의 일 정도 분노할 일인데 나는 삼사를 분노한다면 옳지 않다. 이렇게 하여 슬픔, 즐거움, 사랑, 미움, 욕망도 중용을 이루어 지나침이 없게 되니 이것은 성이 [있기 때문이]다. (『주자어류』 98:44 : 蓋好善而惡惡, 情也; 而其所以好善而惡惡, 性之節也. 且如見惡而怒, 見善而喜, 這便是情之所發. 至於喜其所當喜, 而喜不過, 謂如人有三分合喜底事, 我卻喜至七八分, 便不是. 怒其所當怒, 而怒不遷; 謂如人有一分合怒底事, 我卻怒至三四分, 便不是. 以至哀樂愛惡欲皆能中節而無過: 這便是性. 道夫(60 이후))

해설 정(감정)은 외부의 반응에 따라 움직인다. 움직이는 것이므로 안정적이지 않다. 앞에서 정은 성에서 나온다고 하지만, 성이 절대적으로 영향력을 행사할 수 있는 것은 아니다. 우리가 늘 경험하듯이 희로애락의 감정은 극으로 치달을 수 있고, 그리하여 자신과 타인 모두를 상하게 할 수 있다. 감정의 바람직한 상태는 중용이며 절도이다. 모든 사람이 늘 절도 있는 감정을 일으키는 것은 아니지만, 감정을 중용의 상태로 유지할 수 있는 가능성은 분명 있다. 감정이 그렇게 조절될 수 있는 것은 성이 있기 때문이고, 주희는 여기에서 특히 '성의 절도'가 있기 때문이라고 말한다.

(2) 덕의 체와 용

덕은 존재론적으로 성과 같은 것이므로 때로는 성과 호환 가능한 의미로 사용되기도 한다. 대표적으로 인의예지와 같은 경우이다. 인의예지는 맹자 이래로 유학을 상징하는 유학의 대표적 덕이 되었다. 성리학에 와서는 이것이 성으로 자리매김된다. 성은 스스로는 운동하지 않고 정을 통해 자신을 드러낸다. 그런 반면 덕은 현실에서 행동으로 드러난다.

성은 운동하지 않는 실체이다. 그러나 덕은 행위와 관련된다. 이 둘을 같은 위상으로 설명한 성리학은 그 간극을 설명하기 위해 덕을 체(體)와 용(用)으로 나눈다. 덕의 체는 성과 같은 성격을 갖는 반면, 덕의 용은 현실에서 드러나는 작용이다. 리가 모든 길의 총체이듯이 성은 모든 덕의 총체이다. 그리고 '인'이 모든 덕을 대표하기도 한다. 그러나 그 용은 여러 갈래로 드러나며, 그 가운데 특정한 한 갈래를 일컬을 수도 있다. 가령, 효라든가 충이라든가 하는 것들이다. 이리하여 고전적 의미에서 사용되던 덕, 즉 특정한 여러 '능력'을 의미하던 덕들을 '덕의 용' 차원에서 포괄하게 된다. 주희는 덕이라는 말을 사용하면서, 갈라 쓰기의 안내 없이, 때로는 덕의 체를 가리키고 때로는 덕의 용을 가리킨다.

사랑과 사랑의 리

사랑이 인이 아니라 사랑의 리가 인이다. 심(마음)이 인이 아니라 심의 덕이 인이다. (『주자어류』 20:124 : 愛非仁, 愛之理是仁; 心非仁, 心之德是仁. 節(64 이후)).

해설 사랑은 감정이다. 인은 그 사랑이 가능하도록 하는 근원이지만, 그것 자체가 사랑은 아니다. 인이라는 리가 내면에 있기 때문에 사랑할 수 있다.

인의예지신은 덕의 체

덕은 다섯 가지가 있다. 인의예지신은 덕의 '체'이고 사랑, 적절함, 이치, 통함, 지킴 등은 덕의 '용'이다.(『주자어류』 94:141 : 德者, 有此五者而已. 仁義禮智信者, 德之體; '曰愛', '曰宜', '曰理', '曰通', '曰守'者, 德之用. 卓(미상)).

해설 인이라는 체는 사랑이라는 마음으로 작용한다. 의라는 체는 적절함이라는 기준으로 드러난다. 예라는 체는 이치로 드러난다. 지라는 체는 사물에 통달함이라는 작용으로 드러난다. 믿음이라는 체는 지킨다는 미덕으로 드러난다.

덕은 빛과 같은 것

물었다. "『대학』의 주에 말하기를 '그 체(體)는 비고 영험하여 어둡지 않으며 그 용(用)은 남김없이 비춘다'라고 하셨는데,[6] 이 두 구절은 마음에 대해 말한 것입니까, 덕에 대해 말한 것입니까?" 대답했다. "마음과 덕은 모두 안에 있다. 더 자세히 보아라." 또 물었다. "덕은 마음 안의 리입니까?" 대답했다. "[덕은] 마음 안의 허다한 도리로, 빛이 밝아 비추기를 한 터럭의 오차도 없이 한다.(『주자어류』 14:86 : 問 "大學注言'其體虛靈而不昧; 其用鑒照而不遺.' 此二句是說心, 說德?" 曰 "心·德皆在其中, 更子細看." 又問 "德是心中之理否?" 曰 "便是心中許多道理, 光明鑒照, 毫髮不差." 寓(61 이후)).

해설 리이든 덕이든 가리키는 것이 다르지 않다. 여기에서 체와 용에 대해 묘사한 것을 보면, 체는 구체적인 내용을 갖지 않는 것이므로 비어 있다고 하지만, 그냥 빈 것이 아니기 때문에 영험(靈)한 것이며, 또 어둡지 않다. 태양빛을 염두에 둔 비유라고 생각된다. 그러므로 그 작용(用)은 "남김 없이 비춘다"고 표현된다. 빛은 모든 존재에 침투하는 일자이며, 덕은 마음 안의 리로서 역시 태양과 같은 빛이고,

---

6 『대학장구』.

그러기에 일상에서 그 빛을 비춘다.

덕은 쌓이는 것

인의예지는 성의 네 가지 덕이다. … 기품이 맑고 밝아서 물욕이 가리는 것이 없으면 성의 네 가지 덕이 마음속에 뿌리를 내린다. 그것이 쌓여 융성하면 발하여 밖으로 드러나니, 말하지 않아도 순조롭지 않음이 없다. 정자는 다음과 같이 말했다. "맑은 얼굴과 듬직한 등은 모두 융성하게 쌓여 이루어진 것이다. 사지는 말하지 않아도 깨달으니, 오직 덕 있는 사람만이 할 수 있다."(『맹자집주』「진심·상」21[7] : 仁義禮智, 性之四德也. … 蓋氣稟淸明, 無物欲之累, 則性之四德根本於心, 其積之盛, 則發而著見於外者, 不待言而無不順也. 程子曰 "睟面盎背, 皆積盛致然. 四體不言而喩, 惟有德者能之.")

해설 덕은 마음 속에 뿌리를 내리고는, 행동뿐만 아니라 신체에도 드러난다고 말하고 있다. 또 한가지 덕은 "쌓이는" 것이라고 말한다. 행동과 관련되기 때문에 몸의 다른 욕구를 압도하고 신체에도 드러날 정도가 되기 위해 필요한 것이니, 쌓이는 것은 신체에 쌓인다는 의미일 것이다.

덕과 재(才)

누군가 물었다. "'군자는 그릇이 아니다'(君子不器)라고 하는데 공자 문하에서는 덕행을 닦는 것 외에는 [특정한] 그릇이 되지 않았습니까?"

---

7 『맹자』「진심·상」21 : 君子所性, 仁義禮智根於心. 其生色也, 睟然見於面, 盎於背, 施於四體, 四體不言而喩.

대답했다. "만약 덕행에만 치우치고 그 쓰임이 전면적이지 않다면 또한 그릇일 뿐이다. 군자란 재(才)와 덕이 출중한 것을 말한다. 덕이란 체이고 재란 용이다. 군자의 사람됨은 또한 성인의 체용을 갖추고 있다."(『주자어류』 24:50 : 或問 "'君子不器', 如孔門德行之外, 乃爲器否?" 曰 "若偏於德行, 而其用不周, 亦是器. 君子者, 才德出衆之名. 德者, 體也; 才者, 用也. 君子之人, 亦具聖人之體用." 人傑(51 이후)).

해설 여기에서는 체와 용이 각각 덕과 재(재주)로 배당되었다. 체와 용은 형이상학적 용어로 사용되는 한편에서, 지금처럼 주가 되는 것과 거기에 따르는 것이란 의미로도 사용된 듯하다. 덕은 포괄적인 인격이고 재는 특정한 능력이다.

(3) 용으로서의 덕

덕의 체는 성, 나아가 리, 도 등과 같은 의미로 사용된다. 반면 덕의 용은 리가 포괄하고 있는 세상의 온갖 이치와 관련된다. 부자 사이의 친애, 군신 사이의 의 등이 모두 덕의 용이다. '곡식의 씨앗'에 비유되는 것이 도의 체라면, 그 씨앗은 뿌리를 내리고 가지를 올리며, 또 사방으로 그 가지를 뻗고 수만 개의 잎으로 퍼져나간다. 그 나무 전체가 덕의 용이다. 덕의 용은 현실에서 어떤 상황에서든 그 상황에 맞는 적절함, 올바른 행위 등으로 나타난다.

그러므로 덕의 용 가운데서도 어떤 것이 뿌리인지 어떤 것이 잎인지에 따라 중요도가 달라진다. 핵심이 되는 다섯 가지 덕이 가장 중요하고, 또 그중에서도 인이 더욱 중요하다.

덕은 최고의 가치

'덕'은 얻어서 갖고 있는 선을 말한다. 이를 존귀하게 여기면 스스로 중하게 여기고 남이 주는 벼슬의 영화를 흠모하지 않는다. '의'는 지키고 있는 올바름을 말한다. 이를 즐기면 스스로 편안해지므로 외물의 유혹 때문에 흔들리지 않는다.(『맹자집주』「진심·상」 9[8] : 德, 謂所得之善. 尊之, 則有以自重, 而不慕乎人爵之榮. 義, 謂所守之正. 樂之, 則有以自安, 而不殉乎外物之誘矣.)

해설 이에 의하면 덕은 이 세상에서 가질 수 있는 가장 존귀한 것이다. 그러므로 스스로 갖고 있는 덕의 가치를 안다면 세상에서 제공하는 어떤 것도 이보다 귀하지 않다.

도와 덕

물었다. "인과 도는 어떻게 구별합니까?" 대답했다. "도는 통칭이고 인은 한가지 일이다. 가령, 도로의 길(道)은 수만 갈래가 있지만 모두 길이라는 점에서 하나이다. 그러므로 『중용』에서 도와 덕을 나누어, 부모와 자식, 군주와 신하의 관계를 천하의 달도라 하고, 지·인·용을 천하의 달덕이라 했다. 군주에게는 군주의 도가 있고 신하에게는 신하의 도가 있다. 덕은 도를 실행하는 것이다. 그러므로 군주는 인을 위주로 하고 신하는 경(敬)을 위주로 한다. 인과 경은 덕으로 바꿔 부를 수 있지만, 도(道)로 바꿔 부를 수는 없다.(『주자어류』 6:16 : 問 "仁與道如何分別?" 曰 "道是統言, 仁是一事. 如'道路'之'道', 千枝百派, 皆有一路去. 故中庸分

---

8 『맹자』「진심·상」 9 : 孟子謂宋句踐曰, 子好遊乎. 吾語子遊. 人知之, 亦囂囂, 人不知, 亦囂囂. 曰何如斯可以囂囂矣. 曰尊德樂義, 則可以囂囂矣.

道德曰, 父子·君臣以下爲天下之達道, 智仁勇爲天下之達德. 君有君之道, 臣有臣之道. 德便是箇行道底. 故爲君主於仁, 爲臣主於敬. 仁敬可喚做德, 不可喚做道." 榦(미상). 以下兼論德.)

해설 "덕은 도를 실행하는 것이다." 도는 세상의 모든 바른 길을 통칭하는 것으로, 본래는 은유적 표현인데, 구체적인 길을 의미하는 이 용어가 그대로 추상적인 리와 같은 의미로 쓰이게 된 것이다. 덕은 이 리, 이 도를 내 몸 위에서 실현한 것이므로, 인이나 경과 같은 덕을 다시 도라고 부르지는 않는다.

마음으로 미뤄보는 덕

또 말씀하셨다. "마음이 허다한 일을 할 수 있는 까닭은 허다한 도리를 갖추기 있기 때문이다." 또 말씀하셨다. "어떻게 이 넷이 있음을 알 수 있는가? 측은의 마음 때문에 인이 있음을 알고, 수오의 마음 때문에 의가 있음을 안다." 또 말씀하셨다. "이천 선생이 곡식의 씨앗에 비유한 것이 가장 좋다."(『주자어류』 6:74 : 又曰 "心之所以會做許多, 蓋具得許多道理." 又曰 "何以見得有此四者? 因其惻隱, 知其有仁; 因其羞惡, 知其有義." 又曰 "伊川 種之說最好." 節(64 이후). 末數語疑有脫誤)

해설 측은의 마음은 인이라는 덕의 용이라고 할 수 있다. 용으로 드러난 것을 보면 그 근저에 인이라는 체가 있음을 짐작한다. 곡식의 씨앗에 비유하면, 곡식이 여문 것을 보면 당연히 그 밑에 씨앗을 짐작하는 것과 같다. 마찬가지로 마음이 여러 작용이 가능한 것 또한 그 근저에 그 작용을 가능하게 하는 도리가 있기 때문이라는 말도 성립한다.

인과 효

군자는 모든 일에서 근본에 힘쓴다. 근본이 이미 서면 그 도는 저절로 생겨나기 때문이다. 앞에서 말한 효제는 인을 실천하는 근본이니,[9] 배우는 자가 여기에 힘쓴다면 인의 도는 이로부터 저절로 생겨난다. 정자가 말했다. "효제는 공손한 덕이므로 윗사람 범하기를 좋아하지 않는다면 어찌 이치를 거스르고 상도(常道)를 어지럽히는 일이 있겠는가? 덕에는 근본이 있으니, 이 근본이 확립되면 그 도가 충만하고 커진다. 효와 제를 집안에서 행한 뒤에 인과 사랑이 남에게 미치는 것이니, 이것이 '이른바 친애하고 백성을 사랑한다'[10]는 것이다. 그러므로 인을 실천하는 데는 효제를 근본으로 삼으며, 성을 논한다면 인이 효제의 근본이 된다." 누군가 물었다. "효제가 인의 근본이라 하였는데, 이는 효제를 말미암아서 인에 이를 수 있다는 말인가?" 대답했다. "아니다. 인을 실천하기를 효제부터 시작한다는 것을 말한 것이다. 효제는 인의 한가지 일이니, 인을 실행하는 근본이라고 하면 맞지만, 인의 근본이라고 하면 맞지 않다. 인은 성이며 효제는 용이다. 성 가운데에는 다만 인의예지 넷이 있을 뿐이니, 어찌 일찍이 효제가 있었겠는가? 그러나 인은 사랑을 주로 하고, 사랑은 어버이를 사랑하는 것보다 더 큰 것이 없다. 그러므로 효제는 인을 실천하는 근본이라고 한 것이다." (『논어집주』「학이」 2[11] : 言君子凡事專用力於根本, 根本既立, 則其道自生. 若上文所謂孝弟, 乃是為仁之本, 學者務此, 則仁道自此而生也. 程子曰 "孝弟, 順

---

9 『논어』「학이」.

10 『맹자』「진심·상」.

11 『논어』「학이」: 有子曰 "其為人也孝弟, 而好犯上者, 鮮矣. 不好犯上, 而好作亂者, 未之. 君子務本, 本立而道生. 孝弟也者, 其為仁之本與."

德也, 故不好犯上, 豈復有逆理亂常之事? 德有本, 本立則其道充大. 孝弟行於家, 而後仁愛及於物, 所謂親親而仁民也. 故為仁以孝弟為本. 論性, 則以仁為孝弟之本". 或問 "孝弟為仁之本, 此是由孝弟可以至仁否?" 曰 "非也. 謂行仁自孝弟始, 孝弟是仁之一事. 謂之行仁之本則可, 謂是仁之本則不可. 蓋仁是性也, 孝弟是用也, 性中只有個仁義禮智四者而已, 曷嘗有孝弟來. 然仁主於愛, 愛莫大於愛親, 故曰孝弟也者, 其為仁之本與.")

해설 인이 체라면 효제는 용이라는 설명이다. 그것이 "효제는 인의 근본"이 아니라 "효제는 인을 실행하는 근본"이라는 말로 거듭 강조되고 있다. 효제가 아니라 인이 근본이다. 그러나 인의 용 가운데는 또 효제가 근본이다. 효와 제는 사람이 태어나서 처음 맞는 환경인 가족 안에서의 사랑이기 때문이다.

인간의 노력과 덕

"이를 말미암아 가는 것을 도라 한다"[12]는 구절에 대해 누군가 물었다. 대답했다. "이는 실행을 말한 것이지 도의 체를 말한 것이 아니다." 또 "자기에게 만족하고 밖에 기대할 것이 없는 것을 덕이라고 한다"에 대해 물었다. 대답했다. "이는 도를 실행하여 몸에서 얻은 것이 있음을 말한 것이지 천에서 자연히 얻은 것을 말하는 것이 아니다."(『주자어류』 137:58 : 或問 "由是而之焉之謂道". 曰 "此是說行底, 非是說道體." 問 "足乎己無待於外之謂德." 曰 "此是說行道而有得於身者, 非是說自然得之於天者." 節(64 이후)).

해설 덕은 도를 실행해서 몸에 실현된 것이다. 천에서 자연히 얻은 것이

12 韓愈, 「原道」.

아니라는 말은, 인간의 노력 즉 실행의 쌓음을 필요로 한다는 것이다.

4. 덕의 내용 : 바람직한 인간의 모습

(1) 덕의 총체로서 인

인간의 성은 하늘이 명한 것이며, 그 성을 따르는 것이 인간의 길이다.[13] 인간의 길은 하늘의 길을 본받는 것이다. 그러므로 그 덕 역시 하늘의 덕과 다르지 않다. 하늘의 덕은 모든 생명을 낳고 또 낳는 것이다.[14] 인간의 덕 역시 그런 것이어야 한다. 만물을 보듬고 살게 하는 것이 인간이 갖춰야 할 덕이다. 그것은 '인'(仁)의 덕이다. 이 덕은 '측은지심'의 정으로 드러난다. 이 덕이 있기 때문에 다른 생명체가 느끼는 슬픔과 두려움을 함께 느낀다. 그리하여 그 생명체가 그런 불행한 감정 없이 살 수 있도록 안위를 도모하는 행위로 나아간다. 이러한 감정에서 이러한 행위를 지속적으로 하게 하는 것이 인의 덕이다. 이러한 속성은 사랑이라는 말로도 표현된다. 인은 사랑이다. 사랑이 타인을 나와 무관한 존재로 느끼지 않고 안락하게 해주려는 것이라면, 그 타인이 나와 현실적으로 어떤 관계인지, 그리고 어떤 상황인지에 따라 그 사랑의 구체적 내용은 달라진다.

---

13 『중용』.

14 『朱子文集』 67, 「仁說」 : 天地以生物爲心者也, 而人物之生, 又各得夫天地之心, 以爲心者也.

총체적인 덕으로서 인

삶의 의지(生意)를 얻어 태어난 뒤에 예·지·의·신이 있게 된다. 선후로 말하면 인이 먼저이고 대소로 말하면 인이 크다.(『주자어류』 6:48 : 得此生意以有生, 然後有禮智義信. 以先後言之, 則仁爲先; 以大小言之, 則仁爲大. 閎祖(59 이후))

해설 인의 덕은 예, 의, 지, 신과 나란히 거론되어 나머지와 상대해 있는 덕을 가리키는 때도 있지만, 인의 덕은 인간이 갖는 가장 본질적인 특성이며, 나뿐만 아니라 타인의 삶을 이루어주려는 덕으로서, 인간의 덕을 총체적으로 대표하는 덕이기도 하다.

인의예지 가운데 인

"대개 사람의 덕성에는 네 가지 뜻이 있다. 인은 온화하다는 뜻이고, 의는 매섭고 굳건하다는 뜻이며, 예는 적절하게 드러난다는 뜻이고, 지는 거둬들여 흔적이 없다는 뜻이다. 성 안에는 그 넷이 있지만, 성인의 문하에서 단지 인을 구하는 것을 급하게 여겼기 때문에 인을 네 가지 가운데 가장 앞세웠다. 만약 온화함이 항상 [성에] 간직되어 있다면 분명하게 드러날 때는 저절로 그렇게 분명하게 드러나고, 굳건하게 판단할 때는 그렇게 굳건하게 판단할 수 있으며, 거둬들일 때는 저절로 그렇게 거둬들일 수 있다. 만약 다른 것을 중심으로 삼는다면, 그것들은 나머지를 따라 나오게 할 수 없다. 이것이 인으로 네 가지를 포괄하는 까닭이다." [도부가] 물었다. "인이 곧 성이라면 '성'자를 인이라고 할 수 있습니까?" 말씀하셨다. "성은 전체적으로 일컫는 것이다. 성이 만약 사람의 몸이라면, 인은 왼쪽 팔이고 예는 오른쪽 팔이며 의는 왼쪽 다리이고 지는 오른쪽 다리이다."(『주자어류』 6:77 : "大抵人之德性上,

自有此四者意思: 仁, 便是箇溫和底意思; 義, 便是慘烈剛斷底意思; 禮, 便是宣著發揮底意思; 智, 便是箇收斂無痕跡底意思. 性中有此四者, 聖門卻只以求仁爲急者, 緣仁卻是四者之先. 若常存得溫厚底意思在這裏, 到宣著發揮時, 便自然會宣著發揮; 到剛斷時, 便自然會剛斷; 到收斂時, 便自然會收斂. 若將別箇做主, 便都對副不著了. 此仁之所以包四者也." 問 "仁卽性, 則'性'字可以言仁否?" 曰 "性是統言. 性如人身, 仁是左手, 禮是右手, 義是左脚, 智是右脚." 道夫(60 이후)).

해설 여기에서는 인의예지 가운데 하나로서 인에 대해 언급된다. 그 덕의 "뜻"이 언급되는데, 이를 통해 각각의 덕이 구체적으로 어떤 품성으로 드러날지 시사해준다. 즉 인의 덕을 가진 사람은 온화할 것이고, 의의 덕을 가진 사람은 강직할 것이고, 예의 덕을 가진 사람은 적절한 행위를 하는 데 어려움이 없을 것이다.

(2) 인의예지와 그 밖의 덕들

인의예지는 나란히 일컬어지는 덕이지만, 인이 사람과 사람을 연결하는 데 핵심적으로 작용하는 적극적 힘이므로 넷 가운데에서 인이 가장 중요하다. 인이 총체적인 덕이라고 하는 것은 인 자체가 '상황에 맞는 적절한 사랑'을 의미하기 때문인데, 세부적으로 들어가면 상황에 맞는 적절한 사랑이 되기 위해 의·예·지가 있어야 한다. 의는 대상과 상황에 맞게 인을 절제하고 조절하는 덕이다. 예는 인과 의의 마음을 대상과 상황에 맞게 적절하게 수식해주는 덕이며, 지는 인과 의와 인과 의 아닌 것을 분별하는 덕이다. 그러므로 또 꼽는다면 인과 의가 예와 지보다 더 근본적이다.

인과 인의예지

인이란 글자는 반드시 의, 예, 지와 겸해 보아야 비로소 이해할 수 있다. 인은 인의 본체이며, 예는 인을 정돈하고 꾸미는 것이며, 의는 인을 자르고 제어하는 것이며, 지는 인을 분별하는 것이다.(『주자어류』 6:75 : 仁字須兼義禮智看, 方看得出. 仁者, 仁之本體; 禮者, 仁之節文; 義者, 仁之斷制; 知者, 仁之分別. 銖(67 이후))

해설 실제로는 인의 덕만이 발휘되는 일은 거의 없다. 인의 덕이 사랑하는 마음으로 발현될 때, 대상에 따라 사랑의 적절함을 조절하는 의의 덕이 동반되어야 하며, 그 사랑이 어떤 방식으로 실천되어야 하는지 판단하는 예의 덕이 동반되어야 한다. 어떤 마음, 어떤 행동이 진정 인한 것인지 아는 지의 덕도 동시에 발휘된다.

인과 지의 관계

예는 인이 드러난 것이며 지는 의가 간직된 것이다. 사람의 자질을 가지고 말하자면, 온후한 사람은 대부분 겸손하고, 두루 알고 있는 사람은 대부분 각박하다.(『주자어류』 6:144 : 禮者, 仁之發; 智者, 義之藏. 且以人之資質言之: 溫厚者多謙遜, 通曉者多刻剝. 燾(70 때)).

해설 인과 예, 의와 지가 짝을 이루고 있다. 인과 예가 사람에 대한 공감과 그것을 표현하는 마음이라면, 의와 지는 옳고 그름을 따지고 판단하는 마음이다. 인과 의를 조화롭게 함께 갖기가 어렵다는 말로도 들린다. 즉 보통은 인정이 많으면서 옳고 그름에 예민한 사람이기 어렵다.

네 가지 덕

귀의 덕은 잘 듣는 것이고, 눈의 덕은 잘 보는 것이며, 마음의 덕은 인이니, 우선 이 의미를 깊이 생각하여 체득해야 한다. ○ 사랑의 이치를 자신의 마음속에서 스스로 깊이 체득한다면 곧 인을 깨달을 수 있다. … ○당초에 하늘에서 품부받은 것은 단지 인이기 때문에 인이 마음의 온전한 모습이 된다. 그런데 인은 네 가지로 나누어지니 하나는 인에서 인으로 되고, 하나는 인에서 의가 되고, 하나는 인에서 예가 되고 하나는 인에서 지가 된다. 어떤 것이라도 네 다리가 안에서 지탱하고 있으며 오직 인만이 그것들을 겸비하여 아우른다. 마음에는 단지 이 네 가지가 있으며, 모든 외물과 모든 일은 전부 여기에서 비롯된다. … ○측은, 수오, 사손, 시비에는 모두 두 가지 뜻이 있다. '측'은 즉시 드러나는 것이고, '은'은 아프다는 뜻이다. '수'는 자기의 나쁜 점을 부끄러워하는 것이고, '오'는 다른 사람의 나쁜 점을 싫어하는 것이다. '사'는 내게 있고 '손'은 타인에게 있다. 시와 비는 저절로 분명하다. … ○ 이미 인이 그와 같다는 것을 분명하게 체득했으면, 공부할 때는 반드시 '자신을 다스려 예를 회복해야 하며' '밖에 가서는 마치 소중한 손님을 대접하듯 하고, 백성을 대할 때는 마치 귀중한 제사를 받들 듯이 하며, 자기가 하고 싶지 않은 것을 다른 사람에게 시키지 않아야' 비로소 공부하는 것이다.(『주자어류』 6:87 : 耳之德聰, 目之德明, 心之德仁, 且將這意去思量體認. ○將愛之理在自家心上自體認思量, 便見得仁. … ○當來得於天者只是箇仁, 所以爲心之全體. 卻自仁中分四界子 : 一界子上是仁之仁, 一界子是仁之義, 一界子是仁之禮, 一界子是仁之智. 一箇物事, 四脚撑在裏面, 唯仁兼統之. 心裏只有此四物, 萬物萬事皆自此出. … ○惻隱·羞惡·辭遜·是非, 都是兩意 : 惻是初頭子, 隱是痛; 羞是羞己之惡, 惡是惡人之惡; 辭在我, 遜在彼;

是 · 非自分明. … ○旣認得仁如此分明, 到得做工夫, 須是'克己復禮'; '出門如見大賓, 使民如承大祭; 己所不欲, 勿施於人', 方是做工夫處. 泳(66 때)).

해설 첫 구절에서 귀의 덕은 잘 듣는 것, 눈의 덕은 잘 보는 것이라는 부분에서 '덕'이란 그 존재가 마땅히 갖추고 있고 갖춰야 할 본질적인 능력이라는 의미로 사용되었다. 귀라면 마땅히 들을 수 있어야 하는 것처럼, 사람이라면 마땅히 인의 덕이 있어야 한다. 인의예지의 각각의 단서가 되는 마음인 측은, 수오, 사손, 시비의 뜻을 더 세분해서 설명하고 있다. 마지막 부분에서는 어떻게 네 가지 덕을 몸에 갖추어 갈 것인가에 대한 것이다. 두 번째 구절과 연결되는데, 자기 마음속에 있는 사랑의 이치를 깨달은 뒤에, 그것을 구체적인 상황에서 실천하는 것이 인의예지의 덕을 키우는 방법이다.

인은 온화한 것

또 말했다. "인에는 강직하다는 뜻이 있는 듯도 하지만, 필경 본래는 온화한 것이다. 그러나 드러나 작용할 때는 수많은 모습이 있으니 시비, 겸손, 단호한 결단, 이 세 가지를 얻어야만 비로소 인한 일을 이룬다. 일이 안정되어 세 가지가 모두 물러나더라도 인은 여전히 온화하니, 이것은 그 본래의 성질이 그렇기 때문이다. 사람이 시비와 절문, 단호한 결단만을 보고서 그것이 인자함의 본래 뜻이라고 생각한다면 옳지 않다. 봄은 본디 온화하여 만물을 낳을 수 있기 때문에 인은 봄에 속한다고 말한다."(『주자어류』 6:84 : 又曰 "仁雖似有剛直意, 畢竟本是箇溫和之物. 但出來發用時有許多般, 須得是非·辭遜·斷制三者, 方成仁之事. 及至事定, 三者各退, 仁仍舊溫和, 緣是他本性如此. 人但見有是非·節文·斷制, 卻謂都是仁之本意, 則非也. 春本溫和, 故能生物, 所以說仁爲春." 明作(63 이후)).

해설 의의 단호한 결단, 예의 겸손, 지의 시비가 동반되어야만 인도 제 기능을 발휘할 수 있다는 설명이다. 그러한 성격을 겸하여 갖고 있지만 근본적으로 인은 봄처럼 낳고 살리는 덕이므로 온화하다.

성실, 충실, 미더움, 신의

'지극한 덕'과 '지극한 도'에서 도란 사람이 함께 말미암는 것이며, 덕이란 자기가 혼자 얻은 것이다. '융성한 덕', '지극한 선'이라 할 때, 융성한 덕이란 몸이 얻은 것은 말한 것이고, 지극한 선이란 리의 극치를 말한 것이다. '성실', '충실', '미더움', '신의'에 대해 말하자면, 오롯한 마음을 '성실함'(誠)이라 하며, 자기를 다하는 것을 '충실'(忠)이라 하며, 마음에 간직하는 것을 '미더움'(孚)이라 하며, 일에서 드러난 것을 '신의'(信)라 한다.(『주자어류』 6:17 : '至德·至道' : 道者, 人之所共由; 德者, 己之所獨得. '盛德·至善' : 盛德以身之所得而言, 至善以理之極致而言. 誠·忠·孚·信, 一心之謂誠, 盡己之謂忠, 存於中之謂孚, 見於事之謂信. 端蒙(50 이후))

해설 성실, 충실, 미더움, 신의의 덕에 대해 설명하고 있다. 성실함은 갈라지지 않은, 오롯한 마음이라고 하니, 성취하기 쉬운 경지는 아닐 것이다. 충실은 자신의 마음을 타인을 향해 다하는 것이다. 미더움과 신의는 서로 가까운 덕목으로 보인다. 둘 다 신뢰와 관계되는데, 미더움은 마음 차원의 일로, 신의는 행동 차원의 일로 설명하고 있다.

충실과 신의

충실(忠)은 안에서 발해서 나오는 것이고, 신의(信)는 [구체적] 일과 관련하여 말하는 것이다. 충실은 스스로 이 마음을 다하려는 것이며 신의는 스스로 이 도리를 다하려는 것이다.(『주자어류』 6:152 : 忠自裏面發出, 信是就事上說. 忠, 是要盡自家這箇心; 信, 是要盡自家這箇道理.)

해설 충실과 신의를 구별해서 설명하고 있다. 신의가 구체적인 일과 관련된다면, 충실은 자신의 내면의 것이 발현된다는 점에서 보다 근원적이다.

덕은 내면의 것

덕이 있는 사람은 온화함과 순순함이 안에 쌓여서 그 꽃이 밖으로 피어난다. 말을 잘하는 자들 중에 어떤 이는 아첨하는 말재주가 좋을 뿐이다. 인한 사람은 마음에 사적인 얽매임이 없어서 의를 보면 반드시 실천하는데, 용기 있는 사람들 중에 어떤 이는 혈기가 강할 뿐이다.(『논어집주』 14-5[15] : 有德者, 和順積中, 英華發外. 能言者, 或便佞口給而已. 仁者, 心無私累, 見義必爲. 勇者, 或血氣之强而已.)

해설 겉으로는 드러나는 언변과 행동이 같을지라도 내면에 덕이 있는 사람과 그렇지 않은 사람이 다르다는 내용이다.

지혜, 인함, 용기

온공[16]은 바름과 곧음, 중화는 덕으로 생각하고, 총명함과 강건함은 재주(才)로 생각했다. 선생이 말했다. "모두 덕이다. 성인은 인함, 지혜, 용기를 덕으로 여겼다. 총명함은 지혜이며 강건함은 용기이다. (『주자어류』 134:30 : 溫公以正直中和爲德, 聰明强毅爲才. 先生曰 "皆是德也. 聖人以

---

15 『논어』「헌문」: 子曰 "有德者必有言, 有言者不必有德. 仁者必有勇, 勇者不必有仁."

16 司馬光(1019-1986).

仁智勇爲德. 聰明便是智, 强毅便是勇." 賜(66 이후)).

해설 인함, 지혜, 용기는 『중용』이나 『논어』에서 함께 묶여 논의된다. 인함과 지혜는 맹자의 사덕에도 들어 있으므로 덕일 텐데, 앞의 『논어집주』에서 보듯이 통상적으로 용기가 덕으로 거론되지는 않는 듯하다. 여기에서는 용기도 덕으로 넣었다.

5. 덕 있는 사람이 되기 위한 수련

덕은 체이면서 용이다. 체로서의 덕은 성, 리와 같은 것으로서 이미 완전하게 내 안에 있다. 용으로서의 덕은 실제의 일에 임해서 몸에서 드러난다. 덕을 얻는 방법은 덕의 체를 얻는 것과 덕의 용을 얻는 것, 두 가지로 갈라진다. 덕의 체를 얻는다는 것은 완전한 성 자체를 그대로 살려내는 것이다. 덕의 용을 얻는다는 것은 구체적인 일에서 실천하면서 몸에 익혀가는 것이다. 성리학의 수련은 크게 두 방면에서 이루어지는데, 보통 미발(未發)공부와 이발(已發)공부로 불린다. 마음이 움직이기 전과 그 후를 나눈 것으로, 더 자세히는 마음의 정(情)이 움직였을 때와 그 이전을 나누는 것이다. 이는 그대로 덕의 체의 획득과 덕의 용의 획득에 상응한다. 정은 기이므로, 기가 개입한 상태에서 이루어지는 공부와 기가 개입하기 이전의 상태에서 이루어지는 공부라고 말할 수도 있다. 성리학에서 사용하는 '공부'(工夫)는 지금 말로 '수련'에 가까운 말이다. 힘을 들여 노력한다는 뜻이다.

상지와 하우

그런데 사람이 품수한 [기]에 대해서 말하자면 또 거기에 어둡고 밝음, 맑고 탁함의 차이가 있다. 태어나면서부터 뛰어난 상지(上知)의 자질을 가진 사람은 기가 청명하고 순수해서 한 터럭의 혼탁함도 없다. 그러므로 천부적으로 알고(生知) 자연스럽게 도를 행하는데, 배우지 않아도 그럴 수 있다. 요순과 같은 사람이 그런 부류이다. 그다음은 생지(生知)의 다음가는 사람으로 배워야만 알고 실천한 후에야 도에 이른다. 그다음은 품수한 자질이 편벽된데다 또 가려져 있는 부분도 있어서 뼈를 깎는 노력이 있어야만 한다.(『주자어류』 4:41 : 然就人之所稟而言, 又有昏明清濁之異. 故上知生知之資, 是氣清明純粹, 而無一毫昏濁, 所以生知安行, 不待學而能, 如堯舜是也. 其次則亞於生知, 必學而後知, 必行而後至. 又其次者, 資稟既偏, 又有所蔽, 須是痛加工夫. 僩))

해설 아주 지혜로운 사람과 아주 어리석은 사람은 바뀌지 않는다는 말이 『논어』「양화」에 나온다. 성리학은 현실적으로 사람의 (도덕적) 능력이 달라지는 것을 기에 의해 설명할 수밖에 없다. 성, 즉 리는 하나로서 누구에게나 한결같이 주어진 것이기 때문이다. 그럼에도 불구하고 현실에서는 변하지 않는 어리석고 악독한 사람이 있다. 이 사람들은 "뼈를 깎는 노력"을 해야 한다. 대부분은 그 양 끝의 가운데의 사람들로 "배워야만 알고 실천한 후에야 도에 이른다".

(1) 공부의 목표 : 그 처음을 회복함, 성인되기

주희에 의하면 사람은 누구나 태어나면서부터 완전한 성을 부여받는다. 즉 완전한 덕을 부여받는다. 다만, 성이 기질에 담기기 때문에 기질의 영향을 받아 발현하는 데 다소의 장애가 있을 수 있다. 사람이

해야 할 일은 그 장애를 걷어내고 본래 자신이 가진 완전함을 드러내는 것이다. 즉 "그 처음을 회복하는 것"이다. 그 "처음"은 누구나 같다. 그러므로 누구나 본질적으로는 성인이며, 따라서 누구나 자신의 '성인'을 회복하기 위해 노력해야 한다. 누구나 성인되기를 목표로 하여 기질을 다스리고 본래 완전한 덕을 현실화해야 한다.

성현과 보통사람

사람은 반드시 성현이 되는 것을 자신의 임무로 삼아야 한다. 세상 사람들은 성현을 높다고 생각하고 자신을 낮추어 보기 때문에 성현이 되려고 하지 않는다. 성현이 본래 자질이 높고 나는 별개의 한 사람이라면, 아침저녁으로 노력해봤자 자신의 분수 밖의 일이기 때문에 하지 않아도 그만이고 해도 그만이라고 생각한다. 그러나 성현이 품부받은 본성은 보통사람과 같다. 보통사람과 같으니, 어떻게 성현이 되는 것을 자신의 임무로 삼지 않을 수 있겠는가? 세상이 생겨난 뒤로 수많은 사람이 태어났지만, 자신의 본성을 다하려고 노력한 사람은 수천만 명 가운데 한두 사람도 되지 않으며, 보통은 부대끼며 그럭저럭 살아갈 뿐이다.(『주자어류』 8:27 : 凡人須以聖賢爲己任. 世人多以聖賢爲高, 而自視爲卑, 故不肯進. 抑不知, 使聖賢本自高, 而己別是一樣人, 則早夜孜孜, 別是分外事, 不爲亦可, 爲之亦可. 然聖賢稟性與常人一同. 既與常人一同, 又安得不以聖賢爲己任? 自開闢以來, 生多少人, 求其盡己者, 千萬人中無一二, 只是羇同枉過一世! 可學)

해설 성현이 품부받은 본성은 보통사람과 같다. 사람은 모두 완전한 본성을 품부받았다. 그런데 성인이 적은 이유는 본성을 보존하는 것이 쉽지 않기 때문이다.

본래 마음 잃지 않기

성현의 수많은 말씀은 단지 사람들이 그 본래의 마음을 잃지 않게 하려는 것이다.(『주자어류』 12:2 : 聖賢千言萬語, 只要人不失其本心. 夔孫)

해설 본래의 마음은 우주적 리이다. 모두 태어날 때 리가 마음에 깃들므로, 이 마음을 적극적으로 손상시키지 않는다면 우주적 인간이 될 수 있다.

처음을 회복하기

명덕은 사람이 하늘에서 얻은 것으로, 허령하고 어둡지 않아 온갖 리를 갖추고 있어 만사에 응한다. 다만, 품부받은 기에 구애되고 인욕에 덮이게 되면 때로 어두울 수도 있다. 그러나 그 본체의 밝음은 일찍이 그친 적이 없다. 그러므로 배우는 자는 마땅히 그 발한 것을 실마리로 하여 마침내 밝혀서 그 처음을 회복해야 한다.(『대학집주』 : 明德者人之所得乎天而虛靈不昧, 以具衆理而應萬事者也. 但爲氣稟所拘, 人欲所蔽, 則有時而昏. 然其本體之明, 則有未嘗息者, 故學者當因其所發而遂明之, 以復其初也.)

해설 그러나 마음에는 리만 깃드는 것이 아니다. 기와 인욕이 그것을 가로막는다. 리는 가로막히는 일이 있을 뿐 손상되는 것은 아니다. 그것은 완전한 것이므로 늘 그대로이다. 그러므로 사람이 그 처음을 회복할 수 있는 가능성도 늘 살아 있다.

갈고 닦기

입지가 [『논어』의] 이 장[17]에 대해 물었다. 대답했다. "덕은 리가 이미 내 마음에 얻어진 것이므로 이미 내가 가진 물건이다. 그런데 재차 날마다 갈고닦기를 중단 없이 해야 비로소 얻는다."(『주자어류』 34:20 : 立之

問此章. 曰 "德是理之既得於吾心者, 便已是我有底物事了. 更須日日磨礱, 勿令間斷, 始得." 時擧(64 이후))

해설 덕은 리와 다른 것이 아니므로 이미 내게 완전한 형태로 있다. 그런데도 갈고닦기를 날마다 쉬지 않고 해야 한다. 앞에서 언급했듯이 덕을 가리는 기질과 욕망 때문이다.

(2) 깨침의 공부

덕의 체는 완전한 상태로 이미 내 마음 안에 있다. 다만, 기질에 가려져 스스로도 알지 못하고 알더라도 믿지 못할 뿐이다. 그러나 그 완전함을 그대로 살려낼 수 있다면 그대로 나는 성인이다. 주희는 그 완전함을 살려내는 공부를 생각했다. 그 공부의 대상은 기가 움직이기 이전의 상태, 즉 마음이 움직이기 이전의 상태(未發)이어야 한다. 완전함과 그 완전함을 그대로 살려내겠다는 마음이 갈라지지 않은 상태이다. 그저 오롯이 하나뿐인 세상이다. 주희는 '함양'(涵養 : 흠뻑 잠겨 자라게 함), '체인'(體認 : 몸으로 앎) 등의 용어를 사용해서 그 언어도단의 상황을 묘사했다. 특히 주희는 이 공부를 위해 '경'(敬)의 방법을 제시했다. 주희는 구체적인 '경'공부의 방법으로 '항상 깨어 있음'(常醒醒), '[마음이] 하나로 오롯하여 다른 곳으로 가지 않음'(主一無適) 등의 수련을 제시했다. 마음이 갈라지지 않고 하나의 완전함을 살려내고 유지하는 공부임을 드러낸 것이다.

주희는 이 깨침의 공부, 미발의 공부 외에 마음이 움직인 이후

17 『논어』「술이」: 德之不修, 學之不講, 聞義不能徙, 不善不能改, 是吾憂也.

의 공부에 대해 더 적극적으로 설명했다. 이 마음은 처음부터 완전한 성, 완전한 덕을 구비하지만, 기질 때문에 어쨌든 현실에서는 도덕적으로 하자 있는 마음을 갖고 산다. 자신 안에 있는 것을 깨닫는 것이 가장 좋겠지만, 그것만을 기다릴 수는 없다. 주희는 그 깨침의 공부 한편으로 '리를 탐구하는 공부' 역시 제시했다. 모든 개체는 이 리를 품수한다. 이 리가 우주의 리이고 또한 내 마음속의 리이지만, 현실에서는 대상의 리로 있다. 이 리를 궁구한다는 것은 대상이 갖는 존재의 결에 대해 집중적으로 탐구하는 것이며, 그것은 결국 나와 연결된 길을 숙고하는 데로 이어지며, 나아가 그 숙고는 필연적으로 리 전체의 모습에까지 이를 것이다. 그리고 결국에는 내 안의 리와 그 리가 하나가 되는 경지를 체득할 것이라고 전망했다.

이 두 공부는 따로따로 이루어지는 것은 아니다. 결국은 "함양한 리를 궁구하고" "궁구한 리를 함양"하듯이, 서로 되먹임을 하면서 상승해간다. 그리하여 이 두 방면의 공부가 가져올 결과는 결국 타고난 이 마음, 이 덕의 완전한 발휘에 있다.

오롯한 마음

이것을 붙잡은 지 오래되고 또 완숙해져서 자연스럽게 의리를 편안해 하고 함부로 움직이지 않으면, 그것이 이른바 '적연'(寂然)한 것이다. 그것은 찰식(察識)하지 않아도 스스로를 드러낸다. … 그런데 마음은 하나일 뿐이다. 이른바 '잡아서 보존한다'(操存)는 것이, 어찌 두 사람의 대적하는 자가 서로 싸우면서 서로 벗어나지 못하는 것처럼 한 사물이 다른 한 사물을 잡는 것이겠는가! … 하나로 오롯하여 다른 곳으로 가지 않으며(主一無適) 예가 아니면 움직이지 않는다면, 마음속에 주인이 있어 마음이 스스로 보존되는 것이다.(『주자문집』 47, 「答呂子約書」: 惟其操之久而且熟, 自然安於義理而不妄動, 則所謂寂然者, 當不待察識而自呈露矣. … 然心一而已. 所謂操存者, 亦豈以此一物, 操彼一物, 如鬪者之相捽而不相舍哉. 亦曰主一無適, 非禮不動, 則中有主而心自存耳.)

해설 이치를 품고 있는 내 마음, 그 마음을 오롯하게 그대로 들여다보려는 내 마음, 이 둘이 갈라지지 않고 하나인 상태를 꿈꾸는 것이다. 그것은 "스스로를 드러내며" "마음이 스스로 보존되는" 것이다.

미발과 이발의 공부

물었다. "'보지 않고 듣지 않는 곳'과 '신독'은 어떻게 구별됩니까?" 대답했다. "앞의 것은 천리의 본연을 보존하는 것이고, 뒤의 것은 장차 싹틀 인욕을 막는 것을 말한다." 또 물었다. "천리를 보존할 수 있는데 또 신독을 하면 너무 많은 것 아닙니까?" 대답했다. "천리를 보존했다고 해도 발할 때에는 또한 점검해야 하므로 여기가 긴밀한 곳이다. 만약 단지 천리만 보존하고 더 이상 신독할 필요가 없다고 말한다면, 이는 단지 치중(致中)만 쓴 것이고 치화(致和)는 쓰지 않은 것이다."(『주자어류』 62:95 : 問 "'不睹不聞'與'愼獨'何別?" 曰 "上一節說存天理之本然, 下一節說遏人欲於將萌." 又問 "能存天理了, 則下面愼獨, 似多了一截." 曰 "雖是存得天理, 臨發時也須點檢, 這便是他密處. 若只說存天理了, 更不愼獨, 卻是只用致中, 不用致和了." 賜(66 이후)).

해설 『중용』의 다음 구절과 관련된 문답이다. "이 때문에 군자는 [남들이 보지 않는 곳에서] 경계하며 조심하고 [남들이 듣지 못하는 곳에서] 두려워하며 조심한다. 숨어 있는 것보다 더 잘 보이는 것은 없고 은미한 것보다 더 잘 드러나는 것은 없다. 그러므로 군자는 혼자 있을 때

조심한다."(是故君子, 戒愼乎其所不睹, 恐懼乎其所不聞, 莫見乎隱, 莫顯乎微, 故君子愼其獨也.) 이 구절에 대해 주희는 "보지 않고 듣지 않는 곳"은 미발의 보존으로 해석하고 신독은 이발의 공부로 해석했다. 미발이 보존되어 있다고 하더라도 마음이 움직일 때의 점검 역시 필요하다는 내용이다.

강학과 덕

덕은 하늘에서 얻은 것이고 강학함으로써 얻는데, 스스로 본래의 것을 얻는 것이다.(『주자어류』 6:19 : 德是得於天者, 講學而得之, 得自家本分底物事. 節(64 이후))

해설 덕은 내 노력 이전에 하늘에서 얻은 것이지만, 배우고 닦는다는 노력을 통해야만 비로소 진정으로 나의 것이 된다.

함양과 궁리

함양(涵養)하는 가운데 저절로 궁리(窮理)공부가 있으니, 함양한 리를 궁구하는 것이다. 궁리 가운데 저절로 함양공부가 있으니, 궁구한 리를 함양하는 것이다. 두 가지 공부는 서로 떨어지지 않는다. 두 가지로 보게 되면 얻을 수 없게 된다.(『주자어류』 9:15 : 涵養中自有窮理工夫, 窮其所養之理; 窮理中自有涵養工夫, 養其所窮之理, 兩項都不相離. 纔見成兩處, 便不得. 賀孫)

해설 함양은 리를 품고 있는 그 마음을 그대로 키우는 미발공부이고, 궁리는 내가 아닌 외부에 있는 리를 탐구하는 이발공부이다. 그러나 이 두 공부는 서로 기대고 있다. 함양을 통해 보다 분명해진 내 마음의 리를 또 탐구하는 것이고, 그 탐구하는 과정에 나의 마음이 보다 분명해진다.

경험적 노력과 잃어버린 마음 찾기

온갖 행동이 모두 선하기 위해서는 진정으로 노력해야 하지만, 어떻게 모든 일을 하나하나 이해할 수 있으리오! 온갖 행동이 모두 선한 것은 다섯 덕목에 의해 결정되고, 다섯 덕목은 또한 인에 의해 결정된다. 인을 구하는 것은 단지 '경을 중심으로 삼으며', '잃어버린 마음을 되찾는 것이니', 만약 그렇게 할 수 있다면 도리가 마음속에 간직될 것이다.(『주자어류』 6:81 : 百行萬善, 固是都合著力, 然如何件件去理會得! 百行萬善摠於五常, 五常又摠於仁, 所以孔孟只敎人求仁. 求仁只是'主敬', '求放心', 若能如此, 道理便在這裏. 方子(59 이후). 拱壽同)

해설 사물에 있는 리를 궁구하는 궁리(窮理)공부는 오늘 이 대상의 리를 탐구하고 내일 저 대상의 리를 탐구하는 식으로, 경험적으로 쌓아가는 공부이다. 그런데 그러한 노력을 하지 않을 수 없지만, 그런 방식으로 리에 통달할 수는 없다. 이러한 경험적 공부를 통해 리의 전체, 마음의 전체를 얻을 수 있다고 기대했는데, 그 리 전체를 관통하는 리의 총체가 이미 내 마음에 주어져 있다고 믿기 때문이다.

고요함을 주로 하는 경공부

글을 강론하는데도 의미가 깊어지지 않을 때에는 바로 근본에 힘써야 하며, 반드시 경을 유지해야 한다. 경을 유지하는 공부는 고요함을 위주로 한다. … 어떤 병통이 있다는 것을 알았다면 반드시 그 병통을 제거하라. 이것은 병을 치료하는 약이다. 말이 너무 많다고 느끼면 과묵하게 행동하고, 의미가 엉성하다고 느끼면 세밀함을 더해야 하며, 경박하고 미천하다고 느끼면 깊고 중후하게 행동해야 한다.(『주자어류』 9:24 : 文字講說得行, 而意味未深者, 正要本原上加功, 須是持敬. 持敬以靜爲主. … 知有此病, 必去其病, 此便是療之之藥. 如覺言語多, 便用簡黙; 意思疏闊, 便加細密; 覺得輕浮淺易, 便須深沉重厚.)

해설 경의 공부가 근본이며, 그것이 고요함을 위주로 함을 밝히고 있다. 그러면서도 구체적인 공부의 장에서 따를 방법에 대해서도 조언을 주고 있다.

학문의 순서

이 장[18]은 사람이 학문할 때 이와 같이 해야 함을 말한 것이다. 학문은 뜻을 세우는 것보다 앞서는 것이 없고, 도에 뜻을 두면 마음이 올바름에 머물러 다른 곳으로 가지 않으며, 덕을 굳게 지키면 도를 마음에서 얻어 잃지 않을 것이며, 인에 의지하면 덕성이 늘 쓰여 물욕이 활동하지 않을 것이며, 예에 노닐면 작은 일도 빠뜨리지 않아 움직이든 쉬든 끊임없는 수양이 있을 것이다. 배우는 자가 여기에서 선후의 순서와 경중의 비중을 잃지 않는다면 본말이 겸비되고 내외가 서로 길러져서 일상생활에서 잠시의 그침도 없이 늘 이 속에서 놀게 되어, 어느덧 자신이 성현의 경지에 들어감을 스스로도 모를 것이다.(『주자어류』 7:6 : 此章言人之為學當如是也. 蓋學莫先於立志, 志道則心存於正而不他, 據德則道得於心而不失, 依仁則德性常用而物欲不行, 游藝則小物不遺而動息有養. 學者

18 『논어집주』「술이」: 거는 꼭 잡아 지킨다는 뜻이며, 덕은 도를 행해 마음에서 얻은 것이다. 마음에서 도를 얻어 잘 지켜서 잃지 않는다면 종시가 한결같고 나날이 새로워지는 공이 있을 것이다.(志於道, 據於德, 依於仁, 游於藝) 據者, 執守之意. 德則行道而有得於心者也. 得之於心而守之不失, 則終始惟一 而有日新之功矣.

於此, 有以不失其先後之序, 輕重之倫焉, 則本末兼該, 內外交養, 日用之間, 無少間隙而涵泳從容. 忽不自知其入於聖賢之域矣.)

해설 학문할 때의 우선순위에 대해 말하고 있다. 도를 향한 지향을 확인하는 것이 먼저일 것이다. 그리고 그 마음이 흔들리지 않도록 해야 할 것이다. 그 뒤에 덕 가운데 인이 우선이며, 그 다음에 예임을 밝히고 있다.

(3) 다른 방면의 공부 : 앎의 확장과 몸으로 익힘

경은 "항상 깨어 있음" 혹은 "(마음이) 하나로 오롯하여 다른 곳으로 가지 않음"(主一無適) 등의 마음상의 수련이기도 하지만, 또한 "정숙하게 가지런하고 엄숙함"(整齊嚴肅)과 같은 행위상의 공부에 의해서도 얻어진다. 사려와 언어활동을 떠난 전일적인 상태에서 힘을 들일 곳은, 마음과 그 마음을 드러낼 몸뿐이기 때문이다. 그러므로 이 공부는 공부를 '소학'(小學)공부와 '대학'(大學)공부로 나눴을 때, 소학공부에 가까울 것이다. 대학공부가 '리'를 이론상으로 탐구하는 것이라면, 소학 공부는 대학공부에 들어가기 이전에 어렸을 때부터 임하는 공부, 그야말로 몸으로 익히는 공부이다.

미발공부, 경공부가 몸으로 익히는 일과 관계 있다면, 이발공부는 지적인 학습이 큰 부분을 차지한다. 그래서 주희는 소학교육은 뿌리를 배양하는 것이며 대학교육은 가지를 뻗는 것[19]이라고 생각했다.

---

19 「小學題辭」. 또 『大學或問』, 『朱子語類』 8 참조.

일용에서의 덕

밝은 덕은 멈춘 적이 없으며, 때에 맞게 일용의 사이에서 발현한다. 가령, 의가 아닌 것을 보면 부끄러워하고 미워하며, 어린아이가 우물에 빠지려는 것을 보면 측은해하며, 윗사람이나 어진 사람을 보면 공손하고 공경하며, 선한 일을 보면 찬탄하며 흠모하는 모든 것들이 밝은 덕이 발현한 것이다. 이처럼 확장해가면 매우 많다. 다만, 발현한 것을 말미암아서 미루고 넓혀가야 한다.(『주자어류』 14:78 : 明德未嘗息, 時時發見於日用之間. 如見非義而羞惡, 見孺子入井而惻隱, 見尊賢而恭敬, 見善事而歎慕, 皆明德之發見也. 如此推之, 極多. 但當因其所發而推廣之. 僩(69 이후))

해설 밝은 덕은 천성적으로 주어졌으며 손상되거나 사라지는 일이 없다. 그래서 방해만 없다면 일상생활에서 적절한 마음이 일어난다. 이 일어난 마음을 놓치지 말고 그 마음을 더욱 키워서 더 멀리, 더 깊이 발휘되도록 하는 일이 덕의 성장을 원하는 사람의 과제로 남는다.

일과 리

옛날, 처음 소학에 입학했을 때에는 단지 일을 가르쳤을 뿐이다. 즉 예절, 음악, 활쏘기, 말타기, 글쓰기, 셈하기, 효도, 우애, 충성, 신의 등이다. 16-17세에 대학에 입학한 뒤부터 리를 가르쳤다. 예컨대 치지와 격물, 그리고 충성, 신의, 효도, 우애 등의 근거가 되는 것들이다.(『주자어류』 7:1 : 古者初年入小學, 只是教之以事, 如禮樂射御書數及孝弟忠信之事. 自十六七入大學, 然後教之以理, 如致知·格物及所以爲忠信孝弟者. 驤)

해설 이론적인 공부를 시작하기 이전에, 어려서부터 충성, 신의, 효도, 우애 등을 삶 속에서 가르쳤다는 것이다.

소학과 대학

소학은 이 일처리를 직접 이해하는 것이고, 대학은 그 리가 왜 그렇게 되는지를 탐구하는 것이다.(『주자어류』 7:5 : 小學是直理會那事; 大學是窮究那理, 因甚恁地. 寓)

해설 소학과 대학, 각각의 교과가 갖는 의미를 명확하게 설명했다.

지혜와 실천

지혜의 추구(致知)와 실천에 힘씀(力行)은 한쪽으로 치우치지 않아야 한다. 한쪽에 치우치면 다른 한쪽에 문제가 생긴다. 정자는 "함양(涵養)은 반드시 경(敬)으로 해야 하고 학문은 지혜롭게 되는 데 있다"고 했다. 두 가지로 갈라 말했으나, 단지 순서와 비중을 구분할 뿐이다. 순서를 따지면 지혜롭게 되는 것이 먼저이고, 비중을 따지면 실천에 힘쓰는 것이 더 중요하다.(『주자어류』 9:4 : 致知·力行, 用功不可偏. 偏過一邊, 則一邊受病. 如程子云 "涵養須用敬, 進學則在致知." 分明自作兩脚說, 但只要分先後輕重. 論先後, 當以致知爲先; 論輕重, 當以力行爲重. 端蒙)

해설 소학과 대학의 관계는 실천(行)과 지혜(知)의 관계이기도 하다. 실천하기 위해서는 먼저 알아야 하지만, 아는 것보다는 실천이 더 중요하다는 것이 주희의 입장이다.

몸과 마음

근본과 지엽이 본래 일관되며 몸과 마음, 안과 밖의 간격도 본래 없는데, 지금 오로지 이것을 내면에서만 보존하고 외적인 것을 생략한다면, 이는 스스로 칸막이를 만드는 것이어서 늘 이 마음이 유행하는 전체 모습의 반을 얻고 반을 잃는다.(『주자문집』 40, 「答何叔京」 : 但根本枝葉

本是一貫, 身心內外元無間隔. 今日專存諸內而略夫外, 則是自爲間隔, 而此心流行之全體, 常得其半而失其半也.)

해설 몸과 마음은 뿌리와 가지, 가지와 잎처럼 서로 떨어질 수 없는 것이다. 몸에서의 실행이 생략된다면 마음 역시 제 모습을 온전히 드러낼 수 없을 것이다.

(4) 덕의 성장을 방해하는 것들

나의 덕은 본래 완전하지만 현실에서는 그렇지 않다. 이 완전한 덕의 발현을 방해하는 것은 그 무엇보다 나의 사욕이다. 개인의 이해관계에 갇힌 마음이다. 본래 완전한 마음을 상정하기 때문에 사욕이 활동하는 상태는 내 본래의 마음을 잃었다고 표현된다. 또는 사욕의 방해를 뚫고 자신의 본래 마음을 상기해야 한다는 의미에서, 사욕에 막힌 상태는 본래의 마음이 잠자고 있는 상태로 표현되기도 한다. 그러므로 인간이 해야 할 일은 잃어버린 마음을 찾거나 자고 있는 마음을 깨우는 것이다.

마음을 잃음

[성현의] 수많은 말씀은 수많은 일에 대해 말했을 뿐이다. 그 대강은 스스로 붙잡아 지키고 익히며 궁구하는 데 달려 있다. 자기 마음속에 조금씩 간직하면 마음에 있게 된다. 만약 놓아버린다면 스스로 놓아버린 것이다.(『주자어류』 9:13 : 千言萬語, 說得只是許多事. 大槪在自家操守講究, 只是自家存得些在這裏, 便在這裏. 若放去, 便是自家放了. 道夫)

해설 우주의 진리와 같은 내용을 갖는 마음은 태어날 때부터 내게 주어져 있는 것이기 때문에, 그 마음을 잃는다면 갖고 있던 것을 잃은 것이기 때문에 내 책임이다.

잠자는 마음

사람의 본래 마음이 밝지 않은 것은 마치 잠자는 사람의 의식이 어두워 그 몸이 있는지 알지 못하는 것과 같다. 흔들어 깨워야 알게 된다. 마치 졸음이 밀려올 때 줄기차게 스스로 흔들어 깨우는 것과 같으니, 멈추지 않고 흔들어야만 깨어날 수 있다. 중요한 공부는 단지 흔들어 깨우는 데 있을 뿐이다. 이와 같은 공부는 반드시 몸소 경험해서 스스로 분명하게 이해해야 한다.(『주자어류』 12:16 : 人之本心不明, 一如睡人都昏了, 不知有此身. 須是喚醒, 方知. 恰如磕睡, 彊自喚醒, 喚之不已, 終會醒. 某看來, 大要工夫只在喚醒上. 然如此等處, 須是體驗教自分明. 士毅)

해설 밝은 마음은 이미 내게 있고, 또 그것은 완전한 것으로 손상되지 않으므로, 그것이 제 기능을 다하지 못할 때는 그 자체의 문제가 아니다. 여기에서는 그 기능이 제대로 발휘되지 않는 것을 잠자는 것처럼 의식이 어두운 상태에 비유했다. 의식이 흐린 그 상태는 인간의 본질적인 상태가 아니다. 잠에서 깨어날 수 있듯이 밝은 마음은 늘 있다. 다만, 자신의 그 마음을 항상 자각하고 있어야 한다.

사적인 욕망

왕경인이 인에 대해 물었다. 대답했다. "그렇게 질문할 것이 아니다. 반드시 두껍게 가린 사욕을 제거한 뒤에 본래 마음의 덕이 어떤 기상인지 자세히 체험해야 한다. 헛되이 글자의 뜻만 강구해서는 안 된다." (『주자어류』 6:107 : 王景仁問仁. 曰 "無以爲也. 須是試去屛疊了私欲, 然後子細體驗本心之德是甚氣象, 無徒講其文義而已也." 壯祖)

해설 리의 마음은 우주적인 것이지만, 개인의 몸으로 인해 갖게 되는 욕망은 사적인 것이다. 사적인 욕망이 우주적 마음을 가리지 않게 하는 일은 내 마음에서 실천해야 한다.

한계의 자각

인간은 근면하게 배워야 하지, 보는 것에 의거하여 판단하면 안 된다. 도와 리는 끝이 없는데 인간의 사려는 한계가 있다. 만약 오직 얻은 것을 지키는 것만을 주로 삼는다면, 치우친 것에 빠졌을 때 다시 스스로 밝아질 수 없다.(『주자어류』 101:167 : 人學當勉, 不可據見定. 蓋道理無窮, 人之思慮有限. 若只守所得以爲主, 則其或墮於偏者, 不復能自明也.)

해설 궁리공부를 통해 사람이 이해하는 리의 분량은 늘어가지만, 근본적으로 기적인 인간은 한계가 있다. 그 한계 있음을 늘 자각해야 리의 전체에 다가가는 길을 스스로 막지 않을 것이다.

6. 예와 덕 : 유덕한 사람의 모습과 행위

덕 있는 사람은 그 덕의 본성상 "천지만물과 한 몸이 된다." 한 몸이 되기 위해서는 사적인 욕망을 갖지 않아야 한다. 사적인 욕망을 갖지 않는 사람은 개인적인 입장에서가 아니라 리의 입장에서 생각하고 행동할 것이며, 그리하여 자신을 중심으로 하지만 동시에 객관적인 도를 벗어나지 않을 것이다. 주희는 "성인은 모든 것을 말씀하신 것은 아니니, 배우는 사람이 직접 체득해야 한다"고 말한다. 이 말은 유덕한 사람을 설명하는 데에도 해당한다. 천지만물과 한 몸이 된다는 것에 대해 이들은 구체적으로 묘사하지는 않는다.

극기복례

방숙이 말했다. "천지만물과 한 몸이 되는 것이 인이지요." 말했다. "사사로움을 없애는 것이 인을 위해 먼저 할 일이며, 천지만물과 일체가 되는 것은 인한 뒤의 일이다. 오직 사사로움이 없는 뒤에야 인하다. 오직 인하므로 천지만물과 일체가 될 수 있다. 이 둘 사이에서 필경 인이 어떤 모습인지 알아야 한다. 인의 개념을 깨닫고 싶다면 반드시 '의, 예, 지' 세 자를 함께 살펴야 한다. 진정 인의 모습을 보고 싶다면 반드시 '극기복례'의 공부를 해야 한다. 지금 사람들이 인에 대해 말하는 것은 마치 엿이 달다고 하면서 먹어본 적은 없어 맛은 모르는 것과 같다. 성인은 모든 것을 말씀하신 것은 아니니, 배우는 사람이 몸으로 체득할 따름이다."(『주자어류』 6:109 : 方叔曰 "與天地萬物爲一體是仁." 曰 "無私, 是仁之前事; 與天地萬物爲一體, 是仁之後事. 惟無私, 然後仁; 惟仁, 然後與天地萬物爲一體. 要在二者之間識得畢竟仁是甚模樣. 欲曉得仁名義, 須幷'義·禮·智'三字看. 欲眞箇見得仁底模樣, 須是從'克己復禮'做工夫去. 今人說仁, 如糖, 皆道是甛; 不曾喫著, 不知甛是甚滋味. 聖人都不說破, 在學者以身體之而已矣." 閎祖(59 이후))

해설 결국 인은 내 마음의 덕이므로 마음으로 느끼고 몸으로 알아야 할 것이다. 인하게 되기 위한 가장 구체적인 방법은 극기복례일 것이며, 가장 근원적인 공부는 사욕을 없애는 것일 터이다.

용모와 말투

용모와 말투는 덕의 징표(符)이다.(『주자어류』 13:107 : 容貌辭氣, 乃德之符

也. 燾(70 때))

해설 용모와 말투가 그럴듯하다고 모두 덕이 있는 것은 아닐 것이지만, 덕이 있는 사람이라면 자연스럽게 겉으로 드러날 것이다.

인하지 않음은 마비의 상태

의학서적에서 수족이 마비되는 것을 불인(不仁)이라고 하는데, 이는 정말 좋은 표현이다. 인은 천지만물과 자신을 한 몸으로 여기는 경지이므로 자기 아닌 것이 없다. [천지 만물을] 자신이라고 여긴다면 어디엔들 [그 마음이] 이르지 않겠는가. 만약 [인이] 자신에게 갖추어져 있지 않으면 자신이 만물과 아무런 상관이 없게 된다. 이는 수족이 마비되어 기가 통하지 않아 모두 나와 관계없는 것과 같다. 그러므로 널리 베풀고 대중을 구제하는 것은 성인의 공용이다. 인을 설명하는 것은 지극히 어렵기 때문에 단지 "자기가 서고 싶으면 남을 세우고, 자신이 성취하고 싶으면 남도 성취하게 한다. 가까운 곳에서 비유를 취할 수 있는 것은 인(仁)을 행하는 방법이라 할 수 있다"고 하는 것이다.(『근사록』 1:20 : 醫書言, 手足痿痺謂不仁, 此言最善名狀. 仁者, 以天地萬物爲一體, 莫非己也. 認得爲己, 何所不至. 若不有諸己, 自不與己相干, 如手足不仁, 氣已不貫, 皆不屬己. 故博施濟衆, 乃聖之功用. 仁至難言. 故只曰己欲立而欲人, 己欲達而達人. 能近取譬, 可謂仁之方也已.)

해설 가장 대표적인 인의 덕을 완벽하게 자기화한 사람의 경지를 묘사하고 있다. 특히 불인한 상태를 '마비'라고 하는 것을 보면, 인의 덕은 리라는 진리가 감각의 차원까지 관통한 것이다. 만물이 나와 한 몸이라는 것은 온 세상이 나의 신체와 같아진다는 것이고, 이렇다면 어느 구석에 어느 한 사람이라도 아픈 사람이 있다면 나는 아플 것이고,

그 아픔을 없애기 위해 노력할 것이다.

늘 깨어 있음

우인에게 물었다. "『대학혹문』을 보니 어떠한가?" 대답했다. "대략 그 뜻을 알게 되었습니다." 물었다. "'놓아버린 마음을 거둬들이고 그 덕성을 기른다는 대목'은 어떤가?" 대답했다. "마음을 놓아버린다는 것은 혹은 마음에 사악한 생각이 일어나고 뜻에 망념이 생기며 귀가 사악한 말을 듣고 눈이 음란한 것을 보고 입이 도가 아닌 말을 하고 수족이 예에 맞지 않게 움직임에 이르기까지 모두 '놓아버림'입니다. 거둬들인다는 것은 사악한 생각과 망념이 일어나는 곳을 끊어 이어지지 않게 하는 것이며, 귀, 눈, 말, 행동에 이르기까지 모두 그렇게 되면 이것이 거둬들이는 것입니다. 이미 놓아버린 마음을 거둬들일 수 있다면 덕성은 자연히 길러집니다. 놓아버린 마음을 거둬들이는 것 밖에서 또 덕성을 기르는 것이 아닙니다." 말했다. "잘 보았다."(『주자어류』 17:1 : 問友仁 "看大學或問如何?" 曰 "粗曉其義." 曰 "如何是'收其放心, 養其德性'?" 曰 "放心者, 或心起邪思, 意有妄念, 耳聽邪言, 目觀亂色, 口談不道之言, 至於手足動之不以禮, 皆是放也. 收者, 便於邪思妄念處截斷不續, 至於耳目言動皆然, 此乃謂之收. 既能收其放心, 德性自然養得. 不是收放心之外, 又養箇德性也." 曰 "看得也好." 友仁(69 때))

해설 마음은 이미 완전하기 때문에, 이론적으로 놓쳐버린 마음을 다시 수습하는 걸로 덕성을 기르는 일은 충분하다. 실제로는 나쁜 기운이 내 오감과 마음에 스며들었을 때, 그것을 깨닫고 그 나쁜 기운을 끊는 것이다. 잠시 방심하는 일이 있을지라도, 늘 깨어 있으려고 노력해야 가능한 일일 것이다.

독서와 학문

책을 읽는 것은 이차적인 일이다. 사람은 태어나면서부터 도리를 온전히 갖추고 있는데도 책을 읽어야 하는 까닭은 많은 경험을 하지 못했기 때문이다. 성인은 많은 것을 경험했기 때문에 책에 기록하여 사람들에게 보여준다. 지금 책을 읽는 것은 수많은 도리를 깨닫기 위해서이다. 이해한 뒤에도 역시 모두 본래 자신에게 있던 것이지, 밖에서 끌어와 붙인 것이 아니다.(『주자어류』 10:2 : 讀書已是第二義. 蓋人生道理合下完具, 所以要讀書者, 蓋是未曾經歷見許多, 聖人是經歷見得許多, 所以寫在冊上與人看. 而今讀書, 只是要見得許多道理. 及理會得了, 又皆是自家合下元有底, 不是外面旋添得來. 至)

해설 성리학에서 독서와 학문이 갖는 의미에 대해 보여준다. 책을 읽어야 하는 필요에 대한 설명은 상식적이다. 직접 경험은 한계가 있기 때문이다. 그런데 책을 통해 얻은 지식을 자리매김하는 것은 특이하다. 즉 책을 통해 얻었어도 이미 내게 있던 것을 깨달은 것에 불과하다.

수양과 궁리

덕을 진보시키는 방법에 대해 물었다. 대답했다. "대개 요체는 몸을 닦고 리를 궁구하는 것이다. 몸을 닦는 데서 아직 공부가 없으면 또한 리를 궁구할 곳도 없다." 물었다. "몸은 어떻게 닦습니까?" 대답했다. "또한 먼저 놓아버린 마음을 거둬들이는 것이다. 만약 마음이 없으면 착수할 곳이 없다. 평상시의 마음씀을 몸소 살핀다면, 나를 위한 공부인가 남을 의식한 공부인가? 만약 독서하고 이록을 계산하고 비교한다면, 이는 남을 의식한 공부이다."(『주자어류』 116:35 : 問進德之方. 曰 "大率

要修身窮理. 若修身上未有工夫, 亦無窮理處." 問 "修身如何?" 曰 "且先收放心. 如心不在, 無下手處. 要去體察儞平昔用心, 是爲己爲人? 若讀書計較利祿, 便是爲人.")

해설 몸을 수양하고 리를 궁구하는 두 가지 덕을 키우는 방법이 제시되고 있는데, 몸을 수양하는 것이 더 우선이다. 몸을 수양하는 것은 나의 마음을 그대로 살려내는 것이므로, 이는 나를 전일하게 하는 일이다. 그러므로 진정 이러한 공부라면 외부의 다른 목적이 있을 수 없다.

7. 타인에 대한 덕의 영향력 : 덕과 정치

정치는 선한 행위의 연장이다. 윤리와 정치는 천생의 덕을 발휘하는 것이라는 점에서 분리되지 않은 하나의 행위이다. 정치는 권력이라는 수단을 갖고 자신의 인을 체계적이고 효과적으로 발휘하는 방식이라고 할 수 있다. 이들이 주장하는 사람의 마음, 그 마음이 품고 있는 리는 우주적인 것이므로, 그들의 관심과 사랑은 우주까지 확대된다. 그 사랑, 그 인이 온 세상을 자신의 몸처럼 여기는 것이라면, 정치는 필연의 행위이다.

덕으로 정치함의 의미

누군가 '덕으로 정치함'에 대해 물었다. 대답했다. "'덕으로 정치한다'는 것은 덕을 가지고 정치를 해나가려고 한다는 것이 아니며, 또한 무감하게 작위하는 바가 전혀 없는 것도 아니다. 단지 스스로 덕을 닦는데 사람들이 저절로 감화되는 것이다. 그러나 감화되는 것은 정치상에서가 아니라 덕상에서이다. 무릇 정치라는 것은 사람의 바르지 못함을 바르게 하려는 것이니, 어떻게 작위하는 바가 없겠는가. 다만, 사람들이 돌아가게 하는 바를 덕으로 돌아가게 한다는 것이다. 그러므로 작위를 기대하지 않아도 천하는 돌아온다. 마치 여러 별들이 북극성을 향하는 것과 같다."(『주자어류』 23:5 : 或問 "爲政以德". 曰 "'爲政以德', 不是欲以德去爲政, 亦不是塊然全無所作爲, 但德修於己而人自感化. 然感化不在政事上, 卻在德上. 蓋政者, 所以正人之不正, 豈無所作爲. 但人所以歸往, 乃以其德耳. 故不待作爲, 而天下歸之, 如衆星之拱北極也." 銖(67 이후))

해설 덕으로 정치함, 즉 덕치는 덕을 수단으로 해서 정치를 한다는 것이 아니라, 덕 있는 사람이 사람들을 감화시켜 다른 사람들도 덕 있는 사람으로 변하게 한다는 것이다. 실제로 덕이란 사람 사이에서 형성되는 것이므로, 그 사람이 덕 있는 사람이라는 것은 타인과 덕스러운 관계를 이루고 있다는 뜻이다. 주위의 다른 사람이 덕으로 응답하는 관계가 아니라면 그는 진정한 의미에서 덕 있는 사람이 아닐 것이다.

몸이 아니라 마음이 주인

물었다. "『집주』에서 '덕은 도를 행해 몸에서 얻은 것'이라고 하셨다가 이후에 '몸'을 '마음'으로 바꾼 이유는 무엇입니까?" 대답했다. "사람이 좋은 일을 할 때 만약 한 가지 두 가지만 한다면 이는 애써서 한 것이지 얻은 게 있어서가 아니다. '얻는다'는 것은 그 행동이 익고 마음이 이것을 편안히 여기는 것이다. 이렇게 정치를 해나가면 저절로 사람이 감복한다. 비유하자면 지금 어떤 좋은 사람이 말을 하고 있는데, 듣는 사람이 스스로 믿고 감복하는 것과 같다. 이른바 무위란 허다한 문서와 서책을 모두 덮어버리는 것이 아니다. 단지 내가 이 덕이 있으면 저 사람이 스스로 감복하는 것이지 힘을 써서 그가 와서 감복하기를 기대하는 것이 아니다."(『주자어류』 23:13 : 問 "集注云 '德者, 行道而有得於身也.' 後改'身'作'心', 如何?" 曰 "凡人作好事, 若只做得一件兩件, 亦只是勉强, 非是有得. 所謂'得'者, 謂其行之熟, 而心安於此也. 如此去爲政, 自是人服. 譬如今有一箇好人在說話, 聽者自是信服. 所謂無爲, 非是盡廢了許多簿書之類. 但是我有是德而彼自服, 不待去用力敎他來服耳." 義剛(64 이후))

해설 성리학은 몸이 아니라 마음이 사람의 주인이라고 생각한다. 그래서 덕은 분명 몸 위에서 이루어진다는 것을 인정하면서도 마음이 자기화하는 것이 더 핵심이라고 말한다. 마음이 움직인다면 몸은 저절로 따라 움직이며, 또 나아가 타인도 그 덕의 방향으로 움직이게 한다고 기대한다. 그것이 덕에 의한 정치가 행해졌을 때 일어날 일들이다.

왕도

덕으로 인을 행하는 것이 왕이다. 이른바 덕은 백성을 도탄에서 구하려는 성심이 있는 것만을 이르는 데 그치지 않는다. '덕' 자를 또 좀 넓게 말하면, 자기 몸이 하는 모든 일이 옳으며 무엇 하나 갖춰지지 않은 것이 없어서, 실행으로 나오는 것이 곧 인인 것이다.(『주자어류』 53:3 : 以德行仁者王. 所謂德者, 非止謂有救民於水火之誠心. 這德字又說得闊, 是自己身上事都做得是, 無一不備了, 所以行出去便是仁. 僩(69 이후))

해설 '왕도'(王道)라는 이름의, 유학자들이 추구하는 정치형태는 '덕에 의한 정치'를 말한다. 여기에서 주희는 분명하게 '덕'은 마음만의 문제가 아님을 말한다. 그 덕을 가진 마음이 실행으로 나와야 '왕'이라고 할 수 있다.

힘에 의한 정치

도가 있는 세상에서는 사람들이 모두 덕을 닦아, 지위가 그 덕의 크고 작음에 걸맞는다. 천하에 도가 없을 때에는 사람들이 덕을 닦지 않아, 다만 힘으로 부릴 뿐이다.(『맹자집주』「이루·상」 7[20] : 有道之世, 人皆修德, 而位必稱其德之大小; 天下無道, 人不修德, 則但以力相役而已.)

해설 덕에 의한 정치, 즉 덕치의 상대편에는 '힘에 의한 정치'가 있다. 덕으로 사람을 움직이지 않고 힘으로 움직인다는 의미인데, 실질적인 정치형태는 법가의 이념에 의한 정치이다. 나라 혹은 군주의 이익을 최우선으로 설정하고 인간을 이기심에 의해 움직이는 존재로 이해하여, 상과 벌의 수단으로 백성을 통제한다. 그러한 통제방식은 강한 국가권력을 필요로 한다.

정치가의 덕

[신하가] 대인의 덕이 있으면 군주의 부정한 마음을 바로잡아 올바름으로 돌아가게 해서, 나라가 다스려지지 않음이 없다. 대인이란 대덕의 사람으로, 자기 몸을 바르게 하면 남이 저절로 바르게 된다.(『맹자집주』「이루·상」 20[21] : 惟有大人之德, 則能格其君心之不正以歸於正, 而國無不治矣. 大人者, 大德之人, 正己而物正者也.)

해설 덕은 다른 사람도 동화시키는 힘이므로, 군주가 덕이 있다면 백성들은 자연히 감화되어 유덕한 자들의 나라가 될 것이다. 그런데 실

---

20 『맹자』「이루·상」: 孟子曰 "天下有道, 小德役大德, 小賢役大賢 天下無道, 小役大, 弱役强."

21 『맹자』「이루·상」: 孟子曰 "人不足與適也, 政不足間也. 惟大人爲能格君心之非. 君仁莫不仁, 君義莫不義, 君正莫不正. 一正君而國定矣."

제로 군주는 세습되므로 덕이 있든 없든 군주로 받아들여야 한다. 그래서 유학은 군주 옆에서 군주를 감화시킬 수 있는, 덕 있는 미래의 재상을 키우는 것을 일단의 목표로 한다.

정치의 도구로서 법제와 형벌

내 생각에, 법제는 정치의 도구이고, 형벌은 정치를 돕는 법이며, 덕과 예는 정치를 내는 근본인데, 덕은 또 예의 근본이다. 이것은 서로 끝과 시작이 되어 비록 어느 한쪽도 폐할 수 없으나, 법제와 형벌은 백성으로 하여금 죄를 멀리하게 할 수 있을 뿐이며, 덕과 예의 효과는 백성이 나날이 선으로 옮겨가면서도 스스로 알지 못하는 것이다. 그러므로 백성을 다스리는 자는 한갓 지엽적인 것만을 믿어서는 안 되며, 마땅히 근본을 깊이 탐구해야 한다.(『논어집주』「위정」[22]：愚謂政者, 為治之具. 刑者, 輔治之法. 德禮則所以出治之本, 而德又禮之本也. 此其相為終始, 雖不可以偏廢, 然政刑能使民遠罪而已, 德禮之效, 則有以使民日遷善而不自知. 故治民者不可徒恃其末, 又當深探其本也.)

해설 법제와 형벌이 정치에 불가피하다는 것을 인정한다. 그런데 근본은 아니라고 생각한다. 이들이 생각하는 정치는 백성을 덕으로 교화시켜 백성이 선하게 되도록 이끄는 것이다. 법과 형벌은 죄를 짓지 않도록 하는 것일 뿐이므로, 소극적인 정치수단인 것이다.

22 『논어』「위정」：子曰 "道之以政, 齊之以刑, 民免而無恥. 道之以德, 齊之以禮, 有恥且格."

덕의 수준

누군가 [순임금시대의 음악인] 소(韶)와 무왕시대의 음악인 무(武)의 아름다움과 선함에 대해 물었다. 대답했다. "덕에는 깊고 얕음이 있다. 순은 성에 따랐고 무왕은 [성을] 돌이켰으니, 저절로 깊고 얕음이 있다. 또한 순은 예를 갖추며 겸손했는데, 무는 정벌했으므로 하늘에 따르고 사람에 응했어도 저절로 선을 다하지 못한 바가 있었다. 지금 무는 같은 도라고 생각하면 안 되고, 순을 찬미하고 무를 폄하해도 또한 안 된다." 또 말했다. "순과 무는 같지 않다. 마치 맹자가 백이, 이윤이 공자와 같지 않다고 한 것과 같다. '사방 백 리의 땅만으로 임금노릇을 하면서도 제후들의 조회를 받아 천하를 가지지만, 한가지 불의한 일을 하고 한 사람의 무고한 사람을 죽여 천하를 얻을 수 있다고 하더라도 하지 않는 점'[23]에서는 같다. 순과 무의 같은 점과 다른 점이 이와 같으므로, 무의 덕은 순에 비해 저절로 깊고 얕음이 다르지만, 정치적 공은 많이 다투지 않는다.(『주자어류』 25:128 : 或問韶·武美善. 曰 "德有淺深. 舜性之, 武王反之, 自是有淺深. 又舜以揖遜, 武以征伐, 雖是順天應人, 自是有不盡善處. 今若要强說舜武同道, 也不得; 必欲美舜而貶武, 也不得." 又曰 "舜武不同, 正如孟子言伯夷伊尹之於孔子不同. 至謂'得百里之地而君之, 皆能以朝諸侯, 有天下; 行一不義, 殺一不辜, 而得天下不爲, 是則同也'. 舜武同異正如此. 故武之德雖比舜自有深淺, 而治功亦不多爭." 道夫)

해설 정치적으로 같은 성취를 이루었다고 하더라도 덕의 수준은 같지 않다는 이야기를 순임금과 무임금의 예를 들어 이야기했다.

23 『맹자』「공손추·상」.

V.

덕의 완성과 자기 발견

— 왕수인

1. 왕수인의 덕 개괄

왕수인(王守仁, 1472-1528)은 중국 명대(明代) 중기에 출현하여 새로운 유학의 한 흐름으로 발전해간 양명학의 창시자이다. 그는 마음(心), 본성(性), 감정(情), 리(理), 기(氣), 본체(體), 작용(用) 등 신유학에 고유한 개념들을 가지고 사유하면서도, 성리학의 이학적 경향과 대비되는 심학적 이론체계를 구성하였다. 그의 심학은 성리학의 인간 이해와 윤리론의 핵심주장들을 쟁점화하고 그 주장들이 갖는 문제점과 한계를 극복하려는 시도에서 나온 것으로, 덕 이론의 주요 주제인 인간의 도덕적 행위의 토대와 가능성에 대해서도 성리학과는 구별되는 새로운 입장들을 제시하였다.

유학의 오랜 전통을 따라 왕수인 역시 인간이라면 보편적으로 추구해야 할 이상적 인간상이 있다고 믿는다. 그는 일생을 통해 자신의 삶을 위태롭게 만든 극적인 사건들을 여러 차례 경험하면서 다양한 학문적 편력의 과정을 거쳤음에도 불구하고, 학문의 목표가 성인(聖人)이 되는 데 있다는 생각에는 변함이 없었으며, 시종일관 그 목표를 위해 헌신하였다. 그는 성인이 되는 길은 개개인에게 내재된 덕을 완성하는 데 있으며, 그 인격적 이상에 도달하는 것만이 대체 불가능한 인생 최고의 행복을 획득하게 해주고, 나아가 인간 삶의 궁극적 의미를 실현시켜 줄 것이라고 보았다는 점에서 덕윤리의 지향점을 공유하고 있다.

왕수인을 비롯해 대부분의 신유학자들에게 인간을 이해하는 출발점이자 이상적 인간상을 수립하는 데 기초가 된 것은 맹자의 인간 본성론이다. 주지하듯이 맹자는 도덕적 관점에서 인간의 본성에 대해 논하고 본성을 도덕적 행위의 근거로 보는 유가적 인간론의 기틀을 마련한 철학자이다. 신유학자들은 맹자의 성선론에 기반하여, 덕이란 인간이라면 누구나 지니고 있는 본성, 즉 타고난 성향에 근거한 것이라고 본다. 이 점에서 신유학자들의 덕론은 인간본성론과 불가분하게 결합되어 있다. 그리고 본성을 마음에 뿌리를 내리고 있는 것으로 보는 맹자의 전통에 따라 그들 역시 본성의 소재를 인간 마음에서 찾기 때문에, 본성에 대한 논의는 항상 마음에 대한 논의 속에서 이루어지거나 마음에 대한 논의를 수반하였다.

성리학의 집대성자 주희(朱熹)는 정이천(程伊川)을 계승하여, 인간의 존재 원리이자 도덕적 행위의 원천이 되는 리(理)는 인간에게 본성으로서 주어져 있다는 의미에서 '성즉리'(性卽理) 명제를 제출하였다. 그리고 본성의 담지자이자 리의 지각자로 인간의 마음을 지목한다. 그런데 마음과 인간 본성의 관계를 이렇게 보는 것은 근본적으로 둘 사이의 구분을 전제로 한 것이다. 예컨대, "마음과 본성이 구별되는 것은 주발로 물은 담는 것과 같다. 물은 모름지기 주발이 있어야만 담을 수 있다. 그러나 주발을 곧 물이라고 해서는 안 된다"(『주자어류』 18:82 : 心性之別, 如以碗盛水, 水須碗乃能盛, 然謂碗便是水, 則不可)라는 비유가 보여주듯이, 주희에게 마음은 본성의 내용이 되는 리의 텅 빈 저장소이자 그것의 지각자(能覺者)이고, 리는 인간 마음속에 고요하게 담겨 있는 내용물이자 지각의 대상(所覺者)으로서, 둘은 서로 혼동해서는 안 되는 요소들이다. 무엇보다도 리는 인간의 마음속에만 있는 것이 아니다. 그것은 마음 밖의 사사물물(事事物物), 즉 외부 세계의 모든 사물들과 사태들 속에 각각 고유한 방식으로 깃들어 있다. 따라서 지각자로서의 마음이 리에 부합하는 올바른 행위를 하기 위해서는 자기 안에 본성으로서 주어져 있는 이치를 자각해야 할 뿐만 아니라 외부 세계의 다양한 이치들을 인식해야 하는 이중적 과제를 갖게 된다.

그러나 왕수인은 인간의 마음 이외에 도덕적 본성과 도덕적 가치의 원천이 있을 수 있음을 인정하지 않는다. 그는 도덕적 가치들은 인간의 타고난 본성으로서 주어져 있다는 '성즉리' 명제의 표면적 의미는 받아들이면서도, 리가 개개인의 마음과 무관하게 독립적인 실재성을 가질 수 있다고 보는 관점에는 반대한다. 그의 심학의 독자적 전개를 알리는 '심즉리'(心卽理) 명제는 바로 이러한 입장으로부터 제출된 것이다. 그에게 인간이 도덕적으로 행위하는 근거, 그리고 그 행위들이 구현하려고 하는 도덕적 가치들이나 행위의 원리들은 철저하게 개개인의 마음속에 내재해 있고 마음을 벗어나서는 존재할 수도 없다. 성리학자들이 리를 마음의 외부 영역과 연관시킨 것은 근본적으로 마음의 힘과 범위를 잘못 이해하고 잘못 한정시킨 데에서 온 오류일 뿐이라는 것이다.

왕수인은 성리학자들이 인간을 마음과 이치뿐만 아니라 마음과 신체, 본성과 감성, 앎과 행위 등의 이원론적 계기들로 분리하여 설명하려는 태도를 지리(支離)하다고 비판하면서, 그런 이론적 태도가 인간의 도덕적 행위의 가능성과 실천적 역량을 저해하고 앎과 행위의 괴리라는 도덕적 문제를 야기해왔다고 비판한다. 성리학의 이런 한계를 극복하기 위해, 그는 마음을 인간에게서 일어나는 모든 현상들을 포괄적이고 통합적으로 설명할 수 있는 일원론적 구심점으로 삼는다. 나아가 그의 이런 심학적 경향은 마음을 인간 존재뿐만 아니라, 인간 외부에 존재하는 것으로 간주되어온 외적 사물들과 현상들,

심지어 우주 전체의 존재론적 근원으로 삼는 관점으로 이어졌다.

50세를 전후하여 확립된 왕수인의 만년 철학에서는 그의 일원론적 존재론과 인간 이해를 집약적으로 보여주는 개념으로 '양지'(良知)가 전면에 부각된다. 그리고 덕을 완성하고 성인이라는 이상적 인간상을 달성하기 위한 구체적인 과정은 양지를 실현한다는 의미의 '치양지'(致良知)라는 용어로 함축적으로 표현된다. 양지는 마음의 본바탕이자 마음이 움직여서 드러나는 작용이고, 도덕적 지각의 주체이자 지각되는 가치의 원천이다. 또한 그것은 도덕적 본성이자 감성이고, 도덕적 인식 주체이자 행위 주체이며, 인간을 살아 있게 하는 생명의 힘인 동시에 우주만물의 존재를 가능하게 하는 창조적 근원이다. 왕수인은 이런 양지가 모든 사람들이 지닌 '성'(聖)이며, 이런 양지를 실현함으로써 누구나 성의 인격적 구현체인 성인(聖人)이 될 수 있다고 강조한다.

왕수인을 비롯해 신유학자들은 인간 본성과 마음에 대해 현대의 심리학에서처럼 경험적이고 사실적인 방법으로 접근하기보다는 존재론적이고 형이상학적인 방식으로 접근하였다. 그들은 인간의 도덕적 행위의 가능 근거와 그 가능성의 실현방법에 대한 관심으로부터 출발해서 인간이 자신의 내면과 맺는 관계, 그리고 그 내면에 대한 성찰과 자각을 통해 타인이나 외부 세계와 맺게 되는 관계에 대해 사색하였고, 나아가 도덕적 존재로서의 인간이 우주 전체에서 차지하는 지위에 대해서도 고민하였다. 이러한 관심은 그들의 덕론에도 그대로 투영된다. 왕수인은 양지 개념과 더불어 '인'(仁)이라는 유학의 전통적 가치에 기초해서 '만물일체'의 이념을 제시하고, 성인을 궁극적으로 덕의 완성을 통해서 천지만물과의 본래적 일체성을 회복하는 인간상으로 그려보인다.

개개인이 지닌 마음과 그 마음에 내재한 인간의 보편적 본성을 덕의 원천으로 보는 관점은 유학자들의 덕론에서 큰 비중을 차지했던 수양론에도 반영되었다. 왕수인은 덕의 획득과 이상적 인격의 완성을 향한 자기 수양의 과정을 개개인의 마음 속에 완전한 선으로서 존재하는 '참된 자기'(眞己)를 발견하고 그것을 실현해가는 과정과 동일시한다. 수양과 공부는 자기에게 본래 결여되어 있거나 미완성인 채로 주어져 있는 어떤 능력을 습득하거나 완성해가는 과정이 아니라, 본래부터 완전한 형태로 주어져 있는 참된 자기가 매순간 그 본연의 모습을 온전하게 드러낼 수 있게끔 하는 조건을 만들어가는 과정이다. 이것은 맹자의 본성론과 왕수인의 본성론, 나아가 그들의 덕론의 차이가 발생하는 지점이기도 하다.

왕수인은 대부분의 신유학자들처럼 인간의 본성은 선하다는 맹자의 성선론을 자신의 덕론의 기초로 삼았고, 자기 철학의 정수를 담고 있다고 스스로 강조했던 '양지' 개념도 맹자로부터 끌어왔다. 그럼에도 불구하고 그는 인간 이해에 있어서 맹자와는 미묘하게 다른 관점을 보여준다. 맹자는 인간은 태어날 때부터 완벽하게 선하다거나 인간의 타고난 성향이 그 자체로 도덕적 선의 절대적 기준이라는 의미로 성선론을 주장한 것은 아니다. 그는 인간은 외부세계에서 벌어지는 사태들에 대해 도덕적으로 반응할 줄 아는 감성적 능력을 생래적으로 보유하고 있으며, 그 감성들을 잘 양성하고 성장시킬 때에만 인간 공동체의 번영을 약속할 도덕적 가치들을 달성할 수 있다고 보았다.

그러나 왕수인에게 덕을 추구한다는 과제는 잠재적 소질이나 성향으로서만 존재하는 도덕적 본성을 올바른 방향으로 성장시키거나 발전시킴으로써 완수되는 것이 아니다. 마음의 본바탕이자 본모습으로서의 인간 본성은 태어날 때부터 어떤 가감도 필요로 하지 않는 완전한 형태의 순수한 선, 즉 지선(至善)으로 주어져 있다. 그리고 그것은 그 자체로 인간이 살면서 행해야 할 모든 도덕 판단들과 행위들의 유일한 원천이며 궁극적 기준이다. 그에게 도덕적 가치들은 선을 향한 잠재적 성향을 발전시킴으로써 최종적으로 달성해야 할 목표가 아니라, 자기 각성을 통해 발견되어야 하고, 있는 그대로 드러내어야 할 대상이다.

왕수인의 양지 개념은 인간의 도덕적 행위가 지닌 자발성과 자연적 특성을 강조하려는 의도에서 나왔다고 할 수 있다. 그는 도덕적 행위의 원천을 인간의 마음속에서 찾고자 하였고, 마음의 양지가 도덕적 가치들의 창조적 근원임을 주장하는 데로 나아갔다. 다른 한편으로 그는 도덕적 행위에 실패하는 원인을 개인의 사사로운 욕구나 의도의 개입에서 찾음으로써 도덕적 판단과 행위가 자의성을 띨 수 있는 가능성을 차단시키려고 하였다. 그가 제시하는 수양과 공부의 과정은 모두 사사로운 욕구와 의도의 개입을 차단하고 양지가 온전하게 실현될 수 있도록 하기 위한 것이다.

2. 덕의 근원 : 마음, 본성 및 하늘

개개인이 성인이 되기 위해 덕을 완성해야 한다면, 그 덕은 어디로부터 오는 것인가? 왕수인은 덕의 근원을 마음에서 찾으며, 마음 밖 어디에도 있지 않음을 강조한다. "나무를 심는 자는 반드시 그 뿌리를 북돋아 주어야 한다. 덕을 심는 자는 반드시 그 마음을 길러야 한다." (『전습록』 상권, 115조목 : 種樹者必培其根. 種德者必養其心.)[1] 사람마다 한 그루의 덕의 나무로 성장하며 번창하기 위해서는 마음을 기르는 데 전념해야만 한다는 것이다. 덕이란 마음속에 있을 수도 있고 없을 수도 있는 우연적 요소로서 존재하는 것이 아니라, 그것이 없으면 마음이 존재할 수 없고 인간이 인간으로 존재할 수도 없는 마음의 본바탕에 근원을 두고 있다.

맹자 이래 유학자들의 관심은 인간이 지닌 타고난 성향들 가운데 인간을 인간 아닌 다른 존재들과 구별되게끔 해주고 인간을 우주 속에서 특별한 지위를 갖게 해주는 것에 있었다. 그리고 그것을 선(善)을 지향하고 도덕적 가치들을 추구하는 인간의 성향에서 찾았다. 왕수인 역시 이 유학적 전통에 따라 덕의 원천으로서 인간의 본성에 관심을 두며, 인간의 타고난 본성이 마음의 본바탕을 이루고 있다고 본다. 본성은 그 자체로 조금의 결함도 없는 순수하고 완벽한 선이자 모든 도덕적 가치들이 생겨나는 근원이다.

마음은 덕의 뿌리이고 마음의 본바탕은 그 자체로 지극한 선이라는 주장에는 어떤 종류의 가치든, 그리고 그 가치를 구현하고 있는 어떤 행위든 마음의 가장 자연스럽고 진실한 본모습으로부터 나온 것이 아니라면 덕으로서의 지위를 가질 수 없다는 의미가 함축되어

---

1 본문에 나오는 『전습록』(傳習錄)의 원문은 吳光·錢明·董平·姚延福 編校(1992), 『王陽明全集』, 上海: 上海古籍出版社에 따르고, 조목의 분류는 陳榮捷(1992), 『傳習錄詳註集評』, 臺北: 臺灣學生書局에 따랐다.

있다. 다시 말해 도덕적 가치들이 따로 실재하고 인간의 마음이 그 가치들에 부합하는 방식으로 작용할 수 있기 때문에 마음이 덕의 근원이 되는 것이 아니라, 인간 마음의 본바탕에 부합하거나 그것이 발현된 것이 곧 도덕적 가치들이 된다. 이것은 왕수인의 심학이 성리학의 이학과 변별되는 지점이기도 하다.

덕은 본성의 획득이다

하늘이 내게 명한 것을 '본성'(性)이라고 일컫고, 내가 이 본성을 획득한 것을 '덕'(德)이라고 한다.(「전습록습유」 5조목 : 天命於我謂之性, 我得此性謂之德.)

해설 『중용』 첫머리에서는 "하늘이 명한 것을 본성이라고 한다"(天命之謂性)고 하였다. 하늘에 의해 명령이 내려지듯, 본성은 개인의 의지나 선택 여부와 상관없이 본래부터 주어져 있다는 것이다. 왕수인은 『중용』의 이 문장에 기초해서 본성을 정의하면서도, 하늘이 "내게"(於我) 명한 것이라고 덧붙임으로써, 개별적 자아를 지닌 모든 사람들에게 인간 본성이 보편적으로 주어져 있음을 강조한다. 그리고 덕의 기본 의미를 '얻음'(得)으로 보는 고전적인 용례에 따라, 덕을 본성의 획득으로 정의한다. 덕은 개별적 자아가 자신에게 주어진 본성과 관계를 맺는 자기 수양의 과정을 통해서 달성된다는 것이다.

본성은 지극히 선하다

지극한 선은 본성이다. 본성에는 원래 털끝만한 악도 없기 때문에 지극한 선이라고 말하는 것이다. 거기에 머문다는 것은 그 본래의 모습을 회복하는 것일 뿐이다.(『전습록』 상권, 91조목 : 至善者性也. 性元無一毫

之惡, 故曰至善. 止之, 是復其本然而已.)

해설 ‘지극한 선’(至善)은 악에 상대되는 선이 아니다. 그 자체가 선과 악을 판별하는 기준이 된다. 지극히 선한 본성에 부합하면 선이고 부합하지 않으면 악이 될 뿐이다. 『대학』의 삼강령(三綱領) 중 세 번째 강령인 “지극한 선에 머문다”(止於至善)는 것은 완전하게 선한 인간 본성의 본래 모습을 회복하는 것이지, 본래의 모습과 무관한 외적인 도덕 기준에 자신을 맞춰가는 것이 아니다.

하늘은 본성의 근원이다

본성은 마음의 본체이다. 하늘은 본성의 근원이다. 마음을 다 실현하는 것은 본성을 다 실현하는 것이다.(『전습록』 상권, 6조목 : 性是心之體. 天是性之原. 盡心卽是盡性.)

해설 『맹자』「진심·상」의 “그 마음을 다하는 자는 그 본성을 알게 된다. 그 본성을 알면 하늘을 알게 된다”(盡其心者, 知其性也. 知其性則知天矣)에 대해 설명하면서 한 말이다. 덕의 근거가 되는 본성을 인간은 자신의 마음 속에 지니고 있고, 그것도 마음의 본바탕(本體)으로서 지니고 있다. 덕은 외부로부터 습득되거나 학습되어 들어오는 것이 아니라 자신의 마음속으로부터 나오는 것이다. 왕수인은 인간의 도덕적 본성을 ‘하늘이 명한 것’이라고 말하기도 하고 ‘하늘이 본성의 근원’이라고 말한다. 인간 본성의 근원으로서 ‘하늘’(天)이 존재함을 전제한 것이다. 만일 하늘이 인간의 마음과 별개로 존재하는 독립적 영역이라면, 이 발언들은 왕수인이 본성의 근원을 인간 마음 밖에서 찾고 있음을 보여주는 셈이 되지만, 왕수인은 “마음이 곧 하늘이다”(心卽天)(『왕양명전집』 6권, 「答季明德」)[2]라고 주장함으로써 하늘이 초월적이고 독립적인 실재가 아님을 분명히 밝혀둔다.

하늘과 하나가 되기

무릇 "하늘을 안다"(知天)의 '지'(知)는 '지주'(知州)와 '지현'(知縣)의 '지'(知)와 같다. 지주(知州)에게는 한 주(州)의 일이 모두 자기의 일이다. 지현(知縣)에게는 한 현(縣)의 일이 모두 자기의 일이다. 하늘을 안다는 것은 곧 하늘과 하나가 되는 것이다.(『전습록』 중권, 134조목 : 蓋知天之知, 如知州知縣之知. 知州, 則一州之事皆己事也. 知縣, 則一縣之事皆己事也. 是與天爲一者也.)

해설 왕수인은 이 구절을 통해 천인(天人) 관계에 대한 자신의 생각을 밝히고 있다. 그가 보기에 맹자가 "하늘을 안다"고 했을 때의 '하늘'은 인간에 앞서서 존재하거나 인간으로부터 독립해서 존재하는 객관적이고 초월적인 영역을 가리키는 것이 아니며, '안다'는 것도 인식 주체가 객관적 대상을 지각하거나 인지하는 것을 가리키는 것도 아니다. '지주'(知州)와 '지현'(知縣)은 주(州)와 현(縣)을 맡아 다스리는 관직명으로서, 여기서 '지'(知)는 주재한다는 의미를 갖는다. 따라서 '하늘을 안다'(知天)는 것은 우주에서 일어나는 일들을 자기와 무관한 객관적 사태로 보아 그것들을 이해한다는 것이 아니라, 모든 것들을 자신이 주체적으로 임해야 할 '자기의 일'(己事)로 봄으로써 하늘과 하나가 되는 것이다.

2 이하 『왕양명전집』은 吳光·錢明·董平·姚延福 編校(1992), 『王陽明全集』, 上海: 上海古籍出版社를 말한다.

마음이 곧 도이고, 도가 곧 하늘이다

오늘날 사람들은 오로지 하늘에 대해서만 말하는데, 사실 그들이 언제 하늘을 본 적이 있겠는가? 해와 달과 바람과 우레가 하늘이라고 말하는데, 옳지 않다. 사람과 사물과 풀과 나무는 하늘이 아니라고 말하는데, 역시 옳지 않다. 도(道)가 곧 하늘이다. 이것을 안다면, 어디에 간들 하늘이 아닌 곳이 있겠는가? 사람들은 단지 각자 한 모퉁이만 보고서 도가 단지 이것과 같다고 단정하기 때문에, 도에 대한 이야기가 서로 다른 것이다. 만약 안을 향해 탐구할 줄 알아서 자기 마음의 본체를 깨달을 수 있다면, 언제 어디선들 이 도가 아닌 것이 없다. 예로부터 지금까지 끝도 없고 시작도 없는데, 다시 무슨 같고 다름이 있겠는가? 마음이 곧 도이고, 도가 곧 하늘이다. 마음을 알면 도를 알고 하늘을 알게 된다.(『전습록』 상권, 66조목 : 如今人只說天. 其實何嘗見天? 謂日月風雷卽天, 不可. 謂人物草木不是天, 亦不可. 道卽是天. 若識得時, 何適而非道? 人但各以其一隅之見, 認定以爲道止如此, 所以不同. 若解向裏尋求, 見得自己心體, 卽無時無處不是此道. 亘古亘今. 無終無始. 更有甚同異? 心卽道. 道卽天. 知心則知道知天.)

해설 하늘은 천문현상이 일어나는 자연적 공간으로서의 하늘도 아니고, 인간사의 길흉화복을 관장하는 초월적 존재로서의 하늘도 아니다. 그것은 인간의 도덕적 본성과 가치들의 무한한 원천으로서의 하늘이다. 내 마음을 떠나서 하늘을 찾아서는 안 된다.

3. 밝은 덕으로서의 양지

성리학자들의 용어를 사용해서 인간의 도덕적 행위 가능성에 대해 사유하던 왕수인은 점차로 자신의 새로운 인간 이해와 수양론의 핵심을 표현해줄 독자적 용어들을 모색하기에 이른다. 50세를 전후하여 그는 '양지'(良知)와 양지를 실현한다는 의미의 '치양지'(致良知)를 학문의 핵심이자 '성문(聖門)의 정법안장(正法眼藏)'이라고 표현하면서 본격적으로 사용하기 시작한다. '양지'라는 용어는 맹자에게서 유래하였다. 『맹자』「진심·상」에서는 "사람이 배우지 않고도 능한 것은 양능(良能)이요, 사려하지 않고도 아는 것은 양지(良知)이다. 손을 잡고 다닐 만한 나이의 아이도 그 부모를 사랑할 줄 모름이 없고, 자라서는 그 형을 공경할 줄 모름이 없다"(人之所不學而能者, 其良能也. 所不慮而知者, 其良知也. 孩提之童無不知愛其親者, 及其長也, 無不知敬其兄也)라고 한다. 주희는 이 구절의 '양'(良) 자를 '본연의 선'(本然之善)이라고 풀이함으로써 경험이나 학습을 통해 습득된 것이 아니라 타고났다는 의미와 도덕적으로 선하다는 의미를 동시에 담고 있는 것으로 풀이하였다. 이 풀이에 따르면, 양지는 타고난 도덕적 인식능력을, 양능은 타고난 도덕적 행위능력을 가리킨다. 도덕적 인식능력과 도덕적 행위능력을 별개의 능력으로 보지 않는 왕수인은 '양지'를 '양능'의 의미까지 포괄하는 개념으로 사용하였다. 그는 양지라는 개념으로 본체와 작용으로서의 마음, 즉 순수한 도덕적 가치의 원천인 본체로서의 마음과 그 가치의 완전하거나 불완전한 드러남을 의미하는 작용으로서의 마음, 도덕적 인식주체로서의 인간과 도덕적 행위주체로서의 인간을 통합적으로 가리키고자 하였다. 나아가 『대학』의 '치지'(致知)의 '지'(知)를 양지로 해석하여 '치양지'를 '밝은 덕을 밝히기'(明明德) 위한 도덕적 수양과정의 핵심을 표현하는 용어로 사용한다.

(1) 마음의 본체로서의 양지

왕수인은 마음의 본바탕을 '천리'(天理)라고 설명하기도 하고(『전습록』 중권, 145조목 : 心之本體卽是天理), 그 천리를 지각하는 앎의 작용(知)이라고 설명하기도 한다. 마음의 본바탕은 도덕적 지각대상인 동시에 도덕적 지각작용을 하는 주체이다. '양지'라는 개념은 이 두 측면이 통합되어 있는 마음의 본바탕을 표현하기 위해 사용된다. 양지 속에서 지각하는 도덕적 주체와 지각되어야 할 도덕적 가치는 두 가지 실재로서 존재하는 것이 아니라 통일되어 있다. 양지가 마음의 본바탕으로 존재한다는 말은 양지가 작용을 일으킬 수도 있고 멈출 수도 있는 방식으로 존재하는 것이 아니라, 항상 마음 속에 상존하면서 작용하고 있음을 의미하는 것이기도 하다. 이 점을 설명하기 위해 왕수인은 빛의 비유를 사용한다.

앎은 마음의 본체이다

앎은 마음의 본체이다. 마음은 자연히 알 수 있다. 아버지를 보면 자연히 효도할 줄 알게 되고, 형을 보면 자연히 공경할 줄 알게 되며, 어린아이가 우물에 들어가는 것을 보면 자연히 측은해할 줄 알게 된다. 이것이 바로 양지이니, 쓸데없이 밖에서 구할 필요가 없다.(『전습록』 상권, 8조목 : 知是心之本體. 心自然會知. 見父自然知孝, 見兄自然知弟, 見孺子入井, 自然知惻隱. 此便是良知. 不假外求.)

해설 마음의 본바탕이 앎이라는 증거로 마음의 자연스러운 '지효'(知

孝), '지제'(知弟), '지측은'(知惻隱)을 들고 있다. 이 표현들은 마음이 '효'(孝)와 '제'(弟)라는 도덕적 이치(理)를 지각할 뿐만 아니라, 그 이치대로 행위할 줄 앎을 의미한다. 즉 왕수인은 앎의 능력과 행위 능력을 별개의 것으로 보지 않기 때문에 그에게 '~을 아는 것'은 곧 '~을 할 줄 아는 것'이다.

앎은 이치의 영명한 측면이므로 마음의 본체이다

유건이 물었다. "앎이 어떻게 마음의 본체입니까?" 선생이 말했다. "앎은 이치의 영명한 측면(理之靈處)이다. 주재의 측면에서 말하자면 '마음'이라고 하고, 품부받은 측면에서 말하자면 '본성'이라고 한다. 어린아이도 누구나 자기 부모를 사랑할 줄 알고, 그 형을 공경할 줄 안다. 오로지 이 영명한 능력이 사사로운 욕구에 가려지지 않고 다 확충될 수 있으면 완전무결하게 그 본체가 되며, 천지와 덕을 합하게 된다.(『전습록』 상권, 118조목 : 惟乾問, "知如何是心之本體?" 先生曰 "知是理之靈處. 就其主宰處說便謂之心. 就其稟賦處說便謂之性. 孩提之童, 無不知愛其親, 無不知敬其兄. 只是這個靈能不爲私欲遮隔, 充拓得盡, 便完完是他本體. 便與天地合德.")

해설 주희의 관점에서 보면 앎(知)은 마음의 지각작용이고, 본성·천리·지극한 선은 지각의 대상으로 서로 구별된다. "앎이 어떻게 마음의 본체입니까?"라는 유건의 질문은 앎이 어떻게 마음의 작용이 아니라 본성이자 천리인 마음의 본바탕과 혼동될 수 있느냐는 의미이다. 이에 대해 왕수인은 마음과 본성과 앎은 동일한 이치를 초점을 달리해서 세 가지로 말한 것이라고 설명함으로써, 앎과 리(理)는 분리되지 않는다는 입장을 드러내고 있다. 그의 '양지'는 지각으로서의 마음의 작용과 지각 대상으로서의 마음의 본체를 통합적으로 설명하기 위한 용어이다.

양지는 밝은 덕의 본체이다

하늘이 명한 본성은 순수하게 지극한 선이다. 그것이 영명하고 밝아서 어둡지 않은 것은 지극한 선의 발현이다. 이것이 바로 밝은 덕(明德)의 본체이고, 이른바 '양지'라는 것이다. 지극한 선이 발현되면 옳은 것은 옳다고 하고 그른 것은 그르다고 하며, 가볍고 무겁고 두텁고 엷음을 느낌에 따라 응하니, 변하고 움직여서 머물지 않는다.(『왕양명전집』 7권, 「親民堂記」: 天命之性, 粹然至善. 其靈昭不昧者, 此其至善之發見, 是乃明德之本體, 而卽所謂良知也. 至善之發見, 是而爲是, 非而爲非, 輕重厚薄, 隨感隨應, 變動不居.)

해설 하늘이 명한 본성이자 순수하게 지극한 선을 환하게 드러내는 양지가 바로 양지가 밝은 덕의 본바탕이 된다. 양지는 매순간 감응하면서 옳은 것은 옳은 것으로, 그른 것은 그른 것으로 드러나게 하는 능력이다.

양지는 항상 비추는 자이다

양지란 마음의 본체로서, 이전에 말한 '항상 비추는 자'(恒照者)이다. 마음의 본체는 일어남도 없고 일어나지 않음도 없다. 비록 거짓된 생각이 발생하더라도 양지는 없었던 적이 없다. 다만, 사람들이 보존할 줄 몰라서 간혹 놓치는 때가 있을 뿐이다. 비록 극도로 어둡게 막혔다고 하더라도 양지는 밝지 않은 적이 없다. 다만, 사람들이 살필 줄 몰라서 간혹 가려지는 때가 있을 뿐이다. 간혹 놓치는 때가 있더라도 그 본체는 실제로 없었던 적이 없으니, 그것을 보존할 따름이다. 간혹 가려지는 때가 있더라도 그 본체는 실제로 밝지 않았던 적이 없으니, 그것을 살필 따름이다. 만약 양지도 역시 일어나는 곳이 있다고 한다면, 이것은 양지가 있지 않은 때가 있다는 것이니, 그 본체를 말한 것이 아니다.(『전습록』 중권, 152조목 : 良知者, 心之本體, 卽前所謂恒照者也. 心之本體, 無起無不起. 雖妄念之發, 而良知未嘗不在, 但人不知存, 則有時而或放耳. 雖昏塞之極, 而良知未嘗不明, 但人不知察, 則有時而或蔽耳. 雖有時而或放, 其體實未嘗不在也, 存之而已耳. 雖有時而或蔽, 其體實未嘗不明也, 察之而已耳. 若謂良知亦有起處, 則是有時而不在也, 非其本體之謂矣.)

해설 양지를 빛에 비유하고 있을 뿐만 아니라, '항상' 비추는 작용을 하고 있음을 강조하고 있다. 빛은 장애물에 가려지면 비추는 작용을 제대로 할 수 없지만, 그렇다고 그 빛이 사라지는 것은 아니다. 장애물만 제거하면 다시 비추는 작용을 온전하게 할 수 있다. 양지는 "없었던" 적이 없고 "밝지 않았던" 적이 없다. 즉 양지는 어떤 순간에도 항상 존재하며 그 밝음도 사라질 수가 없다. 단지 가려질 뿐이다. 빛은 비추는 작용을 통해서 세상의 모든 존재들로 하여금 '적막함'(寂)으로부터 일어나 제각각의 모습을 드러낼 수 있도록 해준다.

양지의 빛은 어디에나 있다

선생이 말했다. "… 이 촛불에 비유하자면, 빛은 있지 않는 곳이 없으니, 이 촛불을 빛이라고 여겨서는 안 된다." 이어서 배 안을 가리키면서 말했다. "이것도 빛이고, 이것도 빛이다." 곧바로 배 밖의 수면을 가리키면서 말했다. "이것도 빛이다."(「전습록습유」 50조목 : 先生曰 "…譬之此燭, 光無不在. 不可以燭上為光." 因指舟中曰 "此亦是光, 此亦是光." 直指出舟

外水面曰“此亦是光.”)

해설 빛을 촛불과 혼동해서는 안 된다고 말하고 있다. 빛은 일정한 장소를 점하고 있는 촛불에 소재하는 것이 아니다. 빛은 그것이 비추는 곳이라면 어디에든 존재한다. 빛으로서의 양지는 인간의 마음 속에만 있는 것이 아니라 마음이 의식활동을 통해 관계맺고 있는 외부세계의 모든 사물들과 사태들에 존재한다. 왕수인은 양지를 일정한 방위와 장소(方所)를 갖는 것처럼 생각하는 데 반대한다.

양지와 시비지심(是非之心)

양지라는 것은 맹자가 말한 “옳고 그름을 분별하는 마음은 사람들이 모두 가지고 있다”는 것이다. 옳고 그름을 분별하는 마음은 생각을 기다리지 않고도 알고, 배우지 않고도 능한 것이니, 그런 까닭에 그것을 일컬어 ‘양지’라고 한다. 이것은 하늘이 명한 본성이고, 내 마음의 본체로서 자연히 영명하게 비추고 밝게 깨닫는 능력이다. 무릇 의념(意念)이 발하면 내 마음의 양지는 저절로 알지 못함이 없다. 의념이 선하면 내 마음의 양지는 저절로 그것을 알아차리고, 의념이 선하지 않으면 내 마음의 양지는 저절로 그것을 알아차린다. 이 모든 것에 타인이 관여한 바는 없다.(「대학문」: 良知者, 孟子所謂‘是非之心, 人皆有之’ 者也. 是非之心, 不待慮而知, 不待學而能, 是故謂之良知. 是乃天命之性, 吾心之本體, 自然靈昭明覺者也. 凡意念之發, 吾心之良知無有不自知者. 其善歟, 惟吾心之良知自知之, 其不善歟, 亦惟吾心之良知自知之, 是皆無所與於他人者也.)

해설 양지는 무엇이 옳고 무엇이 그른지는 아는 도덕적 판단능력이기도 하다. 그런데 시비분별의 대상은 일차적으로는 외부 사물들과 사태들이 아니라 내 마음의 활동인 의념이다. 마음이 움직여서 의식적인 활동을 할 때, 사사로운 개체의 이익에 대한 고려나 욕구가 개입하거나 대상에 대한 집착이 발생하면, 양지는 그것을 바로 알아차린다. 양지는 마음의 활동에 대해 자각하고 도덕적 판단을 내리는 자기 인식 능력이다.

시비지심과 호오(好惡)

양지는 단지 옳고 그름을 분별하는 마음이다. 옳고 그름을 분별하는 것은 다만 좋아하고 싫어하는 것일 뿐이다. 단지 좋아하고 싫어하는 것으로 옳고 그름의 분별을 다하게 된다. 옳고 그름을 분별하기만 한다면 온갖 일과 온갖 변화에 다 대처하게 된다. … '시비'(是非) 두 글자는 큰 척도이다. 그것을 얼마나 능숙하게 사용할지는 그 사람에게 달려 있다.(『전습록』 하권, 288조목 : 良知只是箇是非之心. 是非只是箇好惡. 只好惡就盡了是非. 只是非就盡了萬事萬變. … 是非兩字是箇大規矩, 巧處則存乎其人.)

해설 옳고 그름의 판단은 근본적으로 좋아함과 싫어함이라는 정감적 반응에 기초하고 있는 것으로, 의식적인 사고의 결과가 아니다. 또한 도덕적 행위의 척도는 호오(好惡)에 기초하여 시비(是非)를 분별하는 주체의 능력에 달려 있으며, 구체적 상황 속에서 무엇이 옳고 무엇이 그른지에 대한 판단은 행위주체에게 달려 있을 뿐이다.

진성측달의 감정

양지는 천리의 저절로 그러한 밝은 깨달음이 발현되는 곳으로, 진정으로 측은해하고 슬퍼하는 것(眞誠惻怛)이 바로 그것의 본체이다. 그러므로 이 양지의 진정으로 측은해하고 슬퍼하는 것을 실현하여 부모를 섬기는 것이 효(孝)이고, 이 양지의 진정으로 측은해하고 슬퍼하는 것을 실현하여 형을 따르는 것이 바로 공경(弟)이다. 이 양지의 진정으로 측은해하고 슬퍼하는 것을 실현하여 임금을 섬기는 것이 바로 충(忠)이다. 이 모든 것은 단지 하나의 양지일 뿐이고, 진정으로 측은해하고 슬퍼하는 것은 한가지이다.(『전습록』 중권, 189조목 : 良知只是一箇天理自然明覺發見處, 只是一箇眞誠惻怛, 便是他本體. 故致此良知之眞誠惻怛以事親便是孝, 致此良知之眞誠惻怛以從兄便是弟, 致此良知之眞誠惻怛以事君便是忠, 只是一箇良知, 一箇眞誠惻怛.)

해설 '진성측달'(眞誠惻怛)은 마음이 조금의 거짓도 없이 불쌍히 여기고 슬퍼함을 의미하는 것으로, 맹자가 말한 '측은지심'(惻隱之心)과 상통한다. 왕수인은 맹자가 말한 사단(四端) 중에서도 지(智)의 본성적 기초인 시비지심(是非之心)을 양지의 특성으로 강조하는가 하면, 인(仁)의 본성적 기초인 측은지심에 초점을 맞추어 양지를 설명하기도 한다. 모든 도덕적 행위들은 근본적으로 타자에게 닥쳐올 수 있는 고통이나 존재의 위기에 대한 연민과 우려의 감정으로부터 나오는 것이며, 도덕적 이치들은 그 행위들이 구현하는 가치들을 말한다. 양지는 일체의 감정을 배제한 채 도덕률을 인식하여 그것을 행동으로 옮기는 능력이 아니라 연민의 감정으로부터 자연히 행위를 하게 되는 능력이다.

(2) 기의 작용으로서의 양지

마음의 본바탕에 본성으로서 주어져 있는 천리(天理)는 양지의 지각을 떠나서 존재하지 않는다는 점에서 양지는 곧 천리이기도 하지만, 양지가 드러나 작용할 때에는 기(氣)의 운동이 반드시 일어난다는 점에서 양지는 곧 기이기도 하다. 양지는 리의 측면과 기의 측면을 겸하고 있다고 할 수 있다. 본성인 천리가 구체적인 도덕적 행위나 언설로 구현되려면 몸과 마음의 운동을 수행하는 기를 거쳐야만 한다. 왕수인은 양지를 "유행(流行)의 측면에서 말할 때에는 기라고 부른다"(『전습록』 중권, 154조목 : 以其流行而言謂之氣)라고 말한다. 왕수인은 기를 행위주체가 지닌 도덕적 능력을 실현하는 데 있어서 필수적인 계기로 봄으로써 기의 존재론적 가치를 적극적으로 인정한다. 그러나 본성이 온전히 실현될 때에는 "기가 곧 본성이고 본성이 바로 기"(『전습록』 중권, 150조목 : 氣卽是性, 性卽是氣)라고 할 수 있지만, 기가 작용하는 것을 모두 본성이라고 할 수는 없다. 탁한 기질(氣質)의 영향으로 마음이 사사로운 욕구에 사로잡히거나 악한 생각들에 습관화된 습기(習氣)나 객기(客氣)가 작용하게 되면 오히려 본성의 실현을 저해하게 된다. 왕수인은 다른 신유학자들과 마찬가지로 악의 원인을 기와 기질로 돌리지만, 기질을 변화시켜서 선의 회복을 꾀하기보다는 의지의 확립에 기초해서 양지가 그 자체로 힘을 발휘하게끔 하는 수양과 공부를 지속하면 탁한 기질은 저절로 힘을 발휘하지 못하게 될 것이라고 본다.

리와 기

리(理)는 기(氣)의 조리(條理)이며, 기는 리의 운용(運用)이다. 조리가 없으면 운용할 수 없고, 운용이 없으면 또한 조리를 살필 수 없다.(『전습록』 중권, 153조목 : 理者, 氣之條理. 氣者, 理之運用. 無條理則不能運用. 無運用則亦無以見其所謂條理者矣.)

해설 리와 기를 불가분한 관계에 있는 것으로 설명한다. 양지는 기에 의해 발용유행(發用流行)하며, 그 발용유행을 통해 드러나는 조리(條理)가 리이다.

기 역시 본성이고, 본성 역시 기이다

양지도 단지 이 입으로 말하고 이 몸으로 행하는 것이다. 어찌 기를 벗어나서 따로 행하고 말할 수 있는 것이 있겠는가? 그러므로 말했다. "본성을 논하면서 기를 논하지 않으면 완비되지 않고, 기를 논하면서 본성을 논하지 않으면 밝지 못하다."(『이정유서』) 기 역시 본성이고, 본성 역시 기이다.(『전습록』 하권, 242조목 : 然良知亦只是這口說, 這身行, 豈能外得氣, 別有箇去行去說. 故曰 "論性不論氣, 不備, 論氣不論性, 不明." 氣亦性也, 性亦氣也.)

해설 인간이 입으로 말하고 몸으로 행하기 위해서는 반드시 기가 작용해야 한다. 도덕적 본성인 양지에 따라 말하고 행위하는 것 역시 기 없이는 불가능하다. 그러나 기가 작용하는 모든 말과 행위가 도덕적 선의 원천이 되는 마음의 양지를 온전하게 실현한다고 할 수는 없다.

기질의 맑고 탁함

사욕과 객기는 본성이 가려진 것이다. 기질에 맑고 탁함이 있기 때문에 감정에도 과불급이 있고, 가려짐에도 얕고 깊음이 있는 것이다.(『전습록』 중권, 165조목 : 私欲客氣, 性之蔽也. 質有淸濁, 故情有過不及, 而蔽有淺深也.)

해설 본성은 누구에게나 동일하지만 기질은 청탁(淸濁)의 차이를 보인다. 기질의 청탁은 감정이 일어날 때 과불급(過不及)의 차이를 만들어 내고, 사사로운 욕구와 객기가 인간의 본성을 가리는 데 있어서도 심천(深淺)의 차이를 만들어낸다.

기질의 차이와 양지

양지는 본래 저절로 밝다. 기질이 아름답지 못한 자는 찌꺼기가 많고 막혀서 가려진 것이 두터워서 그 밝음을 드러내기가 쉽지 않다. 반면 기질이 아름다운 자는 찌꺼기가 원래 적고 막혀서 가려진 것도 많지 않기 때문에, 양지를 실현하는 공부를 조금만 해도 이 양지가 저절로 밝고 투명해져서 약간의 찌꺼기는 마치 끓는 물 가운데 떠 있는 눈처럼 될 것이니, 어떻게 양지를 막아서 가릴 수가 있겠는가?(『전습록』 중권, 164조목 : 良知本來自明. 氣質不美者, 渣滓多, 障蔽厚, 不易開明. 質美者渣滓原少, 無多障蔽, 略加致知之功, 此良知便自瑩徹, 些少渣滓如湯中浮雪, 如何能作障蔽?)

해설 기질에서 청탁의 차이는 타고나는 것이기는 하지만 불변하는 것은 아니다. 기질의 변화는 기질상에서 직접적으로 변화의 노력을 가하기보다는 양지의 실현에 중점을 둠으로써 촉진된다. 기질의 탁함과 아름답지 못함을 해소하려는 공부가 따로 있는 것이 아니라 치양지(致良知)의 공부만이 있다.

악의 실체성 부정

[황직이] 물었다. "선생님께서는 '선과 악은 한가지일 뿐이다'라고 말한 적이 있습니다. 선과 악의 두 단서는 얼음과 숯처럼 서로 반대되는데, 어찌해서 한가지라고 말씀하십니까?" 선생이 말했다. "지극히 선한 것은 마음의 본체이다. 본체상에서 조금이라도 마땅함을 지나치면 곧 악이 된다. 하나의 선이 있고, 또 따로 하나의 악이 있어서 서로 대립하

는 것이 아니다. 그러므로 선과 악은 한가지일 뿐이라고 한 것이다."

(『전습록』 하권, 228조목 : 問 "先生嘗謂善惡只是一物. 善惡兩端, 如冰炭相反, 如何謂只一物?" 先生曰 "至善者, 心之本體. 本體上才過當些子, 便是惡了, 不是有一箇善, 卻又有一箇惡來相對 也. 故善惡只是一物.")

해설 왕수인은 악의 심리적 실체성을 인정하지 않는다. "하나의 선이 있고, 또 따로 하나의 악이 있어서 서로 대립하는 것이 아니다"라는 말은 선이 악과 대립하면서 존재하는 상대적 실체가 아님을 분명히 한 것이다. 마음이 지닌 본래적이고 자연적인 성향이 의식적인 활동이나 행위로 구체화되어 작용할 때 과불급이 생기면 악이 된다. 과불급이 일어나는 이유를 왕수인은 다른 신유학자들과 마찬가지로 기와 기질의 측면에서 찾지만, 그것은 그 자체로 악의 근원이 아니라 본성과 양지의 실현을 가로막는 매개물로 작용하면서 악의 결과를 가져온다.

선은 그 자체만으로 실체화할 수 없다

무릇 마음은 몸을 주재하고, 본성은 마음에 갖추어져 있으며, 선은 본성에 근원을 둔다. 맹자가 말한 '성선'(性善)이 바로 이것이다. 선은 곧 나의 본성이니, 가리킬 만한 형체가 없고 지정할 만한 방향이나 장소도 없다. 어찌 그 자체로 하나의 사물이 되어 어딘가로부터 얻을 수 있는 것이겠는가? … 마음 밖에 선이 없다. 내 마음이 사물에 대처할 때 순수하게 이치를 따르고 인위적인 섞여듦이 없는 것을 선이라고 부르는 것이지, 찾아낼 수 있는 정해진 장소를 갖는 사물에 있는 것이 아니다. … 반드시 모든 일과 모든 사물에서 하나의 지극한 선을 찾아야 한다고 말한다면, 이것은 (마음과 지극한 선을) 분리시켜 둘로 만드는 것이다.(『왕양명전집』 4권, 「與王純甫二」: 夫心主於身, 性具於心, 善原於性, 孟子之言性善是也. 善卽吾之性, 無形體可指, 無方所可定, 夫豈自爲一物, 可從何處得來者乎? … 心外無善. 吾心之處事物, 純乎理而無人僞之雜, 謂之善, 非在事物有定所之可求也. … 必曰事事物物上求個至善, 是離而二之也.)

해설 왕수인은 악뿐만 아니라 선 역시 하나의 사물처럼 실체화하는 것에 반대한다. 선은 내 마음의 구체적인 작용양태를 형용하는 표현일 뿐이다. 즉 선은 마음 밖에 고정된 규범이나 도덕적 법칙으로 존재해서 사사물물(事事物物)상에서 찾을 수 있는 것도 아니고, 구체적 사태나 현실과 무관하게 마음속의 고요한 공간 속에서 찾을 수 있는 것도 아니다. 마음이 구체적 사물과의 관계나 사태 속에서 작용할 때, 그것이 본래 지니고 있는 자연적 성향에 따르고 인위적인 요소가 전혀 개입하지 않고 그 자체로 순수한 이치의 구현이 된다면, 그것을 선이라고 지칭할 수 있을 뿐이다.

(3) 양지와 의도된 행위

양지는 '전지'(前知)가 아니다. 즉 구체적인 상황에 앞서 어떻게 행위해야 선한 행위가 되는지를 아는 능력이 아니다. 그것은 매순간 찾아오는 구체적 상황 속에서 그 상황을 구성하는 요소들과 감응하면서 옳음과 그름, 선과 악, 복과 재앙의 기미를 포착하여 거기에 대처하는 현재의 마음이다. 상황에 앞서서 선한 행위를 미리 의도하는 것을 왕수인은 사심(私心)으로 간주하면서, 그런 마음에는 이익을 쫓고 해를 피하려는 사사로운 의도가 개입되어 있다고 본다. 상황의 변화와 특수성을 초월하여 그 자체로 실재하는 선한 이치는 없기 때문에, 어떤 행위가 선한 행위가 될지는 미리 정할 수가 없다. 정해진 의무나 규칙에 대한 '집착'(執著), 행위의 결과를 고려한 '의도'(意), 반드시 관철시키겠다는 '기필'(必)의 태도는 오히려 양지의 힘을 위축시킨다.(『전습록』 중권, 191조목 : 才有執著意必, 其知便小矣.)

양지는 곧 변역이다

물었다. "이 양지는 일정한 방위와 형체가 없는 것이어서 붙잡기가 매우 어려운 듯합니다." 선생이 말했다. "양지는 곧 변역(易)이다. '그 도는 자주 옮겨가고, 변동하여 머물러 있지 않으며, 육허(六虛)를 두루 흘러다니고, 오르고 내리는 데 일정함이 없으며, 강함과 부드러움이 서로 바뀌어 고정불변의 표준이 될 수가 없으니, 오로지 상황의 변화에 따른다.'(『주역』「계사·하」) 이런 양지를 어떻게 붙잡을 수가 있겠는가? 양지를 투철하게 이해할 때 곧 성인이다."(『전습록』 하권, 340조목 : 問曰 "此知恐是無方體的, 最難捉摸." 先生曰 "良知卽是易, 其爲道也屢遷, 變動不居, 周流六虛, 上下無常, 剛柔相易, 不可爲典要, 惟變所適. 此知如何捉摸得? 見得透時便是聖人.")

해설 『주역』의 변역의 도(道)로 양지를 설명하고 있다. 양지는 매번 다른 구체적 상황에 처해서 그 상황에 적합한 판단과 행위를 하는 능력이지, 고정불변의 표준이 될 고정된 이치(定理)를 미리 인식하여 그것을 그 상황에 적용시키는 능력이 아니다.

양지는 도덕적 규칙을 따르는 능력이 아니다

황면지가 물었다. "(공자는) '반드시 그렇게 해야 한다는 것도 없고, 반드시 그렇게 해서는 안 된다는 것도 없으니, 의(義)를 따를 뿐이다'라고 했습니다. 매사 모든 일들이 이와 같아야 한다는 것입니까?" 선생이 말했다. "당연히 매사 모든 일이 이와 같아야 하지만, 반드시 하나의 핵심을 알아야만 괜찮다고 할 수 있다. 의는 곧 양지이며, 양지가 하나의 핵심임을 깨달아야 비로소 집착이 없게 된다. 가령, 다른 사람이 보낸 선물을 받을 때에도, 오늘은 받아도 되지만 다른 날에는 받아서는 안 된다는 것이 있다. 또 오늘은 받아서는 안 되지만 다른 날은 받아도 되는 것이 된다. 그대가 만약 오늘 받아도 되는 것에 집착하여 어떤 경우에도 받으려 하거나, 오늘 받으면 안 되는 것에 집착하여 어떤 경우에도 받으려 하지 않는다면, 이것은 바로 '반드시 그렇게 해야 한다'거나 '반드시 그렇게 해서는 안 된다'는 것으로서, 양지의 본모습이 아니다. 그것을 어떻게 의를 행하는 것이라고 부를 수 있겠는가?" (『전습록』 하권, 248조목 : 黃勉之問 "適也, 無莫也, 義之與比. 事事要如此否?" 先生曰 "固是事事要如此, 須是識得箇頭腦乃可. 義卽是良知, 曉得良知是箇頭腦, 方無執著. 且如受人餽送, 也有今日當受的, 他日不當受的. 也有今日不當受的, 他日當受的. 你若執著了今日當受的, 便一切受去. 執著了今日不當受的, 便一切不受去. 便是適莫. 便不是良知的本體. 如何喚得做義?")

해설 양지는 현재의 상황에서 무엇이 옳고 그른지를 판단하고 행위하는 능력이다. 상황에 앞서 일정한 행위지침이나 규칙이 정해져 있는 것도 아니고, 고정된 규칙을 인식하고 지키는 것을 도덕적이라고 부를 수도 없다. 외재적 규범이나 규칙에 집착하는 것은 오히려 행위 주체의 자발적 능력이 제대로 발휘되지 못하고 있음을 보여주는 것이며, 도덕적 행위의 핵심이 빠져 있는 것이다. 의(義)를 그런 고정된 규칙을 준수할 때 실현되는 가치로 보는 것은 의외설(義外說)이다.

(4) 양지와 외재적 행위 규칙

왕수인은 행위주체의 마음 밖에 있는 외적인 행위근거, 예컨대 경전에 기록되어 있는 내용이나 권위 있는 타인의 조언, 관습화되어 규칙처럼 굳어진 지침 같은 것들에 의거해서 수행되는 행위들은 진정으로 도덕적인 행위가 될 수 없다고 보았다. 동일한 행위라고 하더라도 그것이 행위주체가 밝은 덕으로서 본래부터 지니고 있는 본성의 자발성에 근거한 것이 아니라면 완전하게 선하다고 볼 수 없다는 것이 그의 입장이다. 행위주체의 내적 근거를 중시하는 그의 입장에서 보면, 효와 같은 도덕적 가치를 실현하기 위해서는 현실의 구체적 상황에서 요구되는 행위의 세세한 절차들이나 방법들을 익히는 것보다 행위주체의 마음이 어떤 사사로운 생각이나 욕구의 개입 없이 자기의 본성으로 주어진 효의 이치를 순수하게 자각하고 따르는 것이 더 중요하다.

전적과 타인에 의거하기

무릇 순임금이 부모에게 알리지 않고 아내를 맞이한 것이 어찌 순임금 이전에 부모에게 알리지 않고 아내를 맞이한 자가 있어서 그것이 준칙이 되었고, 그래서 순임금이 그것을 어떤 전적에서 고찰하거나 어떤 사람에게 문의하여 그렇게 행한 것이겠는가? 아니면 그 마음의 일념의 양지에서 구하여 경중의 마땅함을 헤아리고, 부득이하여 그렇게 행한 것이겠는가? 무왕이 문왕을 장사지내지도 않고 군사를 일으킨 것이 어찌 무왕 이전에 장사지내지도 않고 군사를 일으킨 사람이 있어 그것이 준칙이 되었고, 그래서 무왕이 어떤 전적을 고찰하거나 어떤 사람에게 문의하여 그렇게 행한 것이겠는가? 아니면 역시 그 마음의 일념의 양지에서 구하여 경중의 마땅함을 헤아리고, 부득이하여 그렇게 행한 것이겠는가? 만약 순임금의 마음이 후사가 없게 되는 데 성실하지 않았고, 무왕의 마음이 백성들을 구제하는 데 성실하지 않았다면, 부모에게 알리지 않고 아내를 맞이하고 문왕을 장사지내지 않고 군대를 일으킨 것은 곧 커다란 불효와 불충의 일이 될 것이다. 그러나 후세 사람들은 자신의 양지를 실현함으로써 이 마음이 감응하여 응대하는 사이에서 의리를 정밀하게 살피는 데 힘쓰지 않고, 다만 아무런 근거 없이 그처럼 상도(常道)를 개변시키는 일들을 탐구한다.(『전습록』 중권, 139조목 : 夫舜之不告而娶, 豈舜之前已有不告而娶者爲之準則, 故舜得以考之何典, 問諸何人, 而爲此邪? 抑亦求諸其心一念之眞知, 權輕重之宜, 不得已而爲此邪? 武之不葬而興師, 豈武之前已有不葬而興師者爲之準則, 故武得以考之何典, 問諸何人, 而爲此邪? 抑亦求諸其心一念之良知, 權輕重之宜, 不得已而爲此邪? 使舜之心而非誠於爲無後, 武之心而非誠於爲救民, 則其不告而娶與不葬而興師, 乃不孝·不忠之大者. 而後之人不務致其良知, 以精察義理於此心感應酬酢之間, 顧欲懸空討論此等變常之事.)

해설 왕수인은 "네 그 한 점의 양지가 네 자신의 준칙이다"(『전습록』 하권, 206조목 : 爾那一點良知, 是爾自家底準則)라고 한다. 양지가 준칙이라는 말은 행위주체가 자신의 마음속에서 위선거악을 통해 자연스럽게 드러나는 작용을 따르지 않고 마음 외부의 전적에 기록된 내용이나 다른 사람의 경험을 준칙으로 삼는 일이 없음을 말한다. 매상황에서 생각이 미치는 것이 성실하여 옳고 그름을 지각하는 양지의 준칙에 맞는 것이라고 생각된다면, 그것이 옳은 일이다. 중요한 것은 내 마음의 양지를 실현하는 것이지, 마음 밖에서 준칙을 찾는 것이 아니다. "자신의 양지를 실현함으로써 이 마음이 감응하여 응대하는 사이에서 의리를 정밀하게 살피는 데" 힘써야 한다.

도덕적 행위는 연기가 아니다

정조삭이 말했다. "가령, 부모를 섬길 때 어떻게 해야 겨울에 따뜻하게 해드리고 여름에 시원하게 해드리는 절목에 맞는 것인지, 어떻게 해야 봉양을 적절하게 하는 것인지에 대해서는 반드시 그 합당함을 추구해야만 비로소 지극한 선이 됩니다. 그러므로 배우고 묻고 생각하고 변별하는 공부가 있는 것입니다." 선생이 말했다. "단지 겨울에 따뜻하게 해드리고 여름에 시원하게 해드리는 절목이나 봉양의 적절함은 하루 이틀이면 다 익힐 수 있다. 어찌 배우고 묻고 생각하고 변별할 필요가 있겠는가? 겨울에 따뜻하게 해드리고 여름에 시원하게 해드릴 때에도 단지 이 마음이 지극히 순수하게 천리(天理)이고자 하고, 봉양할 때에도 단지 이 마음이 지극히 순수하게 천리이고자 할 뿐이다. 이 일에 있어서는 배우고 묻고 생각하고 변별하는 공부가 없으면, 장차 털끝만한 차이가 결국 천 리(千里)의 틈을 만드는 오류를 면치 못할 것이다. 그러므로 비록 성인의 경우라도 순수하게 하고 한결같게 하라는 훈계를 덧붙였던 것이다. 단지 그와 같은 의식과 절목의 합당함을 추구해서 얻은 것을 지극한 선이라고 말한다면, 연극배우가 따뜻하게 해드리거나 시원하게 해드리며 봉양하는 여러 가지 의식과 절목들을 합당하게 연기하는 것도 역시 지극한 선이라고 말할 수 있을 것이다."(『전습록』 상권, 4조목 : 朝朔曰 "且如事親, 如何而爲溫凊之節, 如何而爲奉養之宜, 須求箇是當, 方是至善. 所以有學問思辨之功." 先生曰 "若只是溫凊之節, 奉養之宜, 可一日二日講之而盡. 用得甚學問思辨? 惟於溫凊時, 也只要此心純乎天理之極. 奉養時, 也只要此心純乎天理之極. 此則非有學問思辨之功, 將不免於毫釐千里之

繆. 所以雖在聖人, 猶加精一之訓. 若只是那些儀節求得是當, 便謂至善, 卽如今扮戲子扮得許多溫凊奉養得儀節是當, 亦可謂之至善矣.")

해설 어떤 행위가 겉으로 형식적인 의식(儀式)이나 세부적인 절목에 부합한다고 해서 그 행위를 더 없이 선하다(至善)고 할 수는 없으며, 그런 것들을 익히는 것을 『중용』에서 말한 배우고 묻고 생각하고 변별하는(學問思辨) 공부로 보아서도 안 된다. 어떤 행위가 얼마나 선한지는 그 행위가 어떤 내적 근거나 동기를 가지고 행해졌는지에 따라 판단해야 한다. 그 행위가 사사로운 욕구나 이기적인 고려에 따라 행해진 것이라면, 그 행위는 지선(至善)이라고 할 수 없다. 겉으로 의식과 절차에 부합한다고 해서 그것을 선하다고 한다면, 연극배우가 도덕적인 연기를 하는 것도 선한 것이다. 도덕적 행위는 연기가 아니다. 따라서 학문사변(學問思辨)의 공부도 의례적 형식이나 세세한 실천방법을 강구하는 데 두기보다는 마음이 순수하게 천리인지, 아니면 사사로운 욕구에 의해 가려졌는지를 반성하여 마음을 순수하고 한결같게 만드는 정일(精一)의 공부가 되어야 한다. 동일한 행위라도 사사로운 욕구나 이기적인 고려에 따라 이루어진 것이라면, 그 행위는 지극히 선하다고 할 수 없다.

(4) 양지와 즐거움

왕수인은 도덕적 행위는 타인을 위한 것일 뿐만 아니라, 무엇보다도 행위자 자신에게 기쁨과 행복을 가져다주는 것이라고 본다. 덕을 완성하기 위한 수양과 공부는 자기를 위한 '위기'(爲己)의 과정이다. 도덕적 행위를 수행하는 데 따르는 고통이나 어려움 역시 궁극적 즐거움 속에서 해소될 수 있다. 그런 즐거움은 외적 자극에 의해 일어나는 감정적 반응이기에 앞서 행위 주체의 본래적 상태의 회복이고 실현이다. 인간이 도덕적 행위에서 기쁨을 느끼는 것 자체가 그것이 자기의 본모습과의 합일이기 때문이다. 왕수인에게는 마음의 본바탕 자체가 즐거움이며, 마음이 일상의 구체적 상황에 감응하여 칠정(七情)을 드러낼 때 과불급 없이 적절하게 발휘됨으로써 본바탕인 천리(天理)의 중정(中正)을 실현한다면, 칠정의 구체적 양상에 상관없이 본바탕의 즐거움을 실현하는 것이 된다.

마음의 기쁨의 원천으로서의 의리(義理)

사람의 마음이 본래 리(理)와 의(義)를 기뻐하는 것은, 눈이 본래 색깔을 기뻐하고 귀가 본래 소리를 기뻐하는 것과 같다. 오로지 인욕(人欲)에 가려지고 얽매이기 때문에 비로소 기뻐하지 않게 되는 것이다. 지금 인욕이 날로 제거된다면 리와 의는 날로 두루 미칠 것이니, 어찌 기뻐하지 않을 수 있겠는가?(『전습록』 상권, 111조목 : 人心本自說理義, 如目本說色, 耳本說聲. 惟爲人欲所蔽所累, 始有不說. 今人欲日去, 則理義日洽浹, 安得不說?)

해설 감각기관들이 그에 상응하는 감각대상과 만나 기쁨을 느끼듯이, 마음이 의리(義理)에 대해 기쁨을 느끼는 것은 자연적인 것이다. 도덕적 가치들은 마음에 기쁨과 즐거움을 가져다주는 원천이다. 인간이 도덕적 가치들에 대해 기쁨과 즐거움을 느끼지 못하는 것은 개인의 사사로운 욕구에 의한 것이다.

칠정과 양지

기뻐하고 성내고 슬퍼하고 두려워하고 아끼고 미워하고 욕구하는 것을 '칠정'(七情)이라고 부른다. 이 일곱 가지는 모두 사람들의 마음이 가지고 있는 것이다. 그러나 양지를 분명하게 인식해야만 한다. … 구름이 해를 가릴 수 있다고 해서 하늘더러 구름을 만들지 말라고 할 수는 없다. 칠정이 그 자연스러운 유행을 따르는 것은 모두가 양지의 작용이며, 선과 악으로 구별할 수 없다. 그러나 집착이 있어서는 안 된다. 칠정에 집착이 있으면 모두 인욕(人欲)이라고 부르며, 모두 양지를 가리게 된다. 그러나 집착하자마자 양지는 또한 저절로 깨달을 수 있다. 깨달으면 곧 가린 것이 제거되어 그 본체를 회복하게 된다.(『전습록』 하권, 290조목 : 喜怒哀懼愛惡欲, 謂之七情. 七者俱是人心合有的. 但要認得良知明白. … 不可以雲能蔽日, 敎天不要生雲. 七情順其自然之流行, 皆是良知之用, 不可分別善惡. 但不可有所著. 七情有著, 俱謂之欲, 俱爲良知之蔽. 然纔有著時, 良知亦自會覺. 覺卽蔽去, 復其體矣.)

해설 칠정과 같이 인간이 겪는 다양한 일상적 감정들은 마음이 세계와 감응하면서 드러내는 반응의 감정적 양태들이라는 점에서 마음의 자연적 현상이며 양지의 작용이다. 따라서 칠정 자체를 두고 선과 악을 분별할 수는 없다. 그러나 감정적 반응이 일어날 때, 자기 개체를 중심에 둔 사사로운 욕구와 생각이 개입하면 과불급(過不及)이 생겨서 중정(中正)을 해치게 되고 집착을 불러올 수 있다. 그런 집착은 오히려 마음의 본바탕인 양지를 가린다. 그러나 양지는 그것을 자각하지 않음이 없기 때문에, 양지의 자각적 힘을 활성화함으로써 감정의 과불급과 집착을 극복할 수 있다.

마음의 본체의 즐거움과 칠정의 즐거움

즐거움은 마음의 본체이다. 비록 칠정 중 하나인 즐거움과 같지 않을 지라도 역시 칠정의 즐거움에서 벗어나지도 않는다. 비록 성현에게 따로 참된 즐거움이 있다고 해도 역시 평범한 사람들도 똑같이 가지고 있는 것이다. 다만, 평범한 사람들은 그것을 가지고 있으면서도 스스로 알지 못해, 도리어 스스로 수많은 근심과 고통을 찾고 스스로 미혹과 방기의 태도를 덧붙인다. 비록 근심과 고통, 미혹과 방기 가운데 있다고 해도, 이 즐거움은 없었던 적이 없다. 다만, 한 생각이 밝게 열리고 자기 자신을 돌이켜보아서 성실하면, 즐거움이 바로 여기에 있게 된다.(『전습록』 중권, 166조목 : 樂是心之本體, 雖不同於七情之樂, 而亦不外於七情之樂; 雖則聖賢別有眞樂, 而亦常人之所同有, 但常人有之而不自知, 反自求許多憂苦, 自加迷棄. 雖在憂苦迷棄之中, 而此樂又未嘗不存. 但一念開明, 反身而誠, 則卽此而在矣.)

해설 왕수인은 즐거움은 마음의 본체이며, 마음의 본체가 드러나 작용한 것이 칠정의 감정이라고 본다. 다만, 칠정이 일어날 때 사사로운 생각에서 오는 근심과 고통, 미혹과 방기의 태도가 개입하면 본체의 즐거움이 가려지지만, 그 순간에도 본체의 즐거움은 상실된 적이 없다. 칠정의 즐거움 밖에서 진정한 즐거움을 따로 찾는 것을 왕수인은 "나귀를 타고 나귀를 찾는 폐단"(『전습록』 중권, 166조목 : 騎驢覓驢之蔽)에 비유한다.

한바탕 곡을 한 후에는 모두가 즐거움이다

황직이 물었다. "(정명도는) '성인은 감정이 온갖 일에 따르지만 사사로운 감정은 없다'고 하였습니다. 공자는 곡을 하면 노래를 부르지 않았다고 하는데, 이전의 유학자들은 공자가 남은 슬픔이 아직 가시지 않았기 때문이라고 풀이합니다. 그 설명은 어떻습니까?" 선생이 말했다.

"감정이 온갖 일에 따르지만 사사로운 감정은 없다고 한 것은 사물에 반응하는 주체의 힘이 천리(天理)가 그치지 않는 곳에서 막힘 없이 드러나는 것을 말한 것이다. 어떻게 멈출 수가 있겠는가? 이 때문에 곡을 하면 노래를 부르지 않은 것이다. 그러나 결국에는 그렇지 않으니, 한바탕 곡을 한 후에는 모두가 즐거움이다. 다시 즐거워지면 더 이상 아픔과 슬픔이 없다."(『전습록습유』 32조목 : 直問 "'聖人情順萬事而無情.' 夫子哭則不歌, 先儒解為餘哀未忘. 其說如何?" 先生曰 "情順萬事而無情, 只謂應物之主宰, 無滯發於天理不容已處. 如何便休得? 是以哭則不歌. 終不然, 只哭一場後, 便都是樂. 更樂更無痛悼也.")

해설 『논어』「술이」에서는 "공자는 곡을 한 날이면 노래를 부르지 않았다"(子於是日哭, 則不歌)고 전한다. 이에 대해 주희는 "하루 안에 남은 슬픔이 아직 가시지 않아 자연히 노래를 부를 수 없었던 것이다"(日之內, 餘哀未忘, 自不能歌也)라고 주를 달았다. 왕수인은 노래를 부르지 않은 것은 사사로운 안배에서 온 것이 아니라, 감응의 주체인 마음의 본바탕이 자연적으로 그렇게 한 것이라고 본다. 나아가 그는 애도의 문제에 있어서 타인을 떠나보낸 슬픔의 감정은 억제되거나 억압되어야 할 것이 아니라 적절하게 표현되어야 하며, 그러한 표현을 통해서만 마음의 본바탕인 즐거움이 회복될 수 있고, 즐거움이 회복되면 더 이상 아픔과 슬픔이 없을 것이라고 말한다.

4. 앎과 행위 : 지행합일

왕수인이 성리학에 반발하며 심학 이론을 전개하는 데 출발점이 되었던 쟁점 중 하나는 윤리학에서 오랫동안 해결해야 할 문제로 다뤄져 온 앎과 행위 사이의 괴리이다. 그는 사람들이 앎과 행위 사이에서 분열을 일으키는 가장 큰 이유를 앎과 행위에 대한 잘못된 관계설정에서 찾는다. 사람들은 대체로 앎이 행위에 선행하며, 이 때문에 알지만 행위하지 않는 경우들이 발생한다고 생각한다. 지행합일을 추구하는 대개의 윤리론들은 앎과 행위의 분리를 전제한 뒤 둘의 거리를 좁히거나 둘을 합치시킬 수 있는 방안을 모색한다. 그러나 왕수인은 알지만 행위하지 않는 것은 사욕에 가로막혀서 생겨난 왜곡된 결과이고 앎과 행위의 관계의 본래 모습이 아니라고 본다. 그의 이런 생각은 주희의 지행론과 그 지행론으로부터 도출되는 수양론에 대한 비판을 통해 전개되고 있다.

주희는 "선후를 논하자면 앎이 먼저이고, 경중을 논하자면 행동이 중요하다"(『주자어류』 9:1 : 論先後, 知爲先. 論輕重, 行爲重)고 주장하였다. 그에게는 앎보다는 행위가 더 중요하며, 행위가 최종 목적이고 앎은 그 목적을 달성하기 위한 수단이다. 그러나 선후의 문제에 있어서 지선행후설(知先行後說), 즉 앎이 앞서고 행위가 그 뒤를 따른다는 입장을 취한다. 사람들이 어떤 상황에서 올바른 행위를 하려면, 먼저 그 상황에 맞는 이치가 무엇인지를 탐구해서 그것을 정확하게 인식하고, 그런 뒤에 그것을 행동으로 옮겨야 한다는 것이다. 제대로 알면 알수록 그만큼 도덕적인 행위의 가능성도 커진다. 물론, 주희 역시 행위가 앎에 영향을 미치는 경우도 있음을 인정하고 그것의 중요성을 강조한다. 사람들은 직접적 경험과 행위를 통해서 전에 없던 앎을 얻기도 하고, 또 있던 앎도 더 정교화하거나 심화하기도 한다. 또 그렇게 얻어진 앎은 몸으로 직접 체득한 것이기 때문에 더 큰 구체성을 지닌다. "앎이 분명할수록 행동은 더 돈독해지고, 행동이 돈독할수록 앎은 더 분명해진다. 두 가지 중 어느 한쪽에 치우치거나 어느 한쪽을 폐해서는 안 된다. 마치 사람의 두 발이 서로 앞서거니 뒤서거니 하며 나아가 점차로 목적지에 가닿는 것과 같다. 만약 한쪽이 약해서, 한 발로만 걷는다면 앞으로 전진할 수 없을 것이다."(『주자어류』 14:169 : 知之愈明, 則行之愈篤; 行之愈篤, 則知之益明. 二者皆不可偏廢. 如人兩足相先後行, 便會漸漸行得到. 若一邊軟了, 便一步也進不得.) 이로부터 주희는 앎과 행동은 서로를 계발하면서 함께 진행되는 것이므로, 어느 한쪽의 공부에 치우치거나 소홀히 해서는 안 된다는 지행호발병진설(知行互發竝進說)을 주장하였다.

지선행후설이든 지행호발병진설이든 이 입장들은 근본적으로 앎과 행위가 서로 다른 성격의 두 가지 활동임을 전제하고 있다. 왕수인은 앎과 행위를 서로 분리 가능한 별개의 활동으로 보는 순간, 둘 사이의 괴리는 필연적으로 발생할 수밖에 없다고 본다. 주희는 진정한 앎(眞知)은 행할 수밖에 없다고 말하지만, 그 말조차도 엄밀한 의미에서는 앎과 행위를 두 가지 활동으로 보고 둘을 합치하려고 하고 있다는 것이다. 따라서 왕수인은 앎과 행위를 서로 분리 불가능한 하나의 활동으로서 통합하기 위해 두 개념에 대한 규정을 새롭게 시도한다.

앎과 행위의 본모습

서애가 말했다. "요즘 사람들은 모두들 부모에게 효도해야 하고 형을 공경해야 한다는 것을 알고는 있으면서도, 효도하지도 공경하지도 않습니다. 그러니 앎과 행위는 분명히 두 가지 일이 아니겠습니까?" 그러자 선생이 말했다. "이것은 이미 사사로운 욕구(私欲)에 가로막혀 단절된 것이지, 앎과 행위의 본모습(知行的本體)이 아니다. 알면서도 행위하지 않는 사람은 없다. 알면서도 행위하지 않는다면, 이는 아직 알지 못하는 것이다. … 예를 들어, 어떤 사람이 효에 대해서 알고 있고, 또 어떤 사람이 공경에 대해서 알고 있다고 해도, 그 사람이 이미 효를 행하고 공경을 행해야만 비로소 그가 효를 알고 공경을 안다고 할 수 있다. 단지 효와 공경에 대해서 말할 줄 안다고 해서 그가 효와 공경을 안다고 할 수는 없다."(『전습록』 상권, 5조목 : 愛曰 "今人儘有知得父當孝, 兄當弟者, 卻不能孝, 不能弟. 便是知與行分明是兩件." 先生曰 "此已被私欲隔斷, 不是知行的本體了. 未有而不行者. 知而不行, 只是未知. … 就如稱某人知孝, 某人知弟. 必是其人已曾行孝行弟, 方可稱他知孝知弟. 不成只是曉得說些孝弟的話, 便可稱爲知孝弟.")

해설 왕수인의 제자 서애는 알면서도 행하지 않는 경우가 있다는 것에 근거해서 앎과 행위는 서로 다른 두 가지 일이라고 주장한다. 서로 괴리가 일어난다는 것은 서로 분리 가능함을 전제한다는 것이다. 그러나 왕수인은 앎과 행위가 분리되는 것은 행위주체의 본래 모습이 사욕(私欲)과 사의(私意)의 개입에 의해 가려진 비본래적 상태라고 답한다.

의념은 행위의 시작이다

사람은 반드시 먹고 싶은 마음이 든 연후에 먹을 줄 알게 된다. 먹고 싶은 마음이 바로 의념(意)이며, 이것이 바로 행위의 시작이다. 음식의 맛이 좋은지 나쁜지는 반드시 입에 넣은 다음에야 알 수 있다. 어찌 입에 넣지 않고서 음식의 맛이 좋은지 나쁜지를 먼저 알 수 있겠는가? 반드시 가고 싶은 마음이 든 연후에 길을 안다. 가고 싶은 마음이 바로 의념이며, 이것이 바로 행위의 시작이다. 길이 험한지 평탄한지는 몸으로 직접 지나가본 다음에야 안다. 어찌 몸으로 직접 지나가보지 않고서 길이 험한지 평탄한지를 먼저 알 수 있겠는가?(『전습록』 중권, 132조목 : 夫人必有欲食之心, 然後知食, 欲食之心卽是意, 卽是行之始矣. 食味之美惡待人口而後知, 豈有不待入口而已先知食味之美惡者邪? 必有欲行之心, 然後知路, 卽是意, 卽是行之始矣. 路岐之險夷, 必待身親履歷而後知, 豈有不待身親履歷而已先知路岐之險夷者邪?)

해설 의념(意)은 의식활동 전반을 가리키는 말로, 의지나 의도, 의향을 갖는 활동이다. 이러한 의식활동은 행위의 시작으로 규정된다. 물리적으로 어떤 운동이 시작되는 이후부터 행위가 일어나는 것이 아니다. 사람들이 어떤 동기나 의지를 갖는다는 것, 어떤 마음을 갖는다는 것 자체가 이미 행위의 시작이며, 모든 행위는 이미 그것에 의해 추동된다. 그런데 의도를 달성시키는 것 역시 행위이다. 그는 앎과 행위의 관계를 "앎이란 행위의 시작이고, 행위는 앎의 완성이다. 성학(聖學)은 단지 하나의 공부일 뿐이니, 앎과 행위를 두 가지 일로 나눌 수 없다"(『전습록』 상권, 26조목 : 知者, 行之始, 行者, 知之成. 聖學只一箇工夫, 知行不可分作兩事)고 말한다. 여기서 '시작'과 '완성'은 시간적 선후라기보다는 서로 분리되지 않고 연속되는 한 가지 활동의 두 가지 계기이다. 나아가 그는 "앎에서 참되고 절실하며 독실한 측면이 곧 행위이고, 행위에서 밝은 자각과 정밀한 관찰의 측면이 곧 앎이다"(『전습록』 중권, 133조목 : 知之眞切篤實處, 卽是行. 行之明覺精察處, 卽是知)라고 말함으로써 앎과 행위에 대해 순환론적인 정의를 내리고 있다.

의념이 작용하는 곳이 물(物)이다

마음이란 몸의 주재이고, 마음의 텅 비고 영명한 깨달음이 이른바 '본연의 양지'(本然之良知)라는 것이다. 그 텅 비고 영명한 깨달음의 양지가 감응하여 움직이는 것을 '의념'(意)이라고 한다. 앎이 있은 뒤에 의념이 있고, 앎이 없으면 의념도 없으니, 앎은 의념의 바탕이 아니겠는가? 의념이 작용하는 곳에는 반드시 그 물(物)이 있으니, 물은 곧 일(事)이다. 만약 의념이 부모를 섬기는 데 작용하면, 부모를 섬기는 일이 하나의 물이 된다.(『전습록』 중권, 137조목 : 心者, 身之主也, 而心之虛靈明覺, 卽所謂本然之良知也. 其虛靈明覺之良知應感而動者, 謂之意. 有知而後有意, 無知則無意矣. 知非意之體乎? 意之所用, 必有其物, 物卽事也. 如意用於事親, 旣事親爲一物.)

해설 앎과 행위를 두 가지 활동으로 보는 관점은 앎은 마음으로 수행하고 행위는 신체로 수행한다는 관념과 결부되어 있다. 한 인간에게서 앎과 행위를 담당하는 기관이 다르다는 것이다. 그러나 왕수인은 "마음이 없으면 몸도 없고 몸이 없으면 마음도 없다. 단지 공간을 채우고 있는 것을 가리켜 말한다면 몸이라고 하고, 주재하는 것을 가리켜 말한다면 마음이라고 한다"(『전습록』 하권, 201조목 : 無心則無身, 無身則無心. 但指其充塞處言之謂之身, 指其主宰處言之謂之心)고 본다. 마음이 의념을 일으킬 때 이미 몸의 행위는 시작되고 있으며, 물(物)은 마음과 무관하게 존재하는 객관적 실재가 아니라 마음이 작용하고 몸의 행위가 일어나는 곳이라는 점에서 인간적 사태가 된다.

지행합일설의 근본 취지

내 주장의 근본적인 취지를 알아야 한다. 요즘 사람들의 학문은 앎과 행위를 둘로 나누려고만 한다. 그래서 한가지 선하지 않은 생각이 일어나더라도 아직 행하지 않았다는 이유를 들어, 그것을 금하지 않는다. 내가 지금 '지행합일'을 말하는 이유는, 사람들에게 한가지 생각이 일어나면 그것이 바로 행위임을 깨닫게 하려는 것이다. 생각이 일어날 때 조금이라도 선하지 않음이 있다면, 그 선하지 않은 생각을 극복해야 한다. 철저하게 그 선하지 않은 생각이 가슴속에 남아 있지 않도록 해야 한다. 이것이 내 주장의 근본적인 취지이다.(『전습록』 하권, 226조목 : 此須識我立言宗旨今人學問, 只因知行分作兩件, 故有一念獲動, 雖是不善, 然卻未曾行, 便不去禁止. 我今說箇知行合一, 正要人曉得一念發動處, 便卽是行了. 獲動虛有不善, 就將這不善的念克倒了, 須要徹根徹底不使那一念不善潛伏在胸中. 此是我立言宗旨.)

해설 지행합일설의 근본 취지에 대해 밝히고 있다. 마음이 움직여 생각을 일으킬 때 이미 행위가 시작되므로, 앎과 행위의 공부에서는 선하지 못한 생각이 일어나면 바로 그것을 극복해서 마음속에 조금이라도 선하지 못한 생각이 일어나지 않도록 하는 것이 중요하다.

5. 덕의 완성을 위한 수양과 공부

주희와 마찬가지로 왕수인 역시 사람들이 덕을 완성하기 위해 따라야 할 구체적인 수양의 과정과 공부의 방법은 『대학』에 가장 체계적이고 일목요연하게 제시되어 있다고 보았다. 따라서 그의 덕론에서 큰 비중을 차지하고 있는 수양론 역시 『대학』에 제시된 개념들로 구성되어 있다. 『대학』의 첫 구절에서는 배우는 자들이 추구해야 할 세

가지 기본 강령 중 하나로 '명명덕'(明明德), 즉 밝은 덕을 밝힌다는 이념을 내건다. 그리고 명명덕의 강령을 개인적 차원에서뿐만 아니라 공동체 전체에서 실현하는 것을 학문의 목표로 삼으면서, 이것을 사람들의 삶의 전 영역에 빈틈없이 관철시키기 위한 구체적 방법으로 '평천하'(平天下), '치국'(治國), '제가'(齊家), '수신'(修身), '정심'(正心), '성의'(誠意), '치지'(致知), '격물'(格物)이라는 여덟 가지 조목을 제시한다. 이 가운데 수신은 사회적 신분이나 계층에 상관없이 모든 사람들이 자신의 덕을 완성하기 위해서 수행해야 할 수양의 과제를 표현한 것이고, 격물·치지·성의·정심은 수신을 위해 순차적으로 달성해야 할 개인적 수양의 구체적 조목들을 규정한 것이다. 왕수인은 양지 개념에 기초해서 네 가지 조목의 관계와 각 조목의 의미를 설명하면서 자신의 수양론을 전개하고 있다.

(1) 명덕(明德)과 명명덕(明明德)

왕수인은 삼강령 중 첫 번째 강령에서 '밝은 덕'(明德)은 마음의 본바탕을 이루는 양지를 의미하고, '밝은 덕을 밝히는'(明明德) 것은 그 양지를 완전하게 실현하는 치양지의 과정을 의미하는 것으로 풀이한다. 덕은 이미 인간의 마음에 주어져 있는 도덕적 앎과 행위의 능력이므로, 수양과 공부의 과정에서 중요한 것은 그 능력을 매번의 구체적 사태와 실제 상황 속에서 온전하게 발휘되도록 하는 것이다.

밝은 덕과 물욕

밝은 덕이란 하늘이 명한 본성으로서 영명하고 밝아서 어둡지 않으며 온갖 이치가 나오는 곳이다. 사람들은 그 어버이에게 효도할 줄 모름이 없고, 그 형을 공경할 줄 모름이 없다. 모든 사태와 사물의 자극에 대해서도 자연적으로 밝다. 그 영명함과 분명함은 사람들의 마음에 있으며 만고에 이르도록 같지 않음이 없고 혹시라도 어두운 때가 없다. 이 때문에 '밝은 덕'이라고 부른다. 그것이 혹시라도 가려지는 것은 물욕(物欲) 때문이다. 그것을 밝히는 것은 물욕에 의한 가려짐을 제거함으로써 그 본체의 밝음을 온전하게 하려는 것일 뿐, 거기에 덧보탤 것이 있을 수 없다.(『왕양명전집』 7권, 「親民堂記」: 明德者, 天命之性, 靈昭不昧, 而萬理之所從出也. 人之於其父也, 而莫不知孝焉. 於其兄也, 而莫不知弟焉. 於凡事物之感, 莫不有自然之明焉. 是其靈昭之在人心, 亙萬古而無不同, 無或昧者也, 是故謂之明德. 其或蔽焉, 物欲也. 明之者, 去其物欲之蔽, 以全其本體之明焉耳, 非能有以增益之也.)

해설 덕은 도덕적 이치를 밝게 드러내는 근원이라는 점에서 그 자체로 '밝은 덕'(明德)이다. 그러나 밝은 덕이 반드시 그 밝음을 다 발휘할 수 있는 것은 아니다. 마음의 의식적 활동에 개입되는 사사로운 욕구나 의도, 물욕은 그 밝음을 가리는 장애물이 되기 때문이다. 그래서 '밝은 덕을 밝히는'(明明德) 노력이 필요하다.

밝은 덕은 스스로 밝혀야 한다

태양 자체는 본래 밝지 않음이 없다. 그래서 그것을 '큰 밝음'(大明)이라고 일컫는다. 밝지 않는 때가 있으니, 땅으로 들어가면 밝지 않다. 마음의 덕도 본래 밝지 않음이 없다. 그래서 '밝은 덕'(明德)이라고 부른다. 밝지 않는 때가 있는 것은 사사로움에 가려졌기 때문이다. 그 사사로움을 제거하면 밝지 않음이 없다. 태양이 땅에서 나오는 것은 태양이 스스로 나오는 것이지, 하늘이 거기에 관여하는 일은 없다. 군자가 밝은 덕을 밝히는 것도 스스로 그것을 밝히는 것이니, 다른 사람이 관여하는 바가 없다. 스스로 밝게 빛나는 자는 사사로운 욕구에 의한 가려짐을 스스로 제거했을 뿐이다.(『왕양명전집』 26권, 「五經臆說十三條」: 日之體本無不明也, 故謂之大明. 有時而不明者, 入於地, 則不明矣. 心之德本無不明也, 故謂之明德. 有時而不明者, 蔽於私也. 去其私, 無不明矣. 日之出地, 日自出也, 天無與焉. 君子之明明德, 自明之也, 人無所與焉. 自昭也者, 自去其私欲之蔽而已.)

해설 덕은 그 자체로 밝기 때문에, 그것을 밝히기 위해 외부에서 무언가를 보태거나 관여할 필요가 없다. "구름이 해를 가릴 수 있다고 해서 하늘더러 구름을 만들지 말라고 할 수는 없듯이"(『전습록』 하권, 290조목 : 不可以雲能蔽日, 教天不要生雲), "태양이 땅에서 나오는 것은 태양이 스스로 나오는 것이지, 하늘이 거기에 관여하는 바가 없다." 그 밝음을 가리는 사욕(私欲)이나 물욕(物欲)의 제거는 다시 그 밝은 덕의 힘에 기대어 밝은 덕이 스스로 제거해야 하는 것이지, 다른 힘의 개입이 필요한 것이 아니다.

명명덕과 친민

덕은 그저 밝아질 수는 없다. 사람이 그 효의 덕을 밝히고 싶다면, 반드시 그 어버이를 친애해야 하고, 그런 뒤에야 효의 덕은 밝아진다. 공경의 덕을 밝히고 싶다면, 반드시 그 형을 친애해야 하고, 그런 뒤에야 공경의 덕은 밝아진다. 군신, 부부, 붕우가 모두 그러하다. 그러므로 밝은 덕을 밝히는 것은 반드시 백성들을 친애하는 데 있고, 백성들을 친애하는 것은 그 밝은 덕을 밝히는 방법이다."(『왕양명전집』 7권, 「親民堂記」: 德不可以徒明也. 人之欲明其孝之德也, 則必親於其父, 而後孝之德明矣.

欲明其弟之德也, 則必親於其兄, 而後弟之德明矣. 君臣也, 夫婦也, 朋友也, 皆然也. 故明明德必在於親民, 而親民乃所以明其明德也.)

해설 『대학』의 첫 번째 강령인 '명명덕'(明明德)은 두 번째 강령인 '친민'(親民)과 별개의 것이 아님을 주장하고 있다. 명명덕은 사회적 제 인간관계 속에서의 구체적인 행위와 실천 없이는 불가능하다. 그 점에서 친민은 명명덕의 방법이라고 말한다.

(2) 격물(格物)·치지(致知)·성의(誠意)·정심(正心)

왕수인은 『대학』에서 수신(修身) 이하의 네 조목, 즉 격물(格物)·치지(致知)·성의(誠意)·정심(正心)을 개인의 수양과 공부의 핵심을 요약한 것으로 보면서 "지극히 정제되고 통일되어 있으며 간단하고 쉬워서 위로도 통하고 아래로도 통하여 만세토록 폐단이 없다"(『전습록』 중권, 187조목 : 尤極精一簡易, 爲徹上徹下, 萬世無弊者也)고 평하였다. 또한 이 네 조목으로 이루어진 공부론은 "요순의 올바른 전통을 천명한 것이고 공자가 마음으로 인증한 것"(「대학문」 : 此格致誠正之說, 所以闡堯舜之正傳而爲孔氏之心印也)이라고 강조하기도 한다.

그는 이 가운데 '격물'과 '치지'의 의미를 풀이하면서 주희의 견해를 강하게 비판한다. 주희는 외부의 사물들이나 현상들은 행위주체로부터 독립해서 객관적으로 존재하고, 그 사물들이나 사태들은 각각 고유한 존재의 이치와 당위의 이치를 가지고 있다고 전제해서, 그 개개의 사물들과 현상들로 나아가서 그것들이 지닌 이치를 탐구해야 한다는 '격물궁리'(格物窮理)를 주장하였다. 그러나 왕수인은 주희의 공부는 도덕적 행위자의 주체적이고 창조적인 역량을 소홀히 하는 공부라는 점에서 큰 결함을 지니고 있다고 본다. 이러한 견해의 차이는 단순히 수양의 방법에 대한 입장의 차이를 보여주는 데 그치지 않고, 왕수인과 주희가 도덕적 행위주체를 바라보는 관점의 차이를 첨예하게 보여주는 것이기도 하다.

하나의 사물, 한 가지 일

대개 몸(身), 마음(心), 의념(意), 앎(知), 사물(物)은 공부를 진행할 때의 조리(條理)로서, 비록 각각 자리가 있기는 하지만, 사실상 단지 하나의 사물일 뿐이다. '바로잡다'(格), '실현하다'(致), '성실하게 하다'(誠), '바르게 하다'(正), '닦다'(修)는 것은 그 조리가 발휘되는 공부로서, 비록 각각 그 명칭이 있지만 실제로는 단지 한가지 일일 뿐이다.(「대학문」: 蓋身心意知物者, 是其工夫所用之條理, 雖亦各有其所, 而其實只是一物. 格致誠正修者, 是其條理所用之工夫, 雖亦皆有其名, 而其實只是一事.)

해설 수신·정심·성의·치지·격물, 이 다섯 가지 조목 사이에 공부의 순서가 있는지에 대한 질문에 답한 내용이다. 왕수인은 한 개인에게서 몸, 마음, 의념, 앎이 분리되어 존재할 수 없고, 외부 사물 역시 행위주체로부터 독립해서 객관적으로 존재하는 것이 아니라 감응의 관계 속에서 불가분하게 연관되어 하나의 도덕적 사태를 구성한다는 점에서 몸, 마음, 의념, 앎 및 사물이 모두 '하나의 사물'(一物)이라고 주장한다. 즉 한 사물의 다섯 가지 측면이라는 것이다. 따라서 각 측면에서 발휘되어야 하는 공부 역시 명칭은 달라도 하나의 공부 속에서 불가분하게 연관되어 있다.

성의를 공부의 중심으로 삼다

『대학』의 공부는 곧 밝은 덕을 밝히는 것(明明德)이다. 밝은 덕을 밝히는 것은 단지 의념을 성실하게 하는 것(誠意)일 뿐이다. 의념을 성실하게 하는 공부는 단지 사물을 바르게 하고(格物) 앎을 실현하는(致知) 것일 뿐이다. 만일 의념을 성실하게 하는 공부를 중심으로 삼아 사물을 바르게 하고 앎을 실현하는 공부를 해나간다면, 공부가 비로소 결실이 있게 된다. 선을 행하고 악을 제거하는 것은 의념을 성실하게 하는 일이 아님이 없다.(『전습록』 상권, 129조목 : 大學工夫卽是明明德. 明明德只是箇誠意. 誠意的工夫只是格物致知. 若以誠意爲主, 去用格物致知的工夫, 卽工夫始有下落. 卽爲善去惡, 無非是誠意的事.)

해설 '치양지'(致良知) 개념을 확립하기 이전까지 왕수인은 『대학』에 제시된 조목 가운데 성의(誠意)를 가장 핵심적인 공부로 보았다. 마음속에 내재된 밝은 덕을 밝게 드러나도록 하기 위해서는 의식적 차원에서 선한 생각은 행하고 악한 생각은 제거하는 위선거악(爲善去惡)의 과제를 수행하는 것이 중요하다는 것이다.

정심과 성의

처음 공부를 할 때에는 의념을 착실하게 발휘하여 선을 좋아하고 악을 싫어하지 않는다면, 어떻게 선을 행하고 악을 제거할 수 있겠는가? 그렇게 의념을 착실하게 발휘하는 것이 바로 의념을 성실하게 하는(誠意) 것이다. 그러나 마음의 본체에는 원래 아무 것도 없음을 알지 못한 채, 줄곧 선을 좋아하고 악을 싫어하는 데에만 의념을 두는 것은 또 다시 한 조각 생각을 보탠 것이니, 이것은 확 트여 크게 공정한 것(廓然大公)이 아니다. … 마음을 바르게 한다는 것은 다만 의념을 성실하게 하는 공부 속에서 자신의 마음의 본체를 체인하는 것으로, 항상 거울처럼 텅 비어 있고 저울처럼 공평해야 한다.(『전습록』 상권, 119조목 : 初時

若不着實用意去好善惡惡, 如何能爲善去惡? 這着實用意, 便是誠意. 然不知心之本體原無一物, 一向着意去好善惡惡, 便又多了這分意思, 便不是廓然大公. … 正心只是誠意工夫里面. 體當自家心體, 常要鑑空衡平.)

해설 마음의 본체는 지극히 선하기 때문에 마음의 본체에 대해서 호선오악(好善惡惡)의 의도를 덧붙일 필요는 없다. 마음의 본체는 선한 것은 선하다는 것을 알고 악한 것은 악하다는 것을 아는, 즉 선과 악을 있는 그대로 공평하게 비추는 거울이다. 따라서 정심(正心)이란 마음의 작용이 벌어지는 의념상의 공부, 즉 성의(誠意)의 공부 속에서 지극히 선한 마음의 본체를 체인하는 과정이다.

성의는 치지에 달려 있다

의념이 발하는 곳에는 선이 있고 악이 있으니, 그 선과 악의 구분을 밝히지 않으면 역시 참과 거짓이 뒤섞이게 되어 비록 성실하게 하려고 해도 성실하게 할 수가 없다. 그러므로 그 의념을 성실하게 하고자 한다면 반드시 치지(致知)에 달려 있다. '치'(致)란 지극한 데 이르는 것이다. … 치지(致知) 운운한 것은 후세의 유학자들이 말하듯 지식을 넓히는 것을 일컬은 것이 아니라, 내 마음의 양지를 실현하는 것일 뿐이다. … 무릇 의념이 발하면 내 마음의 양지는 저절로 알지 못함이 없다. 의념이 선하면 내 마음의 양지는 저절로 그것을 알아차리고, 의념이 선하지 않으면 내 마음의 양지는 저절로 그것을 알아차린다. … 지금 선과 악을 분별하여 그 의념을 성실하게 하고자 한다면, 오로지 그 양지가 아는 것을 실현하는 데 있다. 무엇 때문인가? 의념이 발할 때 내 마음의 양지가 그것이 선하다는 것을 이미 알고 있어도, 그것을 진실로 좋아하지 않아 다시 그것을 등진다면, 이것은 선을 악으로 여겨서 그것이 선하다는 것을 알고 있는 양지를 스스로 어둡게 만드는 것이다. 의념이 발할 때 나의 양지가 그것이 선하지 않음을 이미 알고 있어도, 그것을 진실로 싫어하지 않아 다시 그것을 따라 행한다면, 이것은 악을 선으로 여겨서 그것이 악하다는 것을 알고 있는 양지를 스스로 어둡게 만드는 것이다. 이와 같다면 비록 안다고 하더라도 알지 못하는 것과 같으니, 의념이 어찌 성실해질 수 있겠는가! 지금 양지가 알고 있는 선과 악에 대해서 진실로 좋아하고 진실로 싫어한다면, 그 양지를 스스로 속이지 않아 의념이 성실해질 수 있다.(「대학문」: 然意之所發, 有善有惡, 不有以明其善惡之分, 亦將眞妄錯雜, 雖欲誠之, 不可得而誠矣. 故欲誠其意者, 必在於致知焉. 致者, 至也. … 致知云者, 非若後儒所謂充擴其知識之謂也, 致吾心之良知焉耳. … 凡意念之發, 吾心之良知無有不自知者. 其善歟, 惟吾心之良知自知之, 其不善歟, 亦惟吾心之良知自知之. … 今欲別善惡以誠其意, 惟在致其良知之所知焉爾. 何則? 意念之發, 吾心之良知既知其爲善矣, 使其不能誠有以好之, 而復背而去之, 則是以善爲惡, 而自昧其知善之良知矣. 意念之所發, 吾之良知既知其爲不善矣, 使其不能誠有以惡之, 而復蹈而爲之, 則是以惡爲善, 而自昧其知惡之良知矣. 若是, 則雖曰知之, 猶不知也, 意其可得而誠乎! 今於良知之善惡者, 無不誠好而誠惡之, 則不自欺其良知而意可誠也已.)

해설 성의(誠意)의 공부는 의념이 선한지 악한지에 대한 앎을 전제한다는 점에서, 성의는 치지(致知)에 달려 있다. 치지는 성리학자들이 말하듯이 지식의 확충이 아니다. 치양지설이 확립된 이후에 왕수인은 『대학』의 '치지'(致知)를 '치양지'(致良知)로 풀이한다. 어떤 사람이 아무리 악행을 저지른다고 해도 그 사람은 그것이 악함을 스스로 알고 있으며, 그 알아차림은 인간의 마음이 본래부터 지니고 있는 도덕적 분별능력인 양지에 의한 것이다. 그러나 악하다는 것을 안다고 해서 곧바로 악을 멈추는 것은 아니다. 즉 선을 행하고 악을 제거하기 위해서는 선악에 대한 분별적 앎이 전제되어야 하지만, 그 앎이 자동적으로 위선거악(爲善去惡)으로 이어지지는 않는다. 양지가 의념의 선과 악을 안다고 하더라도, 선함을 진실로 좋아하고(誠好) 악함을 진실로 싫어하는(誠惡) 태도가 따르지 않으면, 선악의 혼동이 일어날 수 있다. 양지를 확충하여 극대화하는 치양지의 공부가 필요한 것도 이 때문이다.

치지는 격물에 달려 있다

그 양지를 실현하는 것이 어찌 그림자와 메아리처럼 흐리멍덩하고 허공에 매달려 실질이 없는 것을 일컫는 것이겠는가? 이것은 반드시 실제로 그 일이 있다. 그러므로 치지는 반드시 격물에 달려 있다. '물'(物)이란 일(事)이다. 무릇 의념이 발한 곳에는 반드시 그 일이 있으니, 의념이 있는 곳의 일을 '물'이라고 한다. '격'(格)이란 바로잡는 것으로, 그 바르지 못한 것을 바로잡아 바른 것으로 돌아가게 하는 것을 일컫는다. … 양지가 알고 있는 선을 비록 진실로 좋아하고자 해도, 진실로 그 의념이 있는 곳의 물에 즉하여 실제로 그것을 행하지 않으면 이 물은 아직 바르지 못한 것이 있고, 그것을 좋아하는 의념은 오히려 성실하지 못하게 된다. 양지가 알고 있는 악을 비록 진실로 싫어하고자 해도 진실로 그 의념이 있는 곳의 물에 즉하여 실제로 그것을 제거하지 않는다면, 이 물은 아직 바르지 못한 것이 있고, 그것을 싫어하는 의념은 아직 성실하지 못하게 된다. 지금 양지가 알고 있는 선을 그 의념이 있는 곳의 물에 즉하여 실제로 그것을 행한다면 다하지 않음이 없을 것이며, 양지가 알고 있는 악을 그 의념이 있는 곳의 물에 즉하여 실제로 그것을 제거한다면 다하지 않음이 없을 것이다.(「대학문」: 然欲致其良知, 亦豈影響恍惚而懸空無實之謂乎? 是必實有其事矣. 故致知必在於格物. 物者, 事也, 凡意之所發必有其事, 意所在之事謂之物. 格者, 正也, 正其不正以歸於正之謂也. 正其不正者, 去惡之謂也. 歸於正者, 爲善之謂也. 夫是之謂格. … 良知所知之善, 雖誠欲好之矣, 苟不即其意之所在之物而實有以爲之, 則是物有未格, 而好之之意猶爲未誠也. 良知所知之惡, 雖誠欲惡之矣, 苟不即其意之所在之物而實有以去之, 則是物有未格, 而惡之之意猶爲未誠也. 今焉於其良知所知之善者, 即其意之所之之物而實爲之, 無有乎不盡. 於其良知所知之惡者, 即其意之所在之物而實去之, 無有乎不盡.)

해설 치양지의 공부는 구체적인 사태들 속에서 연마한다는 의미의 '사상마련'(事上磨鍊)을 지침으로 한다. 일상의 사태들을 떠나 학문의 영역이 따로 있다고 생각하는 것은 공허함에 대한 집착이며, 고요함 속에서만 이루어지는 공부는 실학(實學)이 아니다. 왕수인은 "양지를 실현하는 것은 반드시 일이 있는 공부이다"(『전습록』 하권, 330조목 : 致良知便是必有事的工夫)라고 말한다. "내 마음의 양지의 천리를 각각의 사태와 사물에 실현하는 것이 치지(致知)이고, 각 사태와 사물이 그 이치를 얻게 되는 것이 격물(格物)"이라면, 격물치지의 공부는 사태와 사물을 배제한 채로 수행될 수 없다. 치양지의 공부는 사물과 사태를 도덕적으로 형성해가는 과정이다.

치지격물(致知格物)은 마음과 이치를 하나로 만드는 것

내가 말하는 '치지격물'(致知格物)은 내 마음의 양지를 각각의 사태와 사물에 실현하는 것이다. 내 마음의 양지가 곧 이른바 '천리'(天理)이다. 내 마음의 양지의 천리를 각각의 사태와 사물에 실현하면, 그 사태들과 사물들은 모두가 그 이치를 얻게 된다. 내 마음의 양지를 실현하는 것이 치지(致知)이고, 각 사태와 사물이 그 이치를 얻게 되는 것이 격물(格物)이다. 이것은 마음과 이치를 합하여 하나로 만드는 것이다.(『전습록』 중권, 135조목 : 若鄙人所謂致知格物者, 致吾心之良知於事事物物也. 吾心之良知, 卽所謂天理也. 致吾心良知之天理於事事物物, 則事事物物皆得其理矣. 致吾心之良知者, 致知也. 事事物物皆得其理者, 格物也. 是合心與理而爲一者也.)

해설 치지격물은 외부의 사물로 나아가서 그 사물의 이치에 대한 앎을 획득하는 것이 아니다. 그것은 마음의 양지가 밝게 드러내는 천리를 외부의 사물들과 사태들 속에 실현하는 것이다. 이치를 획득해야 하는 것은 행위주체가 아니라 사사물물(事事物物)의 세계이다. 양지가 "조화의 정령"(造化的精靈)인 것은 이 때문이다. 왕수인은 도덕적 행위자는 세계를 선하게 만들어가고 형성해가는 창조적 주체임을 강조하고 있다.

치양지와 성인

마음의 양지를 성(聖)이라고 한다. 성인의 학은 오로지 이 양지를 실현하는 것일 뿐이다. 자연히 그것을 실현하는 자가 성인이다. 힘써 실현하는 자는 현인이다. 스스로 가려지고 스스로 어두워져서 기꺼이 실현하려고 하지 않는 자는 어리석고 못난 자이다. 어리석고 못난 자는 가려지고 어두워진 것이 극에 달했다 해도, 양지는 또 존재하지 않은 적이 없다. 진실로 그것을 실현시킬 수 있다면, 곧 성인과 다를 것이 없다. 이 양지는 성인과 어리석은 자가 똑같이 갖추고 있으니, 사람들이 모두 요순이 될 수 있는 것도 이 때문이다. 이런 이유로 치양지 이외에

학은 없다.(『왕양명전집』 8권, 「書魏師孟卷」 : 心之良知是謂聖. 聖人之學, 惟是致此良知而已. 自然而致之者, 聖人也. 勉然而致之者, 賢人也. 自蔽自昧而不肯致之者, 愚不肖者也. 愚不肖者, 雖其蔽昧之極, 良知又未嘗不存也. 苟能致之, 卽與聖人無異矣. 此良知所以爲聖愚之同具, 而人皆可以爲堯舜者, 以此也. 是故致良知之外無學矣.)

해설 마음의 양지가 성(聖)이다. 누구나 다 양지를 가지고 있다는 점에서 성인이 될 수 있는 역량을 가지고 있다. 성인과 현인과 어리석은 자의 차이는 양지의 유무에 있는 것이 아니라 자기에게 이미 있는 양지를 얼마나 실현하는지에 있다. 치양지는 모든 사람을 요순이 되게 하는 유일한 학(學)이다. 왕수인은 "사람들의 가슴 속에는 각자 한 명의 성인이 있다. 다만, 스스로 믿지 못하기 때문에 스스로 성인을 묻어두고 있을 뿐이다"(『전습록』 하권, 207조목 : 人胸中各有箇聖人, 只自信不及, 都自埋倒了)라고 말한다. 그의 이런 성인관의 영향을 받아, 태주학파(泰州學派)의 창시자 왕간(王艮, 1483-1540)과 같은 제자는 "길거리에 가득 찬 사람들이 모두 성인"(『전습록』 하권, 313조목 : 滿街人都是聖人)이라고 말한다.

6. 만물일체의 인(仁)

(1) 만물일체론

왕수인은 덕을 타자에 대한 공감적 감수성의 능력과 결부시키고, 그 감수성으로부터 오는 감정적 반응들과 보살핌의 행위들을 강조한다. 이러한 특징은 보살핌의 윤리로서의 특성이 강한 유학의 윤리적 전통에서는 쉽게 발견할 수 있는 것이다. 그런데 왕수인은 한 개인의 공감적 감수성을 그와 다양한 사회적 관계로 얽혀 있는 동류의 인간들에 대해서뿐만 아니라, 인간이 아닌 다른 생물들, 심지어 생명 의지(生意)가 없는 무생물들에 대해서도 발휘되는 자연적인 본능으로 본다. 이런 관점은 천지만물은 본래 하나라는 그의 유기체적 존재론과 연관되어 있다. 왕수인은 유학의 핵심가치 중 하나인 '인'(仁)을 양지의 덕성으로 돌리고 만물일체를 가능하게 하는 존재론적 기초로 삼음으로써 윤리론과 존재론의 두 영역을 모두 아우르는 개념으로 사용한다.

천지만물과 사람은 원래 한 몸이다

주본사가 물었다. "사람에게는 텅 빈 영명함(虛靈)이 있기 때문에 비로소 양지가 있는 것입니다. 그렇다면 풀, 나무, 기와, 돌 같은 것들에게도 양지가 있습니까?" 선생이 말했다. "사람의 양지가 바로 풀, 나무, 기와, 돌의 양지이다. 풀, 나무, 기와, 돌에 사람의 양지가 없다면, 그것들은 풀, 나무, 기와, 돌일 수도 없을 것이다. 어찌 풀, 나무, 기와, 돌만 그렇겠는가? 하늘과 땅도 사람의 양지가 없다면, 역시 하늘과 땅일 수 없을 것이다. 천지만물과 사람은 원래 한 몸이고, 그것이 발하는 가장 정밀한 통로가 인간 마음의 한 점의 영명함이다. 바람과 비, 이슬과 우레, 해와 달, 별과 성좌, 새와 짐승, 풀과 나무, 산과 물, 흙과 돌은 모두 사람과 원래 한 몸일 뿐이다. 그러므로 오곡이나 새와 짐승과 같은 것들은 모두 사람을 양육할 수 있고, 약이나 돌침과 같은 것들은 모두 병을 치료할 수 있는 것이다. 단지 이 하나의 기(氣)를 함께 하기 때문에 서로 통할 수가 있는 것이다."(『전습록』 하권, 274조목 : 朱本思問 "人有虛

靈, 方有良知. 若草木瓦石之類, 亦有良知否?" 先生曰 "人的良知, 就是草木瓦石的良知. 若草木瓦石無人的良知, 不可以爲草木瓦石矣. 豈惟草木瓦石爲然, 天地無人的良知, 亦不可爲天地矣. 蓋天地萬物與人原是一體, 其發竅之最精處, 是人心一點靈明. 風雨露雷日月星辰禽獸草木山川土石與人原只一體. 故五穀禽獸之類皆可以養人, 藥石之類皆可以療疾, 只爲同此一氣, 故能相通耳.")

해설 세상의 모든 것들은 흐름과 운동의 방식으로 존재하는 기(氣)로 이루어져 있고, 기의 운동 속에서 서로 영향관계 속에 놓여 있다. 눈에 보이는 형체의 관점에서 보면 세계의 개별적 존재자들은 서로 분리되어 독립적으로 존재하는 것처럼 보이지만, 세계의 운동과 변화의 기초가 되는 기의 관점에서 보면 모든 것들은 연속적으로 이어져 있으면서 상호작용한다. 기에 근거한 만물의 연속성은 모든 존재들이 서로 감응의 관계를 맺으면서 서로를 양육하고 함께 살아가는 방식을 모색해야 할 윤리의 근거가 된다.

감응의 기틀

[황이방이] 물었다. "사람의 마음은 만물과 같은 몸이라고 하셨습니다. 내 몸은 원래 혈기가 흘러서 통하고 있습니다. 그렇기 때문에 같은 몸이라고 말할 수 있지요. 그러나 내 몸은 다른 사람과는 다릅니다. 초목·금수와는 더더욱 다르지요. 그런데 어째서 같은 몸이라고 하시는지요?" 선생이 말했다. "너는 단지 느껴서 응하는 기틀(感應之幾)상에서 보아라. 어찌 초목과 금수만 그렇겠는가! 하늘과 땅도 나와 같은 몸이고, 귀신도 나와 같은 몸이다." 더 자세히 설명해 달라고 하자, 선생이 말했다. "너는 저 하늘과 땅 사이에서 무엇이 하늘과 땅의 마음이 된다고 보느냐?" 대답했다. "인간이 하늘과 땅의 마음이라고 들은 적이 있

습니다." 선생이 말했다. "사람을 또 어찌해서 마음이라고 부르느냐?" 대답했다. "한 점의 영명함(靈明) 때문입니다." 선생이 말했다. "하늘과 땅을 가득 채우고 있는 것은 단지 한 점의 영명함일 뿐이다. 사람들은 형체 때문에 스스로 사이가 떨어져 있을 뿐이다. 나의 영명함은 하늘과 땅과 귀신의 주재(主宰)이다. 하늘에 나의 영명함이 없다면 누가 그것을 높이 우러러볼 것이며, 땅에 나의 영명함이 없다면 누가 그것을 깊이 굽어볼 것인가? 귀신에게 나의 영명함이 없다면 누가 그것의 길흉화복을 판단하겠는가? 하늘과 땅, 귀신, 만물도 나의 영명함을 떠나서는 존재할 수 없다. 나의 영명함도 하늘과 땅, 귀신, 만물을 떠나서는 역시 존재할 수 없다. 이와 같이 하나의 기(氣)가 흘러서 통하고 있는 것이다. 어떻게 나와 그것들 사이에 간격이 있겠는가?"(『전습록』 하권, 336조목 : 問 "人心與物同體, 如吾身原是血氣流通的, 所以謂之同體. 若於人便異體了, 禽獸草木益遠矣. 而何謂之同體?" 先生曰 "你只在感應之幾上看, 豈但禽獸草木, 雖天地也與我同體的, 鬼神也與我同體的." 請問. 先生曰 "你看這箇天地中間, 甚麽是天地的心?" 對曰 "嘗聞人是天地的心." 曰 "人又甚麽叫做心?" 對曰 "只是一箇靈明." "可知充天塞地中間, 只有這箇靈明. 人只爲形體自間隔了. 我的靈明, 便是天地鬼神的主宰. 天沒有我的靈明, 誰去仰地高? 地沒有我的靈明, 誰去俯他深? 鬼神沒有我的靈明, 誰去辯他吉凶災祥? 天地鬼神萬物離卻我的靈明, 便沒有天地鬼神萬物了. 我的靈明離卻天地鬼神萬物, 亦沒有我的靈明. 如此便是一氣流通的, 如何與他間隔得?")

해설 생물학적 개체를 단위로 해서 생명현상을 설명하는 습관에 따르면 마음이 만물과 같은 몸이라는 것을 이해할 수가 없다. 그것은 마음이 세상의 모든 것들에 대해서 "느껴서 응하는 기틀"(感應之幾)상에서만 제대로 이해될 수 있다. 마음은 만물에 대해 공감적 감수성을 지니고 있고 그 감수성에 기반해서 적극적으로 반응하고 행위하는 능력이 있다. 이런 감응의 운동 속에서 마음은 매순간 세계와 새롭게 일체를 형성한다. 왕수인은 이렇게 나와 만물 사이에 감응이 일어날 수 있는 존재론적 기초를, 유통(流通)을 통해 서로 다른 존재자들을 통하게 하는 하나의 기(一氣)에서 찾는다.

밝은 덕과 만물일체

대인(大人)은 천지만물을 한 몸으로 여기는 사람인지라, 천하를 한 집안처럼 보고 중국을 한 사람처럼 본다. 저 형체를 사이에 두고 너와 나를 나누는 자는 소인(小人)이다. 대인이 천지만물을 한 몸으로 여길 수 있는 것은 그것을 의도해서가 아니라, 그 마음의 인(仁)이 본래 그와 같아서 천지만물과 더불어 하나가 되는 것이다. 어찌 오직 대인뿐이겠는가. 비록 소인의 마음이라고 하더라도 또한 그렇지 않음이 없지만, 자기 스스로 작게 만들었을 뿐이다. 그런 까닭에 어린아이가 우물에 빠지려는 것을 보면 반드시 두려워하고 근심하며 측은해하는 마음이 일어나는데, 이것은 그의 인이 어린아이와 더불어 한 몸이 된 것이다. 어린아이는 인간과 동류이기 때문일까? 새가 슬피 울고 짐승이 사지에 끌려가면서 벌벌 떠는 것을 반드시 차마 볼 수 없는 마음이 일어나는데, 이것은 그의 인이 새나 짐승과 더불어 한 몸이 된 것이다. 새나 짐승은 지각이 있기 때문일까? 풀이나 나무가 꺾인 것을 보면 반드시 가여워하는 마음이 일어나는데, 이것은 그의 인이 풀이나 나무와 더불어 한 몸이 된 것이다. 풀이나 나무는 생의(生意)가 있기 때문일까? 기와나 돌이 깨진 것을 보면 반드시 애석해하는 마음이 일어나는데, 이것은 그의 인이 기와나 돌과 한 몸이 된 것이다. 이렇게 한 몸으로 여기는 인은 비록 소인의 마음이라고 할지라도 반드시 지니고 있다. 이것은 바로 하늘이 명한 본성에 뿌리를 둔 것이어서 자연히 영명하고 밝아서 어둡지 않은 것이다. 그런 까닭에 그것을 '밝은 덕'(明德)이라고 부른다. 소인의 마음은 이미 나누어 막혀서 협소하고 좁지만, 그 한 몸으로 여기는 인이 그와 같이 어둡지 않을 수 있는 것은 그것이 아직 욕구에 움직이지 않고 사사로움에 가리지 않을 때이다. 그것이 욕구에 움직이고 사사로움에 가려서 이해를 서로 다투고 분노가 서로 격렬해지면, 장차 생물을 해치고 동류를 무너뜨리는 데 하지 않는 짓이 없으며, 심지어 혈육까지도 서로 해치는 자들이 있으니, 한 몸으로 여기는 인이 아주 없어진 것이다. 때문에 진실로 사사로운 욕구의 가림이 없다면 비록 소인의 마음이라고 할지라도 그 한 몸으로 여기는 인은 대인과 같으며, 한번 사욕에 가림이 있으면 비록 대인의 마음이라고 할지라도 그 나뉘어 막히고 협소하고 좁은 것은 소인과 같다. 그러므로 대인의 학문을 하는 자는 오직 그 사욕의 가림을 제거하고 스스로 그 밝은 덕을 밝혀서 천지만물이 한 몸이 되는 본연의 모습을 회복할 뿐이지, 본모습의 밖에서 보태고 더함이 있는 것이 아니다.(「대학문」: 大人者, 以天地萬物為一體者也, 其視天下猶一家, 中國猶一人焉. 若夫間形骸而分爾我者, 小人矣. 大人之能以天地萬物為一體也, 非意之也, 其心之仁本若是, 其與天地萬物而為一也. 豈惟大人, 雖小人之心亦莫不然, 彼顧自小之耳. 是故見孺子之入井, 而必有怵惕惻隱之心焉, 是其仁之與孺子而為一體也. 孺子猶同類者也, 見鳥獸之哀鳴觳觫, 而必有不忍之心焉, 是其仁之與鳥獸而為一體也; 鳥獸猶有知覺者也, 見草木之摧折而必有憫恤之心焉, 是其仁之與草木而為一體也; 草木猶有生意者也, 見瓦石之毀壞而必有顧惜之心焉, 是其仁之與瓦石而為一體也, 是其一體之仁也, 雖小人之心亦必有之. 是乃根於天命之性, 而自然靈昭不昧者

也, 是故謂之明德. 小人之心既已分隔隘陋矣, 而其一體之仁猶能不昧若此者, 是其未動於欲, 而未蔽於私之時也. 及其動於欲, 蔽於私, 而利害相攻, 忿怒相激, 則將戕物圮類, 無所不為, 其甚至有骨肉相殘者, 而一體之仁亡矣. 是故苟無私欲之蔽, 則雖小人之心, 而其一體之仁猶大人也. 一有私欲之蔽, 則雖大人之心, 而其分隔隘陋猶小人矣. 故夫為大人之學者, 亦惟去其私欲之蔽, 以自明其明德, 復其天地萬物一體之本然而已耳; 非能於本體之外而有所增益之也.)

해설 인간이 만물과 일체를 이루게 되는 내적 근거는 마음의 인(仁)에 있다. 왕수인은 "밝은 덕이란 이 마음의 덕으로서, 바로 인이다"(『전습록』 상권, 89조목 : 明德是此心之德, 卽是仁)라고 말한다. 인은 천지만물을 한 몸으로 보는 대인(大人)뿐만 아니라 자기와 타자를 분리된 존재로 보는 소인(小人) 역시 지니고 있는 마음의 보편적이고 자연적인 특성이다. 그것은 타자가 처한 곤경과 고통에 대해 두려워하며 측은해하거나(怵惕惻隱之心) 차마 볼 수 없어 하거나(不忍之心) 가여워하거나(憫恤之心) 애석해하는(顧惜之心) 등의 공감적 연민을 일으키는 능력이다. 마음의 인은 없어질 수가 없는 것이므로 사욕의 폐단을 제거하고 스스로 밝은 덕을 밝히기만 하면, 누구든 천지만물일체의 본래 상태는 회복될 수 있다.

만물일체와 후박(厚薄)의 도리(道理)

[황면지가] 물었다. "대인(大人)은 사물들과 같은 몸인데, 어째서 『대학』에서는 또 후하고 박한 것을 말합니까?" 선생이 말했다. "오로지 도리(道理)에 저절로 후하고 박함이 있기 때문이다. 비유하자면 신체는 한 몸이지만 손발로 머리와 눈을 막아서 보호한다. 어찌 손발을 박하게 대하려고 해서이겠는가? 그 도리가 이와 같아야 하기 때문이다. 금수

와 초목은 똑같이 아끼는 것들이지만, 초목으로 금수를 기르는 것을 마음은 또 참을 수 있다. 사람과 금수는 똑같이 아끼는 것들이지만, 금수를 잡아 부모를 봉양하고 제사에 제물로 바치며 손님을 대접하는 것을 마음은 또 참을 수 있다. 가까운 친척과 길 가는 사람들은 똑같이 아끼는 자들이지만 한 그릇 밥과 한 그릇 국을 먹으면 살고 먹지 못하면 죽는 상황에서 양쪽을 모두 온전하게 할 수 없을 경우에는 차라리 가까운 친척을 구제하고 길 가는 사람은 구제하지 않는 것을 마음은 또 참을 수 있다. 이것은 도리가 이와 같아야 마땅하기 때문이다. …『대학』에서 말하는 후하고 박함은 양지의 자연적인 조리(條理)로서 벗어나거나 어길 수 없는 것이니, 이것을 의(義)라고 한다. 이러한 조리를 따르는 것을 예(禮)라고 하고, 이 조리를 아는 것을 지(智)라고 하며, 처음부터 끝까지 이 조리를 지키는 것을 신(信)이라고 한다."(『전습록』 하권, 276조목 : 問 "大人與物同體, 如何大學又說箇厚薄?" 先生曰 "惟是道理自有厚薄. 比如身是一體, 把手足捍頭目, 豈是偏要薄手足. 其道理合如此. 禽獸與草木同是愛的, 把草木去養禽獸, 心又忍得. 人與禽獸同是愛的, 宰禽獸以養親與供祭祀, 燕賓客, 心又忍得. 至親與路人同是愛的, 如簞食豆羹, 得則生, 不得則死, 不能兩全, 寧救至親, 不救路人, 心又忍得, 這是道理合該如此. … 大學所謂厚薄, 是良知上自然的條理, 不可踰越, 此便謂之義. 順這箇條理, 便謂之禮, 知此條理, 便謂之智, 終始是這箇條理, 便謂之信.")

해설 왕수인의 만물일체설은 묵자의 겸애설과는 다르다. 왕수인은 그것을 신체에 비유해서 설명한다. 신체의 각 부분은 생명의 기운이 순환하면서 유기적인 한 몸을 이루고 있지만, 외부로부터 어떤 위해가 가해질 경우 아무런 안배도 없이 자연적이고 즉각적으로 머리나 눈과 같은 기관을 보호하기 위해 손발을 사용한다. 이것은 신체의 방어

체계가 보여주는 자연적 질서이다. 이 단락에서 왕수인은 오상(五常)의 각 가치들이 서로 어떤 관계에 놓여 있는지를 설명하고 있다. 천지만물이 유기적 일체임을 지각하는 것이 '인'(仁), 우주의 각 부분들이 연속성을 띠면서 드러내는 관계의 질서가 '의'(義), 그 질서에 따르는 것이 '예'(禮), 그 질서를 인식하는 것이 '지'(智), 그 질서를 지속적으로 지키는 것이 '신'(信)이다.

인(仁)과 겸애(兼愛)

묵씨(墨氏)의 겸애(兼愛)는 차등이 없어서, 자기의 부자와 형제를 길거리 사람들과 매한가지로 간주하니, 이것은 곧 스스로 발단처를 없애버린 것이다. 싹을 틔우지 않으니, 그것은 뿌리를 가지고 있지 않으며, 쉬지 않고 낳고 또 낳는 것이 아님을 알 수 있다. 어찌 그것을 인이라고 할 수 있겠는가? 효제(孝弟)는 인의 근본이니, 인의 이치는 거기서 발생해 나온다.(『전습록』 상권, 93조목 : 墨氏兼愛無差等, 將自家父子兄弟與途人一般看, 便自沒了發端處. 不抽芽, 便知得他無根, 便不是生生不息. 安得謂之仁? 孝弟爲仁之本, 卻是仁理從裏面發生出來.)

해설 유가적 전통에 따라 왕수인 역시 인(仁)과 겸애(兼愛)를 구분한다. 그가 겸애를 거부하는 이유는 그것이 부자와 형제의 사랑이라는 인의 발단처를 무시하기 때문이다. 식물이 뿌리가 없으면 싹을 틔울 수 없고 줄기와 가지와 잎 역시 생겨날 수 없듯이, 삶이 시작되고 영위되는 가족 속에서 부모와 형제에 대한 효(孝)와 제(弟)를 행할 수 없다면 만물에 대한 사랑과 보살핌이 생겨날 수 없다는 것이다.

7. 공리(功利)와 천리(天理), 패술(霸術)과 왕도(王道)

행위의 결과로서 주어지는 이익과 성과, 즉 공리(功利)를 위해 수행되는 행위는 본성으로서 주어져 있는 보편적 천리로부터 나온 것이 아니라 개인의 사사로운 생각과 욕구로부터 나온 것이다. 사욕에 근거해서 행위를 할 경우, 겉으로는 천리에 근거를 둔 것과 유사해 보이는 행위를 할 수도 있지만, 결과적으로는 "지식을 가지고 서로 자랑하고, 세력을 가지고 서로 삐걱거리며, 이익을 가지고 서로 다투고, 기능을 가지고 서로 우월하려고 하며, 명예를 서로 취하려고 하는" 상호경쟁과 갈등의 현상들을 막지 못한다. 그의 공리 비판은 정치론에 있어서는 패술(霸術)의 정치와 왕도(王道)의 정치를 구분하는 데에서 제시된다. 패술은 공리를 추구하고 왕도는 도를 추구하며, 패술은 사욕에 근거하고 왕도는 천리에 근거한다는 것이다.

공리지심(功利之心)과 패술(伯術)

시대에 따라 정치를 잘 하기는 하지만, 삼왕이 한결같이 도(道)에 근본을 두었던 것처럼 하지는 못하고 공리(功利)를 추구하는 마음으로 그것을 행하는 것은 곧 패자(伯者) 이래의 사업이다. 후세의 유학자들이 수많은 말을 주거니받거니 했지만, 단지 하나의 패술(伯術)을 말했을 뿐이다.(『전습록』 상권, 11조목 : 因時致治, 不能如三王之一本於道, 而以功利之心行之, 卽是伯者以下事業. 後世儒者許多講來講去, 只是講得箇伯術.)

해설 시대의 변화에 맞추어 효과적으로 정치를 했다고 하더라도, 그것이 인간 공동체가 지향해야 할 도덕적 가치에 근거를 둔 것이 아니라, 패권의 획득과 권력의 유지를 목표로 한 것이라면 왕도(王道) 정치가 아니다.

왕도(王道)와 패술(覇術)

삼대가 쇠하자 왕도(王道)는 사라지고 패술(覇術)이 성행하였다. 공자와 맹자가 이미 돌아가시자 성학(聖學)은 어두워지고 사설(邪說)이 횡행하여, 가르치는 자들은 다시는 이것을 가르침으로 삼지 않고, 배우는 자들은 다시는 이것을 배우지 않았다. 패자의 무리들은 선왕의 도와 비슷한 것을 몰래 취하여 밖으로는 그것을 가장하면서 안으로는 사사로운 자기의 욕구를 충족시켰다. 온 세상 사람들이 바람에 쏠리듯 그것을 종지로 삼자, 성인의 도는 마침내 무성한 잡초에 막히게 되었다. … 무릇 오늘날에 이르기까지 공리(功利)의 독은 사람들의 마음속 깊은 곳에까지 젖어들어 습관(習)이 본성처럼 되어버린 지 수천 년이 되었다. 지식을 가지고 서로 자랑하고, 세력을 가지고 서로 삐걱거리며, 이익을 가지고 서로 다투고, 기능을 가지고 서로 우월하려고 하며, 명예를 서로 취하려고 한다. … 그 명칭과 호칭을 참칭하면서 입으로는 '나는 천하의 일을 함께 이루고 싶다'고 말하지 않은 적이 없지만, 그 진심과 실제 의도는 이와 같이 하지 않으면 자신의 사사로움을 이루고 욕구를 만족시킬 수 없다고 생각하는 데 있다. … 다행히 천리(天理)가 인간 마음에 있어서, 끝내 없앨 수 없고, 양지의 밝음은 오랜 세월이 지나도 변치 않는다.(『전습록』 중권, 143조목 : 三代之衰, 王道熄而霸術焻. 孔孟旣沒, 聖學晦而邪說橫, 敎者不復以此爲敎, 而學者不復以此爲學, 霸者之徒, 竊取先王之近似者, 假之於外以內濟其私己之欲, 天下靡然而宗之, 聖人之道遂以蕪塞. … 蓋至於今, 功利之毒淪浹於人之心髓, 而習以成性也, 幾千年矣. 相矜以知, 相軋以勢, 相爭以利, 相高以技能, 相取以聲譽. … 其稱名僭號, 未嘗

不□吾欲以共成天下之務, 而其誠心實意之所在, 以爲不如是則無以濟其私而滿其欲也. … 所幸天理之在人心, 終有所不可泯, 而良知之明, 萬古一日.)

해설 왕수인이 패술을 비판하는 가장 큰 이유는 패술이 "선왕의 도와 비슷한 것을 몰래 취하여 밖으로는 그것을 가장하면서 안으로는 사사로운 자기의 욕구를 충족"시키기 때문이다.

VI.

자연적 인간의 지적 성장

— 대진

1. 대진의 덕 개괄

대진(戴震, 1723-1777)은 청대(淸代)를 대표하는 학자이다. 청대는 고증학이 번성했던 시대이고, 대진은 그 고증학의 대가로 평가된다. 고증학은 "실제 경전을 탐구하여 옳음을 구한다"는 이른바 '실사구시'(實事求是)의 정신으로 대표되는 학문으로, 성리학과 양명학의 형이상학적 경전해석에 반성을 촉구하며 명말(明末)에 일어났고, 청대에 그 융성의 정점을 찍었다.

이민족으로서 중원을 차지한 청 조정은 재야의 한족학자들을 포섭하는 방법으로 대규모의 서적정리 사업을 벌였고, 그 결과 고증학이 일세를 풍미했다. 고증학의 성황은 또한 한족 학자들의 정치성을 소거하는 역할도 했다. 경전에 실린 글이 쓰인 그때 그 의미를 되살리기 위해, 즉 '실사구시'를 위해 이 학풍은 사학, 지리학, 금석학, 문자학, 천문학 등의 광범위한 학문분야를 발전시켰고, 이러한 문헌학적 실증작업 자체가 학문이 탈정치화하는 데 기여했다.

그 가운데 대진은 그 시대에 드물게 자신의 '철학'을 전개한 사람으로 평가된다. 그는 유학이 성리학에 의해 불교에 물들어 본연의 모습을 잃었다는 비판, 그리고 성리학이 인간의 본연일 수밖에 없는 '욕망'을 압살했다는 비판을 골자로 하는 비판철학을 전개했다. 그런데 이는 '실사구시'의 고증학과 무연한 작업이 아니었다. 그는 고증학적인 작업을 기반으로 성리학의 형이상학을 비판하였다. 대진의 비판에 의하면, 성리학은 불교의 '신묘한 의식'(神識) 개념을 유교식으로 변형하였다. 즉 만상을 만들어낸다는 불교의 의식을 가져와 유가적 윤리주체인 '마음'(心)으로 삼았을 뿐 아니라, 이 마음을 보편원리

(天理)로도 삼았다는 것이다.[1] 그리하여 성리학이 제시하는 '리'(理)는 인간과 우주를 관통하는 존재의 원리이고 운동의 원리라고 주장되지만, 실상은 개인이 갖는 의견일 뿐이라는 것이다.

그런데 그 의견이 권력자의 것일 경우 실제로 '보편적 진리'로 통용된다. 그럼으로써 초래되는 가장 불행한 사태는 자신의 의견을 주장할 길을 갖지 못한 약자들이 당하는 삶의 전도이다. 대진의 주장에 의하면, 이 세상에 진리가 있다면 현실에 살고 있는 사람들의 삶을 온전하게 하는 데 있을 뿐이다. 그것은 단적으로 말하면 욕구의 충족이고 감정의 실현이다. 그런데 권력자를 비롯한 소수에 의해 '리'라는 이름으로 통용되는 진리는 평범한 보통 사람들의 삶의 욕구와 감정을 억압하고 심지어 부정한다.

대진은 존재의 원리로서 '리'(理)는 존재가 갖는 성격일 뿐, 존재 이전의 선험적 원리가 아니라고 주장한다. 대진은 이 세상에 있는 것은 기(氣)로 이루어진 구체적 존재들일 뿐이며, 리는 그 구체적 존재들 각각이 갖는 질서라고 재해석한다. 즉 존재하는 것은 기일 뿐이다. 그런데 존재의 근원으로서 기가 갖는 공통된 성격이 있다. 대진에 의하면 그것은 생명의 특성으로서, 일차적으로는 욕구와 감정이다. 그러므로 존재의 질서가 있다면 욕구와 감정의 질서일 뿐이다. 세상의 질서는 욕구와 감정을 긍정해야 비로소 있을 수 있는 것이다.

대진의 기일원(氣一元)의 세계관은 선험적 질서를 부정하면서 욕구로 대표되는 현실을 긍정한다. 그런데 대진의 욕구 긍정은 그 말이

---

1 「答彭進士允初書」: 在程朱先入於彼, 從就彼之說轉而之此, 是以又可轉而之彼, 合天與心爲一, 合理與神識爲一.

연상시키듯이 파격적으로 전개되는 것은 아니다. 대진은 유가 엘리트가 주도하는 사회에 대해 기본적으로 동의하는 유학자였고, 그 점에서 욕구의 주체인 보통사람들은 여전히 정치적 객체였다. 그가 생각하는 바람직한 사회는 욕구의 주체들이 각자의 욕구를 주장하는 것이 아니라 도덕적-정치적 엘리트들이 그 욕구와 욕구의 질서를 제대로 인식해서 그 충족의 길을 마련해주는 것이다.

그리고 그 욕구의 질서를 잘 인식하는 것이 주된 윤리적 활동이 된다. 그 길은 여전히 인의예지로 불린다. 인의예지란 나의 욕구뿐만 아니라 나의 욕구를 미루어 타인의 욕구도 있음을 인정하고 서로의 욕구를 충족시킬 수 있는 그 적정의 선을 알고 지키는 덕이다. 즉 덕은 나의 삶뿐만 아리나 타인의 삶까지 풍요롭게 해주는 것이다.

나와 타인의 욕구충족을 함께 이룰 수 있는 적정선을 아는 것이 덕이라는 점에서, 대진의 덕은 지적인 것이다. 지식의 축적을 통해 점진적으로 성장해가는 덕이다. 인간은 지적 능력의 성장을 통해서 자기만의 욕구를 알고 실현하려는 이기적 존재를 넘어설 수 있다.

이처럼 대진의 덕은 욕구의 충족과 지식의 성장이라는 두 요소가 결합되어 성립한다. 그 지식이라는 것은 물론 경험적인 것이지만, 그 최고봉은 최고 인간으로서 성인의 경험이 축적된 유가경전의 형태로 있다. 대진의 감정 중심의 철학이 반지성주의로 흐르지 않고 지성주의와 결합한 것은 유가적 전통을 벗어나지 않았기 때문일 것이다. 여전히 덕은 모든 사람들에게 요구된다기보다는, 자신의 욕구를 넘어서고자 하는 도덕적 엘리트들에게 요구되며, 유가경전의 학습에 의한 지성의 향상은 그들의 오랜 전통이었다. 대진의 욕망긍정의 윤리학은 유가적 전통 안에서 인간본성에 대한 재해석을 통해 보다 현실에 가까운 인간상을 그려냈다는 의미를 갖는다.

2. 욕구의 긍정

대진은 성리학의 대표명제이자 세계관인 '성즉리'(性卽理)를 부정한다. 경험세계와 무관하게 경험 이전에 주어진 진리가 어떻게 현실에서 일어나는 일의 올바른 방향을 제시하는 지도원리가 될 수 있겠는가 하는 것이 그의 문제의식이었다. 그래서 그는 우선은 보편원리를 부정하며, 존재의 원리가 있다면 우리가 경험하는 개별자들을 탐구함으로써 얻을 수 있는 것이라 생각했다. 그렇다면 무엇보다 먼저 자연의 이치와 인간의 이치는 하나일 수 없다. 그가 판단하건대 인간의 본성은 우선은 욕구이다. 그래서 인간의 이치를 알아낸다면 그것은 욕구의 이치일 수밖에 없다. 그리고 인간의 이치를 실현하는 삶이 가치 있는 것이라 한다면, 그것은 그 욕구를 긍정하는 데서 시작할 수밖에 없다.

구별되는 것으로서 리

'리'란 살펴서 조그만 차이라도 반드시 구별한 것을 말하는 것이다. 그래서 그것을 '분리'(分理)라고 한다. … 사물이 구별을 얻으면 맥락이 있어서 어지럽지 않게 되니, 그것을 일러 '조리'(條理)라고 한다.(『맹자자의소증』, 리0 : 理者, 察之而幾微必區以別之名也, 是故謂之分理, … 得其分則有條而不紊, 謂之條理.)

해설 성리학에서 제시하는 보편원리(理一)를 비판하는 명제이다. 대진은 모든 개별 존재들을 관통하는 보편원리는 있을 수 없다고 주장한다. 각 개별 사물들을 그 사물들이게 하는 개별의 원리들이 있을 뿐이라고 생각한다. 그래서 나뉘어진 원리라는 의미로 '분리'(分理)라는 말로 명명했다.

리는 구체적인 것의 법칙

하늘과 땅, 사람과 생물, 일과 행위에는 반드시 말로 설명할 수 있는 리가 있다. 『시경』에 "사물이 있으면 반드시 법칙이 있다"는 것이 이것이다. 사물이라는 것은 실제의 몸(實體)과 실제의 일(實事)을 가리키는 이름이고, 법칙이라는 것은 순수하고 중정한 것을 일컫는 이름이다. 실제의 몸과 실제의 일은 모두 자연이며, 필연으로 귀결하면 하늘과 땅, 사람과 생물, 일과 행위의 리가 얻어진다. 저 커다란 하늘과 땅, 번다한 사람과 생물, 상세하게 종류별로 나뉘어 있는 일과 행위가 그 리를 얻는다면, 그것은 곧은 것이 먹줄에 맞고 평평한 것이 수평에 맞고 둥근 것이 그림쇠에 맞고 네모난 것이 곱자에 맞은 후에, 천하와 만세에 이르는 기준이 되는 것과 같다.(『맹자자의소증』, 리12 : 天地·人物·事爲, 不聞無可言之理者也, 詩曰 "有物有則" 是也. 物者, 指其實體實事之名, 則者, 稱其純粹中正之名. 實體實事, 罔非自然, 而歸於必然, 天地·人物·事爲之理得矣. 夫天地之大, 人物之蕃, 事爲之委曲條分, 苟得其理矣, 如直者之中懸, 平者之中水, 圓者之中規, 方者之中矩, 然後推諸天下萬世而準.)

해설 보편원리가 없다고 해서 객관적 진리가 없다고 하는 것은 아니다. 다만, 하늘의 리가 사람의 리이고 사람의 리가 동물의 리일 수는 없다는 것이다. 대진은 그 리는 실제의 사물과 일에서 찾아야 한다고 말한다. 즉 리는 구체적인 것에서 추출되는 법칙이지, 구체적 존재

이전에 이미 있는 것이 아니다.

각각 다른 성

모든 생명체는 변화하는 천지의 기(氣)와 간격 없이 [이어져 있다]. 음양오행이 그치지 않고 운행하는데, 이것이 천지의 기가 변화하는 것이다. 사람과 생물이 생장하고 번식하는 것은 여기에 근본을 두고 있는데, 나뉜 것이 가지런하지 않기 때문에 성(性)으로 갖게 된 것이 각각 다르다. 지각[을 갖는다는 것과] 운동을 한다는 것은 생명체 전체를 통괄하여 해당하는 말이다. 갖게 된 성이 각각 다르고 그 [성에] 근거해서 살기 때문에, 지각과 운동 면에서 보여주는 것 또한 각각 다르다. 기의 자연적 움직임에 [따르는 것]은 날짐승, 바다짐승, 들짐승, 식물이 모두 같아서, 생장하고 번식하는 작용이 천지를 닮았다. 그러나 [태어날 때] 본래 받은 기와 살기 위해 섭취하는 기는 다르다. 살기 위해 섭취하는 기는 밖에서 들어오는 것이지만 대개는 본래 받은 기가 불러서 오게 하는 것이다. 오행은 서로 살게 해주는 것이 있고 서로 이기려고 하는 것이 있는데, 서로 이기려고 하는 것을 만나면 상하게 되고 심하면 죽는다. 이를 보면 성이 각각 다르다는 것을 알 수 있다. 본래 받은 기와 살기 위해 섭취하는 기가 반드시 서로 도움이 되고 거스르지 않아야 안과 밖이 하나가 된다. 천지의 기가 변화하는 가운데서 나눠받은 [기이기] 때문에 본래 서로 도움이 되고 서로 어긋나지 않는다.(『맹자자의소증』, 성1 : 凡有生, 卽不隔於天地之氣化. 陰陽五行之運而不已, 天地之氣化也, 人物之生生本乎是, 由其分而有之不齊, 是以成性各殊. 知覺運動者, 統乎生之全言之也, 由其成性各殊, 是以本之以生, 見乎知覺連動也亦殊. 氣之自然潛運, 飛潛動植皆同, 此生生之機肖乎天地者也, 而其本受之氣, 與所資以

養者之氣則不同. 所資以養者之氣, 雖由外而入, 大致以本受之氣召之. 五行有生克, 遇其克之者則傷, 甚則死, 此可知性之各殊矣. 本受之氣及所資以養者之氣, 必相得而不相逆, 斯外內爲一, 其分於天地之氣化以生, 本相得, 不相逆也.)

해설 만물은 모두 기로 이루어졌다. 그렇다면 현실에서 경험하는 존재의 다양함은 어디에서 왔는가? 각각의 개별적 생명체들이 받은 기의 구성이 다른데서 개별 생명체의 개성이 다양해진다. 그 다양함 가운데 공통되는 특징을 대진은 모든 생명체들은 지각의 능력을 갖는다는 점과 운동한다는 점이 둘을 꼽았다. 또한 그 생명체의 본질이 '생명'인 바, 그들은 모두 생명을 추구한다. 그 과정은 현재 내 몸으로서 갖고 있는 기가 자신을 살리는 기를 외부에서 불러들여 자신을 불리고 윤택하게 하는 것이다. 생명체마다 자신에게 좋은 음식과 환경이 다른 것이 각각의 기가 다른 증거라고 대진은 주장한다.

하나의 근본으로서 기

천하에는 오직 하나의 근본이 있을 뿐, 그것을 벗어나는 것은 없다. 혈기가 있으면 심지가 있고, 심지가 있으면 배워서 신명에 이를 수 있는데, 이것은 하나의 근본이기 때문이다. 혈기와 심지가 있는 경우, 혈기와 심지의 자연(自然)에서 일어나는 것들을 다 밝혀서 조금의 잘못도 없게 하면, 어디인들 모두 인의가 아닌 것이 없게 되는데, 이는 모두 하나의 근본이기 때문이다.(『맹자자의소증』, 리14 : 天下惟一本, 無所外. 有血氣, 則有心知, 有心知, 則學以進於神明, 一本然也. 有血氣心知, 則發乎血氣之心知自然者, 明之盡, 使無幾微之失, 斯無往非仁義, 一本然也.)

해설 "하나의 근본"이라는 것은 이 세상의 모든 존재가 '기'로 환원된다는 '기일원'의 세계관을 피력하는 것이다. 세상의 존재가 얼마나 다양하든, 그것이 '기'로 이루어진 존재인 한, 그 기의 성격에서 벗어나지 않을 것이다. 인간 역시 기로 이루어진 존재이며, 대진은 인간의 기의 특성을 '혈기'와 '심지'로 파악했다. 혈기가 생존을 위한 본능과 관계된다면, 심지는 사회생활을 가능하게 하는 질서와 관계될 것이다. "오직 하나의 근본"임을 강조하는 것은 그 질서가 어떤 형태로 전개되든, 그것은 혈기에 근거하지 않을 수 없음을 말하는 것이다.

혈기와 심지

사람이 태어난 후에는 욕구가 있고, 감정이 있고, 앎이 있다. 세 가지는 혈기와 심지의 자연이다. 욕구에 주어지는 것은 소리, 색, 냄새, 맛이며, 이로 인해 사랑함과 꺼림이 있다. 감정에서 일어나는 것은 기쁨, 노여움, 슬픔, 즐거움이며, 이로 인해 근심함과 느긋함이 있다. 앎에 의해 분별되는 것은 아름다움과 추함, 옳음과 그름이며, 이로 인해 좋아함과 싫어함이 있다. 소리, 색, 냄새, 맛에 대한 욕구는 삶을 기르는 바탕이 되고, 기쁨, 노여움, 슬픔, 즐거움의 감정은 [사물에] 감응하면서 사물에 접하고, 아름다움과 추함, 옳음과 그름에 대한 앎은 최고 상태에 이르면 천지와 귀신까지도 알게 된다. 소리, 색, 냄새, 맛을 사랑하거나 꺼리는 것은 서로 살리거나 이기는 오행에 따라 나뉘고, 기쁨, 노여움, 슬픔, 즐거움 때문에 근심과 느긋함이 갈리는 것은 맞는 때를 만났는가 거스르는 때를 만났는가에 따라 나뉜다. 아름다움과 추함, 옳음과 그름을 좋아하거나 싫어하는 것은 의지와 사려에 따르는가 거스르는가에 따라 나뉜다. 이것은 모두 성을 이루었기 때문에 그러한 것이다.(『맹자자의소증』, 재1 : 曰, 人生而後有欲有情有知, 三者, 血氣心知之自然也. 給於欲者, 聲色臭味也, 而因有愛畏, 發乎情者, 喜怒哀樂也, 而因有慘舒,

辨於知者, 美醜是非也, 而因有好惡. 聲色臭味之欲, 資以養其生, 喜怒哀樂之情, 感而接於物, 美醜是非之知, 極而通於天地鬼神. 聲色臭味之愛畏以分, 五行生克爲之也, 喜怒哀樂之慘舒以分, 時遇順逆爲之也, 美醜是非之好惡以分, 志慮從違爲之也. 是皆成性然也.)

해설 이미 형체를 가진 존재가 되면 한정된 기를 갖게 되고, 그 한정된 기에 따라 자신의 성(본성)을 형성하게 된다. 그 본성이란 기의 존재로서 갖는 보편적인 것도 있고 한정된 존재로서 갖는 특수한 것도 있다. 특히 이 글에서는 사람 일반의 기가 갖는 특성에 대해 설명하고 있다. 기의 존재로서 사람이 갖는 특성은 혈기와 심지이다. 혈기의 부분에서 다시 욕구와 감정이 나뉜다. 욕구와 감정은 외부의 것에 대한 반응으로서 나타난다. 욕구는 감각이 자극되어 일어나는 반응이며 이는 실제로 생명의 영위활동이다. 거기에서 파생되어 희로애락의 감정이 생긴다. 심지가 하는 일은 가치판단이다. 가치판단이 의지와 사려에 따르는가 여부에서 갈라진다는 것은 이해하기 쉬운데, 희로애락이 때를 만났는가 여부에 따라 갈라진다는 것은 이해하기 쉽지 않다.

몸, 그리고 욕구와 감정

이 몸이 있기 때문에 소리, 색, 냄새, 맛에 대한 욕구가 있고, 이 몸이 있기 때문에 군신, 부자, 부부, 형제, 친구의 관계가 갖추어지고, 그리하여 기쁨, 노여움, 슬픔, 즐거움의 감정이 있다. 욕구가 있고 감정이 있는데, 여기에 또한 앎이 있어야 욕구가 실현될 수 있고 감정이 막힘없이 통할 수 있다. 천하의 일이란 욕구가 실현될 수 있게 하고 감정이 막힘없이 통할 수 있게 하는 것일 뿐이다.(『맹자자의소증』, 재1 : 有是身,

故有聲色臭味之欲, 有是身, 而君臣父子夫婦昆弟朋友之倫具, 故有喜怒哀樂之情. 惟有欲有情而又有知, 然後欲得遂也, 情得達也. 天下之事, 使欲之得遂, 情之得達, 斯已矣.)

해설 대진에 의하면 세상에 존재하는 것은 모두 '기'를 기반으로 한다. 개체로서 존재하면 그 기는 우선은 몸이다. 그리고 몸을 갖게 되면 자연적으로 욕구와 감정을 갖게 된다. 여기에 더해 대진은 인간에게는 '앎'이 있다고 말한다. 앎이 중요한 것은 그것이 있어야 욕구와 감정도 충족되고 발현될 수 있기 때문이다. 즉 앎의 일차적 역할은 욕구와 감정의 억제가 아니라 그것의 실현이다.

혈기와 욕구

공자가 "어릴 때는 혈기가 정해지지 않으므로 성적 욕구를 경계해야 하고, 장년이 되어서는 혈기가 한창 굳세므로 싸움을 경계해야 하고, 늙어서는 혈기가 이미 쇠했으므로 [물건을 탐내어] 가지려는 것을 경계해야 한다"고 했다. 혈기가 하는 일은 한결같지 않으나, 몸의 모든 기호와 욕구가 혈기에 뿌리를 두고 있지, 마음에 뿌리를 두고 있는 것이 아님은 분명하다.(『맹자자의소증』, 리7 : 孔子曰 "少之時, 血氣未定, 戒之在色, 及其長也, 血氣方剛, 戒之在鬪, 及其老也, 血氣既衰, 戒之在得." 血氣之所爲不一, 擧凡身之嗜欲根於氣血明矣, 非根於心也.)

해설 『논어』에 세대에 따라 혈기의 상태가 성욕, 승부욕, 물욕 등으로 다르게 나타난다고 말한 부분이 있다. 이를 통해 대진은 혈기는 '욕구'와 관련된 것임을 다시 한 번 확인한다. 마지막에 "마음에 뿌리를 두고 있는 것이 아님"을 말하는 것은 마음은 혈기가 아니라 '심지', 즉 '앎'과 관련된다는 것을 분명히 한 것이다.

인간의 성은 욕구

성은 비유하자면 물이며, 욕구는 비유하자면 물의 흐름이다. 조절하여 넘치지 않으면 천리에 의존하여 서로 낳고 길러주는 도가 되는데, 이는 비유하자면 물이 땅 가운데를 흐르는 것과 같다. 인욕을 남김없이 추구하면 거스르고 어긋나고 거짓된 마음과 음란하고 어지러운 일이 생기는 데 이른다. 이는 비유하자면 홍수가 넘쳐서 나라 가운데 범람하는 것과 같다. … 비유하자면 우(禹)가 물을 다스릴 때 물의 흐름을 따를 뿐으로 인위적인 조작을 하지 않은 것이지, 범람을 싫어해서 물의 흐름을 막은 것이 아님과 같다. 범람하는 것이 싫어서 물의 흐름을 막는다고 한다면, 이런 주장을 교묘하게 내세우는 사람은 또한 바로 그 근원을 끊어버리라고 할 것이니, 이는 욕구를 막고 욕구를 없애는 것과 같다. "입이 맛을, 눈이 색을, 귀가 소리를, 코가 냄새를, 사지가 편안함을 추구하는 것", 이것을 후세의 유학자들은 인욕의 사사로움이라고 보았지만, 맹자는 '성'(性)이라고 말하고 이어 '명'이 있다고 하였다. (『맹자자의소증』, 리10 : 性, 譬則水也, 欲, 譬則水之流也, 節而不過, 則爲依乎天理, 爲相生養之道, 譬則水由地中行也, 窮人欲而至於有悖逆詐僞之心, 有淫泆作亂之事, 譬則洪水橫流, 汎濫於中國也. … 譬則禹之行水, 行其所無事, 非惡汎濫而塞其流也. 惡汎濫而塞其流, 其立說之工者且直絶其源, 是遏欲無欲之喩也. "口之於味也, 目之於色也, 耳之於聲也, 鼻之於臭也, 四肢之於安佚也", 此後儒視爲人欲之私者, 而孟子曰 "性也", 繼之曰 "有命焉".)

해설 맹자가 타고난 선함이 있다고 한 '성'의 근원은 '욕구'임을 새삼 강조하고 있다. 그 욕구를 물에 비유한 것은 물이 넘친다고 물을 막을 수 없다는 것을 강조하기 위한 것이다. 물의 흐름을 조절할 일이지 물을 없앨 수는 없는 것이다.

실제의 것과 덕

'성'이라고 하고 '도'라고 하는 것은 실제의 몸(實體)과 실제의 일(實事)을 가리키는 이름이다. '인'이라고 하고 '예'라고 하고 '의'라고 하는 것은 그 [실제의 몸과 실제의 일]이 순수하고 중정한 것을 지칭하는 이름이다. 인도(人道)는 성에 근본을 두고 성은 천도(天道)에 근본을 둔다. 변화하는 천지의 기는 운동하여 그치지 않으며 쉬지 않고 살고 살게 한다. 그러나 육지에서 사는 것은 물에 들어가면 죽고, 물에서 사는 것은 물을 떠나면 죽으며, 남쪽에서 사는 것은 더위에 익숙하고 추위를 참지 못하며, 북쪽에서 사는 것은 추위에 익숙해서 더위를 참지 못한다. 이것이 살기 위해 섭취하는 것을 저것이 받으면 삶을 해친다. "천지의 큰 덕은 살게 하는 것"이라고 하는데, 생물이 살지 못하고 죽는 것이 어떻게 천지가 덕을 잃었기 때문이겠는가!(『맹자자의소증』, 도 0 : 曰性, 曰道, 指其實體實事之名, 曰仁, 曰禮, 曰義, 稱其純粹中正之名. 人道本於性, 而性原於天道. 天地之氣化流行不已, 生生不息. 然而生於陸者, 入水而死, 生於水者, 離水而死, 生於南者, 習於溫而不耐寒, 生於北者, 習於寒而不耐溫. 此資之以爲養者, 彼受之以害生. "天地之大德曰生", 物之不以生而以殺者, 豈天地之失德哉!)

해설 사람이 가야 할 올바른 길을 의미하는 '인도'가 '성'에 기반을 둔다는 말은, 자신의 본성에 충실해서 사는 것이 참된 길이라는 의미이고, 실질적으로 대진이 '성'에 담은 내용은 '욕구'와 '감정'이다. 욕구와 감정은 현실의 인간이 현실에서 살면서 당연히 갖게 되는 삶의 내용이다. 이 '성'은 또한 '천도'에 기반을 둔다고 말한다. 천도란 자연환경에 가까운 의미이다. 인간의 본성을 이룬 기는 자연의 기와 다른 것이 아니므로, 인간은 자연과 상호작용한다. 인간의 기는 한정된 것이고, 한정된 것이어서 갖게 된 고유한 특성이 있으므로 모든 자연환경에서 순조롭게 살 수 있는 것은 아니다.

3. 욕구와 지

인간 일반은 혈기와 심지를 갖고 태어난다. 혈기는 생명활동에 필요한 욕구를 발산하며 그것을 충족시키는 기능을 담당한다는 점에서 동물적 특성이다. 동물과 구별되는 인간만의 특성은 심지기능에 있다. 심지는 '마음의 기능인 앎'을 합해 놓은 말이다. 마음의 기능은 『맹자』에서 말하듯이 생각하는 것이다. 그 생각은 크게 둘로 나눌 수 있다. 하나는 내가 느끼는 욕구가 나만의 것이 아니라 내 주위 사람 모두의 것, 나아가 인간 모두의 것이라는 것을 아는 것이다. 나아가 그 피차의 욕망을 모두 공평하게 실현해야 함을 아는 것이다. 사람은 욕망의 존재이지만 또한 지적 능력을 가짐으로써 그 욕망을 도덕적으로 추구할 수 있는 능력 또한 천성적으로 갖추고 있는 것이다.

지각의 차이

옛날부터 지금에 이르기까지 사람과 만물의 성(性)을 통괄하여 말한다면 기의 종류가 각각 다르다는 것이다. 혈기를 가진 무리에 대해서만 말해보면 기의 종류가 각각 다를 뿐만 아니라 지각 또한 다르다. 사람이 동물과 달리 예와 의가 있는 것은 실제로 인간의 지각이 동물보다 훨씬 크기 때문이다. 이것이 맹자가 말한 '성은 선하다'는 것이다.(『맹자자의소증』, 성7 : 自古及今, 統人與百物之性以爲言, 氣類各殊是也. 專

言乎血氣之倫, 不獨氣類各殊, 而知覺亦殊. 人以有禮義, 異於禽獸, 實人之知覺大遠乎物則然. 此孟子所謂性善.)

해설 혈기는 동물 이상의 생물이어야 가질 수 있다. 혈기를 가진 생물은 모두 지각을 갖는다. 그리고 대진에 의하면 그 지각능력의 차이가 종차를 낳는다. 인간의 지각은 예와 의와 같은 가치를 안다. 사람이 갖는 지각의 이러한 사정을 두고 맹자는 '성은 선하다'고 말했다고 대진은 해석한다.

지각

지각이라는 것은, 자다가 깨어나는 것 같은 것을 각이라고 하고 마음이 통하는 것을 지라고 한다. 온몸이 다 깨달을 수 있는데, 마음의 지각이 가장 크다. 익숙한 것에 대해 서로 의식하지 못하면 깨닫지 못하는데, 다른 것을 보고는 깨닫게 된다. 물고기는 물을 의식하지 못하지만, 물에서 태어난 생물이 아니면 물에서 물을 의식하지 않을 수 없다. 그러므로 무엇을 깨닫고 깨닫지 못하고가 달라진다. [사람은] 곤충과 새 소리를 듣고 기후를 알고 닭 울음소리를 듣고 새벽을 아는데, 곤충과 새들은 느껴서 깨닫고 깨닫고는 소리로 응한다. 이는 깨닫는 것이 각각 다르기 때문인데, 모두 성이 그렇게 하도록 시키는 것이다.(『맹자자의소증』, 성1 : 知覺云者, 如寐而寤曰覺, 心之所通曰知, 百體皆能覺, 而心之知覺爲大. 凡相忘於習則不覺, 見異焉乃覺. 魚相忘於水, 其非生於水者不能相忘水也. 則覺不覺亦有殊致矣. 聞蟲鳥以爲候, 聞雞鳴以爲辰, 彼之感而覺, 覺而聲應之. 又覺之殊致有然矣, 無非性使然也.)

해설 대진은 '각'과 '지'에 대해 각각 설명하고 있다. 각이 꼭 마음이 하는 일이 아니라면, 지는 마음만이 하는 일이다. 그러므로 지각이라고 붙여 말하면 마음에서 일어나는 일이며, 대진이 '심지'라고 말하는 것은 그것을 더욱 분명하게 표현한 것이다.

심지의 능력

『대학』에서 나라를 다스리고 천하를 평탄하게 하는 것에 대해 논의한 것은 "윗사람에게서 당하는 것을 싫어한다면 그것으로 아랫사람을 부리지 말고, 아랫사람이 [나를 섬길 때] 싫어하는 바가 있다면 그것으로 윗사람을 섬기지 말라"는 것에 불과하다. 이는 지위가 높고 낮은 경우를 말한 것이다. "앞사람이 내게 한 것이 싫다면 그것으로 뒷사람을 이끌지 말고, 뒷사람이 내게 한 것이 싫다면 그것으로 앞사람을 따르지 말라"는 것은 나보다 나이가 많은 사람과 적은 사람의 경우를 말한 것이다. "오른쪽 사람에게서 싫었던 것으로 왼쪽 사람과 사귀면서 하지 말고, 왼쪽 사람에게서 싫었던 것을 오른쪽 사람과 사귀면서 하지 말라"는 것은 나와 동등한 사람의 경우를 말한 것이다. "하고자 하지 않는 것"이라고 말한 것과 "싫어하는 것"이라고 말한 것은 사람의 일상적 감정에 불과하다. 리를 말하지는 않았지만 리가 여기에서 다한 것이다.(『맹자자의소증』, 리4 : 大學言治國平天下, 不過曰 "所惡於上, 毋以使下, 所惡於下, 毋以事上", 以位之卑尊言也, "所惡於前, 毋以先後, 所惡於後, 毋以從前", 以長於我與我長言也. "所惡於右, 毋以交於左, 所惡於左, 毋以交於右", 以等於我言也, 曰 "所不欲", 曰 "所惡", 不過人之常情. 不言理而理盡於此.)

해설 '원하는 것'과 '원하지 않는 것' 혹은 '좋아함'과 '싫어함'은 감정의 작용이다. 어떻게 개인 사이의 감정이 질서 있게 발휘되는가? 대진은 여기에서 사람의 다른 능력을 전제한다. 즉 내가 원하지 않는 것은 다른 사람도 원하지 않는다는 것을 알고, 나아가 그 타인의 욕구를 충족시켜 주어야 한다는 것이다. 이 능력은 '심지'(心知)의 능력이다. 혈기의 감정 외에 모든 사람들이 또 따로 갖는 능력이다.

혈기와 심지의 성장

사람의 혈기와 심지는 천지의 변화에 근원을 두고 있다. 혈기가 있으면 그 혈기를 기르는 바탕이 있으니, 소리, 색, 냄새, 맛이 그것이다. 심지가 있으면 부자, 형제, 부부의 관계가 있음을 알게 되고, 또 한집안에 그치지 않고 군신이 있고 친구가 있음도 알게 된다. 이 다섯 관계는 서로 친애하면서 서로 단속하니, 느끼는 것에 따라 기쁨, 노여움, 슬픔, 즐거움이 된다. 소리, 색, 냄새, 맛에 대한 욕구와 기쁨, 노여움, 슬픔, 즐거움의 감정을 합하여 사람의 도가 갖춰진다. 욕구는 혈기에 뿌리를 두고 있기 때문에 성이라고 하며, 한정되어 넘을 수 없는 것이 있으니 그것을 명이라 한다. 인의예지의 아름다움은 모든 사람이 한결같을 수 없고 태어난 처음에 한정되니, 그것이 이른바 명이다. 그러나 누구나 [그 한정을] 넓히고 채울 수 있으니, 사람의 성이기 때문이다. ['성이라고 한다'는 것은] '성을 핑계로 삼는다'고 말하는 것과 같다. 군자는 성을 핑계로 삼아 그 욕구를 다 추구하지 않고, 명의 제한을 핑계로 삼아 재주를 덜 발휘하지 않는다.(『맹자자의소증』, 성8 : 人之血氣心知, 原於天地之化者也. 有血氣, 則所資以養其血氣者, 聲色臭味是也. 有心知, 則知有父子有昆弟有夫婦, 而不止於一家之親也, 於是又知有君臣, 有朋友. 五者之倫, 相親相治, 則隨感而應爲喜·怒·哀·樂. 合聲·色·臭·味之欲, 喜·怒·哀·樂之情, 而人道備. 欲根於血氣, 故曰性也, 而有所限而不可踰, 則命之謂也. 仁義禮智之懿不能盡人如一者, 限於生初, 所謂命也. 而皆可以擴而充之, 則人之性也. 謂猶云'藉口於性'耳. 君子不藉口於性以逞其欲, 不藉口於命之限之而不盡其材.)

해설 『맹자』에서는, 감각적 욕구는 본성이지만 명적인 요소가 있고, 도덕적 가치의 실현은 명이지만 본성적인 요소도 있다고 말했다. 대진은 맹자와 마찬가지로 타고난 것을 본성으로 보았는데, '명'에 대해서는 조금 다르게 해석한다. 본성은 기가 특정되어 한정되기 때문에 갖게 되는 성질이다. 대진은 그 한정되었다는 점을 명이라 본다. 대진의 방식대로 『맹자』를 해석해본다면, 감각적 욕구는 본성이고 그 본성은 또 한정된 것이기 때문에 일단은 명이다. 그러나 본성은 성장할 수 있는 것이다. 욕구의 본성 역시 성장해야 하는 것처럼, 심지의 본성 역시 성장해야 하는 것이다. 그러므로 그것을 아는 사람은, 천성적으로 한정되어 있다는 이유로 그것을 키울 수 없다는 말은 하지 않는다. 그것은 한계가 아니라 태어날 때의 양일 뿐이기 때문이다.

리와 의를 지각하는 심지

맛과 소리와 색은 사물에 있다가 나의 혈기에 접하며, 리(理)와 의(義)는 일에 있다가 나의 심지에 접한다. 혈기와 심지는 스스로 갖추고 있는 능력이 있으니, 입은 맛을 구별할 수 있고, 귀는 소리를 구별할 수 있고, 눈은 색을 구별할 수 있고, 마음은 저 리와 의를 구별할 수 있다. 맛과 소리와 색은 사물에 있고 내게 있는 것이 아닌데, 나의 혈기에 접하면 혈기가 그것을 구별할 수 있어서 기뻐하는 것이니, 그 기뻐하는 것은 반드시 더욱 아름다운 것이다. 리와 의는 사물의 실정이 갈래갈래 나뉘고 분명하게 분석되는 데 있으며, 나의 심지에 접하여 심지가 그것을 구별할 수 있어서 기뻐하는 것이니, 그 기뻐하는 것은 반드시 지극히 옳은 것이다.(『맹자자의소증』, 리5 : 味也聲也色也在物, 而接於我之血氣, 理義在事, 而接於我之心知. 血氣心知, 有自具之能, 口能辨味, 耳能辨

聲, 目能辨色, 心能辨夫理義. 味與聲色, 在物不在我, 接於我之血氣, 能辨之而悅之, 其悅者, 必其尤美者也. 理義在事情之條分縷析, 接於我之心知, 能辨之而悅之, 其悅者, 必其至是者也.)

해설 혈기의 능력은 오감으로 대표되는 감각기능인데, 대진은 리와 의라는 '좋은 상태'를 아는 마음의 능력 역시 감각기능과 같은 차원처럼 설명한다. 오감이 신체의 밖에 있는 자극에 반응하는 것처럼, 마음은 역시 신체의 밖에 있는 질서 혹은 가치에 반응하는 능력이다.

타인의 욕구를 지각하는 심지

오직 사람의 앎만이, 작게는 아름다움과 추함의 극한까지 알 수 있고, 크게는 옳음과 그름의 극한까지 알 수 있다. 그리고 그런 이후에야 자기의 욕구를 이루는 사람이 다른 사람의 욕구를 이루어줄 수 있도록 넓혀갈 수 있고, 자기의 감정을 실현한 사람이 다른 사람의 감정까지 실현시키도록 넓혀갈 수 있다. 도덕이 융성하면 사람의 욕구가 이루어지지 못한 것이 없게 되고, 사람의 감정이 실현되지 못한 것이 없게 된다. 이런 것일 뿐이다.(『맹자자의소증』, 재1 : 惟人之知, 小之能盡美醜之極致, 大之能盡是非之極致. 然後遂己之欲者, 廣之能遂人之欲, 達己之情者, 廣之能達人之情. 道德之盛, 使人之欲無不遂, 人之情無不達, 斯已矣.)

해설 사람의 앎은 사람이 가진 지각에서 나온다. 이 앎은 아름다움과 추함, 옳음과 그름의 판단을 한다. 실질적인 내용은 자신이 가진 욕구가 자신의 것만이 아닌 것을 알고, 나아가 타인의 욕구도 자신의 욕구와 마찬가지로 실현시켜줄 수 있는 능력이다.

나의 실정으로 타인의 실정을 헤아림

리라는 것은 실정에 어긋나거나 잘못되지 않은 것이다. 실정을 파악하지 못하고 리를 얻는 경우는 없다. … 나의 입장에서 다른 사람을 헤아려보면 이치가 밝아진다. 천리라고 하는 것은 자연의 분리를 말하는 것이다. 자연의 분리라는 것은 나의 실정으로 다른 사람의 실정을 헤아려 반드시 공평함을 얻는 것이다.(『맹자자의소증』, 리1 : 理也者, 情之不爽失也. 未有情不得而理得者也. … 以我絜之人, 則理明. 天理云者, 言乎自然之分理也. 自然之分理, 以我之情絜人之情, 而無不得其平是也.)

해설 리는 실제로 있는 일의 실상을 파악해서 얻어지는 것인데, 여기에서 대진은 그 파악의 구체적인 방식을 제시한다. 즉 나의 실정으로 다른 사람의 실정을 헤아려보는 것이다. 인간이 갖는 욕구의 보편성을 전제하고 있으며, 나의 실정처럼 다른 사람의 실정도 똑같이 고려할 수 있는 인간의 어떤 능력도 전제하고 있다.

마음의 자연인 심지

맹자는 "리와 의가 우리의 마음을 즐겁게 해주는 것은 맛있는 고기가 우리의 입을 즐겁게 해주는 것과 같다"고 했으니, 비유로만 말한 것이 아니다. 사람이 하나의 일을 행하여 리와 의에 마땅하면 그 심기가 반드시 화락하게 스스로 자신을 얻고, 리와 의에 어긋나면 그 심기가 반드시 꺾여서 스스로 자신을 잃는다. 이로써 보면 마음의 리와 의에 대한 것은 혈기의 기호와 욕구에 대한 것과 같은 것으로, 모두 성이 그렇게 시키는 것임을 알 수 있다.(『맹자자의소증』, 리7 : 孟子曰 "理義之悅我心, 猶芻豢之悅我口", 非喩言也. 凡人行一事, 有當於理義, 其心氣必暢然自得, 悖於理義, 心氣必沮喪自失. 以此見心之於理義, 一同乎血氣之於嗜欲, 皆性使然耳.)

해설 여기에서 대진은 마음 역시 기임을 상기시키기 위해 '심기'(心氣)라는 말을 사용한다. 마음의 아는 능력, 즉 '심지' 역시 자연이라는 점에서 혈기의 욕구와 다른 차원의 것이 아니다. 즉 자연이다.

심지 능력의 차이

맹자는 "귀와 눈의 기관은 생각하지 않고, 마음의 기관이 생각한다"고 말했다. 이 생각이라는 것은 마음의 능력인데, 정신(精爽)은 가려지고 막혀서 통할 수 없을 때가 있다. 그러나 가려지고 막힌 것이 없어서 통하지 않는 곳이 없게 되면 '신령한 밝음'(神明)이라고 부른다. 혈기를 가진 것들은 모두 정신을 갖는데, 그 마음의 정신이 크고 작음이 같지 않다. 마치 불빛이 사물을 비추는데, 빛이 약하면 비추는 곳은 가깝고, 비춰지는 것에는 잘못이 없지만 비춰지지 않는 것에는 의심과 잘못이 따르게 된다. 잘못되지 않으면 리를 얻었다고 한다. 그 빛이 강하면 비추는 것이 멀리까지 가고 리를 많이 얻고 리를 잃는 것은 적다. 단지 멀거나 가까운 것뿐만 아니라 빛이 또한 밝거나 어두운 일도 있기 때문에, 사물이 살펴지는 것도 있고 살펴지지 않는 것도 있다. 살펴지는 것은 그 실정을 다 알 수 있고, 살펴지지 않으면 의심과 잘못이 뒤따르는데, 의심과 잘못이 있으면 리를 잃었다고 한다.(『맹자자의소증』, 리5 : 故孟子曰 "耳目之官不思, 心之官則思." 是思者, 心之能也. 精爽有蔽隔而不能通之時. 及其無蔽隔, 無弗通, 乃以神明稱之. 凡血氣之屬, 皆有精爽, 其心之精爽, 鉅細不同. 如火光之照物, 光小者, 其照也近, 所照者不謬也, 所不照(所)〔斯〕疑謬承之, 不謬之謂得理. 其光大者, 其照也遠, 得理多而失理少. 且不特遠近也, 光之及又有明闇, 故於物有察有不察. 察者盡其實, 不察斯疑謬承之, 疑謬之謂失理.)

해설 마음의 능력, 즉 심지의 기능을 불빛이 사물을 비추는 것에 비유하여 설명하였다. 사람마다 심지의 능력은 다르다. 그 능력이 사람들 욕구의 공평함을 알고 실현하는 것이므로 그것은 도덕적인 능력이다. 사람들의 도덕적 현실이 다른 것은 이 마음의 차이 때문이다.

욕구, 감정, 앎의 잘못된 상태

욕구가 잘못되면 사사로움이 되고, 사사로우면 탐욕과 간사함이 뒤따른다. 감정이 잘못되면 치우침이 되고, 치우치면 어긋남이 뒤따른다. 앎이 잘못되면 가리워지고, 가리워지면 오류가 뒤따른다. 사사롭지 않으면 그 욕구가 모두 인이고 예이고 의이다. 치우치지 않으면 그 감정이 반드시 조화롭고 평화롭고 편안하다. 가리워지지 않으면 그 앎이 이른바 총명하고 성스러운 지혜이다.(『맹자자의소증』, 재1 : 欲之失爲私, 私則貪邪隨之矣, 情之失爲偏, 偏則乖戾隨之矣; 知之失爲蔽, 蔽則差謬隨之矣. 不私則其欲皆仁也. 皆禮義也. 不偏則其情必和易而平恕也, 不蔽則其知乃所謂聰明聖智也.)

해설 사람이 갖는 세 능력 혹은 기능인 욕구, 감정, 앎의 잘못된 상태에 대해 설명하고 있다. 욕구는 사사로움이 잘못의 시작이며, 감정은 치우침이 잘못의 시작이며, 앎은 가려짐이 잘못의 시작이라고 하는데, 감정의 치우침이나 앎의 가려짐의 원인은 사사로움이라는 점에서 다르지 않을 것이다.

4. 지적 성장과 덕

모든 사람이 심지의 기능을 타고나긴 하지만, 타고난 능력의 크기는 천차만별이다. 그 능력이 '앎'이다. 대진에 의하면 사람은 누구나 '앎'을 성장시킴으로써 심지의 기능을 극대화할 수 있다. 그 방법은 많이 묻고 많이 배우는 것이며, 가장 일반적으로 일어나는 일은 성인의 말씀을 배우는 것, 즉 경학이다. 한가지 주목할 것은 지의 최고 경지로 '권'(權)을 두고 있다는 점이다. '권'은 가치의 변화를 파악하는 능력이다. 권을 중요하게 여긴다는 것은 가치가 고정된 것이 아니라 현실의 변화에 따라 변화할 수 있다는 것을 인정하는 것이리라.

하나의 근본

심지가 있으면 배워서 신명에 이를 수 있는데, 이것은 하나의 근본이기 때문이다.(『맹자자의소증』, 리14 : 有心知, 則學以進於神明, 一本然也.)

해설 타고난 심지는 후천적 노력에 의해 성장할 수 있는데, 대진에 의하면 인간이 예상할 수 있는 최고 경지는 '신명'(神明)이다. 모든 일들에 대해 그 이치를 예외 없이 잘 아는 경지일 것이라 생각된다. 그리고 그것이 가능한 것은 모든 존재와 인간의 심지가 본질적으로는 하나인 기이기 때문이다.

나의 감정을 미루어 타인의 감정을 앎

(…) 바깥 사물에 감응하여 움직이면 욕구가 성에서 나오는데, 한 사람의 욕구가 천하 사람들과 동일한 욕구이다. 그러므로 성의 욕구라고 한다. 그런데 좋아하고 싫어함이 이미 형성되면, 자기의 좋아하고 싫어함을 끝까지 추구하며 타인의 좋아하고 싫어함은 잊어버리고, 종종 타인을 해쳐서 자기의 욕구를 끝까지 추구한다. 자신을 돌아보는 사람은 타인의 욕구를 풀어줌으로써 자신이 얻을 감정을 생각한다. 감정이

공평함을 얻는 것, 이것이 좋아함과 싫어함의 절도이며 천리에 의거하는 것이다.(『맹자자의소증』, 리1 : (…) 及其感而動, 則欲出於性. 一人之欲, 天下人之所同欲也, 故曰 "性之欲". 好惡旣形, 遂己之好惡, 忘人之好惡, 往往賊人以逞欲, 反躬者, 以人之逞其欲, 思身受之之情也. 情得其平, 是爲好惡之節, 是爲依乎天理.)

해설 대진은 사람의 욕구는 동일하다고 생각한다. 그렇기 때문에 나의 감정을 미루어 타인의 감정을 안다는 주장이 가능하다. "감정이 공평함을 얻는" 것이 곧 천리의 실현이 되는데, 이는 나의 감정을 실현하려는 것과 같이 타인의 감정도 실현하도록 해주는 것이다.

욕구와 감정의 중요성

맹자는 "지금 어린아이가 막 우물에 들어가려는 것을 보면 누구나 깜짝 놀라고 측은하게 여기는 마음이 든다"고 했다. 그러므로 이른바 측은과 이른바 인은 심지 밖에 별도의 사물이 있어서 마음에 갖추어진 것이 아니다. 자기가 삶을 좋아하고 죽음을 두려워하기 때문에 어린아이가 막 우물에 들어가려는 것을 보고 어린아이의 죽음에 대해 측은하게 여기는 것이다. 만일 삶을 좋아하고 죽음을 두려워하는 마음이 없다면 또한 어떻게 깜짝 놀라고 측은하게 여기는 마음이 있겠는가. 이것으로 부끄러움, 사양, 시비를 미루어 보아도 또한 그렇다. 만일 먹고 마시는 것과 남녀관계에서, 사물에 감응하여 움직이는 것이 전혀 없어서 고요함으로 돌아가고 일자로 돌아간다면 또한 어찌 부끄러움과 사양이 있고 시비가 있겠는가. … 사람의 심지가 금수와 다르다는 것에 의지하여 행하는 데 미혹되는 것이 없을 수 있다면, 이것이 바로 큰 덕이 된다.(『맹자자의소증』, 성1 : 孟子言 "今人乍見孺子將入井, 皆有怵惕

惻隱之心", 然則所謂惻隱·所謂仁者, 非心知之外別 '如有物焉藏於心'也, 己知懷生而畏死, 故怵惕於孺子之危, 惻隱於孺子之死, 使無懷生畏死之心, 又焉有怵惕惻隱之心? 推之羞惡·辭讓·是非亦然. 使飮食男女與夫感於物而動者脫然無之, 以歸於靜, 歸於一, 又焉有羞惡, 有辭讓, 有是非? … 而恃人之心知異於禽獸, 能不惑乎所行, 卽爲懿德耳.)

해설 측은이라는 마음은 공감의 능력인데, 공감이 가능하기 위해서는 자신에게 먼저 감정이 있어야 한다. 타인의 욕구에 공감하기 위해서는 자신에게 욕구가 있어야 하며, 그것을 긍정해야 한다. 그러므로 욕구와 감정이 풍부할수록 욕구와 감정을 사회적으로 실현하는 지의 능력도 풍부해진다고 말할 수 있다. 즉 자신의 욕구와 감정만을 실현하는 것이 아니라 사회 전체의 구성원이 욕구와 감정을 실현하도록 배려하는 능력 말이다. 금수는 풍부한 욕구와 감정을 사회적으로 실현하지 못하지만, 인간은 사회적으로 실현할 수 있다.

자연과 필연

『주역』에서 천도를 말하면서 아래로 사람과 여타 동물에 대해서까지 언급했는데, "이루는 것이 성"이라고 했을 뿐만 아니라 그에 앞서 "잇는 것이 선"이라고 했다. '잇는다'는 것은 사람과 여타 동물이 천지의 그 선을 잘 계승해서 간격을 두지 않는다는 것이다. 선은 순수하고 중정한 것을 칭하는 이름이고, 성은 현재의 몸과 현재의 일을 가리키는 이름이다. 하나의 일이 선하면 그 일은 하늘에 합한다. 성을 이룬 것이 비록 다르지만 그 선은 하나이다. 선은 필연이고 성은 자연이다. 필연으로 돌아가는 것이 바로 그 자연을 완수하는 것이다. 이것을 일러 자연의 지극한 법칙이라고 하는데, 하늘과 땅, 사람과 여타 동물의 도가 여기에서 극진해진다. 천도의 경우에는 나누어 말하지 않지만, 사람과 여타 동물의 경우에는 나누어 말해야 비로소 밝아진다. 『주역』에 또한 "인한 사람은 그것을 보고 인이라 하고, 지혜로운 사람은 그것을 보고 지혜라고 하며, 백성들은 그것을 날마다 쓰면서도 알지 못한다. 그러므로 군자의 도가 드물다"고 했는데, 성을 이루어 제한된 이후에 이 도를 다하지 못하는 사람이 많다는 것이다.(『맹자자의소증』, 도0 : 易言天道而下及人物, 不徒曰 "成之者性", 而先曰 "繼之者善", 繼謂人物於天地其善固繼承不隔者也, 善者, 稱其純粹中正之名, 性者, 指其實體實事之名. 一事之善, 則一事合於天, 成性雖殊而其善也則一, 善, 其必然也, 性, 其自然也, 歸於必然, 適完其自然, 此之謂自然之極致, 天地人物之道於是乎盡. 在天道不分言, 而在人物, 分言之始明. 易又曰 "仁者見之謂之仁, 智者見之謂之智, 百姓日用而不知, 故君子之道鮮矣." 言限於成性而後, 不能盡斯道者衆也.)

해설 자연은 '필연'이라는 곳으로 돌아갈 곳이 있으니, 이 점에서 보면 대진 역시 성리학과 다르지 않게 존재 전체를 도덕적으로 파악하고 있다. 각 존재의 본성은 다르지만 그들이 모두 자연인 바 마땅히 향해야 할 것은 '선'이다. 즉 그들 존재가 갖는 가장 바람직한 질서이다. 사람의 경우에는 욕구의 리를 잘 알아 너와 나의 욕구를 공평하게 실현하는 것이다.

덕의 세목으로서 인의예지

성은 혈기와 심지로서, 이것은 음양오행에 근본을 둔 것으로 사람과 여타 동물이 모두 그것으로 인해 구별된다. 리와 의는 사람의 심지가 생각해서 문득 통하는 것으로, 그것이 있어서 행위에서 미혹되지 않을 수 있다. "맹자가 성이 선하다고 말하면서 말끝마다 요순을 일컬었다"는 것은 모든 사람이 나면서부터 요순이라는 말이 아니다. 요순 이하의 사람들은 그 등차가 얼마인가! 부여받은 그 기가 본래 같지 않은데, 어떻게 성이 같다고 말할 수 있겠는가! 그러나 사람의 심지는 일상생활에서 처한 상황에 따라 측은을 알고 부끄러움을 알고 공경과 사양을 알고 시비를 안다. 이러한 단서를 들어 이것을 '성은 선하다'고 한다. 측은을 알면 그것을 확충해서 인을 다 실현하지 않음이 없고, 부끄러움을 알면 그것을 확충해서 의를 다 실현하지 않음이 없고, 공경과 사양을 알면 그것을 확충해서 지를 다 실현하지 않음이 없다. 인의예지는 덕의 세목이다.(『맹자자의소증』, 성1 : 性者, 血氣心知本乎陰陽五行, 人物莫不區以別焉是也, 而理義者, 人之心知, 有思輒通, 能不惑乎所行也. "孟子道性善, 言必稱堯·舜", 非謂盡人生而堯·舜也, 自堯舜而下, 其等差凡幾?則其氣稟固不齊, 豈得謂非性有不同? 然人之心知, 於人倫日用, 隨在而知惻隱, 知羞惡, 知恭敬辭讓, 知是非, 端緒可擧, 此之謂性善. 於其知惻隱, 則擴而充之, 仁無不盡, 於其知羞惡, 則擴而充之, 義無不盡, 於其知恭敬辭讓, 則擴而充之, 禮無不盡, 於其知是非, 則擴而充之, 智無不盡. 仁義禮智, 懿德之目也.)

해설 맹자가 "성이 선하다"고 한 것은 현재 모든 사람이 똑같이 완벽하게 선하다는 것이 아니라, 각각 정도는 다르면서도 본래부터 측은의 마음이나 시비의 마음을 느낄 수 있는 상태로 태어난다는 것이다. 그 느낌을 어디까지 키울 수 있는지는 개인의 노력에 달려 있다. 물론, 처음부터 같은 능력을 갖고 태어난 것은 아니다. 태어났을 때의 차이, 그리고 덧붙여 노력의 차이가 개인차를 만들어낸다.

덕을 아름답게 하는 배움

충과 신은 바탕의 아름다움으로부터 나오며, 성현은 행을 논하면서 본래 충과 신을 중시했다. 그러나 바탕이 아름답더라도 일을 행할 때 드러나는 것을 말해본다면, 배움이 부족하면 앎이 잘못되고 따라서 행동도 잘못되어 마음에 충과 신을 갖지 않음이 없더라도 도를 많이 해치게 된다. 행동의 잘못을 알지 못하고 다만 마음에 부끄러움이 없기를 스스로 기대하는 사람은 그 사람이 충과 신을 가지고 있으면서도 배움을 좋아하지 않아서 종종 이러한 잘못을 저지른다.(『맹자자의소증』, 인의예지1 : 忠信由於質美, 聖賢論行, 固以忠信爲重. 然如其質而見之行事, 苟學不足, 則失在知, 而行因之謬, 雖其心無弗忠弗信, 而害道多矣. 行之差謬, 不能知之, 徒自期於心無愧者, 其人忠信而不好學, 往往出於此.)

해설 여러 가지 미덕이 있을 수 있다. 그런데 대진은 그 미덕을 아름답게 만드는 것은 배움이라고 말한다. 배움은 앎을 성장시킨다. 앎이 성장해야 상황마다 리를 파악할 수 있고, 충과 신과 같은 덕목도 그 위에서 비로소 자신의 진가를 발휘할 수 있을 것이다.

실행하기 위해서는 앎이 먼저

성인의 말씀은 모두 사람으로 하여금 지극히 당연함을 구해 실행에 드러나도록 하려는 것이다. 지극히 당연함을 구하려면 먼저 앎에 힘쓴다. 사사로움을 없애려고 하면서 가려진 것을 제거하려고 하지 않고, 실행을 중히 여기면서도 먼저 앎을 중히 여기지 않으면 성인의 학문이 아니다.(『맹자자의소증』, 권2 : 聖人之言, 無非使人求其至當以見之行, 求其至當, 卽先務於知也. 凡去私不求去蔽, 重行不先重知, 非聖學也.)

해설 성인의 말씀은 이들에게 학문의 대상이다. 대진은 모든 학문은 실행을 위한 것이라고 생각한다. 그리고 실행하기 위해서는 앎이 먼저라고 생각한다. 앎은 바른 길, 즉 리를 알기 위한 것이기 때문이다.

잘못된 길을 가는 것보다는 가지 않는 것이 낫다.

배움에 의한 발전

천지에 나아가 말해보면, '변화'(化)는 살리고 또 살게 하는 것이고 '신'(神)은 그 [변화의] 주재로서 그 둘을 나눌 수 없다. 그러므로 변화를 말하게 되면 신이 갖춰지고 신을 말하면 변화가 갖춰진다. 변화로 인해 신을 알고 변화와 신으로 인해 덕(德)을 안다. 덕이라는 것은 천지의 중정(中正)함이다. 사람에 나아가 말해보면, 혈기가 있으면 심지가 있게 되고 심지가 있으면 비록 성인 이하부터는 그 밝고 어두움이 다르더라도 모두 배워서 어두움을 깨우쳐 밝음으로 나아갈 수 있다. (『맹자자의소증』, 리14 : 就天地言之, 化, 其生生也; 神, 其主宰也, 不可歧而分也. 故言化則賅神, 言神亦賅化; 由化以知神, 由化與神以知德; 德也者, 天地之中正也. 就人言之, 有血氣, 則有心知; 有心知, 雖自聖人而下, 明昧各殊, 皆可學以牖其昧而進於明.)

해설 변화와 그 주재로서 신, 그로 인해 덕이 갖춰진다는 말은 모든 존재에는 그 올바름이 동행한다는 의미이다. 그리고 모든 존재가 현재 그 올바름을 다 알 수 있는 상태가 아니더라도 다 알 수 있는 가능성은 갖고 있다. 배움을 통해서이다.

인의 바탕은 욕구

맹자가 "마음을 기르는 데는 욕구를 적게 하는 것보다 더 좋은 것이 없다"고 했으니, 욕구는 없앨 수 없고 적게 할 뿐인 것은 분명하다. 사람이 사는데 자기의 삶을 이루지 못하는 것보다 더 큰 병통은 없다. 자기의 삶을 이루고자 하고 또 다른 사람의 삶을 이루어 주고자 하는 것이 인(仁)이다. 자기의 삶을 이루고자 하면서 다른 사람의 삶을 해치고, 그러면서도 돌아보지 않는 것이 불인(不仁)이다. 불인은 실제로 자기 삶을 이루고자 하는 마음에서 시작된다. 만일 이 욕구가 없다면 분명 불인도 없을 것이다. 그러나 만일 이 욕구가 없다면 천하 사람들의 삶의 길은 궁핍해질 것이고, 그래도 멍하니 보고만 있게 될 것이다. 자기의 삶을 반드시 이루고자 하지 않으면서 다른 사람의 삶을 이루어 주고자 하는 경우는 없다.(『맹자자의소증』, 리9 : 孟子言 "養心莫善於寡欲", 明乎欲不可無也, 寡之而已. 人之生也, 莫病於無以遂其生. 欲遂其生, 亦遂人之生, 仁也, 欲遂其生, 至於戕人之生而不顧者, 不仁也. 不仁, 實始於欲遂其生之心, 使其無此欲, 必無不仁矣. 然使其無此欲, 則於天下之人, 生道窮促, 亦將漠然視之. 己不必遂其生, 而遂人之生, 無是情也.)

해설 인은 측은지심에서 발전한 덕인데, 그것은 나의 욕구를 인정하는 것처럼 타인의 욕구를 인정하는 것이고, 그것은 결국 나의 삶을 영위하려는 것처럼 타인이 삶을 영위하는 것을 인정하고 협력하는 것이다. 인이란 그런 것일 뿐이다. 그러므로 인이라는 최고의 덕목은 내가 나의 삶을 추구하려는 욕구가 없다면 갖지 못할 덕이다.

덕과 실천

자기와 다른 사람에게 있는 것을 실정이라고 하고, 실정에 지나친 것도 없고 실정에 미치지 못하는 것도 없는 것을 리라고 한다. … 항상 한결같이 붙잡아 지키는 것을 법칙이라 하고, 각각 나뉜 대로 나누는 것을 리라고 하고, 말과 행동으로 실천한 것을 아름다운 덕이라고 한다.(『맹자자의소증』, 리2 : 曰在己與人皆謂之情, 無過情無不及情之謂理. … 以秉持爲經常曰則, 以各如其區分曰理, 以實之於言行曰懿德.)

해설 덕은 실천과 결부된 것이다. 즉 실천으로 드러나야 덕이 있다고 할 수 있다. 실천은 말과 행동을 통해 이루어진다.

앎과 인의예지

사람은 그 앎이 신명에 이르도록 확충되면, 인의예지를 모두 온전히 할 수 있다. 인의예지는 다른 것이 아니고 마음의 밝음이 머무는 곳이고 앎이 그 양을 최대한 발휘한 것이다.(『맹자자의소증』, 성1 : 人則能擴充其知至於神明, 仁義禮智無不全也. 仁義禮智非他, 心之明之所止也, 知之極其量也.)

해설 인의예지라는 인간이 성취할 수 있는 최고의 덕은 앎을 극대화했을 때 얻어진다.

성장하는 육체와 덕성

시험 삼아 사람의 형체와 사람의 덕성을 비교해보면, 형체는 어리고 작은 데서 시작하여 자라고 커지는 데서 마치고, 덕성은 어리석은 데서 시작하여 성스럽고 지혜로운 데서 마친다.(『맹자자의소증』, 리13 : 試以人之形體與人之德性比而論之, 形體始乎幼小, 終乎長大, 德性始乎蒙昧, 終乎聖智.)

해설 형체나 덕성이나 둘 다 기이고, 외부의 기가 덧붙여져서 성장한다. 다른 차원의 성장이 아니다. 음식을 먹어야 하는 것처럼 지식 역시 섭취해야 한다.

학문에 의한 덕성의 성장

음식으로 섭취해서 몸의 영양과 혈기가 될 수 있는 것은 우리가 섭취해서 기르는 기와 몸이 본래 받은 기가 모두 천지에 근원한 것으로서 둘이 아니기 때문이다. 그러므로 섭취하는 대상은 밖에 있지만, 변화해서 혈기가 되어 안에 보탤 수 있다. 안에 본래 받은 기가 없는데 밖과 서로 맞아서 섭취할 수 있는 경우는 없다. 묻고 배우는 것과 덕성과의 관계도 마찬가지이다. 자기에게 덕성이 있기 때문에 묻고 배워서 성현의 덕성에 통할 수 있으니, 이것은 성현이 말한 덕성을 섭취하여 자기의 덕성을 늘리는 것이다.(『맹자자의소증』 성6 : 夫資於飮食, 能爲身之營衛血氣者, 所資以養者之氣, 與其身本受之氣, 原於天地非二也. 故所資雖在外, 能化爲血氣以益其內, 未有內無本受之氣, 與外相得而徒資焉者也. 問學之於德性亦然. 有己之德性, 而問學以通乎古賢聖之德性, 是資於古賢聖所言德性埤益己之德性也.

해설 덕성을 기르는 것은 묻고 배우는 것, 즉 학문이다.

소화되어 내 것이 된 배움

사람의 혈기와 심지로서 음양오행에 근본하고 있는 것이 성이다. 혈기는 먹고 마시는 것에 의지해서 길러지는데, 그것이 소화되면 곧 나의 혈기가 되니, 이것은 이전에 먹고 마신 음식이 아니다. 심지가 묻고 배우는 것에서 섭취하여 스스로 얻은 것 또한 그렇다. 혈기에 대해 말하자면, 옛날에는 약했는데 지금은 강한 것은 혈기가 길러질 수 있었기 때문이다. 심지에 대해 말하자면, 옛날에는 협소했는데 지금은 광대하고, 옛날에는 어두웠는데 지금은 밝은 것은 심지가 길러질 수 있었기 때문이다. 그러므로 "비록 어리석더라도 반드시 밝아진다"고 말했다. 사람의 혈기와 심지는 하늘이 정한 것이 종종 고르지 않은데, 기를 수 있었는지 기르지 못했는지에 따라 큰 차이가 나기에 이른다. 진실로 묻고 배우는 것이 먹고 마시는 것과 같다는 것을 안다면 소화되는 것을 귀하게 여기고 소화되지 않는 것을 귀하게 여기지 않는다. '외워서 대답하는 정도의 배움'은 들어가서 소화되지 않은 것이다. "스스로 얻으면 거하는 것이 편하고, 의지하는 것이 깊고, 좌우에서 취하더라도 그 근원을 만난다."(『맹자자의소증』, 리8 : 人之血氣心知本乎陰陽五行者, 性也. 如血氣資飮食以養, 其化也, 卽爲我之血氣, 非復所飮食之物矣. 心知之資於問學, 其自得之也亦然. 以血氣言, 昔者弱而今者强, 是血氣之得其養也. 以心知言, 昔者狹小而今也廣大, 昔者闇昧而今也明察, 是心知之得其養也, 故曰 "雖愚必明". 人之血氣心知, 其天定者往往不齊, 得養不得養, 遂至於大異. 苟知問學猶飮食, 則貴其化, 不貴其不化. 記問之學, 入而不化者也. "自得之, 則居之安, 資之深, 取之左右逢其源.")

해설 묻고 배운 것의 소화에 관해 언급하고 있다. 소화되지 않은 것과 된 것의 상태가 "외워서 대답하는 정도"와 맹자의 문구가 대비되고 있다. "외워서 대답하는 정도"는 오늘날 말하는 지식의 습득에 해당할 것이다. 섭취한 음식이 내 몸이 되듯이 섭취한 지식이 내 것이 된다는 것은 노력 없이도 그와 관련되는 마음과 행위를 유발하는 것일 터이다. 말과 몸으로 드러나는 자연스러운 행위로 알 수 있을 것이다.

모든 리에 통달하게 되기까지

리를 잃는 것은 자질의 우매함에 제한되어서이니, 이른바 어리석음이다. 오직 배움만이 그 부족함을 메우고 더하게 하여 지혜로움으로 나아가게 할 수 있다. [지혜로움을] 더하기를 계속하여 그치지 않아서 지극한 경지에 이르는 것이 마치 해와 달이 밝아서 틈이 있는 곳은 어디나 반드시 비추는 것과 같게 되면 성인이다. 이는 『중용』의 "비록 어리석더라도 반드시 밝게 된다"는 것, 『맹자』의 "그것을 넓히고 채워간다"는 것이다. 성인은 신명한 융성함으로써 일에 대해서 리를 얻지 못함이 없으므로 이에 인의예지가 완전해진다. 그러므로 리와 의는 다른 게 아니라 비추고 살피는 것이 잘못되지 않는 것이다. 어떻게 잘못되지 않을 수 있는가? 바로 마음의 신명이다. 사람이 금수와 다른 것은 비록 같이 정신을 가지고 있더라도, 사람은 신명의 경지에 이를 수 있다는 점이다. 리와 의를 어찌 별도의 사물처럼 여겨 비추고 살피는 것 이외에서 구할 것이며, 사람의 정신이 신명의 경지에 이를 수 있다는 것이 어찌 부여받은 기 밖에서 구하는 것이겠는가.(『맹자자의소증』, 리 5 : 失理者, 限於質之昧, 所謂愚也. 惟學可以增益其不足而進於智, 益之不已, 至乎其極, 如日月有明, 容光必照, 則聖人矣. 此中庸 "雖愚必明", 孟子"擴而充之"之謂. 聖人神明之盛也, 其於事靡不得理, 斯仁義禮智全矣. 故理義非他, 所照所察者之不謬也. 何以不謬? 心之神明也. 人之異於禽獸者, 雖同有精爽, 而人能進於神明也. 理義豈別若一物, 求之所照所察之外, 而人之精爽能進於神明, 豈求諸氣稟之外哉!)

해설 사람이 배움에 의해 어리석음을 극복하고 모든 리를 아는 단계에 이르는 과정을 설명하고 있다. 어리석음이 극복된 상태는 현실의 실정을 올바르게 파악한 것을 말하고, 그것은 인의예지라는 도덕적 상태로 이어진다. 즉 배움은 현실의 이치를 배우는 것인데, 그 이치는 도덕적 영역과 분리된 것이 아니라, 오히려 도덕적인 이치라고 해야 할 것이다.

열려 있는 실수의 가능성

지혜로운 사람은 자기가 미혹되지 않는다고 자부해서 종종 행동을 잘

못하는 경우가 많다. 어리석은 사람의 마음은 미혹되고 어두우니 움직임에 잘못이 있는 것이 당연하다. 현명한 사람은 자신의 [행동이] 옳음에서 나오고 그름에서 나오지 않는다고 스스로 믿고 종종 집착해서, 통하는 일이 드물게 된다. 불초한 사람은 그 마음을 빠뜨려서, 비록 일이 마땅한 것을 보더라도 악을 기르고 잘못을 저지르니, 무지한 것과 마찬가지이다.(『맹자자의소증』, 도2 : 智者自負其不惑也, 往往行之多謬, 愚者之心惑闇, 宜乎動輒愆失. 賢者自信其出於正不出於邪, 往往執而鮮通, 不肖者陷溺其心, 雖睹夫事之宜, 而長惡遂非與不知等.)

해설 지혜롭다고 하더라도 아직 신명의 경지에 이르지 않았다면 지혜롭지 않은 부분이 있을 것이다. 그러므로 우리는 늘 실수할 가능성에 노출되어 있다. 특히 스스로 지혜롭다고 자부하다 보면, 실수할 수도 있다는 것을 생각하지 못하여 신중함을 잃고 말 것이다.

앎의 최고 상태로서 권(權)

'권'(權)은 가벼움과 무거움을 분별하는 것이다. 이것이 무겁고 저것이 가벼워 영원히 바뀌지 않는 것이 일정함(常)이다. 일정하면 영원히 바뀌지 않는 무거움과 가벼움을 사람들이 뚜렷하게 본다. 무거운 것이 가벼워지거나 가벼운 것이 무거워지면 이것이 변화이다. 변화에 대해서는 지혜를 다해 일의 실정을 분별하고 살펴 기준을 세우지 못하면 충분히 알 수 없다. 『논어』에서 "함께 배울 수는 있지만 함께 도에 나아갈 수는 없고, 함께 도에 나아갈 수는 있지만 함께 설 수는 없고, 함께 설 수는 있지만 함께 권도(權道)를 행할 수는 없다"고 했다. 배우는 일은 같지만 시험 삼아 무엇을 위해 배우느냐고 물어보면, 그 뜻이 '도'에서 매우 먼 사람이 있는데, 봉급, 이익, 명성을 구하는 사람이 그렇다. 그러므로 "함께 도에 나아갈 수는 없다"고 했다. 비록 도를 몸으로 실천함에 잘못이 없더라도 도를 지키는 것을 보면, 빼앗기지 않을 자가 적다. 그러므로 "함께 설 수는 없다"고 했다. 비록 도를 지키는 것이 뛰어나더라도 일정함만을 알고 변화를 알지 못하는 것은 뜻을 정밀하게 판단하는 것이 깊지 못하기 때문이다. 따라서 심지의 밝음을 더하여 성스러움과 지혜로움을 온전히 하는 데 부족하다. 그러므로 "함께 권도를 행할 수 없다"고 했다.(『맹자자의소증』, 권0 : 權, 所以別輕重也. 凡此重彼輕, 千古不易者, 常也. 常則顯然共見其千古不易之重輕, 而重者於是乎輕, 輕者於是乎重, 變也, 變則非智之盡, 能辨察事情而準, 不足以知之. 論語曰 "可與共學, 未可與適道, 可與適道, 未可與立, 可與立, 未可與權." 蓋同一所學之事, 試問何爲而學, 其志有去道甚遠者矣, 求祿利聲名者是也. 故 "未可與適道". 道責於身, 不使差謬, 而觀其守道, 能不見奪者寡矣. 故 "未可與立". 雖守道卓然, 知常而不知變, 由精義未深, 所以增益其心知之明使全乎聖智者, 未之盡也. 故 "未可與權.")

해설 권의 경지가 앎의 최고 상태일 것이다. '권'은 본래 헤아린다는 말에서 나와, 위에서 말하듯이 변화하는 것을 대상으로 그 이치를 파악하는 능력이다.

현실의 변화와 권

예나 지금이나 기개가 엄하고 성격이 바르며 악을 싫어하기를 원수같이 하는 사람이 적지 않다. 자기가 옳다고 여긴 것을 옳다고 하고 그르다고 여긴 것을 그르다고 하며, 사람들이 뚜렷하게 함께 보는 무거움과 가벼움을 고집하는데, 사실은 때에 따라 저울질하면 무거운 것이 가벼워지거나 가벼운 것이 무거워질 수 있음을 알지 못한 것이다.

옳고 그름, 가벼움과 무거움이 잘못되면 천하 사람들이 화를 입게 되어도 구제할 수 없다. 어찌 인욕이 가리는 것이겠는가? 스스로 리라고 믿은 것이 리가 아니기 때문이다. 그래서 맹자가 "중을 잡았으나 권도가 없다"고 했고, 후세의 유자들이 "리를 잡았지만 권도가 없다"고 덧붙인 것이다.(『맹자자의소증』, 권0 : 古今不乏嚴氣正性·疾惡如讎之人, 是其所是, 非其所非, 執顯然共見之重輕, 實不知有時權之而重者於是乎輕, 輕者於是乎重. 其是非輕重一誤, 天下受其禍而不可救. 豈人欲蔽之也哉? 自信之理非理也. 然則孟子言"執中無權", 至後儒又增一"執理無權"者矣.)

해설 "때에 따라 저울질하면 무거운 것이 가벼워지거나 가벼운 것이 무거워질 수 있으므로" 권의 능력을 갖춰야만 지혜로운 사람이라고 하는 것을 보면, 권은 특히 시간의 변화와 관계 깊은 듯하다. 오늘 옳았다고 해서 내일도 옳은 것은 아니다. 그러므로 진정 지혜로움을 발휘하기 위해서는 늘 현실에 주목하고 그 현실에서 길을 찾아야 한다.

5. 인과 지, 그 밖의 덕들

『맹자』에서와 마찬가지로 대진에게서도 인의예지 가운데 인과 지가 가장 중요하다. 인이 삶을 향한 욕구의 실현에서 드러나는 덕이라면 지는 그 욕구가 이기적이지 않고 사회적인 것이 되도록 하는 덕이다. 역시 『맹자』에서도 그러하듯이, 실제로 어느 한 덕만이 단독으로 발휘되는 일은 거의 없다. 보통 인이 실현되는 데는 의, 예, 지의 덕이 동반되어야 비로소 온전한 인이 된다.

인과 나머지 덕

인이라는 것은 살리고 또 살게 하는 덕이다. "백성들은 소박해서 날마다 먹고 마신다"고 했는데, 모두 살리고 또 살게 하는 사람의 도(人道) 아닌 것이 없다. 한 사람이 자기의 삶을 완수하고 나아가 천하와 더불어 그 삶을 완수하는 것이 인이다. 인을 말하면 의를 포함할 수 있는데, 만일 어버이를 사랑하고 연장자를 봉양하는 것이 크고 바른 실정에 맞지 않으면 의가 다하지 못함이 있어 또한 바로 인이 될 수 없다. 인을 말하면 예를 포함할 수 있는데, 만일 친소와 상하의 구분이 없으면 예가 없어져서 인 또한 얻을 수 없다. 또 의를 말하면 예를 포함할 수 있고, 예를 말하면 의를 포함할 수 있는데, 선왕이 예로써 가르치는 것이 크고 바른 실정이 아닌 것이 없고, 군자의 정밀한 의가 친소와 상하를 결정하여 조금도 어긋나지 않는다. 의를 들고 예를 들면 인을 포함할 수 있는 것 또한 의심할 여지가 없다. 인의예를 들면 지를 포함할 수 있으니, 지라는 것은 이것을 아는 것이다.(『맹자자의소증』, 인의예지 0 : 仁者, 生生之德也, "民之質矣, 日用飮食", 無非人道所以生生者. 一人遂其生, 推之而與天下共遂其生, 仁也. 言仁可以賅義, 使親愛長養不協於正大之情, 則義有未盡, 亦卽爲仁有未至. 言仁可以賅禮, 使無親疏上下之辨, 則禮失而仁亦未爲得. 且言義可以賅禮, 言禮可以賅義, 先王之以禮教, 無非正大之情, 君子之精義也, 斷乎親疏上下, 不爽幾微. 而擧義擧禮, 可以賅仁, 又無疑也. 擧仁義禮可以賅智, 智者, 知此者也.)

해설 인은 자신의 생명을 소중히 여기고 그 욕구를 충족시키려는 것처럼 타인의 생명도 지켜주는 것이다. 실제로 그러한 일이 일어나는 데는 의, 예, 지의 행위가 동반될 수밖에 없다. 타인의 생명을 지키고 추구하도록 하는 데 올바름, 예의, 판단 등이 요구되기 때문이다.

자연을 필연으로 유도해야 하는 과제

성인은 자기의 혈기의 욕구를 따르는 것이 곧 낳고 기르는 도가 된다. 이에 다른 사람 보기를 자기와 같이 하니 충이고, 자기를 미루어 나가는 것이 서이고, 다른 사람에 대해서 근심하고 즐거워하니 인이고, 옳음에서 나오고 그름에서 나오지 않으니 의이고, 공경하며 모욕하거나 교만하지 않으니 예이고, 어긋나고 잘못되는 실수가 없으니 지이다. 충서라고 말하고 인의예지라고 말하는 것이 어찌 다른 것이겠는가. 보통사람의 욕구는 방종하여 사벽에 이르고 쟁탈과 작란에 이르지만, 성인의 욕구는 아름다운 덕이 아님이 없다. 욕구는 같지만 선과 불선의 다름이 초래하는 것이 이와 같다. 욕구는 혈기의 자연이고 아름다운 덕을 좋아하는 것은 심지의 자연이니, 이것이 맹자가 성선을 말한 까닭이다. 심지의 자연은 리와 의를 기뻐하지 않음이 없고, 리를 얻고 의에 합하는 것을 다하지 못함이 없다. 혈기의 자연으로 말미암아 깊이 살펴보면 필연을 알게 되니, 이것을 일러 리와 의라고 한다. 자연과 필연은 두 가지 일이 아니다. 자연에 나아가 밝히기를 다하여 조금의 잘못도 없는 것이 필연이다. 이와 같은 이후에야 유감이 없고 이와 같은 이후에야 평안하니, 이것이 자연의 지극한 법칙이다. 만약 자연에 맡겨두어 잘못된 데로 흘러 도리어 자연을 상하면 자연이 아니다. 그러므로 필연으로 돌아가는 것은 바로 자연을 완성하는 것이다.(『맹자자의소증』, 리14 : 聖人順其血氣之欲, 則爲相生養之道, 於是視人猶己, 則忠, 以己推之, 則恕, 憂樂於人, 則仁, 出於正, 不出於邪, 則義, 恭敬不侮慢, 則禮, 無差謬之失, 則智, 曰忠恕, 曰仁義禮智, 豈有他哉? 常人之欲, 縱之至於邪僻, 至於爭奪作亂, 聖人之欲, 無非懿德. 欲同也, 善不善之殊致若此. 欲者, 血氣之自然, 其好是懿德也, 心知之自然, 此孟子所以言性善. 心知之自然, 未有不悅理義者, 未能盡

得理合義耳. 由血氣之自然, 而審察之以知其必然, 是之謂理義, 自然之與必然, 非二事也. 就其自然, 明之盡而無幾微之失焉, 是其必然也. 如是而後無憾, 如是而後安, 是乃自然之極則. 若任其自然而流於失, 轉喪其自然, 而非自然也, 故歸於必然, 適完其自然.)

해설 혈기도 심지도 자연인데, 혈기에도 심지에도 인위적인 노력으로 성장을 더해야 한다. 자연은 그 자체로 중요하지만, 또한 자연에 맡겨두면 잘못된 데로 흘러가기도 한다. '필연'이라는 것은 그 자연의 흐름 속에서 모든 것들이 온전하게 보존되는 그 지점일 것이다. 그것을 알고, 그 필연으로 자연을 유도하는 것이 인간의 과제이다.

경험세계에 대한 공부

안회의 말에 "선생께서는 차근차근 사람을 잘 인도하셨다. 문(文)으로 나를 넓혀주셨고 예로 나를 단속해주셨다"고 했다. 『중용』에서는 그 세목을 들어 "널리 배우고 살펴서 묻고 신중하게 생각하고 밝게 구별하고 독실하게 행하는 것"이라 말하고, 결론을 내려 "진실로 이 도를 행할 수 있으면, 비록 어리석더라도 반드시 밝아지고 비록 유약하더라도 반드시 강해진다"고 했다. 이 도를 따라 성인의 도에 이른다는 것은 실로 이 도를 따라 날로 그 지혜를 증가시키고 날로 그 인을 증가시키고 날로 그 용기를 증가시켜서 지혜, 인, 용기를 성인과 같게 한다는 것이다. 날로 증가시키는 데는 어려움도 있고 쉬움도 있다. 하나의 기술과 하나의 능력을 배우는 것에 비유해보면, 처음에 날마다 달라지고 달마다 달라지다가, 오래 되어서는 사람들이 그가 진보하는 것을 보지 못하고, 더 오래 되어서는 자기도 또한 다시 더 진보하지 못할 것을 깨닫게 되는 것과 같다. 그래서 사람들이 비록 나라의 대표적인 기술자라고 인정해준다고 하더라도 스스로 이르지 못한 것을 아는 것이다.(『맹자자의소증』, 도3 : 顔子之言又曰 "夫子循循然善誘人, 博我以文, 約我以禮." 中庸詳擧其目, 曰 "博學·審問·愼思·明辨·篤行", 而終之曰 "果能此道矣, 雖愚必明, 雖柔必强." 蓋循此道以至乎聖人之道, 實循此道以日增其智, 日增其仁, 日增其勇也, 將使智仁勇齊乎聖人. 其日增也, 有難有易, 譬之學一技一能, 其始日異而月不同, 久之, 人不見其進矣, 又久之, 己亦覺不復能進矣, 人雖以國工許之, 而自知未至也.)

해설 공부의 단계가 그 폭이 넓음을 알 수 있다. 공부는 직접 마주하는 것이 무엇이든, 일단은 경험세계에 대한 견문을 넓히는 것이다. 그것이 규칙과 원리를 파악하는 능력을 키워줄 것이다. 그런데 경험세계는 한계가 없으므로 그 공부 또한 바닥을 알 수 없을 정도로 깊어져야 할 것이다.

지혜의 단계

세상에 지혜로운 사람은 적고 어리석은 사람은 많아서 그 심지(心知)가 보통사람보다 밝으면 모두 추어올려 지혜로운 사람이라고 하지만, 성인의 경지와는 매우 멀다. 보통사람들과 지혜로운 사람이라고 추어올려진 사람들이 얻은 리를 비교해보면 보통사람들의 가리워짐이 반드시 많다. 보통사람들과 지혜로운 사람이라고 추어올려진 사람과 성인에 대해서, 그들이 얻은 리를 비교해보면 성인이 된 이후에는 가리워짐이 없다.(『맹자자의소증』, 리4 : 天下智者少而愚者多, 以其心知明於衆人, 則共推之爲智, 其去聖人甚遠也. 以衆人與其所共推爲智者較其得理, 則衆人之蔽必多, 以衆所共推爲智者與聖人較其得理, 則聖人然後無蔽.)

해설 지혜롭다고 해도 여러 단계 성장해야 함을 말하고 있다.

덕의 실천

임금이 인에 머물지 않으면 임금의 도가 없어지고, 신하가 공경에 머물지 않으면 신하의 도가 없어진다. 아버지가 자애로움에 머물지 않으면 아버지의 도가 없어지고, 아들이 효에 머물지 않으면 아들의 도가 없어진다. 그러므로 임금의 도, 신하의 도, 아버지의 도, 아들의 도를 다하는데 지혜, 인, 용기가 아니면 할 수 없다. 소박하게 말하면 "어디에서나 통하는 도"라고 하고 "어디에서나 통하는 덕"이라고 하며, 정밀하게 말하면 지혜, 인, 용기에 완전한 사람이 임금의 도, 신하의 도, 아버지의 도, 자식의 도를 다하는 그 일을 들어 도라고 말하는 것에 불과하다. … 도의 큰 것을 지극하게 이와 같이 말하지만, 어찌 일상생활의 밖으로 벗어나겠는가. 지극한 도는 지극한 덕을 가진 사람이 실천할 수 있는 것이니, 어찌 학문이 낮은 사람이 쉽게 엿보겠는가. (『맹자자의소증』, 도3 : 君不止於仁, 則君道失, 臣不止於敬, 則臣道失, 父不止於慈, 則父道失; 子不止於孝, 則子道失, 然則盡君道·臣道·父道·子道, 非智仁勇不能也. 質言之, 曰 "達道", 曰 "達德", 精言之, 則全乎智仁勇者, 其盡君道·臣道·父道·子道, 擧其事而亦不過謂之道. … 極言乎道之大如是, 豈出人倫日用之外哉! 以至道歸之至德之人, 豈下學所易窺測哉!)

해설 실제로 인을 보여주지 않으면 인의 도, 인의 덕은 없다. 도는 덕을 가진 사람이 실천하는 것이다.

6. 덕과 정치

개별 사물, 개별 사안의 리를 실수 없이 알기 위해서는 긴 배움의 시간이 필요하다. 최고의 앎에 이른 사람을 성인이라고 부른다. 모두 성인이 될 수 있다고 하지만, 실제로는 거의 대부분은 성인으로 향한 과정 중에 있다. 이도 모든 사람이 노력하고 있다는 전제 하에서 그렇다. 현실적으로 거의 모든 사람들은 리를 인식하는 데 실수에 노출되어 있다. 문제는 잘못 인식된 리가 사회의 일반적 원리로 통용될 때이다. 정치적으로 거대한 권력을 가진 사람이 자의적인 판단을 보편적 리로 통용시킬 때의 재난은 대표적인 경우이다. 그러나 그 경우가 아니더라도 모든 사람들은 권력관계에 있으며, 자기 실수의 영향력을 행사할 주변사람도 늘 있다. 해법은 모두 배움의 과정을 이탈하지 말고 노력해야 하며, 또한 실수할 수 있다는 것을 인지하고 신중해지는 것이다.

어두운 심지의 폐해

성인이 아닌 사람들은 [심지에] 가려진 것이 없는 경우가 드문데, 가려진 것이 깊은 경우도 있고 얕은 경우도 있다. 사람이 가려짐을 근심하지 않고 스스로 지혜롭다고 여겨 자기의 의견만을 따라 그것을 고집해서 리와 의라고 한다. 나는 리와 의를 구하는 사람이 자기의 의견을 가지고 리와 의라고 할까 두려워하니, 백성이 그 한없는 화를 받는다는 것을 누가 알겠는가.(『맹자자의소증』, 리3 : 自非聖人, 鮮能無蔽, 有蔽之深, 有蔽之淺者. 人莫患乎蔽而自智, 任其意見, 執之爲理義. 吾懼求理義者以意見當之, 孰知民受其禍之所終極也哉!)

해설 심지가 가려져서 지혜롭지 않게 되면, 단순히 누군가의 심지가 열악하다는 개인적인 상황에서 끝나지 않는다. 그 사람이 권력을 갖고 있는 경우 그 모자란 심지에 의한 현실파악이 그대로 사회의 진리로 통용될 가능성이 있으며, 대진에 의하면 실제로 긴 역사는 그러한 무단의 역사였다.

사물이 된 사람

"외부 사물이 사람을 자극하는 것이 그치지 않으니, 사람의 좋아하고 싫어함이 조절되지 않으면, 이에 외부 사물이 이르러 사람이 사물로 변화한다. 사람이 사물로 변화한다는 것은 천리를 멸하고 사람의 욕구를 다하는 것이다. 이에 패역하고 속이는 마음이 있게 되고 방탕하고 어지러움을 일으키는 일이 있게 된다. 그리하여 강한 사람은 약한 사람을 위협하고, 다수는 소수를 억압하고, 지혜로운 사람은 어리석은 사람을 속이고, 용기 있는 사람은 겁많은 사람을 괴롭히고, 병든 사람은 보살핌을 받지 못하고, 늙은이, 어린이, 고아, 자식 없는 사람이 제자리를 얻지 못한다. 이는 크게 어지러워지는 도이다." 진실로 약한 사람, 소수의 무리, 어리석은 사람, 겁많은 사람과 병든 사람, 늙은이, 어린이, 고아, 자식 없는 사람에 대해 스스로 돌이켜 그 실정을 생각해보면, 다른 사람이라고 하여 어찌 나와 다르겠는가.(『맹자자의소증』, 리1 : 又曰 "夫物之感人無窮. 而人之好惡無節, 則是物至而人化物也. 人化物也者, 滅天理而窮人欲者也, 於是有悖逆詐僞之心, 有淫佚作亂之事, 是故强者脅弱, 衆者暴寡, 知者詐愚, 勇者苦怯, 疾病不養, 老幼孤獨不得其所. 此大亂之道也." 誠以弱·寡·愚·怯與夫疾病·老幼·孤獨, 反躬而思其情. 人豈異於我!)

해설 『예기』「악기」의 구절에 대한 대진식의 해석이다. 사람이 사람인 이유는 감정을 조절할 수 있다는 것이고, 구체적으로 말하면 타인의 욕구를 위해 자신의 욕구를 절제할 줄 안다는 것이다. 그런데 이러한 사람다움을 잃어버리면 사물이 된 사람이 일으킬 수 있는 재난은 가

공할 만하다. 그 사람이 사회 안에서 얼마나 큰 권력을 가졌든지 그 권력을 휘두를 수 있는 약자는 늘 있을 것이기 때문이다.

보편원리라고 주장되는 개인의 의견

육경, 공자·맹자의 말, 전기와 여러 서적들에 이르기까지 리라는 글자는 많이 보이지 않는다. 지금 비록 [이치에 어긋나게 행동하는] 지극히 어리석은 사람일지라도 일 한가지를 처리하고 사람 하나를 꾸짖으면서도 번번이 리라고 말하지 않음이 없는 것은 송나라 이래로 시작하여 습속을 이뤘다. 즉 리가 마치 별도의 사물로 있고 그것을 하늘에서 얻어 마음에 갖춘 것처럼 여기며, 제 마음의 의견을 갖다 리에 해당시키는 것이다. 이에 그 기세를 등에 업고 그 권세와 지위를 끼고 말 주변까지 더해 가진 사람의 경우는 리가 펴고, 힘이 약하고 기세가 위축되고 말을 잘하지 못하는 사람의 경우는 리가 굽는다. 오호라, 그 누가 이런 식으로 일을 주관하고 사람을 주관하는 것이 리가 아니라고 말할 수 있겠는가. 그 사람됨이 청렴하고 결백하며 스스로 긍지를 갖고 마음에 사특함이 없으나, 일 한가지 처리하고 사람 하나 꾸짖는 데 이르러서는, 자기의 의견에 의지하여 자기가 옳다고 여긴 것만 옳다고 하고 그르다고 여긴 것만 그르다고 한다. 스스로 기품이 엄하고 성품이 올바르며 악을 싫어하기를 원수를 보듯 한다고 믿지만, 일의 실정을 얻기 어렵다는 것과 시비판단이 치우쳐서 잘못되기 쉽다는 것은 알지 못한다. 종종 다른 사람들이 그 화를 받는데도, 스스로도 죽을 때까지 깨닫지 못한다. 혹은 일이 지난 뒤에 그 진상을 확실히 알게 되지만 후회하여도 이미 소용이 없다. 아아! 누가 이런 식으로 일을 주관하고 사람을 다스리는 것이 리가 아니라고 할 수 있겠는가.(『맹자자의소증』, 리4：六經·孔·孟之言以及傳記群籍, 理字不多見. 今雖至愚之人, 悖戾恣睢, 其處斷一事, 責詰一人, 莫不輒曰理者, 自宋以來始相習成俗, 則以理爲“如有物焉, 得於天而具於心”, 因以心之意見當之也. 於是負其氣, 挾其勢位, 加以口給者, 理伸, 力弱氣慴, 口不能道辭者, 理屈. 嗚呼, 其孰謂以此制事, 以此制人之非理哉. 卽其人廉潔自持, 心無私慝, 而至於處斷一事, 責詰一人, 憑在己之意見, 是其所是而非其所非, 方自信嚴氣正性, 嫉惡如讎, 而不知事情之難得, 是非之易失於偏, 往往人受其禍, 己且終身不寤, 或事後乃明, 悔已無及. 嗚呼, 其孰謂以此制事, 以此治人之非理哉!)

해설 보편원리라고 주장되는 리가 결국은 어떤 개인의 의견일 뿐이고, 그것이 리로 통용될 때의 위험성에 대해 경계하고 있다.

VII.

행위와 덕

— 정약용

1. 정약용의 덕 개괄

한국철학사에서 정약용(丁若鏞, 1762-1836)의 의미는 독특하다. 근대 일제강점의 위협 속에서 민족의식의 각성과 그 선양을 과제로 했던 애국지식인들은 정약용을 근대를 열어줄 조선의 선각자로 조명했다. 자신의 시대를 앞서간 사회사상과 정치사상이 그러한 평가를 가능하게 하였다. 그 이후 한국철학사에서 정약용이 차지하는 강고한 의미는 건재하다.

그는 고증학적 방법론의 토대 위에서 사서육경을 재해석하는 방법으로 자신의 철학을 전개했다. 그 점에서 그는 대진(戴震)과 마찬가지로 유학의 경학전통 위에 있다. 그러나 '천'(天)을 '상제'(上帝)로 해석하는 그의 천관은 여러 연구들이 지적하듯이 마테오 리치의 『천주실의』를 연상하게 한다. 그의 천은 인격적인 존재로서 인간생활에 관여한다. 경전해석에서 정약용의 독특함은 일단 이 점에서 연유한다. 근대 애국지식인은 그의 학문을 '실학'(實學)이라는 이름으로 부각시켰는데, 그 의미는 '수기'보다는 '치인', 즉 세상의 경영에 더 방점을 두었다는 데 있다. 이 점 역시 그의 경전해석을 특징짓는 요소이다.

유가경전에 대한 재해석의 방법을 사용했다는 점, 그리고 현실의 경영을 중요시했다는 점은 그의 윤리학을 규정하는 중요한 요소이다. 그는 유가경전에서 제시하는 인의예지의 네 덕을 자명한 선으로 전제한다. 즉 선과 악에 대해서는 논란의 여지가 없이 누구에게나 명백하며, 모든 사람들은 본능적으로 선과 악을 구별한다고 전제한다.

정약용의 주요 관심은 그 선이 앎의 대상으로서가 아니라 실행의 대상이라는 점을 천명하는 것이었다. 그는 맹자의 성선설을 인간은

'선을 좋아하는' 감성을 가졌다는 것이라고 해석한다. 그 선의 추구 방식으로 제시되는 것이 '미루어봄'(恕)인 것을 보면, 그 선이란 나의 욕망을 인지하고, 나아가 그 욕망이 나만의 것이 아니라 인간 모두의 것이라는 것을 인정하고, 더 나아가 나와 타인의 욕망을 공평하게 실현하는 것이다. 인간에게는 선을 좋아하는 마음도 있지만, 육체를 벗어나지 못하는 존재로서 육체가 갖는 욕망이 있다. 선의 반대인 '악'은 이 육체가 요구하는 자신의 욕망만을 추구하고 타인의 욕망은 무시하는 '이기심'라고 추측된다. 이기심을 배제하고 모두의 욕망을 공평하게 추구하는 선, 그 선을 인간이 성취했을 때 특히 덕이라는 이름으로 부르는데, 그 덕의 대표는 '인'(仁)이다.

정약용은 인간이 인이라는 덕을 가졌다고 평가될 수 있으려면 몇 가지 요소가 합쳐져야 한다고 설명한다. 첫째는 인간에게 선천적으로 주어진 '선을 좋아한다'는 감성의 존재이다. 둘째는 선 혹은 악을 선택하는 '의지'의 존재이다. 인간에게는 선을 좋아하는 감성뿐 아니라 불선을 원하는 마음도 있다. 불선의 내용은 이기심이라는 점에서, 자신의 욕망에만 충실한 채 타인의 욕망은 고려하지 않는 것이다. 이 둘 사이에서 갈등하는 인간은 매 상황에서 이 둘 중 하나를 의지로써 선택한다. 셋째, 의지에서 그치는 것이 아니라 몸을 움직여 실행함으로써 비로소 사람은 '인'이라는 덕을 성취하게 된다. 결과적으로 덕은 실행의 형태로 드러난다.

정약용은 의지의 선택에서부터 선을 선택하고 나아가 그 선을 실행하기란 쉽지 않다고 강조한다. 덕은 단번의 실행이 아니라 그 실행을 지속적으로 반복하게 하는 그 사람의 어떤 상태를 평가하는 것이므로, 그런 실행을 하도록 자신을 단련하는 일이 필요하다. 유학자로서 정약용 역시 경전의 독서를 중시하지만, 독서조차도 실행을 위한 것이라고 강조된다. 덕 있는 사람이 되기 위해서는 무엇보다 먼저 사람을 대면해야 한다. 덕의 성취는 타인과 만남으로써 비로소 시작된다. 실생활에서 사적으로 공적으로 자신이 만나야 할 사람들과 대면해서 올바른 관계를 만들어가는 것이 덕이 성장하는 과정이다. 사람들을 만나서 선을 선택하고 선을 실행하는 것 자체가 덕의 훈련 과정이기도 하다.

그러므로 정약용이 논하는 덕의 가장 큰 특징은 "행위 뒤에 붙이는 이름"이라는 정약용 자신의 말로 요약된다. 주희에게서 덕이 마음의 것이라면 정약용은 그것을 마음 밖으로 즉 몸으로 끌어냈다고 할 수 있다. 즉 덕은 몸이 얻는 것이다. 마음이 몸과 떨어진 것이 아니기에 마음이 그 가운데 없는 것은 아니다. 몸이 얻어야 마음도 얻는 것이라 할 수 있다.

2. 사람의 탄생

정약용의 설명에 의하면, 옛날에는 한자말 '신'(身) 혹은 '기'(己)로도 사람을 가리켰다. 사람이라고 하면 이미 몸을 가진 존재이기 때문이다. 또한 사람이라고 하면 그 몸 외에 마음이 있다. 정약용은 마음과 몸을 각각 형체(形)와 정신(神)이라고 부른다. 사람은 이 둘이 결합해서 이루어졌다. 마음과 몸은 각각 주로 하는 일이 있다. 마음이 주로 하는 중요한 일은 도심(道心)을 발휘하는 것이다. 몸이 주로 하는 일은 인심(人心)을 발휘하는 일이다. 유가경전의 권위를 인정하는 유학자로서 정약용은 유학의 고경에 등장하는 용어들을 그대로 사용해서 설명한다. 인심과 도심 역시 그러하다. 유학의 전통적 설명에 의하면, 인간은 선천적으로 선하게 태어났지만 육체에서 비롯한 개인적인 욕심 때문에 그 선함의 실현이 위협받는 일이 생긴다. 즉 도심과 인심은 늘 전쟁상태이다. 인간이 도덕적 선을 성취한다는 것은 도심으로 하여금 인심과 갈등관계를 넘어 인심을 이기도록 하는 것이다.

정약용이 설명하는 도덕적 가치의 성취 역시 기본적으로 도심이 인심을 이김으로써 이루어진다. 그런데 정약용은 그 과정을 보다 세분해서 설명한다. 사람이 타고난 천성적인 선한 본성이란 선을 좋아하고 악을 싫어하는 경향성이라고 그는 설명한다. 그것이 다름 아닌 도심이다. 그런데 사람은 도심 외에 인심도 있다. 도심이 선을 좋아하는 것처럼 인심은 도심과는 또 다른 애호가 있다. 이 둘이 싸우는데, 사람이 선한 사람이 되기 위해서는 도심에 따라야 한다. 여기에서 선을 선택하는 의지가 필요하다. 그런데 선택한 뒤에 실행으로 옮겨야 비로소 거기에 인이라든지 의와 같은 덕의 이름을 허용할 수가 있다. 이 실행에는 몸이 움직여야 한다.

정약용이 설명하는 사람은 이와 같은 존재이다. 선을 좋아하는 마음과 동시에 불선에 끌리는 몸을 갖고 태어난다. 이 외에 선과 악을 선택할 수 있는 의지를 갖는다. 몸은 인심의 원천이기도 하지만 실행을 위해서 또 반드시 기여를 해야 할 힘의 원천이기도 하다.

정신과 형체의 결합

정신(神)과 형체(形)가 오묘하게 결합하면 사람이 된다. 그래서 옛 경전에서는 이를 총칭해서 '신'(身)이라고 하기도 하고 '기'(己)라고 하기도 했다. 그러나 이른바 '허령한 지각'이라는 것은 하나의 글자로 이를 가리키는 말이 없었는데, 후세에 이를 나누어 가리키고자 하는 사람들이 더러는 다른 글자를 빌려 쓰기도 하고 더러는 몇 개의 글자를 연결하여 쓰기도 했다. 그리하여 '심'(心)이라고 하기도 하고, '정신'(神)이라고 하기도 하고, '영'(靈)이라고 하기도 하고 '혼'(魂)이라고 하기도 했는데, 모두 다른 글자를 빌려 쓴 것이다. 맹자는 형체 없는 것은 '대체'(大體), 형체 있는 것은 '소체'(小體)라고 했고, 불가에서는 형체 없는 것은 '법신'(法身), 형체 있는 것은 '색신'(色身)이라 했는데, 이는 모두 몇 글자를 연결해 쓴 것이다.(『심경밀험』「心性總義」: 神形妙合, 乃成爲人. 故其在古經, 總名曰身, 亦名曰己. 而其所謂虛靈知覺者, 未有一字之專稱, 後世欲分而言之者, 或假借他字, 或連屬數字. 曰心曰神, 曰靈曰魂, 皆假借之言也. 孟子以無形者爲大體, 有形者爲小體. 佛氏以無形者爲法身, 有形者爲色身, 皆連屬之言也.)

해설 맹자가 말하는 대체와 소체는 각각 사유의 기관으로서 마음과 감각적 욕구의 주체로서 감정이다. 정약용은 그것을 정신과 형체라고 부른다.

마음(靈體)의 구조

총괄하면, 영체(靈體) 안에는 세 가지 이치가 있다. 성으로 말하자면 선을 즐기고 악을 부끄러워 하니, 이는 맹자가 말하는 성선이다. 권형(權衡)으로 말하자면 선할 수도 있고 악할 수도 있으니, 이는 고자(告子)의 단수(湍水)의 비유와 양웅(揚雄)의 선악혼설이 일어난 이유이다. 일을 실행함에 대해 말하자면, 선하기는 어렵고 악하기는 쉬우니, 이는 순경(荀卿)의 성악설이 일어난 이유이다. 순경과 양웅은 '성'자에 대한 앎이 본래 잘못되어 그 말이 그릇되지만, 사람의 영체 안에 본래 이러한 세 가지의 이치가 없는 것은 아니다.(『심경밀험』「心性總義」: 總之靈體之內, 厥有三理. 言乎其性則樂善而恥惡, 此孟子所謂性善也. 言乎其權衡則可善而可惡, 此告子湍水之喩, 揚雄善惡渾之說所由作也. 言乎其行事則難善而易惡, 此荀卿性惡之說所由作也. 荀與揚也, 認性字本誤, 其說以差, 非吾人靈體之內, 本無此三理也.)

해설 영체란 마음을 가리키는 정약용의 용어이다. 정약용은 과거 인간 본성에 관한 여러 가지 이론은 인간의 단면만을 본 결과라고 정리한다. 각각 단면을 본 결과이고, 그 점에서 동시에 일리는 있다. 그가 보기에 인간의 본성이 현실에서 발현하는 데는 세 계기를 거친다. 첫째는 선을 좋아하고 악을 싫어하는 본성이다. 둘째는 선과 악을 선택하는 자유의지이다. 셋째는 선을 실행하는 것의 상대적 어려움이다. 영체는 이 셋을 관장하는 인간의 주관이다.

견고한 선성(善性)

생명을 처음 부여받을 때 하늘이 이 성(性)을 부여하였으니, 비록 온갖 탐음과 학살을 다 저지를지라도 이 성은 그대로 변하지 않는다. 충신과 효자를 보면 선하다고 찬미하기를 온 나라사람이 같이 한다. 탐관오리를 보면 악하다고 미워하기를 온 나라 사람이 같이 한다. 이것이 이른바 인간의 성은 선하다고 하는 이유이다.(원주: 이는 옳고 그름을 아는 마음을 가지고 성이 선하다는 것을 밝힌 것이다.) 이 성이 있으므로 감응해서, 탐음과 학살을 일삼던 자가 하루아침에 의로워질 수 있는 이치가 있으니, [성이] 선하지 않다면 가능하겠는가? 성에 대해 말한다면, 반드시 기호(嗜好)에 중점을 두고 말해야 그 뜻이 성립한다. 그렇지 않고 만약 "이는 허령하고 무형한 것으로서 그 본체는 완전하게 지극한 선으로서 조금의 악도 없다"고 한다면, 어린애가 갓 태어났을 때 울고 젖을 찾고 안아주기를 바랄 줄만 아는데, 어떻게 [이 어린애의 성이] 순수하게 선이라 고집할 수 있겠는가? 자주지권(自主之權)에 대해 말한다면, [사람이 처한] 형세에 따라 선을 행할 수도 있고 악을 행할 수도 있는데, 양웅(揚雄)이 이것을 성이라 여겼기 때문에 [성에는] 선악이 섞여 있다고 규정한 것이다. 형기(形氣)의 사욕 면에서 말한다면, 선을 행할 수도 있고 악을 행할 수도 있을 뿐 아니라 선은 행하기 어렵고 악은 행하기 쉬워서, "선을 따르는 것은 [산을] 오르는 것과 같고 악을 따르는 것은 흙이 무너져 내리는 것과 같다"는 말이 지나치지 않다. 그런데 순경(荀卿)이 이것을 성이라 여겼기 때문에 성은 악하다고 규정하였다. 양웅과 순경의 말이 없는 것을 있다고 하고 흰색을 흑색이라고 하는 것과 같은 유는 아니고, 그들이 가리킨 것이 맹자와 다른 것이다. 불가에서는 '마음을 밝게 하고 본성을 본다'(明心見性)고 하여, 그 수만 가지 말이 모두 이 성을 찬미하였으나, 그 본의는 맹자의 성선설과 전혀 다르다. 저들이 말하는 것은 본체의 허령하고 기묘함이며, 맹자가 말한 것은 선을 즐기고 악을 부끄러워하는 것이 마치 물이 아래로 내려가는 것과 같다는 것이다. 어찌 취지가 같은 말이겠는가?(『맹자요의』「등문공·상」"滕文公爲世子孟子言必稱堯舜章" : 賦生之初, 天命之以此性, 雖貪淫虐殺無所不爲, 而此性仍然不變. 見忠臣孝子則美之爲善也, 與國人同, 見貪官汚吏則疾之爲惡也, 與國人同, 此所謂性善也.(此以是非之心, 明性善.) 因此性而感之, 貪淫虐殺者, 有一朝遷義之理, 不善而能然乎? 言性者, 必主嗜好而言, 其義乃立. 若謂此虛靈無形之物, 其體渾然至善, 一毫無惡, 則赤子始生, 但知啼哭索乳求抱, 安得硬謂之純善乎? 若以其自主之權能而言之, 則其勢可以爲善, 亦可以爲惡,

楊雄以此爲性, 故命之曰善惡渾. 若以其形氣之私慾而言之, 則不惟可善而可惡, 抑亦難善而易惡, 從善如登, 從惡如崩, 非過語也. 荀卿以此爲性, 故命之曰性惡. 彼荀與楊之言, 亦未嘗指無爲有誣白爲黑, 則必其所指點者, 與孟子不同耳. 佛家號爲明心見性, 其千言萬語, 皆所以贊美此物, 然其本意, 與孟子性善之說, 相去萬里. 彼所言者, 本體之虛靈奇妙也, 此所言者, 謂其能樂善恥惡, 如水之就下也. 豈同趣之言乎?)

해설 앞에서 언급했던 본성, 자유의지, 실행에 대해 보다 자세한 설명을 하고 있다. 윤리적 행위에는 이 세 가지 계기가 작용한다. 본성은 선을 좋아하는 도덕적 감성이다. 기본적으로 타고난 선을 향한 선호가 있기 때문에 윤리적인 행동이 가능하다. 그런데 자신의 기호를 선택하는 것은 필연적으로 일어나지는 않는다. 악을 선택하는 자유의지도 있기 때문이다. 선을 좋아하는 자신의 감성을 실행으로 옮기는 데는 어떤 식으로든 노력이 필요하다.

마음의 권능

이 성이 없다면 사람이 비록 무한히 많은 선을 행하려 해도 죽을 때까지도 할 수 없을 것이다. 하늘이 이미 이 성을 부여하였기 때문에, 시시각각 성찰하고 깨우쳐서, 나쁜 일을 저지르려는 때를 당하면 한편으로는 욕심을 내면서도 한편으로는 저지하려 하니, 저지하려는 것은 본성이 받은 천명임이 분명하다. "하늘이 명한 것을 성"이라고 한 말은 이것을 이른 것이 아니겠는가. 만약 "선악이 섞여 있다"고 한다면, 하늘이 성을 부여한 것이 이와 같아서 사람이 선을 행하는 것이 물이 아래로 내려가고 불이 위로 올라가는 것과 같다고 한다면, [그 선은] 사람의 공과 능력이 되지 못한다. 그래서 하늘이 사람한테 주체적인 권능(自主之權)을 주었다. 가령, 선을 하려고 하면 선을 실행하고 악을 하려고 하면 악을 실행하여, 향방이 유동적이고 정해지지 않아 그 권능이 자신에게 있으니, 금수가 일정한 마음을 갖고 있는 것과는 다르다. 그러므로 선을 실행하면 실제로 자신의 공이 되고 악을 실행하면 실제로 자신의 죄가 된다. 이는 마음의 권능으로 이른바 성이 아니다. 양웅은 [마음의 권능을] 성이라고 잘못 생각해서 선악이 섞여 있다고 말한 것이고, 애당초 이런 일이 없는데 양웅이 이것을 꾸며낸 것은 아니다.(『맹자요의』「등문공·상」"滕文公爲世子孟子言必稱堯舜章": 若無此性, 人雖欲作塵剎之善, 畢世不能作矣. 天旣賦之以此性, 故又能時時刻刻提醒牖啓, 每遇作惡, 一邊發慾, 一邊沮止, 明沮止者, 即本性所受之天命也. 天命之謂性, 非是之謂乎? 若所謂善惡渾者, 天之賦性, 旣如此, 則人之行善, 如水之就下, 火之就上, 不足爲功能. 故天之於人, 予之以自主之權, 使其欲善則爲善, 欲惡則爲惡, 游移不定, 其權在已, 不似禽獸之有定心. 故爲善則實爲己功, 爲惡則實爲己罪, 此心之權也, 非所謂性也. 揚雄誤以爲性, 故乃爲之善惡混, 非初無是事, 而揚雄誣之也.)

해설 인간은 선을 좋아하는 본성을 타고 났으면서도 그 선을 선택하는데 끊임없는 갈등상황에 놓인다. 선에 대한 애호뿐만 아니라 악에 대한 애호도 있기 때문이다. 그렇다고 누구의 본성은 선하고 누구의 본성은 악하게 정해졌다는 것은 아니다. 선할 수도 있고 악할 수도 있다는 말이, 인간의 의지나 노력과 상관없이 본성이 선하거나 악하거나 정해진 것이라는 의미는 아니다. 모든 인간은 선과 악의 갈등 상황에 놓여 있다. 선이나 악을 선택하는 것은 인간의 의지이다. 그래서 그 윤리적 책임이 인간의 것이 된다.

몸과 악

사람이 사람인 이유는 덕을 좋아하고 악을 부끄러워하기 때문으로, 이는 천명이고 본성이다. 다만, 몸이 둘러싸고 있어 선을 가로막고 악에 빠지게 하는 도구가 된다. 그러므로 인심이 그 사이에서 제멋대로 일어나고 도심도 빠지게 만드는데, 이것이 어찌 본성이겠는가?(『논어고금주』「陽貨」: 然人之所以爲人者, 以其好德而恥惡, 此天命也, 此本性也. 惟其形軀相囿, 爲沮善陷惡之具也. 故人心得横發於其間, 而道心爲之陷溺, 是豈本性也哉?)

해설 악의 원천으로서 몸이 언급된다. 몸과 관련된 기호는 인심이고 선을 애호하는 마음은 도심이다. 인간의 몸은 마음의 애호와 육체의 애호가 싸우는 전쟁터이다.

도심과 인심 1

"인심은 위태롭다"는 것이 내가 말하는 저울(權衡)이다. 마음의 저울은 선하게 될 수도 있고 악하게 될 수도 있다. 세상에 위태롭고 불안한 것이 이보다 더 심한 것은 없다. "도심은 은미하다"는 것은 내가 말한 '성이 좋아한다'(性好)는 것이다. "하늘이 명한 것을 성이라 하고 성을 따르는 것을 도라 한다"는 것은 도심을 말한다. "사람이 금수와 다른 점은 아주 적다"는 맹자의 말에서 '아주 적다'는 것은 [도심의] 은미함을 말하는 것이다. 성이 선을 즐기는 것은 비록 하늘이 내려준 것에 근거하고 있으나, 물욕에 가리게 되면 있는 것은 지극히 은미하게 된다.(『심경밀험』"帝曰人心惟危": 人心惟危者, 吾之所謂權衡也. 心之權衡, 可善可惡, 天下之危殆不安, 未有甚於是者. 道心惟微者, 吾之所謂性好也. 天命之謂性, 率性之謂道, 斯之謂道心也. 孟子曰人之所以異於禽獸者幾希, 幾希者微也.

性之樂善, 雖根於天賦, 而爲物欲所蔽, 存者極微.)

해설 '자주지권'(自主之權)을 여기에서는 '저울', 즉 '헤아리다'는 의미로 설명했다. 어디로 갈지 재서 결정하는 권한이 자신에게 있으므로 자신의 선택이고 자신의 책임이다. 앞의 인용문에서 그 선악의 갈림길에서 겪는 갈등을 인심과 도심의 대립이라고 했는데, 여기에서는 선을 선택하라는 도심에 따르기가 인심을 따르는 것보다 훨씬 어렵다고 말하고 있다. 선을 실행했다면 어려움을 이겨낸 결과인 것이다.

도심과 인심 2

사람에게는 늘 두 개의 뜻이 있는데, 서로 반대되면서도 같이 일어난다. 이것이 바로 사람과 귀신의 관계이며 선과 악의 기미이다. 인심과 도심이 서로 싸워 의로움이 이기는지 욕망이 이기는지 판결이 나는데, 사람이 이에 대해 홀연히 깨달아 힘을 다해 이겨내면 도에 가깝다. '하지 않는 것과 하지 않고자 하는 것' 이것이 도심(道心)에서 일어나는 것이며, 하늘의 이치(天理)이다. '하는 것과 하고자 하는 것' 이것이 인심(人心)에서 일어나는 것이며 사사로운 욕망이다. '하는 것이 없고 하고자 하는 것이 없음'은 인심을 제어하고 도심의 명령을 듣는 것이며, 이른바 '자기를 이기고 예로 돌아간다'는 것이다.(『맹자요의』「진심·상」"無爲其所不爲無欲其所不欲章" : 人恒有二志, 相反而一時並發者, 此乃人鬼之關, 善惡之幾. 人心道心之交戰, 義勝欲勝之判決, 人能於是乎猛省而力克之, 則近道矣. 所不爲所不欲, 是發於道心, 是天理也. 爲之欲之, 是發於人心, 是私欲也. 無爲無欲是克制人心而聽命於道心, 是所謂克己而復禮也.)

해설 사람이 선의 성취를 위해 의지를 갖고 해야 할 일은 의로운 "도심"을 따라 "힘을 다해" "욕망"을 이기는 것이다. 자신의 도심을 자각하는 일에서부터 쉽지 않은 분투가 예상된다.

욕구의 중요성

우리의 영체(靈體) 안에는 본래 원하고 욕구하는 '단'(端)이 있다. 만일 이 욕구의 마음이 없다면 천하만사를 실행할 수 없을 것이다. 이익에 밝은 사람이어야 욕구하는 마음이 이록을 따라 가며, 의리에 밝은 사람이어야 욕구하는 마음이 도의를 따라 간다. 욕구가 극단의 경지에 가면 두 가지 [욕구] 모두 몸이 죽어도 후회가 없다. 이른바 "탐욕이 있는 사람은 재물을 위해 몸을 바치고 열사는 명예를 위해 몸을 바친다"는 것이다. 예전에 어떤 사람을 보았는데, 그 사람의 마음은 담박하여 욕구가 없으므로 선하지도 못하고 악하지도 못하며 문장을 쓰지도 못하고 산업을 하지도 못한 채, 다만 천하에 쓸모없는 버릴 존재가 되었다. 사람으로서 욕구가 없을 수 있겠는가? 맹자가 [적게 해야 한다고 하는 욕심은] 이록의 욕심이다. (『심경밀험』: 吾人靈體之內, 本有願欲一端. 若無此欲心, 卽天下萬事, 都無可做. 唯其喩於利者, 欲心從利祿上穿去, 其喩於義者, 欲心從道義上穿去. 欲之至極, 二者皆能殺身而無悔, 所謂貪夫殉財, 烈士殉名也. 余嘗見一種人, 其心泊然無欲, 不能爲善, 不能爲惡, 不能爲文詞, 不能爲産業, 直一天地間棄物. 人可以無慾哉? 孟子所指, 蓋利祿之慾耳.)

해설 맹자가 말한 선한 마음의 자락인 단(端)을 '욕구'(慾)로 해석했다. 나아가 '인심의 욕구', '도심의 욕구'와 같이 인심과 도심을 '욕구'로 묶었다. 성리학의 금욕주의에 대한 비판의 의도가 있을 것이고, 그의 윤리설이 '실행'을 중시하는 것과도 관련 있을 것이다.

3. 상제와 천명

유학의 경학 전통에서 정약용을 독특하게 만드는 것 가운데 하나는 천(天)에 대한 해석이다. 정약용은 유학의 고경에 등장하는 상제(上帝)가 천의 본 모습인데, 성리학자들이 리(理)로 바꿔 불렀다고, 즉 상제가 천의 본 모습이라고 주장한다. 상제의 가장 큰 특징은 의지가 있다는 점이다. 그리하여 의지를 표현하는 존재이다. 인간이 태어날 때 받은 선한 본성 역시 상제의 명령이다. '천명'(天命)이란 그런 뜻이다. 그리고 인간이 인심의 유혹에 시달릴 때도 옆에서 지켜보며 때론 인간의 내면을 통해 그 목소리를 전한다. 그래서 인간은 그를 두려워한다. 정약용의 천에 대한 해석은 형이상학과 관련한 이론적 정합성보다는 인간의 실행력을 효과적으로 고양시킬 목적으로 선택된 해석일 가능성이 크다. 존재의 근원을 설명하려는 의도라고 하기에는 그에 관한 설명이 단편적이고 체계적이지도 않다.

하늘의 주재자인 상제

하늘의 주재자는 상제(上帝)이다. 그것을 '하늘'(天)이라고 부르는 것은 나라의 임금을 '나라'라고 부르는 것과 같아, 감히 손가락질해서 말하지 않는다는 뜻이다. 저 형태를 가진 푸른색의 하늘은 우리 인간에게는 지붕처럼 [우리를] 덮고 있는 것에 불과하고, 그 존재의 등급도 땅, 물, 불과 같은 것에 지나지 않는데, 어떻게 우리의 성(性)과 도(道)의 근본이겠는가. … 천하에 형체 없는 존재는 주재자가 될 수 없다. 그러므로 한 집안의 어른이 어리석고 지혜롭지 못하면 그 집안의 만사가 다스려지지 않는다. 한 고을의 어른이 어리석고 지혜롭지 못하면 그 고을의 만사가 다스려지지 않는다. 그런데 하물며 텅 비어 있는 태허의 일리(一理)를 천지만물을 주재하는 근본으로 삼는다면 천지 사이의 일이 이루어질 수 있겠는가.(『맹자요의』「진심·상」"盡其心者知其性章": 天之主宰爲上帝, 其謂之天者, 猶國君之稱國, 不敢斥言之意也. 彼蒼蒼有形之天, 在吾人不過爲屋宇帡幪, 其品級不過與土地水火平爲一, 等豈吾人性道之本乎. … 凡天下無形之物, 不能爲主宰, 故一家之長, 昏愚不慧, 則家中萬事不理. 一縣之長, 昏愚不慧, 則縣中萬事不理, 况以空蕩蕩之太虛一理爲天地萬物主宰根本, 天地間事其有濟乎.)

해설 정약용에게 만물의 주재자는 상제이다. 상제는 인격적인 표현이다. 상제라는 표현 자체는 『시경』이나 『서경』 등에도 등장하는 말로서, 고경에 대한 해석이라고 할 수도 있으나, 마테오 리치의 '서학'의 영향 역시 클 것이다. 임금을 '나라'라는 말로 대유해서 쓰는 것처럼 상제를 '하늘'이라는 말로 대신 쓴 것뿐인데, 푸른 하늘 그대로가 천지만물의 주재자인 것처럼 오해하는 일이 생겼다고 한다. 푸른 하늘은 형체라도 있지만 태허의 일리(一理)와 같은 추상적인 것이 어떻게 주재의 노릇을 하겠느냐고, 성리학을 비판한다.

나를 지켜보는 상제

날이 저문 뒤 묘지에 가면 무서워하지 않으려고 해도 저절로 무서운 것은 [그곳에] 귀신과 도깨비가 있다는 것을 알기 때문이다. 밤에 산속에 가면 두려워하지 않으려고 해도 저절로 두려운 것은 [그곳에] 호랑이가 있다는 것을 알기 때문이다. 군자가 어두운 방안에서도 전전긍긍하며 감히 악한 일을 하지 않으려는 것은 상제가 그를 보고 있음을 알기 때문이다. 지금 [사람들이] 명이니 성이니 도니 교니 할 것 없이 모두 리(理)라고 하는데, 리는 본래 지각이 없고 또한 위력이나 능력도 없다. 그런데 무슨 이유로 경계하고 조심하겠으며, 무슨 이유로 무서워하고 두려워하겠는가?(『중용자잠』: 暮行墟墓者, 不期恐而自恐, 知其有魅魈也. 夜行山林者, 不期懼而自懼, 知其有虎豹也. 君子處暗室之中, 戰戰栗栗, 不敢爲惡, 知其有上帝臨女也. 今以命性道敎, 悉歸之於一理, 理本無知, 亦無威能, 何所戒而愼之, 何所恐而懼之乎?)

해설 성리학에서 보편원리라고 주장하는 리는 정약용이 보기에는 인간에게 어떤 힘도 발휘할 수 없다. 리가 아니라 인간을 내려다보고 인간에게 어떤 위력을 행사할 수 있는 하늘이 바로 세상을 주재하는 존재라고 정약용은 생각한다. 하늘이 위력을 발휘하는 존재이고 그에 대한 두려움 때문에 인간이 선을 행한다고 한다면, 이는 기독교의 윤리설과 다르지 않다. 그러나 정약용은 그 하늘의 명령을 '천명'이라는 유가경전의 용어와 동일시하면서 내면의 목소리라고도 해석한다.

하늘을 섬김

두려워하고 삼가면서(恐懼戒愼) 상제(上帝)를 섬기면 인하게 될 수 있다. [그런 것이 아니라] 헛되이 태극을 존숭하고 리를 하늘이라 한다면 인하게 될 수 없으니, 하늘을 섬겨야 할 뿐이다.(「자찬묘지명」: 恐懼戒愼, 昭事上帝, 則可以爲仁, 虛尊太極, 以理爲天, 則不可以爲仁, 歸事天而已.)

해설 선하고자 하는 노력은 "하늘을 섬긴다"는 말로도 표현된다. 단순히 언어적 표현이 아니라, 정약용에게 하늘은 푸른 자연의 하늘도 아니고 운행의 원리인 이법도 아닌, 의지를 가진 존재이다.

천명

선으로 향하게 하고 악을 피하게 하는 것은 진실로 천명이다. 날마다 여기에서 지켜보며 선에 대해 복을 주고 음란함에 대해 재난을 주는 것 또한 천명이다.(『논어고금주』「季氏」: 使之向善違惡, 固天命也, 日監在玆, 以之福善禍淫, 亦天命也.)

해설 인간에게 선하도록 명령하는 하늘은 인간의 행위에 대해 복과 화로 돌려준다. 이러한 윤리설 역시 기독교 윤리설과 일치한다. 선의 실천을 그 행위의 결과 때문이 아니라 자신의 본성을 실현하기 위해서라고 설명하는 맹자나 성리학의 윤리설에서는 볼 수 없는 부분이다.

4. 덕의 성립

성리학은 보편적 리가 그대로 사람의 덕으로서 사람의 내면에 들어 있다고 주장한다. 그러나 정약용은 "인은 하늘의 이치가 아니라 사람의 덕"이라고 말한다. 이 말이 강조하는 것은 사람의 행위가 개입해야 비로소 덕이라는 가치가 성립한다는 것이다. 성리학에서처럼 나의 본성으로서 내게 주어져 있는 것이 성이고 덕이라면, 실생활에서 어떤 역할을 하지 않아도 나는 덕을 가진 사람이 될 수 있다. 그러나 정약용은 사람 사이에서 행위로 드러나는 구체적인 것에 기여하는 것이어야 비로소 덕이라고 생각한다. "선을 실행하는 것은 어렵고 악을 행하기는 쉬운" 것이 자연스러운 상황이고, 그 자연의 상황을 역전하는 인간의 의지와 실행을 평가하고자 한다. 그러한 의지와 실행이 합해져 덕이라는 실행의 힘이 형성됨을 강조하는 것이다.

인·의·예·지는 이름

인·의·예·지의 이름은 일을 실행한 뒤에 성립한다. 그러므로 사람을 사랑한 뒤에 '인'이라고 이르며, 사람을 사랑하기 전에는 '인'이라는 이름은 아직 성립하지 않는다. 나를 착하게 한 뒤에 '의'라 이르고, 나를 착하게 하기 전에는 '의'라는 이름이 아직 성립하지 않는다. 손님과 주인이 절하고 읍한 뒤에 '예'의 이름이 성립하고, 사물을 밝게 분별한 뒤에 '지'의 이름이 성립한다. 어떻게 인·의·예·지의 네 알맹이가 복숭아나 살구의 씨처럼 분명한 모습으로 사람의 마음속에 엎드려 있는 것이겠는가? 안연(顔淵)이 인에 대해 묻자 공자는 "자기를 이기고 예로 돌아가는 것이 인"이라고 해서, 인이라는 것은 사람의 노력에서 이루어진 것이지, 태어날 때부터 하늘이 한 덩어리의 인을 만들어 사람의 마음속에 끼워 넣은 것이 아님을 밝혔다. 자기를 이기고 예로 돌아가려 할 때 어떻게 많은 힘을 들이지 않겠는가? 맹자가 "물고기를 버리고 웅장을 취하고 삶을 버리고 의를 취한다"고 하였으니, 하나의 삶과 하나의 의는 모두 [나의 밖인] 저기에 있고, 내가 거기에 나아가 선택하여, 나쁜 것은 버리고 좋은 것은 취한다는 것을 밝혔다. 만약 태어날 때부터 한 덩어리의 '의'라는 것이 마음속에 원래 끼워져 있다면 또 어떻게 그것을 버리거나 취할 수 있겠는가?(『맹자요의』「공손추·상」"人皆有不忍人之心章": 仁義禮智之名, 成於行事之後, 故愛人而後謂之仁, 愛人之先仁之名未立也. 善我而後謂之義, 善我之先義之名未立也. 賓主拜揖而後禮之名立焉, 事物辨明而後智之名立焉. 豈有仁義禮智四顆, 磊磊落落, 如桃仁杏仁, 伏於人心之中者乎? 顔淵問仁, 子曰克己復禮爲仁, 明仁之爲物, 成於人功, 非賦生之初天造一顆仁塊, 插于人心也. 克己復禮之時, 豈不費許多人力乎? 孟子曰舍魚而取熊, 舍生而取義, 明一生一義, 皆在彼處, 我得就彼揀擇, 舍其短而取其長

也. 若於賦生之初, 原有一顆義塊, 揷在心內, 則又安得舍之取之乎?)

해설 인·의·예·지라는 공인된 가치를 '이름'이라고 일컫는 이유는 '이름'과 상대해 있는 '실질'(實)을 의식하기 때문이다. 유가전통에서 공인된 인·의·예·지라는 '덕'의 실질은 '인간의 노력' 특히 '실행'임을 강조하려는 것이다. 덕은 성리학이 주장하는 것처럼, 경험 이전에 완전한 것이 아니라, 나의 도심이 인심과의 싸움을 이겨내는 과정을 거쳐 성취한 인간노력의 결과라는 주장이다. 손에 만져지는 그 실질에 비로소 붙이는 이름이다.

성이 선하다는 증거

희로애락이 발한 뒤에는 절도에 맞는 것도 있고, 절도에 맞지 않는 것도 있다. 절도에 맞는 것은 선으로 귀결하고 절도에 맞지 않는 것은 악으로 귀결한다. 아직 발하지 않았을 때는 선이라 말할 수 없다.(원주: 이것은 『중용』의 본지가 아닌데, 잠시 여러 유학자들의 설에 따라 말한다.) 선을 즐기고 악을 부끄러워하면 발한 뒤에 절도에 맞지 않는 것이 없다. 그러므로 손이 한창 담을 뚫고 있어도 그 마음은 부끄럽지 않은 적이 없으며, 입이 한창 욕설을 해도 그 마음은 선을 즐기지 않은 적이 없으니, 어찌 순수하게 선이라 하지 않을 수 있는가? 정(情)의 움직임은 사람에게 달려있기 때문에 선할 수도 있고 악할 수도 있으나, 성의 기호(嗜好)는 하늘에서 받기 때문에 선은 있지만 악은 없으니, 어찌 [정과 성을] 한가지로 말할 수 있겠는가? 담을 뚫고 들어간 도둑이 장물을 지고 돌아와서 곡진하게 자기 아들에게 "오늘의 일은 절박하여 어쩔 수 없었다"라고 말하니, 이는 성이 선하다는 증거가 아닌가? 간부와 음부가 희롱하면서 "우리들의 일은 하늘에 죄를 지은 것이다"라고 말하니,

이는 성이 선하다는 증거가 아닌가? 발한 뒤에는 모두 절도에 맞음이 이와 같으니, 어떻게 아직 발하지 않았을 때에 절도에 맞는다고 할 수 있겠는가?(『맹자요의』「고자·상」"公都子曰告子曰性無善無不善章": 且喜怒哀樂旣發, 有中節, 有不中節. 其中節者, 歸於善, 其不中節者, 歸於惡. 方其未發也, 固不可謂之善矣.(此非中庸本旨, 姑順諸儒之說而言之.) 樂善恥惡, 旣發無不中節者, 故手方穿窬, 而其心未嘗不恥, 惡口方詬罵, 而其心未嘗不樂善, 惡得不謂之純善乎. 情動由乎人, 故可善可惡, 性好受於天, 故有善無惡, 豈可一例論乎. 穿窬之盜, 負其贓而歸諄諄然語其子, 曰今日之事迫不得已, 非性善之驗乎. 姦夫淫婦昵昵然相與語, 曰吾曹之事, 獲罪於天, 非性善之驗其乎. 旣發而無不中節如此, 烏得以未發爲中乎.)

해설 선을 좋아하는 본성은 하늘이 준 것이므로 사람의 책임, 사람의 공과는 관계가 없다. 사람은 그 본성을 갖고 있으면서도 도둑질을 하려고 남의 담을 뚫기도 하고 이유 없이 남을 비방하기도 한다. 그러나 그런 짓을 하면서도 그 짓이 나쁜 짓이라는 자각이 있다. 정약용은 인간이 갖는 선한 성은 이런 성격을 갖는 것이라고 설명한다. 선을 좋아하기는 하지만 그것이 그 뒤의 행위의 선택까지 담보하지는 않는다. 그것은 이미 성이 아니라 자유의지의 문제이고 실행의 문제이다. 감정 역시 사람이 책임져야 할 영역의 일이다.

인은 하늘의 이치가 아니다

인(仁)은 하늘의 이치가 아니고 사람의 덕이다. 공자가 "자기를 이기고 예로 돌아가는 것이 인이다"라고 한 것은 인욕이 극복된 뒤에야 인이 될 수 있음을 밝힌 것이다.(『맹자요의』「고자·상」"仁之勝不仁也猶水勝火章": 仁非天理, 乃是人德. 孔子曰 "克己復禮爲仁, 明人慾旣克然後, 乃爲仁".)

해설 성리학에 반론을 제기하는 설명이다. 하늘의 이치라면 이미 완성된 것이고 사람이 관여할 일도 아니다. 인은 그런 것이 아니라 인간의 욕망, 즉 인욕을 극복하는 인간적인 노력 뒤에 이루어지는 "사람의 덕"이라는 것이다.

실행 뒤에 성립하는 덕

인·의·예·지의 이름은 반드시 일을 실행한 뒤에 성립한다. 어린아이가 우물에 빠지려고 할 때 측은한 마음이 드는데도 가서 구하지 않는다면, 그 마음에서 인하다고 할 만한 것을 찾을 수 없으며, 밥 한 그릇 주면서 멸시하고 발로 찰 때 부끄럽고 미워하는 마음이 있으면서도 그 밥을 버리지 않는다면, 그 마음에서 의라는 것을 찾을 수 없다. 큰 손님이 문 앞에 왔을 때 공경하면서도 절하며 맞이하지 않으면, 그 마음에서 예라는 것을 찾을 수 없으며, 착한 사람이 참소를 당했을 때 시비를 분명하게 분별하지 못하면, 그 마음에서 지혜롭다고 할 만한 것을 찾을 수 없다. 이에 네 가지 마음은 사람의 본성이 본래 갖고 있는 것이며, 네 가지 덕은 네 가지 마음을 넓히고 채운 것임을 알 수 있다. 넓히고 채우는 데 이르지 못하면 인·의·예·지의 이름은 끝내 성립할 수 없다. 그런데 맹자는 이 장에서 네 가지 마음을 바로 네 가지 덕이라고 했다. 이는 측은의 마음이 일어난 뒤에는 가서 [우물에 빠지려는 아이를] 구하지 않는 경우가 없고, 부끄러워하고 미워하는 마음이 일어난 뒤에는 [던져주는 밥을] 버리지 않는 경우가 없으며, 공경하는 마음이 일어난 뒤에는 [손님을] 절하며 맞이하지 않는 경우가 없고, 시비를 아는 마음이 일어난 뒤에는 분별하지 않는 경우가 없기 때문이다.(『맹자요의』「고자·상」"告子曰生之謂性犬牛人之性章" : 若其仁義禮智之名, 必成於

行事之後. 赤子入井, 惻隱而不往救, 則不可原其心而曰仁也. 簞食嘑蹴, 羞惡而不棄去, 則不可原其心而曰義也. 大賓臨門, 恭敬而不迎拜, 則不可原其心而曰禮也. 善人被讒, 是非而不辨明, 則不可原其心而曰智也. 是知四心者, 人性之所固有也, 四德者四心之所擴充也. 未及擴充, 則仁義禮智之名終不可立矣. 然而孟子於此章, 直以四心爲四德者, 惻隱之心旣發, 未有不往救也, 羞惡之心旣發, 未有不棄去也, 恭敬之心旣發, 未有不迎拜也, 是非之心旣發, 未有不辨明也.)

해설 맹자가 말한 네 가지 착한 마음과 덕을 구별했다. 착한 마음은 착한 본성 때문에 일어난다. 그러나 정약용은 그 마음만으로 선이라고 인정하지 않는다. 변함없이 그 마음을 자각하면서도 그 반대로 행동할 수도 있다. 그 마음으로 몸까지 움직여 몸으로 실행했을 때 비로소 덕이라는 이름을 얻을 수 있다. 맹자가 그 마음이라 하고 또 바로 덕이라고 한 이유는 보통은 그 마음을 갖고 실행하기 때문이라고 정약용은 변명했으나, 정약용의 주장을 엄밀히 적용하면 반드시 그런 것은 아니다.

스스로 주장하는 권형

그러나 [사람의 본성이 선해서] 선하지 않을 수 없다면 사람에게는 공이 없다. 이에 선할 수도 있고 악할 수도 있는 권형을 부여했다. 스스로의 주장(自主)을 들어서 선으로 향하고자 하면 그렇게 하고 악으로 가고자 하면 그렇게 하도록 했다. 이것이 공과 죄가 일어나는 이유이다. 하늘이 이미 덕을 좋아하고 악을 부끄러워 하는 성을 부여하고, 또 선을 행하고 악을 행하는 것을 원하는 바에 따라 움직여서 하는 대로 맡겨두니, 이는 두려워할만한 정신의 권능이 갖는 오묘한 뜻이다. 왜 그러한가? 덕을 좋아하고 악을 부끄러워하는 것은 이미 분명한데, 여기에서 더 나아가 선을 향하는 것은 너의 공이고 악으로 달리는 것은 너의 죄가 되니, 두렵지 않은가?(『논어고금주』「陽貨」: 但不得不善, 人則無功. 於是又賦之以可善可惡之權, 聽其自主, 欲向善則聽, 欲趨惡則聽, 此功罪之所以起也. 天旣賦之以好德恥惡之性, 而若其行善行惡, 令可游移, 任其所爲, 此其神權妙旨之凜然可畏者也. 何則好德恥惡, 旣分明矣, 自此以往, 其向善汝功也, 其趨惡汝罪也, 不可畏乎?)

해설 선하거나 악하거나는 인간에게 달려있음을 말하고 있다. 선하거나 악하거나는 본성차원에서의 일이 아니라 사람의 행위가 관여한 뒤에 일어나는 일이다. 그러므로 선과 덕은 선한 본성이라는 하늘의 공과 선한 행위라는 인간의 공이 합해져서 있게 된다.

5. 덕의 내용 : 인과 그 밖의 덕

사람은 평생 "인(仁)이라는 이 한 글자를 벗어나지 않는다"고 정약용은 말한다. '인'은 "타인을 사랑하는 것"(愛人)이기 때문이다. 모든 인간관계는 '사랑'이라는 말로 포괄될 수 있다. 다만, 구체적인 관계에 따라 그 '사랑'의 내용도 변해야 한다. 부모와 자식 사이의 사랑이 다를 것이고, 친구와 친구 사이의 사랑이 다를 것이다. 친구 사이의 사랑은 상호 같은 성격의 것이겠지만 부모와 자식이 상대방을 사랑하는 것은 서로 다른 성격일 것이다. 이처럼 사랑은 각자의 자리에서 갖는 본분이라는 것이 있다. 본분에 맞는 적절한 사랑을 가장 잘 아는 방법으로 '서'(恕)가 제시된다. 상대의 입장에서 생각해보고 상대를 배려하는 것이다. 자식의 입장이라면 자신이 부모일 경우를 상상

해서 그 마음을 헤아리는 것이다. 헤아림의 능력이 작동한다면 타인을 배려하지 않아 상대를 고립시키는 일이 없을 것이고, 그 능력이 작동하는 한 나는 계속 사람들과 관계하면서 나의 덕을 실천하고 있을 것이다.

仁은 사람과 사람의 중첩

'仁'(인)은 人(사람)과 人이 중첩되어 [이루어진] 문자이다. '孫'(손)자가 子와 子가 중첩된 것과 마찬가지이다.(원주: 古篆에 孫을 [illegible]로 썼다.) 사람과 사람이 자기 본분을 다하는 것을 인(仁)이라 한다. 그러므로 사람을 사랑하는 것을 인이라 하며, 나를 선하게 하는 것을 의라고 한다.(『맹자요의』「梁惠王」"孟子見梁惠王章" : 仁者人人之疊文也. 如孫字爲子子之疊文.(古篆孫作[illegible]) 人與人之盡其分謂之仁. 故古人謂愛人曰仁, 善我曰義.)

해설 정약용은 '인'(仁)의 글자 구성을 근거로 해서, 인은 개인이 단독적으로는 성취할 수 없는 덕임을 강조한다. 인이라는 유가의 대표 덕은 타인을 만나는 것이 전제가 되어야 하는 덕목이다.

仁은 사람과 사람의 것

두 사람이 인이 된다. 사람과 사람이 서로 접촉해야 바야흐로 인이라는 이름이 있을 수 있다. 동물에 대해서는 인은 합당하지 않다. 불가에서 살생을 금하는 것은 동물에게 인하는 것이며, 묵자의 겸애는 타인을 [어버이처럼] 친애하는 것이다.(『맹자요의』「진심·상」"君子之於物也愛之而弗仁章" : 二人爲仁. 人與人相按, 方可有仁之名. 於物不當仁也. 佛氏之禁殺, 是仁於物也, 墨氏之兼愛, 是親於人也.)

해설 인은 사람 사이에서만 성립하는 덕이라고 말한다. 맹자가 말하는 차등적인 사랑에 동의하여, 불가의 사람을 넘어서 동물에게까지 베풀어지는 자비를 부정한다. 사람 사이의 사랑이 다 '인'으로 불릴지라도 묵가처럼 모든 사람을 평등하게 사랑하자고 주장하지는 않는다.

仁은 두 사람

'仁'(인)이란 두 사람이다. 어버이를 섬길 때는 효가 인이고 자식과 아버지의 두 사람이다. 임금을 섬길 때는 충이 인이고 신하와 임금의 두 사람이다. 백성을 다스릴 때는 자애가 인이고 목민관과 백성 두 사람이다. 사람과 사람이 그 본분을 극진하게 하면 인하게 될 수 있다. 그러므로 "힘써서 서(恕)를 실천하면 인을 구하는 데 이보다 더 가까운 것이 없다"고 한 것이니, 마음에 있는 이치가 어떻게 인이 될 수 있겠는가? 덕(德) 역시 그러하니, 곧은 마음으로 실행한 것을 덕이라고 한다. 그러므로 『대학』에서 효, 제, 자를 밝은 덕이라고 하고, 『논어』에서 나라를 사양한 것을 지극한 덕이라고 한 것이다. 실행하여 이미 드러나야 덕이라고 부를 수 있으니, '심체'(心體)의 투명하고 비어있음이 어떻게 덕이 될 수 있겠는가? 마음에는 본래 덕이 없는데 하물며 인이 있겠는가?(『맹자요의』「고자·상」"仁人心也義人路也章" : 仁者, 二人也. 事親, 孝爲仁, 子與父二人也. 事君, 忠爲仁, 臣與君二人也. 牧民, 慈爲仁, 牧與民二人也. 人與人, 盡其分, 乃得爲仁, 故曰强恕而行, 求仁莫近焉. 在心之理, 安得爲仁乎? 唯德亦然, 直心所行, 斯謂之德. 故大學以孝弟慈爲明德, 論語以讓國爲至德. 實行旣著, 乃稱爲德, 心體之湛然虛明者, 安有德乎? 心本無德, 况於仁乎?)

해설 사람 사이의 덕이지만, 묵자가 말하듯이 모두를 구별 없이 똑같이 사랑하는 것은 아니다. 정약용의 인은 상대에 따라 위와 같이 변주된다. 자식이 어버이를 사랑하는 것은 효의 방식이어야 하며, 신하가 군주를 사랑하는 것은 충이 되도록 해야 한다. 또한 그것은 다만 "그 본분을 극진하게" 하는 것일 뿐이라고 강조한다. 정약용의 덕이 새로운 내용을 담고 있지는 않으리라고 예측할 수 있는 언명이다. 정약용이 심혈을 기울였던 것은 사람의 미덕이란 실제로 사람 사이에서 작동하여 타인에게 그 영향력을 미칠 수 있는 것이어야 한다는 점을 설득하는 것이었다.

모든 인간관계는 仁

우리들이 평생 살면서 하는 일은 인이라는 이 한 글자를 벗어나지 않는다. 왜냐하면 인이란 사람 안(人倫)에서의 사랑이기 때문이다. 세상일에 이 사람 사이를 벗어나는 것이 있는가? 부자와 형제, 군신, 붕우에서 천하 만민에 이르기까지 모두 사람의 무리이다. 여기에서 잘하는 것이 인이고 여기에서 잘 못하는 것이 불인이다. 공자는 인 외에 일이 없다는 것을 깊이 알았기 때문에 "[일을 실천]하기 어렵다"고 한 것이다.(『논어고금주』「顔淵」: 吾人之一生行事, 不外乎仁一字. 何則仁者人倫之愛也, 天下之事, 有外於人倫者乎? 父子兄弟君臣朋友, 以至天下萬民, 皆倫類也. 善於此者爲仁, 不善於此者爲不仁. 孔子深知仁外無事, 故曰 "爲之難".)

해설 사람 사이의 사랑은 모두 다른 형태로 나타나지만 그 모든 인간관계에서의 바람직한 관계는 인이라는 덕목으로 수렴된다. 모든 인간관계는 인의 변주이다.

仁과 恕

인을 추구하는 자는 반드시 서(恕)에 힘써야 하며, 서에 힘쓰는 자는 반드시 스스로를 이겨야 한다. 주자는 사욕을 끊음으로써 인하고자 했는데, 이는 옳다. 그러나 스스로를 이기는 것은 인을 추구하는 방책이지 바로 인은 아니다.(『논어고금주』「衛靈公」: 求仁者必強恕, 強恕者必克己. 朱子以絶私欲爲仁, 良以是也. 然克己是求仁之方, 非卽爲仁也.)

해설 인을 얻기 위해 정약용이 제시하는 중요한 방법은 '서'(恕)이다. 구체적으로 스스로를 이기는 것, 즉 사욕을 끊는 것이 서의 방법으로 제시된다. 다음의 인용에서 제시되듯이 "자기가 하고 싶지 않은 일을 남에게 하지 않는 것"이다. 하고 싶지 않은 감정을 타인을 주체로 해서까지 넓혀 배려할 수 있기 위해서는 자신이라는 틀을 벗어나야 한다. 그러므로 스스로를 이기고 사욕을 끊는 것이 서의 방법이라고 했다. 사욕을 끊는 데서만 그친다면 적극적으로 타인과의 관계에까지 이르지 않을 수도 있으므로, 마지막에 "인을 추구하는 방책이지 바로 인은 아니다"라고 했다.

恕 : 하나로 관통함

성인이 되고 현인이 되는 법은 '하나로 관통함'(一貫)을 벗어나지 않는다. … 예전의 '하나로 관통함'이란 서(恕)자 하나로 육친을 관통하고 오륜을 관통하고 경례삼백을 관통하고 곡례삼천을 관통하는 것이었다. 그 말은 간략하면서도 광범위하고 그 뜻은 요긴하면서도 원대하다. 서로써 어버이를 섬기면 효고, 서로써 임금을 섬기면 충이며, 서로써 백성을 다스리면 사랑이니, 이른바 인의 방법이다.(『심경밀험』「朱子尊德性齋銘」: 成聖成賢之法, 外乎一貫. … 古之所謂一貫者, 以一恕字, 貫六親貫五倫貫經禮三百貫曲禮三千. 其言約而博, 其志要而遠. 以恕事父則孝, 以恕事君則忠, 以恕牧民則慈, 所謂仁之方也.)

해설 서가 인을 실천하는 일관된 방법임을 말하고 있다.

사람과의 접촉에서 선과 악이 일어남

사람이 이 세상에 살게 되면, 온갖 선과 온갖 악이 모두 사람과 사람이 서로 접촉하는 데서 일어난다. 사람과 사람이 서로 접촉하면서 그 본분을 다한다면 이를 인이라고 한다. 인은 두 사람이다. 아비를 효로 섬기면 인이라 하는데, 아들과 아버지 두 사람이다. … 이에 성인은 "힘써 '서'(恕)를 행하면 인은 가까이 있다"고 했으니, 서는 인의 방법이다. 자공이 "한마디로 종신토록 실행할 것이 있습니까"라고 물었더니, 공자는 "서일 것이다"라고 하였고, 문인이 하나로 꿰뚫는 길을 물으니 증자는 "선생님의 도는 진실로 서(恕)하는 것일 따름"이라고 했다. 하나의 '서'자로 상하를 꿰뚫고 전후를 꿰뚫고 좌우를 꿰뚫었는데, 단지 "자기가 하고 싶지 않은 일을 남에게 하지 말라"는 것이다.(『대학공의 3』: 人生斯世, 其萬善萬惡, 皆起於人與人之相接. 人與人之相接, 而盡其本分, 斯謂之仁. 仁者, 二人也. 事父孝曰仁, 子與父二人也. … 乃聖人之言曰, "强恕而行, 求仁莫近焉." 恕者, 仁之道也. 子貢問 "一言而有可以終身行之者乎". 孔子曰 "其恕乎". 門人問一貫之旨, 曾子曰 "夫子之道忠恕而已". 一恕字以貫上下, 以貫前後, 以貫左右, 但曰己所不欲勿施於人.)

해설 선과 악은 모두 사람과 사람이 관계를 맺는 데서 비로소 발생한다. 그 관계의 가장 바람직한 관계는 '인'이라는 덕에 의해 맺어지는 것이고, 인은 자신의 감성을 타인에게까지 넓히는 것이다. 간단하게 말하면 이기심을 벗어나는 것이다. 자신이 좋아하는 것은 남도 좋아하는 것임을 인정하고 그 관계에서 감정의 공평한 충족을 꾀하는 것이다. 공평한 것이 산술적인 평균을 의미하는 것은 아니다. 정약용은 유가적 가치질서를 벗어난 사람은 아니므로, 별다른 설명이 없는 덕목은 전통적인 의미로 해석된다. 효, 제, 자 등이 대표적으로 인의 하위 덕목인데, 이 덕목들의 내용은 사회적인 상하의 관계를 전제한 사랑이다.

6. 덕을 얻는 방법

정약용이 생각하는 덕은 실행한 뒤에야 성립하는 것이다. 실행이라고 해도 단 한 번 실행한 것을 두고 덕이라는 이름을 허락하지는 않을 것이다. 덕있는 사람이 되기 위해서는 지속적인 실행을 할 수 있어야 한다. 정약용이 덕 있는 사람이 되기 위해 제시하는 방법도 '실행'이다. 실행에는 본성과 의지와 몸이 관여한다. 이 모든 일을 실행이 단련한다. 선을 좋아하는 본성은 한 가지 선한 일을 완수할 때마다 즐거운 경험을 선사하므로, 그 뒤의 선한 실행을 더욱 순조롭게 할 것이다. 한번 선을 선택한 의지 역시 처음보다 더 단단해져 있을 것이므로 두 번째 선을 선택할 때에는 갈등하는 시간을 줄일 수 있을 것이다. 선을 실행해본 몸은 이미 달라져 있다. 정약용은 그것을 호연지기로 설명하면서 강조한다. 도덕성을 실현하는 몸의 기는 호연지기로 바뀐다.

실행을 통해 덕을 쌓아야 한다는 것을 강조한 외에, 덕의 습득에 대해 정약용이 체계적으로 논술하지는 않았다. 그러나 짐작해보면, 정좌하는 방식은 배척했겠지만 독서는 여느 유학자처럼 권유할 것이다. 아직 덕을 체득하지 못했을 때, 실행하면서 덕있는 사람이 할 법한 방식으로 행위하도록 유도하는 것은 선인들이 남겨준 책을 통해 배울 것이기 때문이다. 그렇게 알게 된 것을 실제의 인간관계를 거듭

하면서 자신을 변화시켜 나갈 것이다.

본성이 선을 좋아한다는 예증

한 가지 선을 행하면 그 마음이 한가득 즐겁고 한 가지 악을 행하면 그 마음이 침울하고 답답하다. 내가 선을 행한 적이 없는데 사람들이 선하다고 하면 기쁘고, 내가 악한 적이 없는데 사람들이 나를 악하다고 비방하면 화가 난다. 이런 것을 보면 선이 기뻐할 만하고 악이 부끄러워할 만한 것임을 알 수 있다. 타인의 선을 보면 따라가 선하다고 하고 타인의 악을 보면 따라가 악하다고 한다. 이러한 것을 보면 선은 사모할 만하고 악은 미워할 만한 것임을 알겠다. 이러한 것들이 모두 성의 기호를 눈앞에서 보여주는 예들이다.(『심경밀험』「心性總義」: 故行一善則其心充然以悅, 行一惡則其心欿然以沮, 我未嘗行善, 而人詡我以善則喜, 我未嘗無惡, 而人謗我以惡則怒. 若是者, 知善之可悅而惡之可愧也. 見人之善, 從而善之, 見人之惡, 從而惡之, 若是者知善之可慕而惡之可憎也. 凡此皆嗜好之顯於目下者也.)

해설 선을 즐기고 악을 부끄러워하는 본성을 현실에서 확인할 수 있는 사례들을 보여주고 있다.

실제로 인·의·예·지의 덕을 얻는 방법

인·의·예·지란 것이 일을 실행해서 성립하는 것임을 알면, 사람마다 누구나 열심히 노력해서 그 덕을 이룰 것을 바랄 것이다. [그러나 그렇지 않고] 인·의·예·지가 본래의 마음이 가진 온전한 덕이라고 한다면, 사람들의 직분은 다만 벽을 향해 앉아 마음속을 들여다보고 빛을 되돌려 [나의 마음을] 비추어 이 심체(心體)로 하여금 비게 하고 밝게 하여 사리에 통철하게 만들어야 할 것이다. [이렇다면] 마치 인·의·예·지의 네 알맹이가 어렴풋하게 있어 내가 품고 키워주기를 기다린다는 것인데, 이것이 어떻게 옛 성인들이 힘쓰던 일이겠는가? 부모 섬기기를 효성스럽게 하는 것이 인이라는 것을 안다면, 따뜻함과 시원함을 살피고 아침저녁으로 힘써 봉양할 것이다. [그러나 그렇지 않고] 천지가 만물을 낳는 마음을 인이라 하게 되면, 오직 눈을 감고 조용히 앉아 있으면 그만이다. 임금을 섬기기를 충성스럽게 하는 것이 인임을 안다면, 임금을 바로잡고 돕고 지지하는 데 열심히 힘을 다할 것이다. [그러나 그렇지 않고] 동쪽 방향에서는 목(木)의 덕을 인이라 한다면, 다만 몸뚱이는 흙이나 나무처럼 가만히 있으면서 스스로는 음양을 잘 다스린다고 할 것이다. 백성을 다스리기를 자애롭게 하면 인하게 되는 것임을 안다면, 백성을 편안하게 해주고 은혜를 베풀고 구제하는 데 공손히 힘을 다할 것이다. [그러나 그렇지 않고] 몸속에 가득한 한 덩이의 화기를 인이라고 한다면, 오직 아무 말 없이 문을 닫고 그 기운만을 함양하면 그만이다. [이렇다면] 그 공적의 성취가 왜 만 배의 차이가 안 나겠는가? 유자(有子)는 "효제는 인의 근본"[1]이라 하였고, 공자는 "인을 실행함은 내게 달려 있다"[2]고 했으며, 증자는 "당당하구나, 자장이여, 그러나 인을 함께 실행하기는 어렵다"고 했다. 인이 본래 마음속에 들어있는 리(理)라면 어떻게 인을 실행한다고 할 수 있겠는가. '爲仁'(위인)이라 할 때 '爲'는 '作'(하다) 자와 같으니, 힘을 써서 일을 실행하는 것을 '爲'라고 하고, 손을 대어 일을 도모해 나

1 『논어』「학이」.
2 『논어』「안연」.

가는 것을 '爲'라고 한다. 마음속에 있는 리라고 하면 어떻게 손을 대어 힘을 쓸 수 있겠는가. 총괄하면, '단'(端)이란 시작이다. … 측은한 마음이 마음속에서 일어나고, 이것을 끌어내어 키우면 어진 정치를 할 수 있으니, 측은지심은 인한 정치(仁政)의 시작이 되는 것이 아니겠는가. 사양하는 마음은 마음속에서 일어나고, 이것을 끌어내어 키우면 예법을 실행할 수 있으니, 사양의 마음은 예법의 시작이 되는 것이 아니겠는가. … 이것을 실에 비유하면 측은한 마음은 실꾸러미가 되고, 이것을 풀어 뽑아내면 효제를 할 수도 있고 과부나 홀아비에게 은혜를 베풀 수도 있으니 어느 것이 그 근본이 되고 어느 것이 그 끝이 되며, 어느 것이 그 머리가 되고 어느 것이 그 꼬리가 되겠는가. 사단의 뜻은 맹자가 직접 주를 붙여 말하길, 불이 처음 타오르기 시작하는 것과 같고 물이 처음 솟아오르기 시작하는 것과 같다고 하였으니, 두 개의 '始'(시)자가 뚜렷이 그 뜻을 드러내고 있어 단이 시작이 되는 것 또한 이미 분명하다. 네 가지 단(四端)[인·의·예·지]은 네 가지 일의 근본이 되므로, 성인이 사람을 가르칠 때 여기에서부터 노력을 하도록 하고 여기에서부터 기초를 닦아 확충하게 하였다. 만약에 네 가지 단의 이면에 또 이른바 인·의·예·지라는 것이 있어 은연히 잠복하여 주가 된다면 이것은 맹자의 확충의 공부가 그 근본을 버리고 그 끝을 잡는 격이며, 그 머리를 놓치고 그 꼬리를 잡는 격이다. … 또 네 가지 단은 마음이라고는 할 수 있으나 성이라고는 할 수 없고, 마음이라고는 할 수 있으나 리라고는 할 수 없으며, 마음이라고는 할 수 있으나 덕이라고는 할 수 없으니, 명칭을 바로잡지 않을 수 없다. 이것은 덕을 쌓고 학문을 닦는 것과 관계되니, 분명하게 분별하지 않을 수 없다.(『맹자요의』「공손추·상」"人皆有不忍人之心章": 仁義禮智,

知可以行事而成之, 則人莫不俛焉孳孳冀成其德. 仁義禮智, 知以爲本心之全德, 則人之職業, 但當向壁觀心, 回光反照, 使此心體, 虛明洞澈, 若見有仁義禮智四顆, 依俙髣髴, 受我之涵養而已, 斯豈先聖之所務乎? 知事父孝爲仁, 則溫凊滫瀡, 便當朝夕著力, 謂天地生物之心爲仁, 則惟瞑目端坐而已. 知事君忠爲仁, 則匡拂扶持便當奔走竭力. 謂東方木德爲仁, 則惟土木形骸,[3] 自命曰燮理陰陽而已. 知牧民慈者爲仁, 則懷綏惠恤, 便當恪恭致力, 謂滿腔子一團和氣爲仁, 則惟默然無語閉門, 涵養而已. 其功績之所成就, 豈不萬倍以相懸乎? 有子曰 "孝弟也者其爲仁之本". 孔子曰 "爲仁由己". 曾子曰 "堂堂乎張也, 難與並爲仁矣". 仁本在內之理, 則何以謂之爲仁. 爲猶作也, 用力行事之謂爲也, 著手圖功之謂爲也. 在心之理, 何以著手而用力乎. 總之, 端也者始也. … 惻隱之心, 發于內, 引而長之, 則可以行仁政. 惻隱之心, 非仁政之所始乎. 辭讓之心, 發于內, 引而長之, 則可以行禮法. 辭讓之心, 非禮法之所始乎. … 譬之絲然, 惻隱之心爲絲團, 而解之繅之, 可以爲孝弟, 可以惠鰥寡, 孰爲其本, 孰爲其末, 孰爲其頭, 孰爲其尾. 四端之義, 孟子親自注之曰, 若火之始然, 泉之始達, 兩箇始字, 磊磊落落, 端之爲始, 亦旣明矣. 四端爲四事之本, 故聖人敎人, 自此起功, 自此肇基, 使之擴而充之, 若於四端裏面, 又有所謂仁義禮智者, 隱然潛伏, 爲之奧主, 則是孟子擴充之功, 舍其本而操其末, 放其頭而捉其尾. … 且此四端, 可曰心, 不可曰性, 可曰心, 不可曰理, 可曰心, 不可曰德, 名不可不正也. 此係進德修業者, 不可不明辨.)

해설 마지막 문장에서 정리되듯이 "덕을 쌓고 학문을 닦는" 방법에 관한 내용이다. 덕을 쌓는 방법은 사람을 대면해서 그 관계에서 자신이 해야 할 바의 본분을 실행해 나가는 것이다. 그 실행이란 일상에

3 [난외주] [骸]

서 일어나는 지극히 구체적인 일들이다. 그러한 일상의 사소한 일들을 몸에 익히다 보면, 인심의 유혹에 넘어가지 않도록 자신의 도심이 훨씬 단단해지고 그 도심과 한 몸인 육체 역시 도덕적으로 굳건해져 있을 것이다. 여기에서는 학문에 관한 구체적인 언급은 없지만, 학문 역시 종국에는 실행을 위한 것이어야 한다고 정약용은 생각한다.

선한 본성을 가진 사람이 불선을 행하는 이유는 기질 때문이 아니다

… 대체로 사람의 본성은 본래 선한데 간혹 불선을 행하는 것은 분명 [어딘가에] 빠졌기 때문이다. [빠지는 곳은] 혹은 재물과 이익이고 혹은 술과 여자인데, 대개는 북돋고 기르기 때문이다. 그래서 이어서 보리의 비유를 들었다. 맹자는 본성에 대해 논하면서 불선은 [마음이] 빠지기 때문이라고 했는데, 송대의 유학자들은 성에 대해 논하면서 [불선은] 기질 때문이라고 했다. 빠지는 것이 자기 때문이면 구제할 방법이 있지만, 기질은 하늘에서 받은 것이므로 벗어날 길이 없다. [이렇다면] 사람이 누군들 자포자기하여 스스로 비천한 하류로 돌아가는 것을 감수하지 않겠는가? 하늘이 부여한 것이 본래 저절로 고르지 않아서 어떤 사람에게는 순수하게 아름답고 깨끗한 기질을 주어 요순처럼 되게 하기도 하고, 어떤 사람에게는 순전히 악하고 순전히 탁한 기질을 주어 걸이나 도척처럼 되게 하기도 한다면, 하늘의 불공평함이 어떻게 이렇게 심하단 말인가!(『맹자요의』「고자·상」"富歲子弟多賴麰麥易牙章": 蓋云人性本善, 其或所行不善者, 必由陷溺. 陷溺之法, 或以財利, 或以酒色, 而大抵多由於培養, 故繼之以麰麥之喩. 孟子論性, 以不善歸之於陷溺, 宋儒論性, 以不善歸之於氣質. 陷溺由己, 其救有術, 氣質由天, 其脫無路, 人孰不自暴自棄, 甘自歸於下流之賤乎? 天之賦予, 原自不均, 或予之以純美純淸之氣質, 使之爲堯爲

舜, 或予之以純惡純濁之氣質, 使之爲桀爲跖, 天之不公, 胡至是也!)

해설 맹자가 본성을 보리씨에 비유하고, 흉년이 들면 젊은이들이 사나워지는 것은 그들의 바탕 때문이 아니라 환경 때문이라고 운을 떼면서, 같은 씨인데도 다른 모습으로 자라나는 것은 토양과 기후, 사람의 손길 때문임을 말한 부분에 대한 정약용의 주석이다. 정약용은 특히 사람의 노력 부분을 강조한다. 현실의 사람을 각각 다르게 만드는 것은 성리학자들이 주장하듯이 '기질' 때문이 아니라 자신의 마음을 잘 사용하지 못한 자신의 탓이라는 점을 강조하고 있다. 성리학이 말하는 기질도 선천적인 것이다. 선천적으로 부여받은 것에 의해 자신의 도덕성의 등급이 정해진다면, 자신의 부도덕에 대해서도 인간의 책임이 아니게 된다.

천하를 아울러 구제하는 일의 중요함

옛날의 학문은 힘쓰는 것이 일을 실행하는 데 있어서, 일을 실행하는 것으로 마음을 다스렸는데, 오늘날의 학문은 힘쓰는 것이 마음을 기르는데 있어서, 마음을 기르다가 일까지 폐하게 된다. 혼자 제 자신만 선하게 하고자 하는 점은 오늘날의 학문도 잘하지만, 천하를 아울러 구제하고자 하는 점은 옛날의 학문이라야 가능하다.(『맹자요의』「고자·상」"牛山之木嘗美矣章": 古學, 用力在行事, 而以行事爲治心. 今學, 用力在養心, 而以養心至廢事故也. 欲獨善其身者, 今學亦好, 欲兼濟天下者, 古學乃可.)

해설 '홀로 자신을 선하게 함'(獨善其身)과 '천하를 아울러 선하게 함'(兼善天下)은 각각 무도한 시대와 잘 다스려진 시대에 선비가 도를 지키는 방법으로 맹자가 제시한 것이다. 이 가운데 정약용은 '천하를 아울러 선하게 함'을 '천하를 구제함'으로 바꿔 말하며 '홀로 자신을 선하게 함'보다 더 강조하고 있다. 학문 자체가 일의 실행을 통해 이루어지고 마음 다스리기도 일의 실행을 통해 이루어지니, 정약용에 의하면 자신이 해야 할 일을 하는 것이 학문의 길이자 수양의 길이다.

마음을 보존함과 본성을 기름

맹자가 말하는 '마음을 보존함'(存心)이란 매번 일을 할 때에 사욕을 버리고 명을 따르며 악을 버리고 선을 좇아서 은미하여 장차 없어지려는 한 점 도심을 보존하는 것이니, 이른바 '지켜서 있게 하는 것'(保存)이다. 후세의 이른바 '마음을 보존함'은 매번 정좌할 때에 시선을 거두고 경(敬)을 주로 하며, 정신을 모으고 생각을 그쳐서 조급하고 안정되지 못한 마음을 보존하는 것이니, 이는 이른바 '머물러 있게 하는 것'(住存)이다. '머물러 있게 하는' 공부도 좋지만 맹자가 말한 것과는 다르다. 본성을 기르는 것도 마찬가지이다. 맹자가 말하는 '본성을 기름'이란 오늘 한 가지 착한 일을 하고 내일 한 가지 착한 일을 해서 의를 모으고 선을 쌓음으로써, 선을 즐거워하고 악을 부끄러워하는 본성을 길러서 호연지기가 가득 차서 굶주리지 않게 하는 것이다. … 옛날에는 '고요함을 주로 하는 설'(主靜說)이 없었고, 오직 배우며 생각하고, 생각하며 배운다는 말만 있었다.(『맹자요의』「진심·상」"盡其心者知其性章": 孟子所謂存心者, 每於行事之時, 去私而循命, 棄惡而從善, 以存此幾希將亡之一點道心, 此所謂保存也. 後世之所謂存心者, 每於靜坐之時, 收視而主敬, 凝神而息慮, 以存此躁擾不定之人心, 此所謂住存也. 住存之工, 固亦甚好, 但與孟子所言者, 不同耳. 養性, 亦然. 孟子之所謂養性者, 今日行一善事, 明日行一善事, 集義積善, 以養其樂善恥惡之性, 使浩然之氣充然不餒也. … 但古無主靜之說, 惟有學而思, 思而學諸語.)

해설 성리학에서 제시하는 '존심양성'의 방법과는 다른 정약용 자신의 방식을 설명하고 있다. '본성을 기름' 즉 '양성'은 선을 좋아하는 그 마음을 실행을 통해 길러, 그 마음이 몸과 하나가 되는 호연지기를 기르는 것이다. '마음을 보존함' 즉 '존심' 역시 구체적인 일을 마주해서 도심이 인심을 이기도록 훈련하는 것이다. 즉 모두 실행을 통해 온몸으로서의 자신을 다져가는 것이다.

성의, 정심, 수신은 덕을 기르는 방법

자기 아비에게 효도하고자 하는 사람은 한번 방안이 따뜻한가를 살피면서 반드시 정성을 다하고 한번 시원한가를 살피면서 반드시 정성을 다하고 한 가지 맛있는 음식을 갖추어 드리면서 정성을 다한다. … 그것을 일러 '뜻을 정성스럽게 한다'(誠意)라고 한다. … 이로써 임금을 섬기고 이로써 벗과 사귀며 이로써 백성들을 다스리는 것이니, 그가 뜻을 정성스럽게 하는 방법은 일을 실행하는 데 있다. 다만, 뜻만 갖고서는 '정성스럽다'라고 할 수 없고, 다만 마음만 갖고서는 '바르다'라고 할 수 없다. … 한가하게 있으면서 악한 짓을 하다가 사람을 만나면 선한 체 꾸민다면 뜻을 정성스럽게 하는 사람이 아니며, 한가하게 있을 때에도 선을 행하고 사람을 만나도 선을 행한다면 그것은 뜻을 정성스럽게 한 사람이니, 뜻을 정성스럽게 하는 공부가 어찌 일을 행하는 데 있는 것이 아니겠는가? … 사물에 접한 후에야 '경'(敬)이라는 이름이 생기고, 일에 대응한 후에야 '의'(義)라는 이름이 성립한다. 사물에 접하거나 대응하지 않으면 '경'이나 '의'라 할 것이 없다. 총괄하면 교육과목을 세우고 법도를 세우면서 조목을 열거할 때, 효제는 있을 수 있지만, '뜻을 정성스럽게 함'(誠意)과 '마음을 바르게 함'(正心)

은 있을 수 없으며, '화목함'은 있을 수 있지만 '격물치지'(格物致知)는 있을 수 없다. 격물, 치지, 성의, 정심이란 효제와 화목을 실행하는 묘리이고 방략이지, 이것이 교육의 과목은 아니다. … 『대학』의 조례는, 큰 대강은 '밝은 덕'이며 세목은 '효·제·자'일 따름이다. '뜻'과 '마음'과 '몸'을 어떻게 밝은 덕이라 할 수 있으며, '뜻을 정성스럽게 하고' '마음을 바르게 하고' '몸을 닦는 것'을 어떻게 '밝은 덕을 밝게 하는 것'이라 할 수 있겠는가?(『대학공의 1』: 欲孝於其父者, 察一溫必誠, 察一淸必誠, 具一甘旨必誠, … 斯之謂誠意也. … 以之事君, 以之交友, 以之牧民, 其所以誠其意者, 皆在行事. 徒意不可以言誠, 徒心不可以言正. … 閒居行惡, 見人著善, 則不誠意者也. 閒居行善, 見人行善, 則誠意者也. 誠意之工, 顧不在於行事乎? … 外接物而後, 敬之名生焉, 應事而後, 義之名立焉. 不接不應, 無以爲敬義也. 總之, 立敎設法之條目所列, 可有孝弟, 不可有誠正, 可有睦婣, 不可有格致. 格致誠正者, 所以爲孝友睦婣之妙理方略, 非直以此爲敎. … 若其太學條例, 則綱曰明德, 目曰孝弟慈而已. 意心身, 豈可曰明德, 誠意正心修身, 豈可曰明明德乎?)

해설 격물, 치지, 성의, 정심에 대한 정약용의 해석이다. 정약용은 '격물'과 '치지'는 '성의' 이후의 6개 조목과 나란한 것일 수 없다고 생각하며 수기(修己)는 '성의'에서 시작한다고 생각한다.(『대학공의』 참조) 그러므로 위의 인용문은 실질적으로 성의, 정심에 대한 해석이다. 정약용에 의하면 『대학』에서 제시하는 중요한 덕은 '효, 제, 자'이다. 성의와 정심은 효, 제, 자를 실행해야 하는 인간관계에서 발휘해야 하는 "묘리이고 방략"이다. 즉, 가령 효라는 도를 성립시키기 위해 부모를 마주해서 어떻게 해야 하는지 가르쳐주는 구체적인 방법이다. 효, 제, 자가 성취해야 할 덕이고, 성의, 정심, 수신은 덕이 아니라 덕을 얻기 위한 방법인 것이다.

선의 실행은 뜻을 정성스럽게 하는 데서 시작

'지극한 선'이란 인륜의 성덕이란 점이 분명하니 또 다른 해석이 있겠는가? 자식으로서 반드시 효에 머문 후에야 지극한 선이 되는 것을 알면, 그 뜻이 정해져서 '효도는 사람의 아들로서 하지 않을 수 없는 것'이라고 한다. 그 뜻이 단단하게 굳어져서 한번 정한 대로 다시는 흔들리지 않는다. [그 뜻이] 이 마음 안에 반석처럼 자리 잡게 된 후에야 아버지에게 효도할 방법을 생각하면서, 할 일의 본말을 헤아리기도 하고 앞뒤를 헤아리기도 해서, '효란 내가 나 자신을 닦는 근거'라고 할 것이다. 자신을 닦으려 한다면 먼저 내 마음을 바르게 하지 않을 수 없고, 마음을 바르게 하려고 한다면 먼저 내 뜻을 정성스럽게 하지 않을 수 없으니, 이에 뜻을 정성스럽게 하는 것이 시작이 된다. 뜻을 정성스럽게 하는 것에서 착수하는 것이 효를 시작하는 일이 되는 것을 '얻을 수 있다'(能得)라고 한다. '얻는다'(得)란 '길을 얻는 것'(得路)이니, 시작할 곳을 얻었다는 것이다. 임금으로서는 반드시 인에 이른 후에야 지극한 선이 되는 것을 알면, 그 뜻을 정해서 '인은 임금으로서 하지 않을 수 없다'고 한다. 그 뜻이 확고하게 굳어지면 한번 정해서 다시 흔들리지 않는다. [이 뜻이] 반석처럼 마음에 자리 잡게 된 후에야 어떻게 백성에게 인할까를 생각하면서, 할 일의 본말을 헤아리고 선후를 헤아려 '인이란 내가 나라를 다스리고 천하를 평탄하게 할 근거'라고 할 것이다. 나라를 다스리고 천하를 평탄하게 할 생각을 하면 먼저 내 집안을 가지런히 하지 않을 수 없고, 집안을 가지런히 할 생각을 하면 먼저 내 몸을 닦지 않을 수 없으며, 내 몸을 닦을 생각을 하면 먼저 마음을 바르게 하고 뜻을 정성스럽게 하지 않을 수 없다. 이에 뜻을 정성스럽게 하는 것이 시작이 된다. 뜻을 정성스럽게 하는 것에서 착수하는 것이 인을 시작하는 일이 되니, 이를 '얻을 수 있다'라고 한다. 얻는다는 것은 길을 얻었다는 것으로 시작할 곳을 얻었다는 것이다.(『대학공의 2』: 大凡至善之爲人倫成德, 於此明矣, 而復有他解乎? 知爲人子必止於孝, 而后乃爲至善, 則其志乃定曰孝者人子之所不得不爲也, 此志牢固堅確一定不動. 宅於此心安如磐石, 然後思所以孝於父者, 商量揣度慮其本末, 慮其先後, 曰孝者吾之所以修身也. 思修身不可不先正吾心, 思正心不可不先誠吾意, 於是自誠意入頭. 自誠意下手爲孝之始事, 此之謂能得也. 得者得路也, 得其所出始也. 知爲人君必至於仁, 而后乃爲至善, 則其志乃定曰仁者人君之所不得不爲也, 此志牢固堅確一定不動, 宅於此心安如磐石, 然後思所以仁於民者, 商量揣度慮其本末, 慮其先後, 曰仁者吾之所以治平也. 思治平不可不先齊吾家, 思齊家不可不先修吾身, 思修身不可不先正先誠, 於是自誠意入頭, 自誠意下手爲仁之始事, 此之謂能得也. 得者得路也, 得其所由始也.)

해설 성의와 정심이라는 방략이 어떻게 덕을 얻는 데 기여하는지에 대해 자세히 설명했다. 무엇보다 먼저 어떤 것이 올바른 것인지, 자신의 본분은 무엇인지 '아는 일'이 선행되어야 한다. 그 뒤에 자신이 인간다운 인간이 되기로 한 그 뜻을 한결같은 것으로 다져가면서 구체적으로 어떤 식의 행동으로 그것을 실천해야 하는지를 생각하고 실천해나가는 과정을 거친다. '뜻을 정성스럽게 하는 것'이 시작이 되는 이유는 정성스러워진 뜻은 몸의 주인으로서 그 다음의 실행을 자연스럽게 유도할 것이기 때문이다.

덕은 몸을 윤택하게 한다

그러나 진실한 마음으로 악을 버리고 진실한 마음으로 선을 행하면, 악을 버리고 선을 행함으로써 몸이 윤택해지는 덕을 얻을 수 있다. 만일 비어 있어 적막한 경지로 마음을 치달려 가게 하면 덕을 갖게 될 연고가 없다. 일을 실행한 후에야 덕이라는 이름이 성립한다.(『대학공의 2』: 然實心去惡, 實心爲善, 以其去惡爲善之, 故得有潤身之德. 若馳心於空寂之地, 則無緣有德. 行事而后德之名立焉.)

해설 선을 실행함으로써 얻은 덕은 몸을 윤택하게 한다. 몸이 없어 실행이라는 것을 할 수 없다면 덕을 얻을 수 없다.

호연지기는 정신과 형체가 결합한 것

호연지기는 하루아침에 생길 수 있는 것이 아니고, 반드시 인을 쌓고 의를 쌓아 기르는 데 해로움이 없게 된 뒤라야 그 기가 이루어진다. … 이러한 기는 이미 도와 의로 이루어진 것이므로, 앞에 나오는 '지기'(志氣)의 '기'(氣)와 비교하면 한 단계 높은 것이기 때문에 기라고 이름붙이는 것은 적절하지 않은 듯하다. 그러나 정신과 형체가 묘하게 결합하면 살찜과 수척함이 상관한다. 마음이 넓으면 몸이 윤택하고 욕심이 많으면 눈동자가 흐릿하며, 아름다움이 안에 있으면 그 윤기가 얼굴에 나타나고 등에 드러나며, 부끄러움이 안에 있으면 땀이 나고 얼굴이 붉게 되니, 이 모두 정신과 형체가 묘하게 합해진 분명한 증거이다. 오늘 한 가지 의를 행하고 다음날 한 가지 의를 행하여, 의가 쌓이고 이로써 기가 길러져, 그 몸의 힘이 넓고 커서 천지 사이에 가득 차더라도 그 오묘한 결합이 항상 붙어 있는 것은 끝내 몸 안에서 떨어지지 않으니, 이 때문에 '기'라고 하는 것이다.(『맹자요의』「공손추·상」"公

孫丑問不動心章": 浩然之氣, 非一朝之所能生, 必積仁累義養之無害, 然後其氣乃成. … 此氣既是道義所成, 視上志氣之氣, 又超一層, 則似不當名之曰氣. 然神形妙合, 肥瘠相關, 心廣則體胖, 慾盛則眸眊, 美在中, 則睟面而盎背, 愧在內, 則汗出而色赧, 皆神形妙合之明驗也. 今日行一義, 明日行一義, 義之既積, 氣以之養, 是其體力之廣大, 雖可以塞天地, 而其妙合之所常寓, 終不離於形軀之內, 斯其所以名氣也.)

해설 맹자의 호연지기에 대한 정약용의 설명이다. 호연지기는 도덕성과 결합된 기운이다. 이를 정약용은 정신과 형체의 결합이라고 표현한다. 정신적인 상태의 표식은 육체를 통해 드러난다. 특히 정약용의 경우에는 육체의 차원에서 도덕성이 실현되어야 비로소 선이라는 가치가 성립하므로 육체적 계기는 중요하다.

성을 기르는 선한 일의 실행

맹자가 말한 성을 기르는 일은, 오늘 한 가지 선한 일을 행하고 내일 한 가지 선한 일을 행함으로써, 의를 모으고 선을 쌓아서, 선을 즐거워하고 악을 부끄러워하는 성을 기르는 것이다. 그럼으로써 성대한 기가 가득 차서 굶주리지 않게 하는 것이다. (『맹자요의』「진심·상」"盡其心者知其性章": 孟子之所謂養性者, 今日行一善事, 明日行一善事, 集義積善, 以養其樂善恥惡之性, 使浩然之氣, 充然不餒也.)

해설 구체적인 선한 행위를 함으로써 본성을 키우는 것, 그것이 호연지기를 키우는 구조이다.

온전한 덕을 이룬 사람

선을 쌓고 의를 모으는 사람은 그 처음은 땅을 굽어보고 하늘을 우러러 부끄러운 마음이 없고 안으로 반성해보더라도 만족하지 않음이 없으며, 쌓고 모으기를 오래하면 마음이 넓고 몸이 화평하여 빛나는 모습이 얼굴에 드러나고 등으로 배어나온다. 나아가 더욱 쌓기를 오래하면 가득하게 호연지기(浩然之氣)가 있게 되어, 지극히 크고 지극히 굳세게 하늘과 땅 사이를 채우게 된다. 이리되면 부귀도 나를 타락시키지 못하고 빈천도 나를 변하게 하지 못한다. 권위와 무력도 나를 굽히게 할 수 없으니, 신령스럽게 변화하는 것이 천지와 그 덕을 맞춘 듯하고 일월과 그 밝음을 맞춘 듯하다. 드디어 온전한 덕을 이룬 사람이 되는 것이다.(『심경밀험』「心性總義」: 積善集義之人, 其始也俯仰無怍, 內省不疚, 積之彌久, 則心廣體胖, 睟然見乎面而盎乎背, 積之彌久, 則充充然有浩然之氣, 至大至剛, 塞乎天地之間. 於是富貴不能淫, 貧賤不能移, 威武不能屈, 於是神而化之, 與天地合其德, 與日月合其明, 遂成全德之人.)

해설 온전한 덕을 이룬 사람은 분명 개인이라는 육체를 벗어난 사람일 것이다. 그러나 그 경지도 한 가지 한 가지 선을 쌓고 의를 모으는 일에서 시작한다.

재물과 덕

한 치 목구멍에 필요한 것은 한 그릇의 밥과 한 그릇의 국에 불과하다. 그 나머지 음식은 모두 좌우사람에게 이로운 것이니 나와 무슨 상관인가? 재물은 반드시 타인에게 주어야만 나의 덕이 된다. 덕이란 영원히 이지러지지 않는다. 재물로 전답을 마련해도 백년을 보전할 수 없으나, 재물로 덕을 사면 만고에 남을 수 있으니, 어느 것이 자신을 위하는 길이며 어느 것이 타인을 위하는 길인가?(『심경밀험』 孟子曰 "鷄鳴而起": 一寸之嗉, 所須不過一鉢一鉶, 其餘皆左右之利, 於我何關? 財必與人者,

乃爲吾德, 德是不朽之物. 以財買田, 不保百年, 以財買德, 長留萬古, 孰爲爲己, 孰爲人也?)

해설 정약용이 말하는 덕을 얻는 것이 쉬워보이지는 않는다. 물질에 대한 소유욕을 가진 채로는 어려운 일일 듯하다. 재물을 타인에게 줌으로써 영원히 이지러지지 않을 덕을 산다면, 자신을 위한 길이고 타인을 위한 길이라고 말한다. 정약용이 제시하는 비교는 시간의 장단이다. 재물은 자신이 살아있을 때에만 지속되고 덕은 자신의 생을 넘어 지속된다는 것이다.

시련과 덕의 단련

사람이 만나는 바는 명 아닌 것이 없다. 현명하고 지혜로운 사람이 기이하고 험난한 일을 많이 만나게 되는 것은 하늘이 그의 덕을 단련시켜 그로 하여금 더욱 증진함이 있게 하기 위해서이다.(『맹자요의』「진심·상」 "人之有德慧術知者孤臣孽子章" : 人之所遇, 莫非命也, 而賢知之人所遇多奇險者, 天以是鍛鍊其德, 使之有所增益也.)

해설 덕이 실행을 통해 얻어지는 것이라면 기이하고 험난한 일들은 분명 더 많고 어려운 실행을 요구할 것이고, 덕을 키우는 데 좋은 환경이 될 것이다.

7. 타인에 대한 덕의 영향력 : 덕과 정치

유학자로서 정약용 역시 덕에 의한 정치를 주장한다. 그리고 그의 덕은 실행함으로써 성취되는 것이므로, 모든 인간관계는 덕이 담고 있는 방향으로 이루어지는 것이 바람직할 것이다. 덕의 성립에는 관계 당사자가 복수로 관여하므로, 두 사람 이상이 모두 덕의 행위를 하고 있다는 말이 된다. 그러므로 덕의 전염력은 필연적이다.

실질적인 효과를 강조하는 실학자로서 정약용은 소인들이 관심 갖는 이익에 대해서도 당연한 것이라고 인정한다. 정치는 그 이익을 나누는 것이라고 공언한다. 덕 역시 그 이익을 나누는 것이다.

모두가 해야 할 일

백규의 자리에 있을 수 없으면 현자로서의 재능을 사용할 수가 없다. 성인이 왜 천도를 천하에 공공연하게 실행하려고 하지 않겠는가만, 그 지위를 얻지 못하면 공자처럼 입을 다물고 말할 수 없으니, 여기에는 다 명(命)이 있다. 그러나 부자 사이의 인은 천성에 근거를 두었기 때문에, 순은 명을 핑계로 삼지 않고 울부짖으면서 [노력하여] 화목해졌다. 군신 사이의 의는 천성에 근거를 두었기 때문에 비간은 명을 핑계로 삼지 않고 심장을 갈라서 충성을 다했다. 예를 좋아하는 자는 예를 닦아서 빈주의 예절을 밝히고, 지혜를 좋아하는 자는 현자를 친애하여 현자의 은택을 만나며, 성인은 삼가는 마음으로 [상제를] 밝게 섬겨서 천도에 통달하니, 때를 만나지 못하고 지위에 있지 못하다고 해서 혹 마음을 극진히 하지 않는 것은 아니다. 부자·군신의 인륜, 손님을 공경하고 현자를 존중하는 법, 천도를 숭앙하는 정성, 이 모든 것은 천성에서 나오므로, 만나는 [조건이] 같지 않다고 해서 바뀔 수 있는 것이 아니다. 그러므로 군자는 명이라고 하지 않는다. (『맹자요의』「진심·하」"口之於味目之於色章": 而不得處百揆之任, 則不能用賢者之才. 聖人之於天道, 豈不欲公諸天下, 而不得其位, 則孔子緘口而不言, 是皆有命也. 然而父子

之仁, 根於天性, 故大舜不諉於命, 而號泣以克諧. 君臣之義, 根於天性, 故比干不諉於命, 而剖心以盡忠. 好禮者, 修禮以明賓主之文, 好智者, 親賢以麗賢者之澤, 聖人小心, 昭事以達天道, 不以其不遇其時不處其位而或敢不盡心焉. 誠以父子君臣之倫, 敬賓尊賢之法, 欽崇天道之誠, 皆出於天性, 不可以所遇之不同有所改易, 故君子不謂命也.)

해설 구체적인 직위를 가진 위정자가 되어야 할 수 있는 일이 있겠지만, 어떤 직책에서 일을 하는가와 상관없이 인간으로서 해야 하는 일도 있다. 인간 사이의 마땅히 지켜야 할 인륜이 그러하다.

스스로 얻음

이 장의 해석은 옛날부터 명확하지 않다. 나는 이것을 군자가 사람을 가르치는 법이라고 생각한다. 『예기』「학기」에 "군자는 열어 주되 이르게 해주지는 않고, 인도해 주되 억지로 끌고 가지는 않는다"고 하였으니, '道'(도)는 인도한다는 뜻이다. 군자가 사람을 가르칠 때 차근차근 이끌어서 깊은 곳에 이르도록 하는 것, 그것이 이른바 '심조지이도'(深造之以道)이다. 깊은 곳에 나아가게 하는데, 인도만 하고 억지로 끌고 가지 않는 것은 그로 하여금 스스로 얻게(自得) 하려는 것이다. 배우는 사람은 의리에 대해 반드시 스스로 얻은 뒤에야 안정되어 동요하지 않으며, 동요하지 않으면 스스로 얻은 것에 힘입어서 깊고 견고하여 뽑히지 않는다. 그러므로 어떤 일이나 어떤 경우를 당하면, 모두 그 근본을 만나게 되어, 그 터득한 진리를 확인할 수 있다. 이것이 반드시 스스로 얻게 하도록 하는 이유이다.(『맹자요의』「이루·하」"君子深造之以道章" : 此章之解, 自古不明. 余謂此君子教人之法也. 學記曰, 君子開而不達, 道而不牽. 道者, 導也. 君子教人, 循循誘導, 以達深處, 此所謂深造之以道也.

深造之法, 道而不牽者, 欲其自得之也. 學者於義理, 必自得而後, 安而不動, 不動則自資其所得, 而深固不拔, 故觸事觸境, 皆遇其原本, 驗其所得之眞理, 此所以必使其自得者也.)

해설 『맹자』「이루·하」의 "君子深造之以道" 구절에 대한 해석이다. 정약용은 "군자는 [사람을 가르칠 때] 차근차근 이끌어서 깊은 곳에 이르게 한다"라로 해석했다. 인도는 하되 억지로 끌고 가지 않는다는 것이 핵심이다. 그리하여 스스로 얻도록 하려는 것이다. 스스로의 것, 즉 스스로의 본성, 스스로의 의지, 스스로의 실천을 사용하는 것이 아니라면 덕이라 할 수 없을 것이다.

인륜은 사람과 사람과의 접촉

내가 지극히 선하면 백성은 저절로 나를 따라서 지극히 선해진다. 그러나 백성의 지극한 선은 내가 억지로 할 수 없다. 인을 실행하는 것은 자신에게 의거하는 것이니, 타인에게 의거할 수 있겠는가? 총괄하면, 뜻을 정성스럽게 함, 마음을 바르게 함이란 『대학』의 큰 조목이다. 그래서 예전의 유학자들은 『대학』을 마음을 다스리고 본성을 보완하는 법이라고 말했다. 그러나 옛 성인들의 마음 다스리기와 본성 보완하기는 항상 일을 실행하는 데 있었으며, 일의 실행은 인륜을 벗어날 수 없다. 그리하여 진실한 마음으로 부모를 섬기면 정성과 바름으로 효를 이룬 것이며, 진실한 마음으로 어른을 섬기면 정성과 바름으로 제를 이룬 것이다. … 천리를 보존하고 인욕을 막을 수 있는 기회는 사람과 사람이 서로 접촉하는 데 있다. … 사람과 사람과의 접촉이 곧 인륜이 아니겠는가? 인륜을 극진히 하는 것이 곧 지극한 선이 아니겠는가?(『대학공의 1』: 我旣至善, 民自隨我而至善. 然民之至善, 非我所强. 爲仁

由己, 而由人乎哉? 總之, 誠意正心爲此經之大目, 故先儒遂以此經爲治心繕性之法. 然先聖之治心繕性, 每在於行事, 行事不外於人倫, 故實心事父, 則誠正以成孝, 實心事長, 則誠正以成弟, … 存天理遏人慾, 其機其會在於人與人之相接, … 人與人之相接, 非即人倫乎? 人倫之所自盡, 非即至善乎?)

해설 백성이 선하게 되는 것은 내가 억지로 할 수 없다. 백성이 선하게 되려면 백성이 선을 실행해야만 가능하기 때문이다. 그러나 또한 "내가 지극히 선하면 백성은 저절로 나를 따라서 지극히 선해진다"는 말도 역시 사실이다. 내가 지극히 선하다는 것은 위정자로서 내가 백성과의 관계에서 선을 실행하는 것이기 때문이다. 그 관계를 상호 만들어가는 백성이 스스로의 의지에 의해 선을 실행할 수 있는 좋은 환경을 만들어줄 수 있다.

존귀함과 부유함을 운영하는 일

나라를 다스리는 자의 큰 정책에는 두 가지가 있으니, 하나는 사람을 쓰는 일이고 다른 하나는 재물을 다스리는 일이다. 사람이 이 세상에 살면서 두 가지 큰 욕구를 갖게 되니, 하나는 '존귀함'(貴)이고 둘째는 '부유함'(富)이다. 위에 있는 사람의 욕구는 존귀함에 있고 아래 있는 사람의 욕구는 부유함에 있다. … 그러므로 옛날부터 오늘에 이르기까지 조정의 치란득실은 늘 현인을 기용하는 문제에 달려있고, 야인의 고통과 즐거움, 은혜와 원망은 재물을 거둬들이는 데 달려있다. 모든 제도나 많은 관원의 일이 천만가지로 얽혀 있다고 해도 그 돌아가는 곳을 조용히 궁구해보면, 조정에서나 민간에서나 다투는 것은 오직 이것뿐이다. 성인은 그것을 알고 있기 때문에, 사람을 등용할 때에는 현명한 사람을 그에 맞게 평가하고 가까운 사람을 친애하는 방식으로써 군자를 대우하며, 재물을 다스릴 때는 즐거움을 함께 즐기고 이로움을 함께 이롭게 여김으로써 소인을 대우한다. 그의 성대한 덕과 지극한 선을 백성들로 하여금 잊지 못하게 하는 요체가 바로 여기에 있다.(『대학공의 3』: 爲國者, 其大政有二, 一曰用人, 二曰理財. 大凡人生斯世, 其大欲有二, 一曰貴, 二曰富. 在上者, 其所欲在貴, 在下者, 其所欲在富. … 故自古以來, 朝廷之治亂得失, 恒起於立賢, 野人之苦樂恩怨, 恒起於斂財. 雖百度庶工, 千頭萬緒, 而靜究厥趣, 則朝野所爭唯此而已. 聖人知其然也, 故用人, 則賢其賢而親其親以待君子, 理財則樂其樂而利其利以待小人, 盛德至善之使民不忘, 其要在此.)

해설 인간의 욕구를 부와 귀로 정리하고, 정치의 요체도 이 둘을 잘 운영하는데 있다고 갈파한다. 군자의 관심은 귀에 집중되고 소인의 관심은 부에 집중된다. 군자를 대우할 때는 그 사람의 현명함과 친소에 따라 적절하게 하는 것이 방법이며, 소인을 대우할 때는 그 이익을 나누는 것이라고 정리했다.

인은 타인을 사랑하는 것, 의는 자신을 바르게 하는 것

[자신의 털] 한 오라기를 뽑고 머리끝에서 갈아 발꿈치까지 이른다는 것은 실제가 아닌 것을 형용한 것이다. 학문이 얕은 자들이 이 문장을 잘못 읽어 양주를 인색한 사람으로 여기고 묵적을 미친 사람으로 여겼는데 큰 잘못이다. 군자의 학문은 두 가지를 벗어나지 않는다. 첫째는 수기이고 둘째는 치인이다. 수기는 자신을 선하게 하기 위한 것이고 치인은 남을 사랑하기 위한 것이다. 자신을 선하게 하는 것은 의가 되고 남을 사랑하는 것은 인이 되니, 인과 의는 상호 작용하여 어느 한쪽도 폐할 수 없다. 둘 가운데 하나만을 잡는다면 변통을 모르는 것이니, 이는 잘못이다. 한 터럭을 뽑는다는 것은 자기의 선을 조금 희생한

다는 것이지, 어찌 이로움을 털끝처럼 자르는 것을 말하는 것이겠는가? 양주가 손님을 접대할 때에도 반드시 닭을 잡고 밥을 지어 대접해 흔쾌히 아낌없이 했을 것이다. 양주의 도는 우와 후직의 시대에 안회의 지킴을 행한 것이고, 묵자의 도는 안회의 시대에 우와 후직의 행동을 한 것이다. 그들의 죄는 이와 같을 뿐이니, 어찌 다른 것이 있겠는가?(『맹자요의』「진심·상」"揚子拔一毛而不爲墨子磨頂放踵章": 拔毛磨頂, 皆是假設形容之辭. 淺學誤讀此文, 以楊朱爲吝人, 以墨翟爲狂客, 大謬也. 君子之學, 不出二者. 一曰修己, 二曰治人. 修己者, 所以善我也, 治人者所以愛人也. 善我爲義, 愛人爲仁, 仁義相用, 不可偏廢. 二者各執其一, 不知變通, 是其謬也. 拔一毛者謂微損己善也, 豈利析秋毫之謂乎. 揚子待客, 必殺鷄爲黍, 欣然無惜矣. 楊朱之道, 禹稷之時而顏回之守也, 墨子之道, 顏回之世而 禹稷之行也, 其罪如斯而已, 豈有他哉.)

해설 양주와 묵자에 대해 각각 수기와 치인 영역에서의 의미를 인정했다. 이들의 병폐는 때를 맞추지 못했다는 것뿐이다. 정약용에 의하면, 양주는 의의 덕을 이룬 사람이고 묵자는 인의 덕을 이룬 사람이다. 정약용은 시종 '의'를 자신을 선하게 하는 것이라고 해석한다. 즉 인은 타인을 사랑하는 것이라면 의는 자신을 바르게 하는 것이다. 묵자는 사람을 사랑하는 것은 어떤 의미로든 그 사람을 이롭게 해주는 것이라고 주장했다. 정약용 역시 묵자의 이러한 사랑에 동의하고 있을 것이다.

VIII.

근대 민족국가의 덕과 유용성

— 양계초

1. 『신민설』의 덕 개괄

근대 자본주의의 등장은 이전에는 악덕으로 평가되던 물욕을 비롯한 이익추구에 대한 욕망을 재평가하게 했다. 애덤 스미스는 탐욕, 물욕 등 부정적인 뉘앙스를 갖고 있던 '욕망'을'이해관심'(interest)라는 중성적 용어로 대체하였고, 이 '이해관심'은 개인의 변덕스러운 열정을 사회의 이익을 위해 작동하게 할 수 있었다.[1] 루터는 개인적 구원을 향한 추구가 자본주의를 가능하게 한다고 설명함으로써 이익추구를 숭고한 가치와 연결하였다.

양계초(梁啓超, 1873-1929)는 '이해관심'를 심각하게 고려했다는 점에서 앞에서 다뤘던 사람들과 다르다. 양계초는 상선과 전함을 앞세워 등장한 유럽근대와 마주해야 했다. 그리고 그들이 전해준 사회진화론을 받아들였다. 유럽근대가 성취했다는 '문명'을 사회진화론이라는 사회의 운동법칙에 따라 도달해야 할 목표로 받아들인 것이다. 사회진화를 실질적으로 가능하게 하는 것은 경쟁이라고 이해했으며, 경쟁 가운데 최고는 민족국가가 서로 자신의 실력을 겨루는 것이었다. 그리하여 중국의 경쟁력 고양이라는 목표가 그 시대 최대의 과제가 되었다.

양계초는 중국인 개개인에게는 중국의 경쟁력이라는 공공의 이익에 이바지하는 것을 가장 중요한 도덕적 덕목으로 요구했다. 국가의 안위가 개인의 안위와 직결된다는 이해관심의 논리가 동원되었

1 앨버트 O. 허시먼(1994), 『열정과 이해관계』, 나남출판, 26쪽. 이 책에서 '열정'과 '이해관계'로 번역된 용어를 각각 '욕망'과 '이해관심'으로 바꾸었다.

다. 그러나 그것이 다는 아니었다. 그는 인간 본성에 뿌리내리고 있는 선함을 근거로 국가이익이라는 공공선에 이바지할 것을 요구했다.

양계초는 중국근대의 대표적 계몽사상가로 평가된다. 그는 근대 유럽의 '문명'을 배워 그들과 어깨를 나란히 할 수 있는 '민족국가 중국'을 건설하고자 했다. 그러나 그의 문명, 그의 계몽은 유럽의 그것을 그대로 베끼는 것은 아니었다.

그는 민족국가의 구성원이 되어야 할 사람을 새로운 국민이라는 의미의 '신민'(新民)이라고 불렀다. 양계초는 이 개념이 유가경전인 『대학』에서 가져온 것임을 밝히면서, 종래의 의미와는 다른 점이 있음도 덧붙였다. 종래에 '신민'은 "백성을 새롭게 한다"는 의미로 해석되어, 윤리-정치의 주체와 객체가 확연히 분리된 것을 전제하는 개념이었다. 양계초는 "새롭게 하는 자와 새로워지는 자가 분리되지 않는다"고 해석함으로써 수동적인 백성(民)의 의미를 제거하고, 이로써 근대국가의 국민을 지칭하고자 했다. 또한 그는 '신', 즉 '새로워짐'에도 두 가지 뜻이 있다고 해석했다. 하나는 없던 것을 새로 수입하는 것이며, 하나는 있던 것을 새롭게 하는 것이다. 두 새로움은 민족국가의 건설을 위해 필요한 두 요소였다. 전자가 근대국가의 건설을 위해 유럽에서 수입해야 하는 '국가'정신이라면, 후자는 민족의 단결을 위해 전통에서 가져와야 할 민족의 정신이다.

실제로 양계초의 '덕'에 관한 논의는 어떤 방식으로든 신과 구가 얽혀있고, 유럽의 것과 중국의 것이 얽혀 있다. 양계초는 중국에는 개인과 '천하'만 있었을 뿐 국가는 없었다고 진단한다. 국가는 다른 국가를 전제한다. 즉 양계초가 국가라는 개념을 사용할 때 전제하는 것은 생존경쟁 속에 노출된 다수의 국가 가운데 하나이다. 그리고 그가 당시의 정세를 보고 판단하건대, 생존경쟁의 주체로서 가장 바람직한 것은 민족국가였다. 국가는 중국에는 이전에 없던 새로운 것이었다. 중국은 이전부터 있던 민족의 정신을 시의에 맞게 재정비하여 민족국가로 거듭나야 했다.

'신민'은 민족국가의 국민이며, 그가 5년에 걸쳐 반월간지 『신민총보』(1902-1907)에 연재한 『신민설』(1902-1906)[2]은 '신민'이 갖춰야 할 '덕'에 대해 논의한 글이다. 『신민설』은 근대를 여는 양계초의 '계몽'이 응축된 글인데, 그 계몽은 또한 '덕'에 응축되었다. 그리고 이 '덕'은 다시 '공덕'(公德)과 '사덕'(私德)으로 나뉜다. 공덕은 자신이 속한 집단에 이바지하는 덕으로 규정되는데, 양계초가 염두에 둔 최고의 집단은 국가였고, 실제로 양계초는 과거 중국의 도덕에는 공덕이 결여되어 있다고 평한다. 그러므로 공덕은 "없던 것을 들여오는 것"에 속하며, 국가와 관련된다. 그에 반해 사덕은 개인의 생활, 최대한 개인과 개인과의 관계에서 발휘되는 것으로서, 과거 중국의 도덕 90%를 차지하는 것으로 이미 넘치게 있는 것이라고 진단된다.[3] 즉 실제로 유학적 덕목은 거의 사덕으로 처리된다.

그런데 『신민설』 안에서 공덕이 민족국가를 이롭게 하는 덕이라는 의미를 일관되게 가지며 시종 중시되었다면, 사덕은 위상의 변화

---

2 1932년 간행된 전집 속에 단행본으로 수록되었다. 여기에서는 단행본으로 취급한다. 이하에서는 "『신민설』"은 생략하고 편명만 기재한다.

3 "우리 중국에서 도덕의 발달은 빨랐다고 할 수 있다. 그러나 사덕에만 치우쳐 있었을 뿐 공덕은 거의 결여되어 있다. 『논어』, 『맹자』 같은 책들을 보자. 그 책들은 우리 국민의 목탁(木鐸)이며 도덕이 나오는 근원이다. 그 안에서 가르치는 것은 사덕이 9할이고 공덕은 1할에도 미치지 못한다."(제5절 공덕)

를 겪는다. 당초에 사덕은 이미 넘치도록 있을 뿐 아니라 사덕의 과도한 발달 때문에 공덕이 발달하지 않았다고, 중국이 서양처럼 근대국가가 되지 못한 점을 유학의 발달 탓으로 돌리기도 했다. 그러나 『신민설』 연재를 시작하고 1년 반 정도 지난 시점부터 사덕에 대한 평가는 달라진다. 자신뿐 아니라 당시의 많은 지사들이 국민의 공덕 함양을 위해 애쓰고 있는데도 그 결과는 미미하다고 평가한 뒤에, 그 원인으로 그는 사덕의 허약을 지적한다. 그는 사덕을 근본으로 그것을 확대하여 공덕이 된다고 해석한다. 이것은 "사덕을 양성하면 도덕 교육의 일은 반을 넘을 것"(「사덕」)이라는 논리로 연결된다. 사덕과 공덕의 결합은 실질적으로는 있던 것과 새로운 것, 유학과 근대문명의 결합이다.

그런데 그 연결이 그렇게 매끄럽지는 않다. 양계초는 실질적으로 사덕의 내용을 '자신의 이익을 계산하지 않는 양심'으로 설정하고 있다. 그러나 공덕은 "사회의 이익을 위해 발생한" 것으로서, "사회를 이롭게 하는 것은 선이고 사회에 무익한 것은 악"(「공덕」)이라는 이해관심에 근거한다.

또한 전통적 유학이라면 그 양심이 확대되는 데에 경계가 없다. 그것은 하늘 아래 존재하는 모든 존재, 즉 천하(天下)를 향해 발휘되는 마음인데, 양계초는 그 마음을 국가경쟁의 시대에 자국의 이익에 봉사하는 마음으로 한정시킨다. 양계초는 유학으로부터 개인적인 이익추구에 갇히지 않는 그 마음을 평가한 것이며, 그것을 애국이라는 근대적 가치와 연결시킨 것이다.

전통적인 선개념과 이해관심의 결합, 도덕과 국가주의의 결합, 이는 동아시아가 근대를 지나면서 만들어낸 하나의 전형이 되었다.

애국심과 애국행위가 덕이 된 것이다.

2. 두 가지 덕의 성격 : 공덕과 사덕의 분화

공덕은 사회의 진보에 이바지하는 개인의 덕이다. 그러므로 그 덕은 우선 사회의 진보가 무엇인지 판단하거나 이해하는 능력을 전제로 하고, 또 사회의 진보와 개인의 관련을 전제해야 한다. 양계초는 사회의 진보와 개인과의 관련을 설명하는데, 일관되는 것은 아니다. 역시 이해관계의 도입과 함께 유학적 유산이 공존한다. 유학적 유산이란 선한 마음의 발현으로서 덕스러운 행위를 설명하는 것이다. 양계초는 때로는 개인의 이익을 계산하여 사회의 이익이 개인에게 이익이 될 만하기 때문에 그 행위방식을 선택한다고 하기도 하지만, 때로는 타고난 본성인 것처럼 이야기하기도 한다.

가령, "공덕에 복종하지 않는 사덕이라면 사덕의 측면에서 보면 지선일지라도 결과적으로는 악이 되지 않을 수 없다"(「공덕」)고 하는 것은 유용성의 측면에서 하는 말이다. "한 사회의 사람 모두가 서로서로 빚을 지고 갚지 않는다면 그 사회의 혈맥은 얼마나 오래갈 수 있을 것인가?"(「공덕」)라고 하거나, 사익을 희생해서 공익을 추구하는 것은 "생존경쟁, 적자생존의 진화세계에 처해서 인간의 노력으로 자연의 법칙을 이기려 한다면, 이러한 방법 말고는 다른 방법이 없기 때문"(「합군」)이라는 언명 역시 마찬가지이다. 그런데 한편에서는 "권리사상이 없는 사람은 마비된 사람"이며 "권리사상의 강약은 사실은 그 사람의 품격과 관계"(「권리사상」) 있다는 주장도 한다.

사덕은 『신민설』 안에서 위상의 변화를 겪는다. 그에 따라 공덕과의 관계설정도 달라진다. 초기에 사덕은 사회의 진보에 전혀 관여하지 않고 다만 자기 일신, 기껏해야 개인과 개인과의 관계에서 발휘하는 덕 정도로 취급되었다. 그러나 뒷부분에 가서는 그 중요성이 평가된다. 그렇다고 공덕에 대한 평가가 약화되는 것은 아니고, 공덕의 발휘를 위해서는 사덕이 기본이 되어야 한다는 논조로 바뀐다.

유럽에서 수입된 윤리와 중국 전통의 윤리는 또한 각각 신(新: 새로운 것)과 구(舊: 오래된 것)로 구별되기도 한다. 양계초가 신윤리에서 가장 중요하게 평가하는 것은 특히 '국가윤리'이다. 이 '국가윤리'는 양계초가 구윤리에는 전적으로 결여되어 있다고 판단하는 것이기도 하다. 그리고 '국가'에 관한 개념은 양계초가 '문명'의 핵심으로 받아들이고 있는 것이므로, 만약 양계초의 주장대로 구윤리가 '국가윤리'를 결여하고 있다면 이는 현대에 치명적인 결함이 된다. 양계초는 중국의 구윤리는 사회윤리나 국가윤리는 결여된 채, 사덕인 영역 즉 개인과 가족에만 매몰된 윤리라고 비판하는데, 이러한 비판 역시 사덕에 대한 평가가 달라지면서 달라진다. 실제로 사덕의 내용은 중국의 구윤리이기 때문이다.

공덕과 사덕의 분기

도덕의 본체는 하나일 뿐이다. 그러나 발동해서 밖으로 드러나면 공(公)과 사(私)의 이름이 생긴다. 사람들이 홀로 자기 몸을 선하게 하는 것(獨善其身)을 사덕(私德)이라고 하며, 사람들이 그 사회(群)를 선하게 하는 것을 공덕(公德)이라고 한다. 이 둘은 모두 사람이 사는 데 없어서는 안 될 도구이다. 사덕이 없으면 바로 설 수가 없다. 비루하고 허위적이고 잔인하고 어리석고 겁 많은 사람들을 아무리 많이 합해도 나라를 이루지 못한다. 공덕이 없으면 단체를 이룰 수 없다. 자기만을 단속하며 스스로 만족하고 청렴하고 겸손하고 선량하고 신실한 사람들이 아무리 많아도 역시 나라를 이루지 못한다.(제5절 공덕 : 道德之本體一而已. 但其發表於外, 則公私之名立焉. 人人獨善其身者, 謂之私德, 人人相善其群者, 謂之公德, 二者皆人生所不可缺之具也. 無私德則不能立. 合無量數卑汚虛僞殘忍愚懦之人, 無以爲國也. 無公德則不能團. 雖有無量數束身自好廉謹良愿之人, 仍無以爲國也.)

해설 도덕을 본체로 하면서 겉으로 드러날 때 갈라진다는 논리로 '공덕'과 '사덕'을 나누고 있다. 자신을 선하게 하는 것은 사덕이고 사회를 선하게 하는 것은 공덕이라고 나누었는데, 실제로 양계초가 열거한 부덕(不德)들이 그 나누기에 꼭 맞는 것으로 보이지는 않는다. 게다가 사덕이 결여되었을 때나 공덕이 결여되었을 때의 결과가 "나라를 이루지 못한다"라는 것은 똑같다.

초기의 사덕과 공덕의 관계 : 별개의 덕

청렴, 신중, 근면이 어찌 고상한 사덕(私德)이 아니겠는가! 그러나 저들 관리는 한 사회(群)의 위탁을 받아 일을 담당하는 자들이다. 본래 그 자신이 사회에 대해 지는 의무가 있는 데다, 또한 위탁 받은 것에 대한 의무까지 있다. 일찍이 이 청렴, 신중, 근면 세 구절이 이 두 종류의 책임을 다 충족시킨 적이 있는가? [청렴, 신중, 근면만을 아는 것은] 모두 사덕이 있다는 것은 알면서 공덕이 있다는 것은 모르기 때문이다. 그러므로 정치에 진보가 없고 나라의 광휘가 나날이 달라지는 것이다. 저들 관리로서 공인의 지위에 있는 자들도 그러하니 민간의 사인은 더 말할 것도 없다. 우리 국민 가운데 한 사람도 나라 일을 자기 일처럼 여기는 사람이 없다. 이는 모두 공덕의 대의가 아직 밝혀지지 않았기 때문이다.(제5절 공덕 : 夫淸愼勤豈非私德之高尙者耶! 雖然, 彼官吏者受一群之委託而治事者也. 旣有本身對於群之義務, 復有對於委託者之義務. 曾是淸愼勤三字, 遂足以塞此兩重責任乎. 此皆由知有私德, 不知有公德. 故政治之不進, 國華之日替, 皆此之由. 彼官吏之立於公人地位者且然, 而民間一私人更無論也. 我國民中無一人視國事如己事者, 皆公德之大義未有發明故也.)

해설 공과 사의 구별은 직접적으로는 후쿠자와 유키치(福澤諭吉)의 영향이고, 간접적으로는 자유주의의 영향일 것이다. 그러나 적극적으로 사적 영역을 확보하고 보호하려는 자유주의의 정신은 양계초에게 접수되지 않았다. 양계초에게 중요했던 것은 국가에 헌신하는 덕으로서 공덕이었고, 이 시점에서 공덕은 사덕과 별개의 것으로 취급되었다.

후기의 사덕과 공덕의 관계 : 사덕은 공덕의 바탕

이른바 공덕이라고 하는 것은 그 본체를 말하자면, 한 단체 안의 사람들이 갖는 공공(公共)의 덕성이다. 본체의 작용을 구성하는 면에서 말하자면, 개인이 본 단체를 향한 공공관념에서 발휘되는 덕성이다. 맹인이 아무리 많이 모여도 한 사람의 눈 밝은 이루(離婁)가 되지 못하고, 귀머거리가 아무리 많이 모여도 한 사람의 귀 밝은 사광(師曠)이 되지 못한다. 겁 많은 사람이 아무리 많이 모여도 한 사람의 용맹한 오확(烏獲)이 되지 못한다.[4] 그러므로 한 사인(私人)이 사적으로 소유

4 이루, 사광, 오확은 『맹자』 「이루·상」 1에 등장하는 인물들이다.

한 덕성이 없으면 그러한 사인이 수천, 수억이 모여도 공적으로 소유한 덕성을 이루지 못한다는 것은 명백한 이치이다. 맹인을 많은 사람들 앞에 내놓는다고 갑자기 눈이 밝아질 수는 없으며, 귀머거리를 많은 사람들 앞에서 듣게 한다고 갑자기 귀가 밝아질 수는 없으며, 겁쟁이가 많은 사람들 앞에서 싸운다고 갑자기 용감해질 수는 없다. 그러므로 내가 스스로를 대하면서 신의가 없는데 타인을 대하면서 신의가 있으려고 하며, 한 사인이 한 사인과 교섭하면서 충실하지 못하면서 단체에 충실하려고 해도, 그럴 수 있는 구석이 없다는 이치는 지극히 자명하다. 이처럼 오늘날 학자들이 날마다 공덕에 대해 이야기하는데도 공덕의 효과를 볼 수 없는 이유 역시 국민의 사덕에 큰 결점이 있기 때문이다.(제18절 사덕 : 夫所謂公德云者, 就其本體言之, 謂一團體中人公共之德性也, 就其構成此本體之作用言之, 謂個人對於本團體公共觀念所發之德性也. 夫聚群盲不能成一離婁, 群聚聾不能成一師曠, 聚群怯不能成一烏獲. 故一私人而無所私有之德性, 則群此百千萬億之私人, 而必不能成公有之德性, 其理至易明也. 盲者不能以視於衆而忽明, 聾者不能以聽於衆而忽聰, 怯者不能以戰於衆而忽勇. 故我對於我而不信, 而欲其信於待人, 一私人對於一私人之交涉而不忠, 而欲其忠於團體, 無有是處, 此其理又至易明也. 若是乎今之學者日言公德, 而公德之效弗覩者, 亦曰國民之私德有大缺點云爾.)

해설 『신민설』 연재 후반기에 오면 공덕과 사덕의 관계가 이전과는 다르게 연결된다. 양계초는 중국인의 공덕에 결점이 있는 이유는 그 사덕에 문제가 있기 때문이라고, 사덕이 공덕의 바탕이라고 주장한다.

후기의 사덕과 공덕의 관계: 공덕은 사덕을 확충한 것

또한 공덕과 사덕이 어찌 하나의 경계선이 있어 서로 다른 물건처럼 나뉜 것이겠는가! 덕이 일어나는 연유를 보면, 사람과 사람이 교섭하는 데서 일어난다.(원주: 가령, 『로빈슨 표류기』에서 말하듯, 혈혈단신으로 무인도에 혼자 있다면 덕이라는 것도 없고 부덕(不德)이라는 것도 없을 것이다.) 소수와 교섭하거나 다수와 교섭하거나, 사인(私人)과 교섭하거나 공인(公人)과 교섭하거나, 그 객체는 다르지만 그 주체는 같다. 그러므로 동양(泰東)과 서양(泰西)을 막론하고, 도덕이라는 것은 모두 공공의 안녕과 공공의 이익에 도움이 되는 것을 말하며, 부덕(不德)이라는 것은 모두 공공의 안녕과 공공의 이익을 해치는 것을 말한다. 공이라고 하고 사라고 하는 것은 임시로 정한 말로서, 체험과 실천을 위한 법문에 불과하다. 넓게 말하면 덕은 하나일 뿐, 공과 사가 따로 없다. … 공덕이라는 것은 사덕을 미루어간 것이다. 사덕만 알고 공덕을 모른다면 그 결함은 다만 미루어감의 문제이다. 사덕을 멸시하고 공덕만을 꾸민다면 미루어갈 수 있는 바탕의 도구도 없는 것이다. 그러므로 사덕을 양성하면 도덕 교육의 일은 반을 넘는다.(제18절 사덕 : 且公德與私德, 豈嘗有一界線焉, 區劃之爲異物哉! 德之所由起, 起於人與人之有交涉. [使如魯敏遜漂流記所稱以孑身獨立於荒島, 則無所謂德, 亦無所謂不德.] 而對於少數之交涉與對於多數之交涉, 對於私人之交涉與對於公人之交涉, 其客體雖異, 主體則同. 故無論泰東泰西之所謂道德, 皆謂其有贊於公安公益者云爾. 其所謂不德, 皆謂其有戕於公安公益者云爾. 公云私云, 不過假立之一名詞, 以爲體驗踐履之法門. 就泛義言之, 則德一而已, 無所謂公私. … 公德者私德之推也, 知私德而不知公德, 所缺者只在一推. 蔑私德而謬託公德, 則并所以推之具而不存也. 故養成私德, 而德育之事思過半焉矣.)

해설 양계초는 사덕을 다시 강조하기 위해 공과 사의 구분을 약화시킨다. 공덕은 사덕을 확충시킨 것이라는 논리가 등장한다.

구윤리와 신윤리 : 초기의 평가

지금 중국의 구(舊)윤리를 서양의 신(新)윤리와 비교해 보자. 구윤리는 군신, 부자, 형제, 부부, 붕우[5]로 분류된다. 신윤리는 가족윤리, 사회(원주 : 즉 인군(人群))윤리, 국가윤리로 분류된다. 구윤리가 중시하는 것은 한 사인(私人)과 한 사인의 관계이다.(원주: 한 사인이 '홀로 그 몸을 선하게 하는 것'(獨善其身)은 본래 사덕의 범위에 속한다. 또한 한 사인과 다른 한 사인이 교섭할 때의 도의도 여전히 사덕의 범위에 속한다. 이는 법률상으로, 공법과 사법의 범위로 증명할 수 있다.) 신윤리가 중시하는 것은 사인과 단체의 관계이다.(원주: 신윤리의 분류법으로 구윤리를 재분류해보면, 가족윤리에 속하는 것이 셋이다. 즉 부자, 형제, 부부이다. 사회윤리에 속하는 것은 붕우 하나이다. 국가윤리에 속하는 것은 군신 하나이다. 그러나 붕우 하나만으로는 결코 사회윤리를 다할 수 없으며, 군신 하나만으로는 더욱 국가윤리를 다할 수 없다. … 중국의 오륜이라면 오직 가족윤리만 겨우 완비되었을 뿐, 사회윤리, 국가윤리 분야에서는 갖춰지지 않은 것이 많다. 이 결함은 반드시 보완되어야 한다. 이것들은 모두 사덕을 중시하고 공덕을 소홀히 한 결과이다.) 한 사인이 혼자 있을 때와 다른 사인과 관계할 때, 그 사이에서 도덕을 가진 자를 귀하게 여기는 부분이 반드시 있다는 것은 말할 필요도 없다. 그러나 이것은 도덕의 일부분이지 전체가 아니다. 전체는 공과 사를 합해서 함께 선을 실천하는 것이다.(제5절 공덕 : 今試以中國舊倫理, 與泰西新倫理相比較. 舊倫理之分類, 曰君臣, 曰父子, 曰兄弟, 曰夫婦, 曰朋友. 新倫理之公類, 曰家族倫理, 曰

5 『맹자』 이래로 유가 윤리의 기둥으로 언급되는 '오륜'을 말한다. "부자 사이에는 친애함이 있고, 군신 사이에는 의로움이 있으며, 부부 사이에는 구별이 있고, 상유 사이에는 순서가 있으며, 붕우 사이에는 신의가 있어야 한다."(「등문공·상」 4 : 父子有親, 君臣有義, 夫婦有別, 長幼有序, 朋友有信.)

社會(卽人群)倫理, 曰國家倫理. 舊倫理所重者, 則一私人對於一私人之事也.(一私人之獨善其身, 固屬於私德之範圍, 卽一私人與他私人交涉之道義, 仍屬於私德之範圍也. 此可以法律上, 公法私法之範圍, 證明之) 新倫理所重者, 則一私人對於一團體之事也,(以新倫理之分類, 歸納舊倫理, 則關於家族倫理者三, 父子也, 兄弟也, 夫婦也. 關於社會倫理者一, 朋友也. 關於國家倫理者一, 君臣也. 然朋友一倫, 決不足以盡社會倫理, 君臣一倫, 尤不足以盡國家倫理. … 若中國之五倫, 則惟於家族倫理稍爲完整, 至社會國家倫理不備滋多, 此缺憾之必當補者也, 皆由重私德輕公德所生之結果也.)夫一私人之所以自處, 與一私人之對於他私人, 其間必貴有道德者存, 此奚待言. 雖然, 此道德之一部分, 而非其全體也. 全體者, 合公私而兼善之者也.)

해설 초기 사덕과 공덕의 영역을 구분했을 때의 논의이다. 양계초는 맹자의 오륜을 구윤리로 명명하고 신윤리는 가족윤리, 사회윤리, 국가윤리로 구분한다. 맹자의 오륜 가운데 셋은 가족윤리며, 붕우유신은 사회윤리, 군신유의는 국가윤리로 분류한다. 결론적으로 중국의 구윤리는 사덕에 치우쳤다는 것이다.

구윤리와 신윤리 : 후기의 평가

오년 전부터 해외의 신사상이 열강의 침략 세력을 타고 중국에 들어왔고, 처음에는 한두 사람이 주장하다가 이어 수천 명이 화답하게 되었다. 그 주창자는 본래 구학(舊學)을 멸시했던 것은 아니고, 구학의 단순함이 시세에 적응하지 못하기 때문에 신사상을 보조로 삼을 생각을 했다. 또 많은 사람들의 사고를 넓혀 사상의 자유가 발달하도록 촉진하여 배우는 자들이 스스로 선택하기를 바랐다. 그런데 부패한 지 오래된 이 사회에 문명의 학설이 갑자기 이식될 수 없다는 것은 생각하지 못했다. 자유의 이론이 들어오자 행복을 증진시키는 일은 없이 질서를 파괴하게 되고, 평등의 이론이 들어오자 의무를 부과하는 일은 없이 규제를 멸시하게 되었으며, 경쟁의 이론이 들어오자 외국을 적으로 삼지는 않고 국내의 단체만을 흩어 놓았다. 권리의 이론이 들어오자 공익을 도모하지는 않고 개인적 견해만 수식하게 되고, 파괴의 이론이 들어오자 숨어있는 썩은 곳을 경계하지는 않고 국수를 없애버렸다. … 신사상의 이점을 섭취하면서 그 폐단을 상쇄할 만한 사람은 거의 없다. 『예기』에 "단맛은 다른 맛과 조화하기 쉽고 흰색은 어떤 색과도 어울릴 수 있다. 성실하고 신의 있는 사람이라야 예를 배울 수 있다"[6]라고 했다. 또 "귤이 강남에서는 귤인데 강을 건너 강북으로 가면 탱자가 된다"라는 말도 있다. 최고로 고상하고 순수하여 사회를 이롭게 하고 진화시키는 저 학설들이 일단 중국에 들어오자 저 위대한 동화력에 의해 무참히 사라질 줄 누가 알았겠는가!(제18절 사덕 : 五年以來, 海外之新思想隨列强侵略之勢力以入中國, 始爲一二人倡之, 繼焉千百人和之. 彼其倡之者, 固非必盡蔑舊學也, 以舊學之簡單而不適應於時勢也, 而思所以補助之, 且廣陳衆義, 促思想自由之發達, 以求學者之自擇. 而不意此久經腐敗之社會, 遂非文明學說所遽能移植, 於是自由之說入, 不以之增幸福, 而以之破秩序. 平等之說入, 不以之荷義務, 而以之蔑制裁. 競爭之說入, 不以之敵外界, 而以之散內團. 權利之說入, 不以之圖公益, 而以之文私見. 破壞之說入, 不以之箴膏肓, 而以之滅國粹. … 記曰, 甘受和, 白受采. 忠信之人, 可與學禮. 又曰, 橘在江南爲橘, 過江北則爲枳. 夫孰意彼中最高尙醇美利群進俗之學說, 一入中國, 遂被其偉大之同化力汨沒而去也!)

6 『예기』「禮器」.

해설 실질적으로 유학을 의미하는 사덕을 다시 적극 평가하는 배경이 나타나 있다. 자유, 평등, 경쟁, 권리 등으로 대표되는 근대유럽문명에 대해 불만을 갖기 시작한 것이다.

3. 공덕의 성격

공덕은 단체의 안녕과 진보에 이바지하는 덕인데, 당시 양계초가 판단하기에 가장 선한 단체는 국가였다. 특히 대외적으로는 독립자존하면서 나아가 식민지를 개척하는 강력한 국가이며, 대내적으로는 그 국력으로 인해 구성원 개개인들로 하여금 외세의 압제에 핍박받는 일 없이 자유와 권리를 누리도록 해주는 국가이다. 그런데 국가를 이루는 것은 결국 구성원 개개인이며, 특히 개개인의 공덕이 바람직한 국가를 산출한다고 양계초는 생각했다. 게다가 양계초는 종래 유학이 지도적 이념으로 작동했던 중국에는 '국가' 관념이 없었다고 판단했다. 실제로 유학은 '천하'를 평탄하게 하는 것을 윤리적으로나 정치적으로나 최고의 도달점으로 여겼으며, 그 이전 단계의 '치국'은 자신의 역량이 미치는 범위에서의 활동이라는 의미를 가졌다. 즉 다른 나라와 대치하고 있는 상황에서 자국의 이익을 꾀한다는 관념은 없었다. 그런데 지금 양계초가 판단하기에 유럽과 병립하고 있는 이 세상에서의 국가란 각자의 독립을 도모하며 상대를 위협하는 경쟁의 주체였다. 그러므로 그러한 국가의 안녕과 진보에 공헌하는 공덕 역시 그 경쟁을 염두에 둔 덕목이어야 했다. 그러므로 공덕은 기존에 중국에서 인정됐던 덕과는 다른 것이었다. 실제로 양계초가 공덕으로 꼽은 것들은 '국가사상'을 비롯해 권리, 의무, 자유 등, 이른바 근대유럽에서 탄생하여 근대성의 상징으로 활약하던 것들이다.

공덕의 정의

우리 국민에게 가장 결여되어 있는 것은 공덕(公德) 그 한 가지이다. 공덕이란 무엇인가? 사람의 사회(群)가 사회가 되고 국가(國家)가 국가가 되는 것은 이 덕에 의지하여 성립한다. 사람은 사회를 잘 이루는 동물이다.(원주: 이는 서양 학자 아리스토텔레스의 말이다.) 사람이 사회를 이루지 않으면 금수와 무슨 차이가 있겠는가. 그러나 단지 사회, 사회 하면서 공연히 고담준론 해서는 안 되며, 결과를 낼 수 있어야 한다. 그러려면 반드시 하나로 관통해서 서로 연결시키는 무엇인가가 필요하다. 그래야만 사회라는 실제의 결실을 거둘 수 있다. 이와 같은 것을 공덕(公德)이라고 한다.(제5절 공덕 : 我國民所最缺者, 公德其一端也. 公德者何. 人群之所以爲群, 國家之所以爲國, 賴此德焉以成立者也. 人也者, 善群之動物也(此西儒亞里士多德之言). 人而不群, 禽獸奚擇. 而非徒空言高論曰群之群之而遂能有功者也. 必有一物焉貫注而聯絡之, 然後群之實乃擧. 若此者謂之公德.)

해설 양계초의 정의에 의한다면 공덕이란 단체에 기여하는 개인의 덕이다.

유용성의 도덕원리

도덕은 사회를 이롭게 하기 위해 세워진다. 그러므로 그 사회의 야만과 문명 정도에 따라 적합한 도덕 역시 왕왕 다르다. 요컨대, 도덕의 의의는 그 사회를 단단하게 하고 선하게 하고 진보하게 하는 것으로 귀결한다. … 그러니 도덕의 정신은 사회의 이익에서 나오지 않은 것이 없다. 이 정신에 위배되면 지극한 선이라 할지라도 때로는 지극한 악으로 변할 수 있다. 그러므로 공덕은 나라들의 원천이다. 사회를 이롭게 하는 것은 선이고 사회에 무익한 것은 악이다. 이 이치는 사해에 비춰 보아도 옳고 백세 후에도 흔들리지 않을 진리이다.(제5절 공덕 : 且論者亦知道德所由起乎. 道德之立, 所以利群也. 故因其群文野之差等, 而其所適宜之道德, 亦往往不同, 而要之以能固其群善其群進其群者爲歸. … 然則道德之精神, 未有不自一群之利益而生者. 苟反於此精神, 雖至善者, 時或變爲至惡矣. 是故公德者, 諸國之源也, 有益於群者爲善, 無益於群者爲惡. 此理放諸四海而準, 俟諸百世而不惑者也.)

해설 공덕을 강조할 때 양계초의 도덕은 이처럼 유용성의 원리에 의한 것이었다.

진보에 따라 변화하는 도덕

도덕의 외형은 그 사회의 진보 정도에 따라서 달라진다. 사회의 문명과 야만 정도가 다르면 이익이 되는 것도 다르고 도덕이 되는 것 역시 저절로 달라진다. 덕이라는 것은 한 번 성립하면 변하지 않는 것이 아니다.(원주: 이런 말은 세상 사람들을 꽤 놀라게 하겠지만, 내가 말하는 것은 덕의 조리이지, 덕의 본원은 아니다. 그 본원은 본래 만고에 변하지 않는 것이니, 독자들은 부디 오해하지 마시라. 본원이란 무엇인가? 사회를 이롭게 하는 것일 뿐이다.) 수천 년 전의 옛 사람이 일정한 격식을 세워 천하 만세를 아우르는 도덕을 만들 수 있는 것이 아니다.(원주: 사덕의 조목은 비교적 조금 변천하고, 공덕의 조목은 그보다는 많이 변천한다.) 그렇다면 우리는 이 사회에서 태어나 이 사회의 현재에 살고 있으니, 세상의 대세를 종적으로 파악하고 우리 종족에게 적절한 것을 가만히 살펴 일종의 신도덕(新道

德)을 만들어 밝혀야 한다. 그럼으로써 우리 사회를 단단하게 하고 우리 사회를 선하게 하여 우리 사회가 나아가야 할 길을 찾아야 한다. 과거의 왕이나 선철들이 드물게 말한 것이라고 스스로 한계를 긋고 나아가지 못해서는 안 된다. 공덕이 있음을 안다면 새로운 도덕이 출현할 것이고 신민(新民)이 출현할 것이다.(제5절 공덕 : 至其道德之外形, 則隨其群之進步以爲比例差. 群之文野不同, 則其所以爲利益者不同, 而其所以爲道德者亦自不同. 德也者, 非一成而不變者也.(吾此言頗駭俗, 但所言者德之條理, 非德之本原. 其本原固亘萬古而無變者也, 讀者幸勿誤會. 本原惟何, 亦曰利群而已.) 非數千年前之古人所能立一定格式以範圍天下萬世者也.(私德之條目變遷較少, 公德之條目變遷尤多.) 然則吾輩生於此群, 生於此群之今日, 宜縱觀宇內之大勢, 靜察吾族之所宜, 而發明一種新道德, 以求所以固吾群善吾群進吾群之道. 未可以前王先哲所罕言者, 遂以自畫而不敢進也. 知有公德, 而新道德出焉矣, 而新民出焉矣.)

해설 도덕이 유용성의 원리에 의하는 것이라면 상황에 따라 달라지는 것은 당연하다.

4. 여러 가지 공덕들

(1) 국가사상

국가사상은 『신민설』 안에서 공덕의 세목 가운데 가장 먼저 등장한다. 가장 중요하다고 판단해서일 것이다. 양계초의 공덕이 실질적으로 국가의 이익에 이바지하는 것임을 생각하면 실제로 '국가사상'은 공덕 전체라고도 할 만하다. 국가사상은 국가의 중요성을 알고, 국가가 개인이나 세계보다도 중요한 것임을 알고 거기에 헌신하는 것이다. 경쟁

시대인 당시, "국가는 경쟁의 최고단체"라고 판단했기 때문이다.

국가사상의 정의

국가사상이라는 것은 무엇인가? 첫째, 일신과 상대해서 국가가 있다는 것을 아는 것이며, 둘째, 조정과 상대해서 국가가 있다는 것을 아는 것이며, 셋째, 외족(外族)과 상대하여 국가가 있다는 것을 아는 것이며, 넷째, 세계와 상대하여 국가가 있다는 것을 아는 것이다.(제6절 국가사상 : 國家思想者何. 一曰對於一身而知有國家, 二曰對於朝廷而知有國家, 三曰對於外族而知有國家, 四曰對於世界而知有國家.)

해설 양계초가 말하는 국가사상이란 그 무엇보다, 심지어 나 자신보다 국가가 더 중요하다고 생각하는 마음이다.

개인과 국가

이른바 일신과 상대하여 국가가 있다는 것을 안다는 것은 무엇인가? 사람이 다른 생물에 비해 귀한 이유는 무리(群)를 이룰 수 있기 때문이다. 만약 한 몸이 혈혈단신 대지에 고립되어 있다면, 나는 것은 날짐승보다 못하고 뛰는 것은 뭍짐승보다 못하니, 인류는 이미 오래전에 절멸했을 것이다. … 국가는 성립하지 않을 수 없기 때문에 성립했다. 즉 개개인은 자기 일신에만 의지할 수 없다는 것을 알고, 너와 내가 단결하여 서로 보완하고 서로 막아주며 서로를 이롭게 하는 방법을 별도로 구하게 되었다. 그 단결이 영원히 흩어지지 않고, 그 상부상조가 영원히 어그러지지 않고, 도와주는 것이 영원히 이지러지지 않게, 그 막아주는 것이 영원히 잘못되지 않게, 서로에게 주는 이익이 영원히 끝이 없게 하고자 한다면, 반드시 사람마다 자기 일신 위에 보다 더 크고 중요한 것이 있다는 것을 알아야 한다. 매번 생각할 때, 말할 때, 일 처리할 때, 반드시 항상 자기 일신 이상의 것에 뜻을 쏟아야 한다.(제6절 국가사상 : 所謂對於一身而知有國家者何也. 人之所以貴於他物者, 以其能群耳. 使以一身孑然孤立於大地, 則飛不如禽, 走不如獸, 人類翦滅亦旣久矣. … 國家之立, 由於不得已也, 卽人人自知僅恃一身之不可, 而別求彼我相團結相補助相捍救相利益之道也. 而欲使其團結永不散, 補助永不虧, 捍救永不誤, 利益永不窮, 則必人人焉知吾一身之上, 更有大而要者存, 每發一慮出一言治一事, 必常注意於其所謂一身以上者.)

해설 개인이 혼자서는 생존할 수 없기 때문에 그 생존을 영원하게 하기 위한 것이라고, 국가의 성립의미를 개인의 이익의 관점에서 설명하면서, 개인의 이익보다 국가의 이익을 더 중요하게 생각해야 한다는 논리적이지 않은 주장을 하고 있다.

남의 나라와 나의 나라

생존경쟁(物競), 적자생존(天擇)의 공례에 따르면, 사람과 사람은 충돌하지 않을 수 없고, 나라와 나라는 충돌하지 않을 수 없다. 국가라는 이름은 다른 사회(群)에 대응해서 성립한다. 그러므로 진정 나라를 사랑하는 사람은 비록 외국에 위대한 성인과 철학자가 있다 하더라도 절대 그 주권 아래 복종하기를 원하지 않는다. 차라리 온 나라 사람이 피를 흘리고 몸을 부숴서 남아나는 사람이 없을지언정 조금의 권리도 다른 족속에게 양도하는 것을 원하지 않는다. 이렇게 하지 않으면 나라를 이룰 수 있는 도구가 먼저 없어지기 때문이다. 한 가문에 비유하면, 비록 집안이 텅 빌 정도로 가난하더라도 타인이 이 집에 들어와 사는 것을 바라지는 않는 것과 같다. 내가 있음을 알기 때문에 내가 존재하는 것이다.(제6절 국가사상 : 循物競天擇之公例, 則人與人不能不衝突, 國與國不能不衝突, 國家之名, 立之以應他群者也. 故眞愛國者, 雖有外國之神聖大哲, 而必不願服從於其主權之下, 寧使全國之人流血粉身靡有孑遺, 而必不肯以絲毫之權利讓於他族, 蓋非是則其所以爲國之具先亡也. 譬之一家, 雖復室如懸磬, 亦未有願他人入此室處者. 知有我故, 是故我存.)

해설 나의 나라에 대한 무조건적인 애정을 요청하고 있다. 국가의 존재 의미는 개인의 생존보장인데, 왜 더 유능한 국가를 선택하면 안 되는가? 가정과 유비를 사용해 그 대답을 하고 있다.

박애와 애국

더구나 사람의 본성은 결코 끝까지 경쟁을 벗어날 수 없다. 그러므로 대동 이후에는 순식간에 다시 천국 안에서 다른 일로 경쟁이 일어날 것이다. 그런데 그때에는 이미 부민(部民)의 경쟁 상태로 후퇴하는 것이지 국민의 경쟁 상태로 돌아가는 것이 아니다. 이는 천하 사람들을 이끌고 다시 야만으로 돌아가는 것이다. 오늘날의 학자가 이런 주의가 아름답다는 것을 모르는 것은 아니나, 그것은 마음 영역에서의 아름다움일 뿐이지 역사상의 아름다움은 아니다. 그렇기 때문에 국가를 최상의 단체로 확정하고 세계를 최상의 단체로 여기지 않는 데는 이유가 있는 것이다. 그런 까닭에 박애를 주장한다면, 일신의 사사로움을 죽이고 한 집안을 사랑하라고 하면 문제가 없으며, 일가의 사사로움을 죽이고 한 향족(一鄕族)을 사랑하라고 한다면 문제가 없으며, 일신, 일가, 일향족의 사사로움을 죽이고 한 나라를 사랑하라고 하면 문제가 없다. 나라라는 것은 개인 사랑의 기준이며 박애의 극점이다. 여기에 미치지 못하면 야만이며, 이것을 지나쳐도 또한 야만이다.(제6절 국가

사상 : 況人之性非能終無競爭者也. 然則大同以後, 不轉瞬而必復以他事起競爭於天國中, 而彼時則已返爲部民之競爭, 而非復國民之競爭, 是率天下人而復歸於野蠻也. 今世學者, 非不知此主義之爲美也, 然以其爲心界之美, 而非歷史上之美, 故定案以國家爲最上之團體, 而不以世界爲最上之團體, 蓋有由也. 然則言博愛者, 殺其一身之私以愛一家可也, 殺其一家之私以愛一鄕族可也, 殺其一身一家一鄕族之私以愛一國可也. 國也者, 私愛之本位, 而博愛之極點. 不及焉者野蠻也, 過焉者亦野蠻也.)

해설 양계초에게 국가는 사랑의 종착점이다. 국경을 넘어 그 사랑이 퍼져간다면 야만으로 향하는 것이라고 말한다. 경쟁에 의해 문명이 진보하고, 국가 간의 경쟁이 경쟁의 극치라고 생각하기 때문이다. 국경이 없어진다면 경쟁도 멈출 것이므로 문명도 사라질 것이라고 생각하는 것이다.

(2) 권리사상

통상 오늘날 권리는 법에 의해 누릴 수 있는 힘을 의미하며, 이익과 분리될 수 없는데, 양계초의 권리는 그보다는 권리를 얻기 위한 자격에 더 초점이 맞춰져 있으며, 이익의 문제로 다뤄지지 않는다. 양계초는 권리는 강함에 의해 쟁취하는 것임을 강조하면서, 권리사상의 유무를 인격의 문제, 도덕의 문제와 관련시킨다. 도덕적인 사람은 자신의 권리가 소중함을 알고 그것을 얻기 위해 노력해야 하며, 실질적으로는 경쟁력을 키워 그것을 쟁취해야 한다는 논리가 된다. 그러므로 실제로 권리사상이라는 공덕을 가지려면 자신의 인격에 권리가 얼마나 필수불가결한가를 배우거나 자각해야 할 것이며, 그 권리사상이 온전한 것이라면 권리를 쟁취하기 위한 실력을 키우는 데로 이끌 것이다.

강함에 의해 쟁취해야 할 권리

권리는 어디에서 생기는가? 강함에서 생긴다. 저들 사자와 호랑이가 뭇짐승들에 대해, 촌장과 국왕이 백성들에 대해, 귀족이 평민에 대해, 남자가 여자에 대해, 다수가 소수에 대해, 힘센 나라가 약한 나라에 대해, 모두 절대적 우월의 권리를 점유하고 있다. 이는 사자나 호랑이, 촌장 등의 포악함 때문이 아니다. 사람들은 모두 싫증내는 일 없이 자신의 권리를 신장시키고 싶어 하는데, 이것은 천성이다. 그러므로 권리라는 것은 반드시 갑이라는 사람이 먼저 포기한 뒤에야 을이라는 사람이 침해할 수 있으며, 사람들은 모두 스스로 강해져서 스스로의 권리를 보호하기 위해 힘쓴다. 이는 실로 사회를 단단히 하고 사회를 좋게 하는 둘도 없는 가르침이다. 고대 희랍에는 정의의 신을 공양하는 일이 있었다. 그 동상은 왼손에는 저울을 들고 오른 손에는 칼을 들었다. 저울은 권리의 경중을 헤아리기 위한 것이고 칼은 권리의 실제 행사를 보호하기 위한 것이다. 칼만 있고 저울은 없다면 이는 이리와 같은 짐승이며, 저울만 있고 칼이 없다면 권리라는 것은 또한 공연한 말이 되어 결국에는 효력이 없다. 독일의 학자 예링 Jhering[7]은 저서 『권리경쟁론』에서 다음과 같이 말한다. … "권리의 목적은 평화이나, 이 목적을 달성하기 위한 방법은 전투와 뗄 수 없다. 서로 침해하게 되면 반드시 서로 대적한다. 침해는 그치지 않으므로 대적 역시 다할 기약이 없다. 핵심을 말하자면 권리의 생애는 경쟁일 뿐이다." 또한 "권리란 부단한 노동이다. 노동이 일단 해이해지면 권리는 즉시 사라

---

7 Rudolf von Jhering(1818-1892): 독일의 법학자로 법의 사회적 실용성을 강조한 목적법학을 제창하였다.

진다"라는 말도 했다. 이처럼 권리라는 것은 얻는 것도 보존하는 것도 쉽지 않다.(제8절 권리사상 : 權利何自生. 曰生於强. 彼獅虎之對於群獸也, 酋長國王之對百姓也, 貴族之對平民也, 男子之對女子也, 大群之對於小群也, 雄國之對於孱國也, 皆常占優等絶對之權利. 非獅虎酋長等之暴惡也, 人人欲伸張己之權利而無所厭, 天性然也. 是故權利之爲物, 必有甲焉先放棄之, 然後有乙焉能侵入之, 人人務自强以自保吾權, 此實固其群善其群之不二法門也. 古代希臘有供養正義之神者, 其造像也, 左手握衡, 右手提劍, 衡所以權利之輕重, 劍所以護權利之實行. 有劍無衡, 是豺狼也. 有衡無劍, 則權利者亦空言而卒歸於無效. 德儒伊耶陵 Jhering 所著權利競爭論, …云, "權利之目的在平和, 而達此而目的之方法則不離戰鬪. 有相侵者則必相拒, 侵者無已時, 故拒者亦無盡期. 質而言之, 則權利之生涯, 競爭而已". 又曰 "權利者, 不斷之勤勞也. 勤勞一弛, 而權利卽歸於滅亡. 若是乎權利之爲物, 其所以得之與所以保之者, 如此其不易也.")

해설 양계초에게 권리란 누구나 천부적으로 갖는 것이 아니라 싸워 이겨 얻는 사람에게만 주어지는 강자의 권리이다.

권리사상이 없는 사람은 불인(不仁)한 사람

[권리를] 얻으려 하고 보존하고자 한다면 권리사상은 실로 그 근원이 된다. 사람은 사지와 오장이 있는데, 이는 형이하적인 생존의 요건이다. 내적으로는 간이나 폐가, 외적으로는 손과 발이, 한 곳이라도 온전하지 못하다면 누구라도 고통을 느껴 빨리 치료할 생각을 한다. 사지나 오장의 고통은 신체의 내부 기관이 조화를 잃었다는 증거이며 그 기관이 침해를 당했다는 증거이다. 치료하는 것은 그 침해를 막아 스스로를 보호하려는 것이다. 형이상적인 기관의 침해 역시 있다. 권리사상이 일단 침해되고 압박되면 그 고통을 느끼는 감정은 격렬하고

쓰라리다. 동기가 일단 촉발되면 자제할 수가 없어 그 침해에 저항하여 본래를 회복하기 위해 부단히 노력한다. 사지와 오장의 침해에 고통을 느끼지 못하는 사람이라면 분명 마비된 사람이다. 권리가 침해되었는데 고통을 느끼지 못하는 것은 어떤 것이겠는가! 그러므로 권리사상이 없는 사람을 마비된 사람이라고 해도 된다.(제8절 권리사상 : 藉欲得之, 藉欲保之, 則權利思想, 實爲之原. 夫人之有四肢五臟也, 是形而下生存之要件也, 使內而或肝或肺, 外而或指或趾, 其有一不適者, 孰不感苦痛而急思療治之. 夫肢臟之苦痛, 是卽其身內機關失和之徵也, 是卽其機關有被侵焉之徵也, 而療治者, 卽所以防禦此侵害以自保也. 形而上者之侵害亦有然. 有權利思想者, 一遇侵壓, 則其苦痛之感情, 直刺焉激焉, 動機一撥而不能自制, 亟亟焉謀抵抗之以復其本來. 夫肢臟受侵害而不覺若痛者, 必其痲木不仁者也. 權利受侵害而不覺苦痛, 則又奚擇焉! 故無權利思想者, 雖謂之痲木不仁可也.)

해설 자신의 이권을 지키려는 마음을 권리사상이라 부르면서 권리사상을 '인'과 비슷한 것으로 자리매김했다. 인은 유학에서 말하는 타고난 선한 마음이다. 자신의 이권을 지키는 것이라면 천성적으로 갖고 있다는 의미로 사용한 듯하다. '마비'는 성리학자들이 불인(不仁)한 상태를 묘사하던 말이다.

권리사상과 이익

권리사상의 강약은 사실 그 사람의 품격과 관계있다. 노비는 아무리 굴욕적이고 비천하게 대해도 태연히 받아들인다. 그러나 고상한 무사라면 명예를 설욕하기 위해서 목을 내놓는 일도 마다하지 않는다. 도둑에게 극도로 험한 말로 욕을 해도 그는 태연하게 받아들인다. 그러나 순결한 상인은 자신의 신용을 지키기 위해서라면 만금이라도 아끼지 않는다. 왜 그런가? 침해를 당하고 압박을 당하고 무고를 당하면 바로 정신상의 무형의 고통을 느껴서 스스로 멈출 수 없기 때문이다. 저들 권리의 참 모습을 오해하는 자들은 권리는 육체상, 물질상의 이익일 뿐이라고 생각해, 손익을 계산하는 데 급급하다. 천박하구나, 천장부(賤丈夫)의 말이라니! 내 물건을 타인에게 강탈당했다고 해보자. 빼앗긴 사람은 법정에서 분연히 싸운다. 그가 싸우는 목적은 이 물건에 있는 것이 아니라, 이 물건의 소유권(主權)에 있다. 그래서 항상 소송을 하기 전에 소송으로 얻은 이익은 모두 자선사업에 쓰겠다고 공언한다. 만약 소송의 목적이 이익에 있다면 이런 일을 왜 하겠는가! 그러므로 이러한 소송은 도덕상의 문제라 할 수 있지, 계산상(算學上)의 문제라고 할 수 없다. 계산상의 문제여서, 먼저 손익을 계산해서 내가 쓸 소송비용이 소송에서 이겨 얻는 돈으로 충당되는지 보고, 충당되면 하고 그렇지 않으면 그만두겠다고 한다면, 이는 천박한 사람의 행동이다. 이러한 계산은 정신적이지 않은 손해에 대해서는 할 수 있다. 예를 들어 연못에 물건을 빠뜨렸을 때 인부를 불러 찾으려 한다면, 그 물건의 가치와 인부의 임금을 계산하는 것은 당연한 이치이다. 그 목적이 물건의 이익에 있기 때문이다. 그러나 권리사상은 그렇지 않다. 그 목적이 물건의 이익에 있지 않다. 그러므로 권리와 이익은 그 성질이 정면에서 서로 반대된다. 목전의 안일을 탐해 아주 작은 소비를 계산한다면 그 세(勢)는 반드시 권리를 무용지물로 여기는 데까지 이를 것이다. 여기가 바로 인격의 높고 낮음과 더럽고 깨끗함이 갈라지는 곳이다.(제8절 권리사상 : 權利思想之强弱, 實爲其人品格之所關. 彼夫爲臧獲者, 雖以窮卑極恥之事廷辱之, 其受也秦然. 若在高尙之武士, 則雖擲頭顱以抗雪其名譽, 所不辭矣. 爲穿窬者, 雖以至醜極垢之名過毀之, 其居也恬然. 若

在純潔之商人, 則雖傾萬金以表白其信用, 所不辭矣. 何也. 當其受侵受壓受誣也, 其精神上無形之苦痛, 直感覺而不能自已. 彼誤解權利之眞相者, 以爲是不過於形骸上物質上之利益, 斷斷計較焉. 嘻, 鄙哉, 其爲賤丈夫之言. 譬諸我有是物而橫奪於人, 被奪者奮然抗爭於法庭, 彼其所爭之目的, 非在此物也, 此物之主權也. 故常有訴訟之先, 聲言他日訟直所得之得利益, 悉以充慈善事業之用者. 苟其志而在利也, 則此胡爲者. 故此等之訴訟, 可謂之道德上問題, 而不可謂算學上之問題. 苟爲算學上之問題, 則必先持籌而計之, 曰吾訴訟費之所損, 可以償訟直之所得乎, 能償則爲之, 不能則已之, 此鄙夫之行也. 夫此等計算者, 對於無意識之損害, 可以用之, 譬如墜物於淵, 欲傭人而索之, 因預算其物値與傭値之相償, 是理之當然也, 其目的在得物之利益也. 爭權利則不然, 其目的非在得物之利益也. 故權利與利益, 其性質正相反封. 貪目前之苟安, 計錙銖之小費者, 其勢必至視權利如辯髦. 此正人格高下垢淨所由分也.)

해설 양계초의 주장에 의하면, 권리사상은 인과 같은 천성적인 도덕감이므로 이해관심과는 다른 것이다.

권리사상은 공공사회에 다해야 할 의무

권리사상은 내가 나에 대해 응당 다해야 하는 의무일 뿐만 아니라, 또한 실로 한 사인(私人)이 공공사회(公群)에 다해야 하는 의무이기도 하다. … 권리는 항상 끊임없이 외부의 침해를 받는다. 그러므로 또한 항상 내부 힘의 저항 역시 끊이지 않고 분출되며, 그런 후에야 비로소 권리가 성립한다. 저항력이 두터운가 얇은가에 따라 권리의 강약이 비례해서 달라진다. 다시 앞에서 들었던 비유를 가지고 밝혀보자. 천 명의 부대라면 그 안에서 한 사람의 병졸의 거취는 심히 사소하다. 그러나 백 명 내지 수백 명이 부대를 이탈하여 도망한다면 그 결과는 어떻겠는가. 나머지 도망하지 않은 병졸은 반드시 몇 배의 고전을 하지 않을 수 없다. 도망한 사람을 대신하여 그 부담을 지니, 그 아무리 충실하고 용기 있고 의롭고 강하더라도 그 힘 또한 미치지 못하는 곳이 있다. 이렇다면 도망자가 도망하지 않은 자의 가슴을 칼로 직접 찌르는 것과 무엇이 다른가? 권리의 경쟁 역시 이와 같을 뿐이다. 국민된 자가 협력하여 경쟁하는 본분의 책임을 다한다면, 침략이나 압박은 저절로 행해지지 않는다. 설사 구차하게 요행으로 면하여 그 충돌을 피할 수 있다고 하더라도, 이는 국민 전체에 대한 반역과 다르지 않다. 왜인가? 이는 공공의 적이 그 힘을 증가하도록 하여 나쁜 세력이 판치게 하는 원인이 되기 때문이다. 저들 천박한 견해를 가진 자들은 한 사인이 권리를 방기하는 것이 그 자신이 망가지고 해를 입는 것에 불과하며 그 영향이 타인에게 미치지 않는다고 생각하는데, 얼마나 전도된 것인가.(제8절 권리사상 : 權利思想者, 非徒我對於我應盡之義務而已, 實亦一私人對於一公群應盡之義務也. … 權利者常受外界之侵害而無已時者也, 故亦必常出內力之抵抗而無已時, 然後權利始成立. 抵抗力厚薄, 卽爲權利强弱比例差. 試更以前喩明之, 夫以千人之隊, 則其間一卒之去就, 微末亦甚矣, 然使百人乃至數百人脫隊而逃, 則其結果如何. 其所餘不逃之卒, 必不可不加數倍之苦戰, 代此逃者而荷其負擔, 雖復忠勇義烈, 而其力亦有所不逮矣, 是何異逃者親揕不逃者之胸而剚以刃也. 夫權利之競爭, 亦若是則已耳. 爲國民者協力各盡其分內競爭之責任, 則侵壓自不得行. 設有苟免倖脫而避其衝者, 是不啻對於國民全體而爲叛逆也. 何也? 是使公敵增其力, 而跳梁暴肆之所由行也. 彼淺見者, 以爲一私人之放棄權利, 不過其本身之受虧被害, 而影響不及於他人, 何其傎也.)

해설 권리는 자신의 것을 주장할 수 있는 자격일 뿐 아니라, 양계초에 의하면 그것은 의무이기도 하다. 왜냐하면 권리를 방기하면 전체 집단의 약화를 가져오기 때문이다. 양계초는 개인이 갖는 힘이 모여서 단체가 갖는 힘이 된다고 생각하기 때문에 개인과 단체의 이익이 부딪힐 때는 의심 없이 단체의 이익을 먼저 고려해야 한다고 주장한다.

(3) 자유

『신민설』에서 공덕이라고 소개되는 다른 항목들이 '정신', '사상' 등으로 끝나는 개념인 반면, '자유'는 그렇지 않은데, 그래도 공덕으로 다뤄진다. 양계초에게 중요한 자유는 민족국가가 갖는 자유이다. 민족국가의 자유를 위해 개인의 덕은 어떻게 기여하는가? 양계초에게 개인의 자유는 마음의 문제로 축소된다. 그에게 자유란 마음이 몸을 제어할 수 있는 상태가 되는 것이다. 그러므로 그 자유는 의지력을 키움으로써 얻을 수 있고, 그 의지는 단체의 자유 즉 국가의 자유를 향한다.

자유는 공리

자유는 천하의 공리(公理)이며, 사람의 삶에 중요한 도구로서, 어디에든 적용되지 않는 곳이 없다.(제9절 자유 : 自由者, 天下之公理, 人生之要具, 無往而不適用者也.)

해설 당시 양계초는 '공리'를 글자 그대로 공공의 원리라는 의미로 사용했다. 사회진화론자의 입장에서 자유가 역사의 진보를 이끈 원동력이라고 생각했다.

자유의 정의

자유의 정의(界說)는 사람들 각자는 자유이며 타인의 자유를 침해하지 않는 것을 경계로 삼는다. 타인의 자유를 침해하는 것을 허용하지 않는다면 그의 부자유 역시 심한데, 이것을 자유의 극칙(極則)이라고 하는 이유는 무엇인가? 자유라는 것은 단체의 자유이지 개인의 자유가 아니다. 야만시대에는 개인의 자유가 성하고 단체의 자유는 없었다. 문명시대에는 단체의 자유가 강하고 개인의 자유는 줄어든다. 이 둘은 일정한 비례관계에 있어 조금의 어긋남도 허용하지 않는다.(제9절 자유 : 自由之界說曰, 人人自由, 而以不侵人之自由爲界. 夫旣不許侵人自由, 則其不自由亦甚矣, 而顧謂此爲自由之極則者何也? 自由云者, 團體之自由, 非個人之自由也. 野蠻時代個人之自由勝, 而團體之自由亡. 文明時代團體之自由强, 而個人之自由減. 斯二者蓋有一定之比例, 而分毫不容忒者焉.)

해설 영국 자유주의에서 온 자유의 황금률을 채택하고 있는데, 실제로 뒤의 내용은 개인의 자유가 아니라 단체의 자유를 문명의 자유로서 상찬하고 있다.

문명의 자유

문명의 자유란 법률 밑에서 자유로운 것으로, 그 일거일동이 기계의 움직임과 같고, 그 일진일퇴가 군대의 도보와 같다. 야만인이 보면 세상에 그보다 더 심한 부자유는 없다고 생각할 것이다. [문명의 자유가] 꼭 이런 것이어야만 하는 이유는 무엇인가? 천하에 내적으로 정돈되지 않은 채 외부와 경쟁할 수 있는 존재는 없다. 외부 세계의 경쟁은 그칠 때가 없으므로 내부 세계가 경쟁의 기구를 단합해야 할 이유도 그칠 때가 없다. 만약 자유를 남용하여 타인의 자유를 침해하고 단체의 자유를 침해한다면, 그 사회(群)는 이미 자립할 수 없을 것이며, 나아가 다른 사회(群)의 노예가 될 것이다. 그렇게 되면 또 다시 어떤 자유를 바랄 수 있겠는가! 그러므로 참된 자유는 반드시 복종할 줄 안다. 복종이란 무엇인가? 법률에 복종하는 것이다. 법률이란 내가 제정함으로써 나의 자유를 보호하고 또한 나의 자유를 제한하는 것으로, 저 영국인들의 [법률이] 그렇다. 천하의 민족 가운데 복종의 성질이 영국인만큼 풍부한 민족이 없고, 또한 영국인만큼 자유의 행복을 향유하는 민족이 없다. [이를 보면] 복종이 자유의 어머니라는 것을 알 수 있지 않은가! 아아! 오늘날의 청년은 누구나 시끄럽게 자유를 떠들어댄다. 그 말을 하는 자는 본래 스스로 문명사상[을 갖고 있다고 생각] 하지만, 서양(泰西)에서 말하는 자유가 어떤 것인지 살펴본 적이 없는가? 이 이전의 여러 [자유의] 큰 문제는 어느 한 단체의 공익을 위해 도모되지 않은 것이 없으며, 결코 한 사인(私人)의 방자함과 사나움이 가탁하여 몸을 숨길 수 있는 것이 아니었다. 지금 위를 향하여는 헌법을 성취하는 데 쓰지 않고, 외세를 물리쳐 국권을 신장하는 데 쓰지 않고, 다만 한갓 한두 학설의 한 면만 그대로 믿어, 편의대로 취하고 사사롭게 도모하며 공덕을 파괴한다면, 스스로 야만의 야만으로 돌아가는 것이다. 그런데도 모범이 될 만한 말을 할 사람들은 오히려 뻔뻔하게 항의하면서 "나의 자유여, 나의 자유여"라고 한다. 나는 이 '자유' 두 글자가 단지 전제를 도모하는 무리의 구실이 될 뿐 아니라, 실제로 중국의 앞길에 공공의 적이 될까 심히 두렵다.(제9절 자유 : 文明自由者, 自由於法律之下, 其一擧一動, 如機器之節腠, 其一進一退, 如軍隊之步武. 自野蠻人視之, 則以爲天下之不自由, 莫此甚也. 夫其所以必若是者何也. 天下未有內不自整, 而能與外爲競者, 外界之競爭無已時, 則內界之所以團其競爭之具者, 亦無已時. 使濫用其自由, 而侵他人之自由焉, 而侵團體之自由焉, 則其群固已不克自立, 而將爲他群之奴隸, 夫復何自由之能幾也. 故眞自由者必能服從. 服從者何,

服法律也. 法律者, 我所制定之, 以保護我自由, 而亦以箝束我自由者也, 彼英人是已. 天下民族中, 最富於服從性質者莫如英人, 其最享自由幸福者亦莫如英人. 夫安知乎服從之卽爲自由母也! 嗟夫! 今世少年, 莫不囂囂言自由矣. 其言之者, 固自謂有文明思想矣, 曾不審夫泰西之所謂自由者? 在前此之諸大問題, 無一役非爲團體公益計, 而决非一私人之放恣桀驁者所可託以藏身也. 今不用之向上以求憲法, 不用之排外以伸國權, 而徒耳食一二學說之半面, 取便私圖, 破壞公德, 自返於野蠻之野蠻, 有規語之者, 猶敢靦然抗說曰, 吾自由, 吾自由, 吾甚懼乎自由二字, 不徒爲專制黨之口實, 而實爲中國前途之公敵也.)

해설 양계초는 개인의 자유가 아니라 단체의 자유가 문명의 자유라고 이해한다. 국가 사이의 경쟁이 문명을 성취하는 수단이라고 생각하기 때문이다. 그 배경에서 문명의 자유란 법률 아래서 자유로운 것이라는 말도 이해할 수 있다. 양계초에게 법률의 제정에는 공익이 최고 조건으로 꼽힐 것이다.

일신의 자유

일신의 자유라는 것은 나의 자유이다. 그런데 사람에게는 누구나 두 가지 '나'가 있다. 하나는 다른 사람들과 상대한 나로, 인간 세상에 서 있는 칠척(七尺)의 [육체적] 존재가 하나이다. 또 하나는 그 칠척의 존재와 상대하고 있는 나로, 그 육체 안에 한 점 존재하는 마음(靈臺)이다.(원주: 맹자는 사물과 사물이 번갈아 다가오면 사물에 이끌린다고 말했다. 사물은 나와 상대하고 서있는 것이다. 조금 위의 사물은 중생이고 그 아래의 사물은 칠척의 [육체 즉 감각기관]이다. 요컨대 사물은 모두 내가 아니다. 나란 무엇인가? 마음(心之官)일 뿐이다. 먼저 그 큰 것을 확립하면 작은 것이 빼앗지 못한다고 했다. 오직 나만이 위대하고, [중생과 나의 육체] 두 영역의 사물은 모두 사소하다. 작은 것이 큰 것을 빼앗지 못하게 되면 자유의 크기는 극대화된다.) 그러므로 타인이 나를 노예로 삼는 일은 두려운 일이 아니다. 타인에게 스스로 노예가 되는 것보다 더 통탄할 일은 없다. 타인에게 스스로 노예가 되는 것은 오히려 두려운 일이 아니다. 스스로에게 노예가 되는 것보다 더 두려운 일은 없다.(제9절 자유 : 一身自由云者, 我之自由也. 雖然, 人莫不有兩我焉. 其一, 與衆生對待之我, 昂昂七尺立於人間者是也. 其二, 則與七尺對待之我, 瑩瑩一點存於靈臺者是也.(孟子曰 "物交物則引之而已矣. 物者, 我之對待也. 上物指衆生, 下物指七尺.(卽耳目之官)要之, 皆物而非我也. 我者何. 心之官是已. 先立乎其大者, 則其小者不能奪也. 惟我爲大, 而兩界之物皆小也. 小不奪大, 則自由之極軌焉矣.") 是故人之奴隸我不足畏也, 而莫痛於自奴隸於人. 自奴隸於人猶不足畏也, 而莫慘於我奴隸於我.)

해설 일신의 자유란 자유주의의 가장 기본적인 자유에 해당한다. 그런데 양계초는 이 이념을 받아들이면서 이것을 정신적인 것으로 비튼다. 양계초는 맹자의 용어를 사용해서 육체의 감각에 지지 않는 의지를 일신의 자유라고 해석한다.

(4) 자치

자치는 어떤 덕인가? 과연 덕일 수 있는 것인가? 양계초는 자치를 개인의 자치와 사회의 자치로 나눈다. 개인의 자치는 개인적인 욕망을 이기고 규율에 따르는 것이다. 그리고 그 규율은 사회의 규율이다. 그러므로 자치는 사회의 부강을 위해 규율을 지키는 능력, 개인적 욕구를 통제하는 능력으로서, 양계초에게는 덕이라 할 수 있겠다.

자치와 피치

세상에서 어지러운 것은 오래갈 수 없다. 이미 다스릴 수 없다면 반드시 다른 힘이 일어나 대신 다스린다. 스스로 다스리지 못하면 타인에게 다스림을 당하게 되는 것은 피할 수 없는 세(勢)이다. 사람은 금수를 다스릴 수 있고 성인(成人)은 어린아이를 다스릴 수 있고 문명인은 야만인을 다스릴 수 있다. 이는 모두 그들이 자치능력이 없어서 그렇게 되는 것이다. 사람이 자치능력이 없으면 금수이지 사람이 아니다. 설사 사람이라 해도 어린아이이지 성인이 아니다. 설사 성인이라도 야만의 성인이지 문명의 성인이 아니다.(제10절 자치 : 天下事亂固不可久也. 已不能治, 則必有他力焉起而代治之者. 不自治則治於人, 勢所不可逃也. 人之能治禽獸也, 成人之能治小兒也, 文明人之能治野蠻也, 皆其無自治力使然也. 人而無自治力則禽獸也, 非人也. 藉曰人矣, 而小兒也, 非成人也. 藉曰成人矣, 野蠻之成人, 非文明之成人也.)

해설 양계초에게 '자치'의 상대어는 '타율'이 아니라 '어지러움'이다. 규율을 중요한 것으로 생각하기 때문일 것이다.

법률은 양지의 발현

『서경』에서는 "본성을 절제(節)하는 일에 날마다 매진한다"[8]라고 하고, 순자는 "인간의 본성은 악하며 선한 것은 위(僞)"[9]라고 했다. 절제한다는 것은 무엇인가? 제재(制裁)한다는 뜻이다. 위(僞)란 무엇인가? 인위라는 뜻이다.(원주: 위는 '人'(사람)과 '爲'(하다)로 이루어졌다. 양주(楊

8 『서경』「第四篇 周書 十四卷 召誥」.

9 『荀子』「性惡篇」.

注)는 다음과 같이 말했다. "본성을 교정한다는 것은 천성이 아니라 사람이 작위해서 만든 것임을 뜻한다.") 사람의 성질은 각각 달라 잡박하며 기율이 없다. 이를 그대로 따른다면 난동이 넘쳐날 것이며, 서로 질시하고 적대하여 사회(群)를 이룰 수 없을 것이다. 그리하여 인위의 힘을 개입시켜 법률을 만들어 제재하지 않을 수 없다. 그러나 이 법률은 밖으로부터 녹아든 것이 아니며, 한 사람의 머리에서 나온 것도 아니다. 제정하여 백성(群生)을 규율하는 것은 사람들의 마음 속 동일한 양지에서 발현되어 이러저러하면 인도(人道)에 적합하다고 생각된 것들이다. 그래서 나의 자유를 보존할 뿐 아니라 타인의 자유를 침범하지 않을 수 있다. 그러므로 권면도 필요 없고 강제도 필요 없다. 그러면서도 규구준승(規矩準繩) 안에서 스스로 처신할 수 있으니 이러한 것을 자치(自治)라고 한다. 자치의 극치는 한 몸이 마치 기계와 같은 것이다. 평생 뜻한 바의 사업을 어떻게 준비하고 어떻게 시작하며 어떻게 실행할 것인지를 모두 스스로 정한다. 하루의 일정을 언제 작업을 하고 언제 일처리를 하고 언제 사람을 접대하고 언제 식사를 하고 언제 휴식을 하고 언제 놀 것인지를 모두 스스로 정한다. 몸에 배인 습관, 욕구에 절은 성향 등이 내 사업과 내 덕성을 해친다는 것을 자각하면 조금의 가차도 없이 이겨내어 다스린다. 말 한마디, 행동 하나, 찡그리고 웃는 것 모두 마치 금과옥조가 있는 것처럼 일정한 범위가 있다. 한 사람이 이와 같고 사람마다 이와 같으면, 이에 한 사회의 자치가 이룩되는 것이다. 사회 자치의 극치는 온 사회가 군대와 같게 되는 것이다. 나아가면 일제히 나아가고 멈추면 일제히 멈춘다. 한 사회의 공공 규율을 모두 지키며, 한 사회의 공공 이익을 모두 추구하며, 한 사회의 공공 책임을 모두 다한다. 이러한 사람, 이러한 사회이면서도 세계에서 스스로 강

한 국가로 서지 못했다는 말은 들은 적이 없다.(제10절 자치 : 書曰, “節性惟日其邁.” 荀子曰, “人之性惡也 其善者僞也.” 節者何? 制裁之義也. 僞者何? 人爲之義也.(僞從人從爲. 楊注云, 矯其本性也, 謂凡非天性而人作爲之者也.) 故夫人之性質, 萬有不齊, 駁雜而無紀, 苟順是焉, 則將橫溢亂動, 相觸相鬩而不可以相群, 於是不可不以人爲之力, 設法律而制裁之. 然此法律者, 非由外鑠也, 非有一人首出, 制之以律群生也, 蓋發於人人心中良知所同然, 以爲必如是乃適於人道, 乃足保我自由而亦不侵人自由. 故不待勸勉, 不待逼迫, 而能自置於規矩繩墨之間, 若是者謂之自治. 自治之極者, 其身如一機器然. 一生所志之事業, 若何而預備, 若何而創始, 若何而實行, 皆自定之. 一日之行事, 某時操業, 某時治事, 某時接人, 某時食, 某時息, 某時游, 皆自定之. 稟氣之習慣, 嗜欲之薰染, 苟覺爲害吾事業戕吾德性者, 克而治之, 不少假借. 一言一動一嚬一笑, 皆常若有金科玉律以爲之範圍. 一人如是, 人人如是, 於是乎成爲群之自治. 群之自治之極者, 擧其群如一軍隊然, 進則齊進, 止則齊止. 一群之公律罔不守, 一群之公益罔不趨, 一群之公責罔不盡. 如是之人, 如是之群, 而不能自强立於世界者, 吾未之聞也.)

해설: 양계초가 생각하기에 ‘법률’이 자치의 핵심이다. 스스로 만든 법률에 의해 규율된다면, 법률에 의해 제한되는 것을 자치라고 할 수 있을 것이다. 양계초는 맹자의 용어를 빌려와, 법률은 사람의 천부적인 본성인 양지에서 발현된 것이라고 말한다. 그리고 사회가 자동기계처럼, 군대처럼 한치의 오차도 없이 일사불란하게 움직일 것을 기대한다. 거기에서 단체의 경쟁력이 나온다고 생각하기 때문이다.

(5) 자존

자신은 국민의 일원이고 자존은 국민의 일원을 존중하는 것이므로, 자존은 덕이라고 양계초는 설명한다. 자존은 국민으로서 스스로를 존중하고 나아가 국가를 존중하는 것이다. 즉 국가가 귀하다는 것을 알고 그 귀함을 유지하기 위해 노력하는 데로 나아간다. 그러므로 자존의 덕을 가진 국민들은 강성한 국가를 이룩할 수 있다. 이렇다면 자존 역시 단체의 이익에 이바지하는 공덕이다.

국민의 한 사람을 존중하는 자존의 덕

일본의 대 교육가인 후쿠자와 유키치(福澤諭吉)는 학생을 가르치면서 '독립자존'(獨立自尊)이라는 한마디 표어를 내걸어 도덕교육(德育)의 최대강령으로 삼았다. '자존'(自尊)을 왜 덕(德)이라 부르는가? '스스로'(自)는 국민의 한 분자(分子)이므로 '자존'은 국민을 존중하는 것이 되기 때문이다. '스스로'는 인도(人道)의 한 티끌이므로 '자존'은 인도를 존중하는 것이 되기 때문이다.(제12절 자존 : 日本大教育家福澤論吉之訓學者也, 標提獨立自尊一語, 以爲德育最大綱領. 夫自尊何以謂之德, 自也者國民之一分子也, 自尊所以尊國民故. 自也者人道之一阿屯也, 自尊所以尊人道故.)

해설 스스로를 존중한다는 의미를 갖는 '자존'이 왜 공덕인가? 스스로는 국민의 일원이므로 '자존'은 국민이라는 공적 존재를 존중하는 일이 되기 때문이라고 양계초는 답한다.

자존의 덕은 국가의 독립을 가능하게

자립의 도구는 한 가지가 아니지만 가장 두드러지게 중요한 것은 경제상(生計上)의 노동능력과 독립적 생활력, 그리고 학문상의 연구능력(自修)과 진보능력이다. [경제상으로는] 힘과 능력이 다른 사람을 부양할 수 있으면 상등인데, 그렇지 못하더라도 스스로를 먹여 살릴 수 있어야 한다. 학문상으로는 다른 사람을 구제할 수 있으면 상등이고, 그렇지 못하더라도 스스로를 구제할 수는 있어야 한다. 그렇지 못하다면 스스로는 다른 사람에게 의지하지 않으려 해도 다른 방법이 있겠는가! 오로지 다른 사람에게 의지하면서 다른 사람의 소유가 되지 않으려고 해도 방법이 있겠는가! 다른 사람에게 의지한다는 것이 반드시 뜻있는 선비들이 피하려는 것은 아니다. 내가 저 사람에게 의지하는 바가 있고 저 사람이 내게 의지하는 바가 있어 서로 의지한다면 사회(群)의 모습은 단단해진다. 그러나 만약 한쪽은 전적으로 의지하고 한쪽은 전적으로 의지당한다면 그 사회(群)는 성립할 수 없고 성립하더라도 오래가지 못한다. 영국인들은 늘 스스로 자랑하면서 "다른 나라의 학교에서는 허다한 박사, 학사들을 배출하지만 우리 영국의 학교에서는 단지 '사람'을 양성할 뿐이다"라고 말한다. '사람'이란 무엇인가? 인격을 말하는 것이다. 영국 교육의 어떤 특색이 이러한 인격을 양성할 수 있는가를 보면, 실용적인 것을 가르쳐서 [경제적으로] 스스로 생활할 수 있게 하고(自活), 상식을 가르쳐서 스스로를 위해 도모할 수 있게 한다. 앵글로색슨 인종이 전 세계에서 크고 웅장한 기백으로 세계에 임하여, 타인을 소유하고 타인에게 소유당하지 않을 수 있었던 것은 모두 여기에 의지해서이다.(제12절 자존 : 自立之具不一端, 其最顯要者, 則生計上之自勞自活, 與學問上之自修自進也. 力能養人者上也, 卽不能而不可不求足以自養. 學能濟人者上也, 卽不能而不可不求足以自濟. 苟不爾者, 欲不倚賴人, 烏可得也! 專倚賴人, 而欲不見有於人, 烏可得也! 夫倚賴人非必志士之所諱也, 然我有所倚賴於他, 他亦有所倚賴於吾, 互相倚而群之形乃固焉. 若一則專爲倚賴者, 一則專爲被倚賴者, 其群未有能立, 卽立未有能久者也. 英人常自誇曰, 他國之學校, 可以敎成許多博士學士, 我英之學校, 則只能敎成人而已. 人者何? 人格之謂也. 而求英人敎育之特色, 所以能養成此人格者, 則惟受之實業而使

之可以自活, 受之常職而使之可以自謀. 而盎格魯撒遜人種, 所人高掌遠蹠於全世界, 能有人而求不見有於人者, 皆恃此焉矣.)

해설 국민의 일원이 스스로를 존중하는 '자존'은 결국에는 국민 전체인 국가를 존중하는 덕목이다. 국가의 중요함을 깨닫고 그것을 최상의 상태로 유지하려고 노력하는 덕이라고 할 수 있다. 당시 상황에서 말하자면 부국강병을 이룩하는 것이다. 그러므로 '자존'은 국민이 스스로를 존중하고, 종국에는 국민의 전체인 국가를 존중하는 '덕'이다. 그러므로 그 덕을 가진 개인이 할 수 있는 일은 스스로 부유해지고 강해지는 것이다. 그러므로 경제적인 독립과 연구 능력이 중요한 덕의 내용으로 언급된다.

(6) 경제정신

경제는 유학적 전통에서는 강조되지 않았던 영역이고 특히 덕의 영역에서 다뤄질 주제는 아니었다. 그러나 사활을 걸고 경쟁하는 민족국가 시대에 경제력은 바로 경쟁력과 직결된다. 경제정신이 양계초의 덕의 목록에 들어간 이유는 명백하다. 양계초는 "이익을 낳는 힘"에 체력과 심력(心力) 두 가지를 꼽는다. 그 심력은 다시 지력(智力)과 덕력(德力)으로 나뉜다. 지식의 힘이 이익을 낳는다는 것은 분명하다. 덕력은 이익을 산출하지 않고 소모만 함으로써 사회의 기생인간이 되지 않으려는 마음, 그에 따르는 실천력이라 할 수 있다.

생산하는 사람이 되는 길

정부 당국은 본래 책임이 있다. 그러나 이것은 또 꼭 정부당국의 한두 사람의 힘으로 할 수 있는 일이 아니다. 가장 중요한 것은 한 나라 안에 이익을 낳는 자를 늘리고 이익을 나누는 자를 적게 하는 방법밖에 없다. 그 실천상의 순서는 먼저 나 자신이 이익을 나누는 자가 되지 않는 것이다. 그 다음에 학문의 이치를 밝혀서 전 국민들에게 이익을 나누는 자가 되는 것의 부끄러움을 알리는 것이다. 그 다음에 정책을 강구하여 이전의 이익을 나누던 자로 하여금 스스로 새로워질 수 있는 길을 찾게 하여 이익을 낳는 자로 바뀌게 하는 것이다. 세상일에 중립은 없다. 나아가지 않으면 물러난다. 만약 이 둘이 밀고 당기는 수가 한 번 변할 수 있다면 우리나라는 거의 구원될 것이다. 그러나 개혁의 사업은 서로 원인이 되는 것이다. 갑을 변하게 하려면 반드시 을을 먼저 변하게 해야 하며, 을을 변하게 하려면 또 병이 변해야만 한다. 정책에 대해 말하게 되면 누구와 함께 생각하고 누구와 함께 행할 것인가. 아아! 나는 말하지 않으려 한다.(제14절 이익을 낳음, 이익을 나눔 : 曰政府當道, 固與有責焉, 雖然, 此必非恃政府當道一二人之力所能拯救也, 其最要之着, 不可不求一國中生利人多, 分利人少. 其轉移之次第, 先求我躬勿爲分利者. 復闡明學理, 廣勸一國人使皆恥爲分利者. 復講求政策, 務安插前此之分利者, 使有自新之道, 以變爲生利者. 天下事無中立, 不進則退, 此兩者消長之率, 若克一變, 則吾國其庶幾有瘳乎. 雖然, 改革之業, 相因者也, 將欲變甲, 必先變乙, 及其變乙, 又當變丙. 語及政策, 則誰與思之. 誰與行之. 嗚呼! 予欲無言.)

해설 나라의 부가 경쟁력이 되는 시대에, 개인의 생산력은 그대로 국력이다. 국력이 최고선이라고 생각하므로, 국력의 바탕이 될 개인의 생산력이 덕이 된다.

(7) 의력(毅力)

의력은 『논어』에서 '인'(仁)의 실천을 자신의 임무로 삼은 사람은 강해야 한다는 그것이다. 양계초에게도 의력은 무겁고 길게 이어질 임무를 좌절하지 않고 수행할 굳세고 끈질긴 근성이다. 양계초는 "의력의 지극함은 성인됨의 지극함이다"라고 말한다. 그리고 의력을 가져야 할 주체는 개인뿐만 아니라 민족이기도 하다. 양계초는 영국이나 러시아처럼 수백 년을 한결같이 의력을 갖고 꾸준히 목적을 향해 강성해져야 한다고 하면서, 중국민족의 의력 없음을 통탄한다. 의력은 역경과 고난도 나를 단련하기 위한 것이라고 받아들이며 점점 더 굳센 의지를 발휘하여 민족의 앞날을 위해 두려움 없이 나를 던지는 과감함이기도 하다.

자연의 운행과 투쟁해야 하는 사람의 운명

사람의 노력(人治)은 늘 자연의 운행(天行)과는 서로 대립하기 때문에 [자연의 운행과] 부단한 경쟁을 한다. 자연의 운행이란 왕왕 인류가 기대하고 바라는 것과는 서로 어긋나므로 그 반발력은 지극히 크고 또 격렬하다. 그러나 향상하고 진보하고자 하는 인류의 아름다운 본성은 또한 현재의 지위에 반드시 안주하지 못한다. 그러므로 사람의 일생은 수십 년을 역류 속에서 항해하는 배처럼 하루도 쉴 날이 없다. 개인만 그런 것이 아니다. 크게는 한 민족, 더 크게는 전 세계에 이르기까지 모두 이 궤도를 돌면서 날마다 부지런히 애쓴다. 그 희망이 멀고 일을 이루려는 뜻이 클수록 역경을 만나는 일은 더욱 많다. 시내를 건너는 자와 강하를 건너는 자, 그리고 대양을 항해하는 자에 비유해보자. 그 고난과 어려움의 정도는 항상 그들이 지나는 환경이 넓은지 좁은지에 상응한다. 일의 이치가 본래 그러한 것이므로 이상할 것도 없다.(제15절 의력 : 人治者, 常與天行相搏, 爲不斷之競爭者也. 天行之爲物, 往往與人類所

期望相背, 故其反抗力至大且劇. 而人類向上進步之美性, 又必非可以現在之地位而自安也. 於是乎人之一生, 如以數十年行舟於逆水中, 無一日而可以息. 又不徒一人爲然也, 大而至於一民族, 更大而至於全世界, 皆循玆軌道而日孜孜者也. 其希望愈遠, 其志事愈大者, 其所遭拂戾之境遇必愈衆, 譬猶泛澗沚者與行江河者與航洋海者之比例, 其艱難之程度, 恆與其所歷境界之廣狹相應, 事理固然, 無足怪者.)

해설 '의력'은『논어』에 등장하는 개념으로, 도를 실천하는 데 필요한 굳세고 끈질긴 근성이다. 양계초는 어떤 역경에서도 실천하고 그 실천을 마무리할 수 있는 의력이 필요하다고 역설한다.

성패를 두려워하지 않는 의력

성공과 실패라는 것은 정신의 문제이지 형식의 문제가 아니다. 그렇지 않다면 공자가 72명의 군주들에게 유세했다가 등용되지 못한 채[10] 공을 이룬 것도 없이 몸을 감추고 길에서 늙어간 일, 예수가 십자가에 못 박힌 일 등을 실패라고 해야 한다. 그것을 실패라고 할 수 있겠는가! 그러므로 진정으로 의력이 있는 사람은 오직 먼 희망을 품고 목전의 성패는 따지지 않는다. 성공을 기약하기는 하겠지만, 성공이 하루아침에 이루어지지 않는다는 것을 알기 때문에 구하지 않는 것이다. 성공도 구하지 않는 데 실패할 수 있는 길이 있겠는가? 천박한 시각을 가진 사람들은 신체가 혹은 상해당하고 혹은 구금되고 혹은 살해당하는 것을 보고 제멋대로 '이는 실제 실패한 것'이라고 말한다. 그러나 세상

10 『사기』「諸侯年表」: 孔子明王道, 干七十餘君, 莫能用.

의 일이 지금은 실패했어도 훗날 성공할 수도 있다는 것, 나는 실패했어도 다른 사람이 성공시킬 수도 있다는 것을 그들이 어떻게 알겠는가! 이미 만들어진 원인은 끝내는 반드시 결과를 낸다. 세상에서 제대로 사태를 분별하지 못하는 자만이 완전한 실패의 자리에 서며, 사태를 분별할 줄 아는 자는 반드시 실패 없는 자리에 선다. 그러므로 나는 의력에는 두 가지 종류가 있다고 말한다. 하나는 성패를 염려하고 두려워하며 전력을 다해 노력하는 것이다. 이는 남은 용기를 다 바쳐 노력하는 것으로, 이를 굳센 의력(剛毅)이라고 한다. 하나는 성패에서 해탈하여 천직(天職)을 다하는 것을 임무로 삼는 것이다. 이는 생명을 바쳐 일하는 것으로서 이를 침착한 의력(沈毅)이라고 한다.(제15절 의력 : 成敗云者, 惟其精神, 不惟其形式也. 不然, 若孔子干七十二君無所用, 伐檀削跡, 老於道路, 若耶蘇受磔十字架, 其亦可謂之敗耶! 其亦可謂之敗耶. 故眞有毅力者, 惟懷久遠之希望, 而不計目前之成敗. 非不求成, 知其成非在旦夕, 故不求也. 成且不求, 而寧復有可敗之道乎? 淺見者流, 睹其軀殼之或竄或錮或殺, 而妄擬議之曰, 是實敗焉. 而豈知天下事固往往敗於今而成於後, 敗於我而成於人. 有旣造之因, 必有終結之果, 天下惟不辨事者, 立於全敗之地, 而眞辨事者固必立於不敗之地也. 故吾嘗謂毅力有二種. 一曰兢惕於成敗, 而竭全力以赴之, 鼓餘勇以繼之者, 剛毅之謂也. 二曰解脫於成敗, 而盡天職以任之, 獻生命以殉之者, 沈毅之謂也.)

해설 국가의 존립, 나아가 부강이라는 큰일은 내가 그 성공을 목격하지 못할 수도 있다. 그러나 눈앞에서 성공이 보이지 않는다고 중단할 수도 없는 일이다. 그래서 양계초는 눈앞의 성공으로 판단하지 말라고 말한다. 눈앞의 성공에 연연하지 않으면서 멀리 보고 지치지 않고 노력하는 것이 의력인 것이다.

의력은 성인의 조건

나는 수구주의자는 탓하지 않겠다. 가짜 유신주의자도 나는 탓하지 않겠다. 나는 세상일에 진정한 뜻을 둔 우리당의 사람들에게 고할 뿐이다. 그대들은 객기에 의지하고 한때의 고담준론에 움직여, 내가 이것을 알고 이 말을 함으로써 나의 일은 끝난다고 생각하지 말라. 서양의 철학자들이 항상 하는 말에 "책임을 아는 것이 대장부의 시작이고 책임을 실천하는 것이 대장부의 끝"이라는 것이 있다. 우리들이 이 책임을 인정하지 않는다면 그만이지만, 인정한다면 부인들이 남편에게 하듯이 평생 두 남편을 섬기지 않고 죽음으로 그에게 복종할 것을 맹세하자. 우리들이 책임을 아는 첫날은 바로 우리 몸이 국민에게 처음 시집가는 날이다. 머리에서 발끝까지 내가 사사롭게 소유한 부분이 있겠는가! 여기에서 게으름을 피우겠는가! 또한 어떻게 피할 수 있겠는가! 그러나 세상의 일은 순경(順境)과 역경(逆境)이 저와 같이 늘 서로 갈마든다. 우리 당이여, 우리 당이여! 예나 지금이나 세상에는 저항력 없는 일이 없다는 것을 알아야 한다. 저항력을 무서워한다면 [차라리] 이루려고 하지 말고 처리하려고 하지 말고, 책임을 방기하고 뭇 백성들과 한 무리가 되어라. 그런 것이 아니라면, 갖가지 번뇌는 모두 나를 위해 마음을 단련해 주는 것이며, 갖가지 위험은 모두 나를 위해 담력을 단련해 주는 것이며, 갖가지 고난은 모두 나를 위해 내 지혜와 내 힘을 단련해 주는 것이니, 어디를 가든 모두 나의 학교이다. 무엇을 두려워하고 무엇을 원망하고 무엇에 의기소침할 것인가! 나의 바람은 한이 없고 나의 배움은 한이 없고 나의 실천은 한이 없다. 공자는 "저 넓은 [무덤을] 바라보면 높은 듯하고 위험한 듯하다. [죽어서야 비로소] 군자도 휴식하고 소인도 쉬는도다"[11]라고 말했다. 의력의 지극함은 성인됨의 지극함이다.(제15절 의력 : 守舊者吾無責焉, 僞維新者吾無責焉, 吾請正告吾黨之眞有志於天下事者曰, 公等勿恃客氣也, 勿徒悚動於一時之高論, 以爲吾知此吾言此而吾事畢也. 西哲有恆言, 知責任者大丈夫之始, 行責任者大丈夫之終. 吾儕不認此責任則已耳, 苟旣認之, 則當如婦人之於所天, 終身不二, 矢死靡他. 吾儕初知責任之日, 卽此身初嫁與國民之日也, 自頂至踵, 夫豈復我所得私! 於此而欲不亹亹焉! 夫亦安得避也! 然天下事順逆之常相倚也又如彼, 吾黨乎吾黨乎! 當知古今天下無有無阻力之事, 苟其畏阻力也, 則勿如勿辦, 竟放棄其責任以與齊民伍. 而不然者, 則種種煩惱, 皆爲我練心之助. 種種危險, 皆爲我練膽之助, 種種艱大, 皆爲我練智練力之助, 隨處皆我之學校也, 我何畏焉! 我何怨焉! 我何餒焉! 我願無盡, 我學無盡, 我知無盡, 我行無盡. 孔子曰 "望其壙, 睾如也, 臯臯如也, 君子息焉, 小人休焉." 毅之至也, 聖之至也.)

해설 어려운 일이어서 오래 걸릴수록 마무리의 강조가 필요하다. 마무리하는 책임을 아는 순간 "국민에게 시집가는 날"처럼 되어야 한다고 양계초는 촉구한다. 자신을 잊고 국민을 위해 봉사하라는 의미일 것이다. 그러면서 의력은 성인의 덕목이라고 추켜세운다.

(8) 의무사상

양계초가 말하는 의무사상이란 단적으로 의무가 권리와 분리되지 않는다는 것을 깨닫고 권리를 얻기 위해 사회에 대해 의무를 다하려는 정신일 것이다. 의무사상을 가진 사람은 국가의 의무를 자신의 의무로 삼아 국가의 독립과 번영을 위해 일하게 될 것으로 전망된다.

---

11 『순자』「대략」: 孔子曰 "望其壙 皐如也, 嵮如也 , 鬲如也, 此則知所息矣." 子貢曰 "大哉死乎. 君子息焉, 小人休焉."

국가의 의무와 나의 의무

지금 우리가 의무사상을 키우는 것을 서두르지 않는다면, 날마다 권리사상에 대해 말해도 역시 불완전한 권리사상일 뿐이다. 이는 사리를 모르는 어린아이가 수고하려고 하지 않으면서 부모의 양육은 원하는 것과 같다. 이는 고용인이 게으름 피우며 일은 하지 않으면서 주인에게 급료를 받으려는 것과 같다. 내가 보기에 오늘날 권리의 주장은 이러한 종류의 것들이 많다. 남의 자유민권(自由民權)은 부러워하면서도 그들이 그것을 어떻게 얻게 되었는지에 대해서는 생각하지 않는다. 남들은 구해서 얻는데 우리는 저절로 올 것을 바란다. 남들은 피와 눈물로써 얻는데 우리는 입과 혀로만 쉽다고 여긴다. 남들은 온 나라 안의 사람들이 대소, 귀천, 부귀, 빈천을 불문하고 모두 각자 자신에게 적당한 의무를 인정한다. 그러나 우리나라를 보라. 어떤 사람은 관리의 의무를, 어떤 사람은 사군자의 의무를, 어떤 사람은 농부와 공인, 상인의 의무를, 어떤 사람은 군인의 의무를, 어떤 사람은 보수당의 의무를, 어떤 사람은 유신당의 의무를, 어떤 사람은 온건파의 의무를, 어떤 사람은 급진파의 의무를, 어떤 사람은 청년의 의무를, 어떤 사람은 소년의 의무를, 어떤 사람은 부녀자의 의무를 다하고 있는가? 한 사람이라도 자신의 지위에 비추고 자신의 능력에 맞게 부족함 없이 자신의 의무를 다했다고 감히 자신할 수 있는가? 없다. 아들을 일곱 둔 어머니를 봉양할 자식은 한 사람도 없으니[12] 자식이 없는 것이나 다름없다. 사억 인의 나라이지만 한 사람도 국가의 의무를 자신의 의무로 삼는 사

12 『시』「國風·邶·凱風」: 어머니를 수고롭게만 하고 위로하지 못하는 일곱 아들의 마음을 담은 시이다.

람이 없으니 국민이 없는 것이나 다름없다. 국민 없는 나라가 어떻게 나라일 수 있겠는가!(제16절 의무사상 : 今吾不急養義務思想, 則雖日言權利思想, 亦爲不完全之權利思想而已, 是猶頑童欲勿勞而又貪父母之養也, 是猶惰傭不力作而欲受給於主人也. 吾見今之言權利者, 頗有類於是焉矣, 日歆羨他人之自由民權, 而不考其所以得此之由. 他人求之而獲之, 而我則望其自來, 他人以血以淚購之, 而我欲以口以舌爲易. 他人一國中無大無小無貴無賤無富無貧而皆各自認其相當之義務, 返之吾國, 若者爲官吏之義務, 若者爲士君子之義務, 若者爲農工商之義務, 若者爲軍人之義務, 若者爲保守黨之義務, 若者爲維新黨之義務, 若者爲溫和派之義務, 若者爲急激派之義務, 若者爲青年之義務, 若者爲少年之義務, 若者爲婦女之義務, 問有一人焉, 審諸自己之地位, 按諸自己之才力, 而敢自信爲已盡之而無所缺缺者乎? 無有也. 雖有七子之母, 而無一人顧其養焉, 雖謂之無子焉可也, 雖有四萬萬人之國, 而無一人以國家之義務爲義務, 雖謂之無民焉可也. 無民之國, 何以能國!)

해설 의무사상이 어떤 공덕일까? 의무는 권리와 분리되는 것이 아니라 권리를 얻기 위한 전제라는 것을 알고 의무를 다하려는 마음가짐과 그 실천력으로 정리된다. 의무사상을 가진 사람은 국가의 의무를 자신의 의무로 삼아 국가의 독립과 번영을 위해 일할 것이라고 전망한다. 의무 역시 문명시대의 공덕이므로, 집단 특히 국가에 대한 기여로 그 방향은 정해져 있다.

(9) 상무

'무를 숭상한다'(尙武)는 의미의 상무 역시 덕으로 다뤄지고 있다. 양계초가 생각하는 최대 가치가 국가의 부강이라는 것을 상기하면 이해가 된다. 경쟁을 통해 존폐가 갈라지는 이러한 시대라면 상무정신은 국가존립의 근간이 될 것이다. 이것이 단순한 '군사력'이 아니라 '덕'인 이유는 양계초가 상무를 정신적인 것으로 다루기 때문이다.

상무의 바탕인 심력

하나는 심력(心力)이다. 서양 학자의 말에 "여자는 약하지만 어머니는 강하다"는 것이 있다. 약한 여자가 홀연 어떻게 강해지는가? 그것은 그 사랑의 정신이 온통 자식 한 몸으로 모였기 때문이다. 자식에게 급한 일이 있으면 몸을 던져 달려간다. 극도로 고통스럽고 험난하고 무서운 곳에 처해도, 건장한 장부나 건강한 남자도 머뭇거리는 그러한 곳에서도, 그는 손을 흔들며 앞으로 달려간다. 이전의 겁 많고 나약한 모습을 완전히 바꾸는 것이다. 그의 눈과 그의 마음속에 오직 자식만이 있을 뿐이다. 자신의 몸을 돌아보지 않으니 어떻게 험난한 것을 보겠는가, 어떻게 두려운 것을 보겠는가! 심력이 흐트러지면 용감한 자도 역시 겁을 먹고, 심력이 집중되면 약자라도 강해진다. 그러므로 원수를 갚고, 치욕을 갚고, 어려움을 견디고, 큰 계획을 세우고, 큰일을 맡는 등의 일이 지혜로운 자도 도모하지 못하고 귀신도 알 수 없는 것이라 해도, 지극한 정성을 가진 사람의 심력에 의해서는 이루어지지 않는 것이 없다.(제17절 상무 : 一曰心力. 西儒有言曰, 女子弱也, 而爲母則强. 夫弱女何以忽爲强母? 蓋其精神愛戀, 咸萃於子之一身, 子而有急, 則挺身赴之, 雖極人生艱險畏怖之境, 壯夫健男之所却顧者, 彼獨揮手直前, 盡變其嬌怯嫣娜弱不勝衣之故態. 彼其目中心中, 止見有子而已, 不見有身, 更安見所謂艱險? 更安見所謂畏怖? 蓋心力散渙, 勇者亦怯, 心力專凝, 弱者亦强. 是故報大仇, 雪大耻, 革大難, 定大計, 任大事, 智士所不能謀, 鬼神所不能通者, 莫不成於至人之心力.)

해설 사회진화론을 신봉하는 양계초에게 가장 중요한 가치가 국가의 부강이고, 공덕이 그것에 이바지하는 덕이라면 상무는 공덕에 가장 가까울 것이다. 이것이 덕인 이유를 양계초는 마음의 힘에 의거하기 때문이라고 말하고 있다.

상무의 바탕인 담력

하나는 담력이다. 세상 어디를 가나 어려운 환경이 있는데 오직 담력이 있는 자만이 어려운 환경이 없다. 세상 어디를 가나 무서운 길이 있지만 오직 담력을 가진 자만이 무서운 길이 없다. 하늘이 어찌 어려운 환경과 무서운 길을 그들만을 위해 사사롭게 없앴겠는가! 인간 세상의 모든 환경은 사람 마음이 스스로 만드는 것이다. 내가 스스로 어렵다고 여기고 무섭다고 여기면 마음이 먼저 굶주리고 기가 먼저 위축되어, 외부환경이 그 비고 약한 곳을 파고들어 막아버린다. 만약에 늠름한 태도로 뒤돌아보지 않는다면 그 기는 다시 살아나, 사지에 갖다 놓아도 살아남으며 망지에 갖다 놓아도 살아남는다. … 그런데 담력이란 자신감에서 생긴다. 맹자는 "스스로 돌아보아 옳지 않다면 갈옷을 입은 일반 백성이라도 나는 두려워하며, 스스로 돌아보아 옳다면 천만인을 대적하는 일이라도 나는 하리라"[13]라고 했다. 나라의 흥망 역시 마찬가지이다. 타인을 믿지 말고 자신을 믿으라. 국민이 나라가 흥할 것이라고 스스로 믿으면 나라는 흥하고, 국민이 나라가 망할 것이라고 스스로 믿으면 나라는 망한다. 영국인 장교 웨이슬리는 "중국인들은

13 『맹자』「공손추·상」.

전 세계를 유린할 자격이 있다"고 말한 적이 있다. 우리는 이러한 자격이 있는데도 스스로를 믿지 못하고 용기를 내지 못한다. 이러한 자격을 갖고 있는데도 경쟁의 전쟁터에서 열강과 마주해서는 날마다 외국인이 우리 땅을 분할할까봐 두려워하고 날마다 외국인들이 간섭할까봐 두려워한다. 스스로 분발하려는 생각은 하지 않고 다만 겁만 내니, 야수와 같은 저들 이민족들이 왜 우리 겁쟁이들을 분할하고 간섭하려 하지 않겠는가! 아아! 겁쟁이는 모욕의 모의를 부르고, 전쟁을 두려워하는 자는 반드시 전화를 입는다. 죽음을 두려워하는 자는 반드시 죽임을 당하니, 두렵고 겁 많은 자에게 무슨 행운이 있으랴!(제17절 상무 : 一曰膽力. 天下無往非難境, 惟有膽力者無難境, 天下無往非畏途, 惟有膽力者無畏途. 天豈必除此難境畏途以獨私之哉. 人間世一切之境界, 無非人心所自造, 我自以爲難以爲畏, 則其心先餒, 其氣先慴, 斯外境得乘其虛怯而窘之. 若悍然不顧, 其氣足以相勝, 則置之死地而能生, 置之亡地而能存. … 然膽力者, 由自信力而發生者也. 孟子曰, 自反而不縮, 雖褐寬博, 吾不惴焉, 自反而縮, 雖千萬人, 吾往矣. 國之興亡亦然. 不信之人, 而信之己, 國民自信其興則國興, 國民自信其亡則國亡. 昔英將威士勒之言曰, 中國人有可以蹂躪全球之資格. 我負此資格而不能自信, 不能奮其勇力, 完此資格, 以與列强相見於競爭之戰場, 惟是日懼外人之分割, 日畏外人之干涉, 不思自奮, 徒爲恇怯, 彼獰猛梟鷙之異族, 寧以我之恇怯而輟其分割干涉邪! 嗚呼! 怯者召侮之媒, 畏戰者必受戰禍, 懼死者卒蹈死機, 恇怯豈有幸也.)

해설 상무라는 공덕이 그 기초에 두고 있는 또 하나의 힘은 담력이다. 담력은 자신감에서 오는 것으로 겁먹지 않는 용감함이다. 양계초가 인용한 맹자의 말, "스스로 돌아보아 옳다면 천만인을 대적하는 일이라도 나는 하리라"라고 한 것은 한 점 부끄럼 없는 맹자의 도덕성을 바탕으로 한 것이다.

5. 유학적 덕의 비판과 계승

근대 유럽문명의 도래와 함께 유학전통이 처한 운명은 한 가지 길로 설명할 수 없다. 근대 유럽문명이 유일한 문명이고 그리하여 그것의 수용여부가 국가의 존망을 좌우한다고 받아들인 입장에서 유학은 중국의 쇠약을 책임져야 할 원한의 대상이었다. 그러나 실제로 유학은 중국인들의 현재였다. 그들의 심신을 만들고 사회를 지탱하게 하는 근저였다. 그러므로 그에 대한 전면적 부정은 가능하지도 않았고, 부정한다고 하더라고 왜곡된 모습을 보일 수밖에 없었다. 양계초 역시 유학의 어떤 부분은 적극적으로 수용하면서, 어떤 부분에 대해서는 비판한다. 특히 여기에서는 덕과 관련된 부분을 소개한다.

'인'의 폐해와 '의'의 중요함

대개 중국은 인(仁)에 대해서 많이 논하고 서양은 의(義)에 대해서 많이 논한다. 인(仁)이란 [문자 구성을 보면] 타인(人)에서 [나왔다]. 내가 사람을 이롭게 하면 사람 역시 나를 이롭게 한다는 것이므로, 중점은 항상 사람[타인]에게 있다. 의란 [문자 구성을 보면] 나(我)에서 [나왔다.] 내가 타인을 해치지 않으며 타인이 나를 해치는 것 또한 허용하지 않는 것이므로, 중점은 항상 나에게 있다. 이 두 덕 가운데 과연 어느 것이 더 지극한가? 천만년 후의 대동태평의 세계에서는 어떨지 감히 말 못하겠지만, 오늘날이라면 진실로 의가 시대를 구제할 지덕(至德)이고

요도(要道)이다. 나의 인을 발휘하여 타인을 인하게 대하는 것은, 비록 타인의 자유를 침입하는 것은 아니지만 나의 자유를 방기하는 것이다. 인한 사람이 많으면 타인의 인을 기대하는 사람 또한 많다. 그 폐단은 인격을 날로 비루하게 한다는 것이다.(원주: 유럽 서쪽에서 백 년 전에 빈민구제를 정부책임으로 삼자 빈민이 날로 많아졌다. 뒤에 이 이치를 깨닫고 다스리고 제재하자 백성은 오히려 번성하고 부유해졌다. "군자는 덕으로 사람을 사랑하지 고식(姑息)으로 한다"는[14] 소리를 들은 적이 없다. 그러므로 사람들이 각자 자립하고 타인에게 의지하지 않을 수 있으면 가장 좋다. 만약 내가 온 천하 사람을 인하게 대한다고 한다면 이 사람을 스스로 한 등급 하강하도록 하는 것이 아니겠는가.) 인정(仁政) 같은 것은 지선의 정체(政體)가 아니다. 우리 중국인은 오직 날마다 군주의 인정만을 바랐다. 그러다 우연히 인한 정치를 만나면 갓난아이가 되고, 우연히 불인한 정치를 만나면 어육(魚肉)이 되었다. 예부터 지금까지 인군은 적고 폭군은 많다. 우리 국민이 수천 년 전부터 물려받은 조종(祖宗)의 유전이 바로 남의 어육이 되는 것을 천경지의(天經地義)로 여겨온 것이다. 그러니 권리라는 관념은 우리 뇌 속에서 단절된 지 실로 오래되었다.(제8절 권리사상 : 大抵中國善言仁, 而泰西善言義. 仁者人也, 我利人, 人亦利我, 是所重者常在人也. 義者我也, 我不害人, 而亦不許人之害我, 是所重者常在我也. 此二德果孰爲至乎? 在千萬年後大同太平之世界, 吾不敢言, 若在今日, 則義也者, 誠救時之至德要道哉. 夫出吾仁以仁人者, 雖非侵人自由, 而待仁於人者, 則是放棄自由也. 仁焉者多, 則待仁於人者亦必多, 其弊可以使人格日趨於卑下. (歐西百年前以施濟貧民爲政府責任, 而貧民

14 『禮記』「檀弓·上」: "군자가 사람을 사랑할 때는 덕으로 하고, 소인이 사람을 사랑할 때는 고식으로 한다."(君子之愛人也以德, 細人之愛人也以姑息.)

日以多. 後悟此理釐而裁之, 而民反殷富焉. 君子愛人以德, 不聞以姑息. 故使人各能自立而不倚賴他人者, 上也. 若曰吾擧天下人而仁之, 毋乃降斯人使下己一等乎.) 若是乎仁政者, 非政體之至焉者也. 吾中國人惟日望仁政於其君上也, 故遇仁焉者, 則爲之嬰兒, 遇不仁焉者, 則爲之魚肉. 古今仁君少而暴君多, 故吾民自數千年來祖宗之遺傳, 卽以受人魚肉爲天經地義, 而權利二字之識想, 斷絶於吾人腦質中者, 固已久矣.)

해설 인과 인정이 유약함을 만들었다고 비판했다. 양계초의 해석에 의하면 의(義)는 나를 본위로 하는데 인(仁)은 타인을 본위로 한다. 타인의 호의를 기대하는 것이므로, 인과 인정을 선으로 여기는 마음이 권리라는 관념을 머리 속에서 없애버렸다고 비판한다.

양주 권리사상의 의의와 한계

일부분의 권리를 합하면 전체의 권리가 되며 한 사인(私人)의 권리사상은 쌓여서 한 국가의 권리사상이 된다. 그러므로 이 사상을 양성하려면 반드시 개인(個人)에서 시작해야 한다. 모두들 각자 자신의 털 한 오라기도 손상시키지 않으려 한다면 누가 감히 그 털을 건드려 타인의 창끝을 촉발하려 하겠는가! 그러므로 천하가 다스려진다는 것은 빈말이 아니다.(원주: 서양 철학자의 명언에 "사람마다 자유이고 타인의 자유를 경계로 한다"는 것이 있는데, 사실은 사람마다 한 올의 털도 손상하지 않는다는 뜻이다. 다만, 그 말에 완전하고 불완전하다는 차이가 있을 뿐이다.) 그런데 양주는 권리사상의 참 모습을 이해하지는 못했다. 그는 권리를 지키고 잃지 않아야 한다는 것은 알았지만, 권리는 나아가 취함(進取)으로써 비로소 생긴다는 것을 몰랐다. 게으름, 안락을 탐하는 자세, 운에 맡기는 자세, 염세 등이 모두 권리를 죽이는 망나니(劊子手)이다. 그런데 양주는 매일 그런 것들을 주장하면서 권리를 얻으려고 했으니, 독을 마시면서 영생을 얻으려는 것과 무엇이 다른가! 이것이 우리 중국에 양주학이 성행했으면서도 오직 사람들이 천하를 이롭게 하지 않는 해독의 습관만 만연하게 하고 털 한 오라기라도 손상시키지 않는 이상은 실행하지 못하게 하여, 권리사상을 박약하게 만들었다.(제8절 권리사상 : 一部分之權利, 合之卽爲全體之權利. 一私人之權利思想, 積之卽爲一國家之權利思想. 故欲養成此思想, 必自個人始, 人人皆不肯損一毫, 則亦誰復敢攖他人之鋒而損其一毫者! 故曰天下治矣, 非虛言也. (西哲名言曰, 人人自由而以他人之自由爲界. 實卽人人不損一毫之義也. 不過其語有完有不完者耳.) 雖然, 楊朱非能解權利之眞相者也. 彼知權利當保守而勿失, 而不知權利以進取而始生. 放佚也, 偸樂也, 任運也, 厭世也, 皆殺權利之劊子手也, 而楊朱日昌言之, 以是求權利, 則何異飮鴆以祈永年也! 此吾中國所以雖盛行楊學, 而惟熏染其人人不利天下之流毒, 而不能實行其人人不損一毫之理想也, 權利思想薄弱使然也.)

해설 양계초에게는 개인의 권리사상이 국가존립의 근원이기 때문에 공덕으로 평가된다. 양주는 개인의 권리를 주장했지만 비판된다. 국가가 존립하려면 경쟁해서 이겨야 하기 때문이다. 양주의 소극적 개인주의는 사회적 이념에 의해 추동되는 경쟁, 전쟁을 부정한다.

'인'한 정치의 폐해

나는 중국인에게는 의무사상이 없다고 말했는데, 그 예를 들어보자. 정치학자들은 국민의 의무에는 중요한 두 가지가 있다고 말한다. 하나는 납세의 의무이고 하나는 병역의 의무이다. 나라는 스스로 생업(恒産)을 가질 수 없으니, 백성이 조세를 납부하지 않으면 정치의 비용이 어디에서 나오겠는가! 한 나라를 구획지어 그 이름을 부른다는 것은 반드시 다른 나라와 대치하고 있다는 뜻이니, 백성이 병역을 이행하지 않는다면 국방이 어떻게 가능하겠는가! 그런데 우리 국민은 이 두 가지를 가장 두려워해서, [그 두 의무를] 면할 수 있는 것을 큰 행운으로 삼았다. 이는 의지와 실천이 박약하다는 증거이다. 옛날 임금의 덕을 칭송하는 자들은 모두 징병을 면제하고 조세를 감하는 것을 제일의 인정(仁政)이라고 여겼다. 송조(宋朝)가 징병을 용병으로 바꾸고 본조(本朝) 강희연간에 부(賦)세를 부과하지 않는다는 명령에 대해, 백성들은 가장 칭송하고 가장 감격했다. 용병에게서 애국심의 발현을 기대할 수 없고, 내내 부세를 부과하지 않는다면 민사를 위해 새로운 일을 도모하려고 해도 비용이 나올 데가 없으니, 좋은 제안도 폐기되지 않을 수가 없다는 것을 [백성들은] 모른다. 서양의 여러 나라들은 이렇지 않다. 성인은 모두 2-3년의 병역 의무를 이행하지만 백성은 회피하려는 이가 없다. 조세는 '택스'라는 명목으로 매해 내는 액수가 우리나라의 4-5배나 되지만 백성은 원망하는 이가 없다. 그들이 어찌 자신의 피와 살을 보배로 여기지 않고 자신들의 피와 땀을 아끼지 않겠는가. 그런데도 이와 같은 것은 그들 스스로 이 의무를 인정하며, 의무와 서로 의지하고 있는 것으로서 권리가 그 보상임을 알고 있기 때문이다. 헝가리는 오스트리아 정부의 압제를 받았는데, 끝에는 오스트리아와 프랑스가 교전할 때 오스트리아인은 헝가리의 병력을 빌릴 수밖에 없었고, 마침내는 [헝가리의] 자치헌법을 회복시켰다.(원주: 1860년의 일) 서양 사람들이 항상 하는 말이 있다. 즉 "대의원을 배출하지 않으면 세금도 납부하지 않는다"는 것이다. 영국 '대헌장'(大憲章)의 권리법전은 모두 조세를 강제적으로 요구한다. 프랑스의 대혁명 역시 이 공례를 돌이켜서 만든 것이다. 그러므로 서구 인민들은 국가에 대한 의무가 무거워도 마다하지 않고 반드시 그에 상당한 권리를 그 보상으로 여겨 구한다.(제16절 의무사상 : 吾言中國人無義務思想, 吾請擧其例. 政治學者言國民義務有兩要件, 曰納租稅也, 曰服兵役也. 夫國也非能自有恆產也, 民不納租稅, 則政費何所出! 劃而命之曰一國, 是必有他國與之對待也, 民不服兵役, 則國防何由立! 而吾國民最畏此二事, 若以得免之爲大幸者, 此最志行薄弱之徵也. 昔之頌君德者, 皆以免征減賦爲第一仁政, 若宋之改徵兵爲傭兵, 本朝康熙間下永不加賦之諭, 皆民間所最謳歌而最感戴者也. 而豈知兵由於傭者, 則愛國心必不可得發現, 而永不加賦者, 苟欲爲民事新有所興作, 費無所出, 而善擧亦不得不廢也. 泰西諸國則異是. 凡成年者皆須服二三年之兵役, 而民莫或避. 租稅名目如鯽, 其歲納之額, 四五倍於我國, 而民莫或怨. 彼寧不自寶其血肉, 自惜其脂膏也. 顧若此者, 彼自認此義務, 而知有與義務相對待之權利以爲之償也. 匈加利之被壓制於奧政府也, 卒以奧法交戰, 奧人不得不藉匈兵力而遂以恢復自治憲法, (千八百六十年事). 西人有一恆言曰, 不出代議士, 不納租稅. 英之大憲章權利法典, 皆挾租稅以爲要求者也. 法之大革命, 亦以反此公例而釀成者也. 故歐西人民對國家之義務, 不辭其重, 而必要索相當之權利以爲之償.)

해설 양계초에 의하면 의무는 권리를 얻기 위한 전제조건이다. 중국인들은 그에 대한 인식이 없었기 때문에 의무가 약한 것만을 추구해왔다. 즉 그것이 백성들에게 시혜를 베푸는 것을 제일로 여겼던 인정(仁政)의 행태이고 폐해이다. 인정은 의무사상의 박약을 초래했으며, 따라서 권리사상에 대한 무지를 가져왔다는 비판을 받고 있다.

불완전한 의무사상

그런데 우리 중국 선철의 가르침 가운데 서양인들이 의무교육이라고 지적하는 것이 있다. 효(孝), 제(悌), 충(忠), 절(節), 어느 하나 의무를 다하라고 하지 않는 것이 있는가. 그러므로 중국인의 의무사상과 권리 사상을 비교해보면, 의무사상이 권리사상보다 훨씬 더 발달했다고 할 수 있다. 그러나 이것은 또한 불완전한 의무사상이다. 권리가 없는 의무는 보상 없는 노동과 같은 것으로, 그것이 불완전한 첫 번째 이유이다. 사인(私人)이 사인에 대한 의무는 있어도 사인이 단체에 대한 의무는 없다는 것이 효·제·충·절이 불완전한 두 번째 이유이다.(제6절 의무사상 : 抑吾中國先哲之教, 西人所指爲義務教育者也, 孝也悌也忠也節也, 豈有一焉非以義務相責備者. 然則以比較的言之, 中國人義務思想之發達, 宜若視權利思想爲遠優焉. 雖然, 此又不完全之義務思想也, 無權利之義務, 猶無報償之勞作也, 其不完全一也. 有私人對私人之義務, 無個人對團體之義務, 其不完全二也. 吾今將論公義務.)

해설 효·제·충·절은 유학의 덕목이다. 이를 양계초는 권리 없는 의무에 가까운 것이라고 비판한다. 또한 단체를 향한 덕목도 아니므로 공덕도 아니라고 비판한다. 즉 충도 군주 개인을 향한 사덕이라고 폄하하는 것이다.

문약

문(文)을 중시하고 무(武)를 경시하는 습관이 형성되어, 이에 무에 관계된 일은 폐기되고 민기(民氣)는 유약해졌으니, 이천 년 동안 부패하고 패배적인 기운과 습관이 국민의 뇌에 깊이 파고들어, 온 단체(群)와 나라의 사람이 마치 병자처럼 되고 연약한 여자처럼 되고 온화한 보살처럼 되고 순한 양처럼 되었다. 아아! 누가 쟁란을 싫어하고 평화를 좋아하지 않겠는가! 그러나 평화가 나를 약하게 하고 나에게 독이 되는 것이 이처럼 혹독한지를 어찌 알겠는가!(제17절 상무 : 重文輕武之習

旣成, 於是武事廢墮, 民氣柔靡. 二千年之腐氣敗習, 深入於國民之腦, 遂使群國之人, 奄奄如病夫, 冉冉如弱女, 溫溫如菩薩, 戢戢如馴羊. 烏乎! 人孰不惡爭亂而樂和平! 而烏知和平之弱我毒我乃如是之酷也!)

해설 유학의 무(武) 경시풍조가 중국의 열악한 상황에 책임이 있다고 비판한다. 당시를 국가 간 경쟁의 시대라고 판단했으므로 나온 비판이다.

유학의 세계주의

둘째, 유교가 [후대로 갈수록] 잘못되었기(流失) 때문이다. 종교가의 이론을 분석하면 모두 세계주의로 치우쳐 있다. 그들[종교가들]은 지극한 인(仁)에 근본을 둔 열렬한 마음으로 고상한 철리를 발양하므로, 그들이 견지하는 이론은 모두 인류 전체의 행복을 도모한다. 그러므로 서방의 가르침은 '태평의 천국', '적을 보기를 스스로를 보는 것처럼 하라'는 것이고, 천축(天竺)의 가르침은 '원수와 내편을 평등하게 대하라', '일체중생' 등과 같이, 사소한 다툼을 혁파함으로써 황금세계를 귀착으로 삼지 않는 것이 없다. 유교는 본래 인사(人事)에 절실하고 가깝지만, 공자는 『춘추』를 지어 중화와 이적의 가깝고 먼 [차이를] 한결같이 여기고 문(文)으로써 태평에 이르기를 힘쓰게 했다. 「예운」은 성인[공자]의 말을 전하며, 자기 어버이만을 사랑하지 말고 자기 자식만을 사랑하지 않아야 한다고 역설하며 대동에 이르기를 바란다. 이 역시 국경을 깨뜨리고 지극한 인과 넓은 사랑을 종지로 하지 않는 것이 없다. 이는 본래 모두 지극한 선을 제시하는 것을 표적으로 삼은 것으로서, 이론이 될 수는 되지만 실행될 수는 없었다.(제16절 상무 : 二由於儒敎之流失. 宗敎家之言論, 類皆偏於世界主義者也. 彼本至仁之熱心, 發高尙之

哲理, 故所持論, 皆謀人類全體之幸福. 故西方之教, 曰太平天國, 曰視敵如己, 天竺之教, 曰冤親平等, 曰一切衆生, 無不破蠻觸之爭戰, 以黃金世界爲歸墟. 儒教者固切近於人事者也, 然孔子之作春秋, 則務使諸夏夷狄, 遠近若一, 以文致太平. 禮運之述聖言, 則力言不獨親親, 不獨子子, 以漸至大同, 亦莫不破除國界, 以至仁博愛爲宗旨. 斯固皆懸至善以爲的, 可爲理論而未能見之實行者也.)

해설 양계초에게 문명은 국가 간의 경쟁에 의해 진보하는 것이다. 유학은 경쟁을 가르치지 않는다. 점점 성장하는 마음으로 온 세상을 포괄할 것을 가르친다. 당연히 당시의 생존경쟁의 시대와는 맞지 않는 이상이다.

6. 덕을 얻는 방법 : 수련과 학습

(1) 공덕의 수련

양계초는 공덕을 어떻게 가져야 하는지에 대해 거의 언급한 것이 없다. 공덕이 개인의 존립을 위해 국가의 필요성을 깨닫고 국가의 부강을 위해 헌신하는 것이라고 정리될 수 있다면, 양계초가 중국인들을 상대로 『신민설』을 쓰는 것, 그리고 중국인들이 그것을 읽고 깨닫는 바가 있는 것 자체가 공덕을 갖는 방법일 것이다. 이는 이해관계에 바탕한 것이고 이해관계의 판단은 지적능력이 있어야 하기 때문이다.

이기주의의 확충

아아! 나는 많은 말을 하고 싶지 않다. 나는 감히 우리 동포가 품고 있는 이기주의를 모두 없애기를 바라는 것이 아니다. 나는 단지 이 주의를 확충하고 이 주의를 공고히 하기를 바랄 뿐이다. 어떻게 해야 참으로 자신을 이롭게 하고, 어떻게 해야 자신의 이익을 보존하여 영원히 잃지 않게 할 수 있는지 방법을 찾기를 바랄 뿐이다. 이것은 국가사상을 기르지 않고서는 결과를 낼 수 없다.(제6절 국가사상 : 嗚呼! 吾不欲多言矣. 吾非敢望我同胞將所懷抱之利已主義剗除淨盡, 吾惟望其擴充此主義, 鞏固此主義, 求如何而後能眞利已, 如何而後能保已之利使永不失, 則非養成國家思想不能爲功也.)

해설 이기주의는 유학적 바탕을 갖고 있는 사람이라면 평가할 수 없는 개념이다. 경쟁도 마찬가지이다. 양계초는 국가 간의 경쟁, 국가의 이기주의라는 개념 결합으로 국가라는 단체에 봉사할 것을 요구하고 있다.

(2) 사덕의 수련

사덕의 수련이 언급되는 전제는 사덕이 공덕의 바탕이 된다는 것을 인정하는 것이다. 그러므로 『신민설』 후반부에 와서 등장하는 논의이다. 사덕은 실제로는 유가도덕과 거의 같은 의미를 가지며, 양계초가 공덕의 기초로서 사덕을 평가하는 점도 확실하다. 타고난 착한 본성은 저절로 전체의 안락을 추구하며, 자신의 이익을 계산하고 추구하지 않는다는 점이다. 이기심을 몰아내는 사덕의 수련은 자연히 유가의 마음공부와 일치한다.

경제와 민덕

세상에서 어느 시대, 어느 나라든 소수의 비범하고 뛰어한 선비는 전제의 마력에 속박당하지 않고 곤궁한 생업 때문에 피폐해지지 않는다. 그러나 대중이 모두 그렇게 할 수는 없다. 다수의 인민은 반드시 부모를 부양하고 자식을 양육할 수 있고, 여기에서 나아가 조금 여유가 있어야 자중하고 명예를 생각하며 이웃을 사랑하고 기꺼이 자선도 할 수 있다. 머리에 여유가 있어야 학문에 종사해서 조금 고상한 이상을 키운다. 시간에 여가가 있어야 관심을 자기 몸에서 넓혀 단체의 정신을 발휘한다. 그렇지 못하고 아침을 먹고 나면 저녁 걱정을 하고 가을 바람이 아직 불지도 않는데 겨울옷 걱정에 운다면, 비록 인(仁)한 바탕을 가지고 있다 하더라도 자기가 얼어 죽고 굶어 죽는데 어떻게 중생 걱정을 할 것이며, 비록 원대한 사명을 갖고 있다 하더라도 어떻게 현재를 떠나 미래를 도모하겠는가! 서양의 사회학자(群學家)가 문명인과 야만인의 차이는 공공사상의 유무와 미래관념의 풍부 여부라고 했다는데, 이 사이의 차이가 발생하는 것은 경제상의 안락과 빈곤이 가장 두드러진 이유이다. 그러므로 비굴한 성격, 편협한 성격, 매정한 성격, 허위적 성격, 아부하는 성격, 자포자기하는 성격, 구차한 성격 등은 모두 거의 경제의 취약함에서 오는 것이다. 경제와 민덕(民德)의 관계는 이처럼 밀접하다.(제18절 사덕 : 夫世無論何代, 地無論何國, 固莫不有其少數畸異絶俗之士, 旣非專制魔力所能束縛, 亦非恆産困乏所能銷磨. 雖然, 不可以律衆人也. 多數之人民, 必其於仰事俯蓄之外, 而稍有所餘裕, 乃能自重而惜名譽, 泛愛而好慈善, 其腦筋有餘力以從事於學問, 以養其稍高尙之理想. 其日力有餘暇以計及於身外, 以發其顧團體之精神. 而不然者, 朝饔甫畢, 而憂夕飧, 秋風未來, 而泣無褐, 雖有仁質, 豈能自凍餒以念衆生, 雖有遠慮, 豈能舍現在以謀將來! 西人群學家言, 謂文明人與野蠻人之別, 在公共思想之有無, 與未來觀念之豐缺, 而此兩者所以差異之由, 則生計之舒蹙, 其尤著者也. 故貪鄙之性, 褊狹之性, 凉

薄之性, 虛僞之性, 諂阿之性, 暴棄之性, 偸苟之性, 强半皆由生計憔悴造之. 生計之關系於民德, 如是其切密也.)

해설 대중의 덕은 경제에 의해 좌우된다고 하니, 대중의 덕을 고양하기 위해서는 부유한 나라를 만드는 것이 필요할 것이다.

근본 즉 마음을 바르게 함

첫째, '근본을 바르게 한다.' 나는 전에 왕[양명]선생의 '발본색원론'(拔本塞原論)에 관해 읽은 적이 있다. 선생은 다음과 같이 말했다. "성인의 학문은 나날이 멀어지고 나날이 어두워지며 공리(功利)의 습속은 갈수록 점점 심해진다. 그 사이에서 불교와 노장에 미혹된 적도 있었지만, 불교와 노장의 이론도 끝내 공리의 마음을 이기지는 못했다. 또 여러 학자의 설을 절충해본 적도 있으나, 여러 학자의 이론도 결국 공리의 견해를 깨뜨리지는 못했다. 오늘날 공리의 독은 사람의 마음 깊은 곳까지 스며들어 습관이 되고 본성이 된 지 몇천 년이 되었다. 암송한 것이 많을수록 오만을 부리기에 딱 좋고 지식이 많은 것이 악행하기에 딱 좋다. 보고 들은 것이 넓은 것이 변론을 방자하게 하는 데 딱 좋고, 풍부한 문장력이 거짓을 수식하는 데 딱 좋다. 명목상으로는 모두 자신은 천하의 일을 함께 이루기 위해서라고 하지만, 진짜 이유는 그렇게 하지 않으면 사사로움을 이루고 욕망을 채울 수 없기 때문이다. 이러한 쌓인 더러움으로 이러한 뜻을 가지고 또 이러한 학술을 한다면, 우리 성인의 가르침을 듣고 무용한 것으로 취급하는 것도 당연하다.(원주: 하략)"[15] 아아! 한 글자, 한 문장이 모두 오늘날 우리들을 오싹하게 하는 설법이다. 공리주의는 오늘날 무성한 대국(大國)을 이루고 하나의 학설로 성립하기에 이르렀다. 배우는 자들은 그것을 부끄러움으로 여기기는커녕 오히려 고상하다고 여긴다. 양명학은 당시에도 오히려 무용한 것으로 취급을 받았는데, 오늘날 양명의 설교를 듣고 달아나면서 침을 뱉지 않는 사람이 몇이나 될까?(제18절 사덕 : 一日正本. 吾嘗誦子王子之拔本塞原論矣, 曰聖人之學, 日遠日晦, 而功利之習, 愈趨愈下. 其間雖嘗瞽惑於佛老, 而佛老之說, 卒亦未能有以勝其功利之心. 雖又嘗折衷裏於群儒, 而群儒之論, 終亦未能有以破其功利之見. 蓋至於今, 功利之毒, 淪浹於人之心髓而習以成性也, 幾千年矣. 記誦之廣, 適以長其敖也, 智識之多, 適以行其惡也. 聞見之博, 適以肆其辯也. 辭章之富, 適以飾其僞也. 其稱名借號, 未嘗不曰吾欲以共成天下之務, 而其誠心實意之所在, 以爲不如是則無以濟其私而滿其欲也. 以若是之積染, 若是之心志, 而又講之以若是之學術, 宜其聞吾聖人之敎, 而以爲贅疣枘鑿. (下略) 嗚呼, 何其一字一句, 皆凜然若爲今日吾輩說法耶. 夫功利主義, 在今且蔚成大國, 昌之爲一學說, 學者非惟不羞稱, 且以爲名高矣. 陽明之學在當時猶曰贅疣枘鑿, 其在今日, 聞之而不却走不唾棄者幾何?)

해설 대중을 지도할 지도자들에게 양명학의 마음공부를 수양 방법으로 제시하고 있다. 양계초의 핵심은 공리적 입장을 취하지 말고 이기심도 버리라는 것으로 요약되는데, 실제로는 논리적으로 성립하기 어려운 요구이다. 양계초가 추구하고 있는 국가주의는 국가의 이익을 최고가치로 여기는 공리주의의 일종이며, 공리주의는 자기의 이익 추구, 즉 이기심을 그 원동력으로 전제하고 있다. 양계초의 요구를 다시 정리하면 개인의 이익이 아니라 국가의 이익을 추구하는 공리주의자가 되라는 것이다. 자신의 이익을 추구할 줄 아는 능력이 있

15 『전습록』 143.

기 때문에 국가의 이익도 추구할 생각을 하는데, 이익을 추구하는 사람에게 자신의 이익은 추구하지 말라고 하니, 그 부자연스러운 마음을 갖는 것이 특별한 노력을 필요로 함은 분명하다. 양계초가 요구하는 덕의 수양이란 그 부자연스러운 마음을 가지도록 하라는 것이다.

발본색원의 공부

그러나 나는 지금 여기에 하나의 과녁을 표시해 놓는다. 같은 일이라도 의도를 가지고 하는 것과 의도를 갖지 않고 하는 일은, 외형은 같더라도 그 성질과 결과는 크게 다르다. 애국이라는 한 가지를 두고 말해 보자. 애국이란 절대적인 것이며 순결한 것이다. 만약 애국이라는 이름을 빌어 사사로움을 이루고 욕망을 채우려 한다면, 차라리 애국을 모르고 애국에 대해 논하지 않는 사람보다 못하다. 왕선생이 말한 공리와 비공리가 갈라지는 곳은 여기에 있다. 우리들은 왕선생이 말하는 공리(功利)의 마음을 모면하고 있는지 어떤지, 청명한 새벽녘에 스스로의 마음을 비춰 보아야 한다. 이것은 남이 들여다 볼 수 있는 것이 아니다. 우리들의 마음이 발하는 처음에는, 시국의 변화에 자극을 받고 시대의 현자들의 말에 영향을 받아, 그 최초의 일념인 애국심은 절대적이고 순결하지 않은 것이 없다. 이는 모든 사람이 마찬가지이다. 그러나 점점 시간이 지나면서 그 마음이 갈라지는 사람도 있고 시간이 지나면서 그 마음을 잃어버리는 사람도 있다. 이미 잃어버렸다면 더 이상 애국심이 있다고 말할 수 없다. 이름의 아름다움이 탐나 사람들을 속일 수 있다. 처음에 잠깐 빌린 것을 오래도록 돌려주지 않으니 스스로도 갖고 있지 않는다는 것을 어떻게 알겠는가! 처음에는 진심일 작정이었으나 뒤에는 허위를 면하지 못하니, 그렇다면 본성이 악한 것이 아니라 배움이 아직 모자란 것이다. 이른바 발본색원의 공부를 빼를 깎는 고통으로 해본 적이 없는 것이다.(제18절 사덕 : 雖然, 吾今標一鵠於此. 同一事也, 有所爲而爲之, 與無所爲而爲之, 其外形雖同, 而其性質及其結果乃大異. 試以愛國一義論之. 愛國者, 絶對者也, 純潔者也, 若稱名借號於愛國, 以濟其私而滿其欲, 則誠不如不知愛國不談愛國者之爲猶愈矣. 王子所謂功利與非功利之辨, 卽在於是. 吾輩試於淸夜平旦, 返觀內照, 其能免於子王子之所訶與否, 此則非他人所能窺也. 大抵吾輩當發心伊始, 刺激於時局之事變, 感受乎時賢之言論, 其最初一念之愛國心, 無不爲絶對的純潔的, 此盡人所同也. 乃浸假而或有分之者, 寢假而或有奪之者, 旣已奪之, 則謂猶有愛國心之存, 不可得矣. 而猶貪其名之嬍而足以炫人也, 乃姑假焉, 久假不歸, 則亦烏自知其非有矣. 夫其自始固眞誠也, 而後乃不免於虛僞, 然則非性惡也, 而學有未至也, 亦於所謂拔本塞源者, 未嘗一下刻苦工夫焉耳.)

해설 지도자의 사덕 함양을 위한 방법을 제시한 것이다. 발본색원은 양명학의 공부법으로서, 마음에 일어나는 한 줄기 사심도 끝까지 따라가 뿌리째 뽑아내라는 것이다. 역시 이기심을 없애라는 말로 요약된다.

신독과 기도

전에 나는 기독교(景教)가 서양 덕육의 원천이라고 말한 적이 있다. 그 작용은 어디에 있는가? 기도에 있다. 기도는 복을 바라는 것을 말하는 것이 아니다. 새벽에 일어나 기도하고 점심을 먹으며 기도하며 저녁에 잘 때 기도하며, 또 모두 불러 모아 함께 기도한다. 그 기도는 반드시 시선을 내부로 거둬들이고 청각을 안으로 돌리는 것(收視返聽)이며, 마음을 맑게 하여 신명에 제사지내는 것이며, 또한 반드시 그날에 했던 일, 했던 생각을 하나하나 되새기는 것이다. 평상시에는 혹 불선한 부분을 가리고 선한 부분을 드러내지만, 기도할 때는 전지전능한 신(上帝)에게는 속임수가 통하지 않는다고 생각한다. 그러므로 의도하지 않아도 정직하고 순결한 사상이 저절로 나오니, 이에 함양(涵養), 성찰(省察), 극치(克治) 세 가지의 공부 모두가 [기도로부터] 가장 큰 도움을 얻는다. [이것이] 일반적으로 통용되는 '신독'(愼獨)의 법이다. 매일 매일 이와 같으면 개인의 덕은 점차 진보한다. 사람마다 이와 같으면 사회의 덕은 점차 진보한다. 이른바 서양(泰西)문명의 정신은 여기에 있을 뿐이다. 『시』에 "상제가 네게 임했으니 두 마음을 갖지 말라"고 하며 또 "네가 집에 있음을 보니 구석에서도 부끄럽게 행동하지 말라"고 한다. 동양과 서양의 가르침에 다른 점이 있는가! 요컨대 천 명의 성인, 만 명의 철인이 사람을 헤아리는 방법은 형이상학적인 것을 말하는지, 형이하학적인 것을 말하는지의 차이가 있고 돈오법인지 점진법인지의 차이가 있지만, 그 본원의 터전을 말한다면 하나로 일관된다. 신독 외에 다른 법문은 없다. 누구는 영웅이 되기 위해, 누구는 우원한 선비가 되기 위해, 나아가고 물러나는 데 다른 길을 택한다고 어떻게 말할 수 있겠는가! 속담에 "영웅은 사람을 속인다"는 말이 있다. 사람을 속이는 영웅은 혹 있을 수 있지만, 스스로를 속이는 영웅이 있다는 소리는 들어본 적이 없다. 또한 왕선생은 "산 속의 적을 물리치기는 쉬우나 마음속의 적을 물리치기는 어렵다"는 말도 했다. 우리들 스스로 뜻을 품은 선비를 자처하면서도 모두 가슴속에 간교한 귀신이 엎드려 있는 것을 스스로 이겨낼 수 없다면, 한 나라의 간교한 귀신이 영원히 나라 안에 엎드려 있어도 이겨낼 방법이 없는 것 역시 당연하다.(제18절 사덕 : 昔吾常謂景教爲泰西德育之原泉, 其作用何在? 曰在祈禱. 祈禱者, 非希福之謂也. 晨起而祈焉, 晝餐而祈焉, 夕寢而祈焉, 來復乃合稠衆而祈焉. 其祈也, 則

必收視返聽, 淸其心以對越於神明, 又必擧其本日中所行之事所發之念, 而一一紬繹之. 其在平時, 容或厭然掩其不善而著其善, 其在祈禱之頃, 則以爲全知全能之上帝, 無所售其欺也, 故正直純潔之思想, 不期而自來, 於涵養省察克治三者之功, 皆最有助力. 此則普通之愼獨法也. 日日如是, 則個人之德漸進. 人人如是, 則社會之德漸進. 所謂泰西文明之精神者, 在是而已. 詩曰, 上帝臨汝, 無貳爾心. 又曰, 相在爾室, 尙不愧於屋漏. 東西之敎, 寧有異耶? 要之千聖萬哲之所以度人者, 語上語下, 雖有差別, 頓法漸法, 雖有異同, 若夫本原之地, 一以貫之, 舍愼獨外, 無他法門矣. 此寧得曰某也欲爲英雄, 某也欲爲迂士, 而趨舍因之異路耶! 諺曰, 英雄欺人. 欺人之英雄, 容或有之, 自欺之英雄, 則吾未之前聞也. 抑王子又曰, 去山中賊易, 去心中賊難. 吾儕自命志士者, 而皆有神奸伏於胸中而不能自克, 則一國之神奸, 永伏於國中而末由相克, 其亦宜矣.)

해설 역시 지도자의 사덕 함양을 위한 법문이다. 신독은 혼자 있을 때에도 거짓된 마음을 갖지 말라는 것인데, 양계초의 핵심 요구는 이기심을 없애고 애국심만을 가지라는 것이다.

작은 일도 조심하라

셋째, 작은 일에 조심하라. "큰 덕은 넘나들 수 없지만 작은 덕은 드나들 수도 있다"는 말은 앞선 성인이 남긴 교훈이다. 그러나 우리들은 근기가 본래 박약하고 또 자치력이 항상 스스로를 지키기에는 부족해서 늘 훈습된 것에 따라 휩쓸린다. 작은 덕을 넘나드는 일이 이미 많으면 큰 덕의 경계를 넘는 일이 뒤따르기 마련이다. 이른바 졸졸 흐르는 물을 막지 않으면 장차 강을 이룰 것이며, 미약할 때 끊지 않으면 장차 도끼를 써야 한다는 것이다.(제18절 사덕 : 三曰謹小. 大德不逾閑, 小德可出入, 此固先聖之遺訓哉, 雖然, 以我輩之根器本薄弱, 而自治力常不足以自衛也,

故常隨所薰習以爲遷流. 小德出入旣多, 而大德之逾閑, 遂將繼之矣, 所謂涓涓不塞將成江河, 綿綿不絶將尋斧柯也.)

해설 이른바 영웅을 자처하는 사람들의 작은 부도덕을 경계하는 내용이다.

✿ 참고문헌

김형중, 『'덕(德)'의 함양과 행위지침』, 고려대학교 박사학위논문, 2011.

시라카와 시즈카, 『한자의 세계』, 고인덕 옮김, 서울: 솔출판사, 2008.

양계초, 이혜경 주해, 『신민설』, 서울: 서울대학교출판문화원, 2014.

앨버트 O. 허시먼, 『열정과 이해관계』, 파주: 나남출판, 1994.

이혜경, 「유학과 문명, '倫理'를 둘러싸고 주도권을 다투다」, 『개념의 번역과 창조』, 파주: 돌베개, 2012.

赤塚忠·金谷治 외, 『중국사상개론』, 조성을 옮김, 서울: 이론과실천, 1987.

헤르만 프랭켈, 『초기 희랍의 문학과 철학 1』, 김남우·홍사현 옮김, 파주: 아카넷. 2011.

孔安國 傳, 孔穎達 疏, 李學勤 主編, 『尚書正義』(十三經注疏 整理本), 北京: 北京大學出版社, 2000.

郭慶藩 撰, 『莊子集釋』, 北京: 中華書局, 1997.

戴震, 『戴震文集』, 北京: 中華書局, 1980.

戴震, 『戴震集』, 上海: 上海古籍, 2005.

梁啓超, 『新民說』, 『飮氷室合集』, 北京: 中華書局, 1989.

呂不韋 著, 陳奇猷 校釋, 『呂氏春秋新校釋』, 上海: 上海古籍出版社, 2002.

吳光·錢明·董平·姚延福 編校, 『王陽明全集』, 上海: 上海古籍出版社, 1992.

劉寶楠, 『論語正義』, 北京: 中華書局, 1990.

鄭玄 注, 孔穎達 疏, 李學勤 主編, 『禮記正義』(十三經注疏 整理本), 北京: 北京大學出版社, 1999.

朱熹, 『四書章句集注』, 北京: 中華書局, 1983.

朱熹, 『朱子文集』, 北京: 中華書局, 1985.

朱熹, 『朱子語類』, 北京: 中華書局, 1986.
丁若鏞, 茶山學術文化財團 編, 『與猶堂全書』, 서울: 茶山學術文化財團, 2012.
陳鼓應, 『管子四篇詮釋』, 北京: 商務印書館, 2006.
陳榮捷, 『傳習錄詳註集評』, 臺北: 臺灣學生書局, 1992.
焦循, 『孟子正義』, 北京: 中華書局, 1987.
湯可敬, 『說文解字今釋(上·下)』, 長沙: 岳麓書社, 2001.

關口すみ子, 『國民道德と國民道德とジェンダー — 福澤諭吉 · 井上哲次郎 · 和つじ哲郎』, 東京: 東京大學出版部, 2007.
高瀨武次郎, 『陽明學詳傳』, 東京: 文明堂, 1904.
高瀨武次郎, 『支那哲學史』, 東京: 文盛堂書店, 1909.
福沢諭吉, 『文明論之概略』, 東京: 岩波文庫, 1995.
井上圓了, 『倫理通論』, 東京: 普及舍, 1888.
井上哲次郎, 『勅語衍義』, 東京: 敬業社, 1900.
井上哲次郎, 『日本陽明學派之哲學』, 東京: 富山房, 1900.
陳來, 「古代德行倫理與早期儒家倫理學的特點」, 『河北學刊』 22(6), 2002.
陳來, 「孟子德性論」, 『哲學研究』, 2010.
陳來, 「論語的德行倫理逮繫」, 『清華大學學報』 26, 2011.

Angle, S. C., *Sagehood: The Contemporary Significance of Neo-Confucianism*, Oxford: Oxford University Press, 2009.
Angle, S. C. & Michael Slote, eds., *Virtue Ethics and Confucianism*, New York; London: Routledge, 2013.
Bayle, P., *Dictionnaire historique et critique* (1697), 5th edition, Amsterdam: P. Brunel, 1740.
Chan, A., "Interpretations of Virtue (De) in Early China", in *Journal of Chinese Philosophy*, Vol. 38, Issue 1, 2001, pp. 134-150.
Chantraine, P., *Dictionnaire étymologique de la langue grecque. Histoire des mots*, 2nd edition, Bd. 1/2, Paris: Klincksieck, 1990.
Chong, Kim-chong & Yuli Liu, *Conceptions of Virtue East and West*, Singapore; New York: Marshall Cavendish Academic, 2006.
Dihle, A., *The Theory of Will in Classical Antiquity*, Berkeley, Los Angeles, London: University of California Press, 1982.
Frede, M., *A Free Will. Origins of the Notion in Ancient Thought*, Berkeley, Los Angeles,

London: University of California Press, 2012.

Hursthouse, R., *On Virtue Ethics*, Oxford: Oxford University Press, 1999.

Hursthouse, R., 'Virtue Ethics', http://plato.stanford.edu/entries/ethics-virtue/, 2003.

King, R. A. & D. R. Schilling, eds., *How Should One Live?: Comparing Ethics in Ancient China and Greco-Roman Antiquity*, Berlin; Boston: de Gruyter, 2011.

MacIntyre, A., *A Short History of Ethics. A History of Moral Philosophy from the Homeric Age to the Twentieth Century*, London: Routledge Classics, 1998.

Munro, D. J., *The Concept of Man in Early China*, Ann Arbor: University of Michigan, 1969.

Norden, B. W. Van., *Virtue Ethics and Consequentialism in Early Chinese Philosophy*, Cambridge: Cambridge University Press, 2007.

Yang, Guorong, "Wang Yangming's Moral Philosophy: Innate Consciousness and virtue", in *Journal of Chinese Philosophy*, Vol. 37 No. 1, 2010, pp. 62-75.

Yang, Guorong, "Virtue, Norm, and Moral Practice", in *Dao*, Vol. 13, 2014, pp. 99-110.

Yu, J., *The Ethics of Confucius and Aristotle: Mirrors of Virtue*, London: Routledge, 2007.

❁ 찾아보기

[ㄱ]

감정/정(情)/실정 111, 145, 150-154, 170, 199, 216, 219, 230-232, 266, 267, 272-274, 276, 279, 280, 282, 283, 285-288, 293, 298, 301, 307, 308, 317, 330, 331, 339, 388

격물(格物) · 치지(致知) · 성의(誠意) · 정심(正心) 239, 242-250, 349

겸애(兼愛) 257, 258, 335

경(敬) 68, 158, 182, 347

고자(告子) 104-107, 121, 123, 124, 317

고증학/고증학자 47, 265, 313

공리(功利) 259-260, 425-427

공리주의 16, 17, 19, 20, 44, 55

공덕(公德) 40, 367-376, 378-381, 385, 392, 394, 400, 410, 412, 413, 417, 420, 422, 423

공자(孔子) 45-47, 61-92, 95-97, 98-99, 118-120, 156, 159, 223, 231-232, 242, 260, 274, 308, 329, 331, 337, 339, 342, 356, 405, 407, 421

군자(君子) 46, 65, 69, 76-82, 89, 96, 98, 107-110, 114, 126, 130, 132, 156-157, 160, 176, 241, 280, 289, 301, 326, 357, 358, 360, 407, 409, 415

궁리(窮理) 177, 178, 185, 189, 242

권형(權衡) 317, 333

기(氣) 48, 121, 122, 135-137, 139-143, 149, 150, 171, 187, 199, 217-220, 251-253, 266, 270, 276, 277, 295, 297

기질(氣質) 171, 172, 174, 175, 218-221, 345, 346

[ㄴ]

노자 43, 65

『노자』(老子)/『도덕경』(道德經) 43, 65, 84

『논어』 39, 64, 65, 67-92, 95, 96, 118, 120, 170, 171, 173, 232, 274, 298, 336, 403, 405

[ㄷ]

단옥재(段玉裁) 34, 35, 38, 85

대인(大人) 116-117, 193, 254-256

대진(戴震) 47, 48, 265, 267-269, 271-272, 274, 276, 278, 279, 281-284, 286, 287, 289, 291, 300, 307, 313

『대학』(大學) 95, 155, 207, 210, 238, 242, 243, 246, 256, 257, 279, 336, 349, 358, 366

덕성(德性) 36, 46, 97, 101, 163, 179, 188, 251, 294, 295, 372, 373, 398

덕행(德行) 41, 83, 84, 97, 118, 156, 157

도(道) 76, 77, 123, 137, 141, 158-161, 168, 179, 191, 193, 195, 209, 259, 275, 276, 289, 291, 299, 302, 304, 305, 322, 325-327, 339, 357
도심(道心) 315, 316, 322-324, 330, 345, 347, 348
득/얻음(得) 136, 206

[ㄹ]
리(理) 43, 46, 48, 135-145, 147-152, 154-157, 159, 168, 170, 171, 173-175, 177, 178, 180-182, 185, 187, 189, 190, 199, 200, 212, 218, 229, 265, 266, 268, 269, 279, 281-284, 289, 291, 293, 296, 297, 300, 302, 304, 305, 308, 309, 325, 327, 328, 342, 343

[ㅁ]
만물일체(萬物一體) 202, 250, 251, 254, 256
맹자(孟子) 46, 47, 66, 93-132, 199, 200, 203, 205, 208, 210, 215, 217, 221, 260, 275, 277, 278, 281, 283, 284, 287, 289, 290, 292, 296, 300, 302, 308, 313, 317, 319, 324, 328, 329, 332, 333, 336, 343, 345-347, 353, 376, 395, 396, 399, 412, 413
명(命)/천명(天命) 37, 109-110, 275, 280, 320, 322, 325, 327, 328, 347, 355-357
명덕/밝은 덕(明德) 173, 181, 210, 213, 239-242, 255, 256, 336, 349
명명덕(明明德) 211, 239, 240-242, 244-256
문덕(文德) 68, 87

[ㅂ]
보덕/덕의 응보(報德) 83, 84
본연의 선(本然之善) 103, 210
부동심(不動心/apatheia) 53, 122, 125

[ㅅ]
사단(四端) 103, 111-113, 118, 217, 343
사덕(四德) 112, 113, 170, 332
사덕(私德) 40, 367-378, 380, 420, 423, 428, 430
사상마련(事上磨鍊) 248
사서(四書) 95, 313
사욕/사사로운 욕구(私欲) 72, 184, 204, 212, 218, 219, 228-230, 233-235, 240, 241, 255, 256, 259, 323, 338
상제(上帝) 37, 325-327
서/미루어봄(恕) 66, 70, 302, 314, 334, 336-339
『설문해자』(說文解字) 33, 34, 38, 39, 85
성/본성(性) 19, 23, 24, 46-50, 52-53, 56, 58, 59, 95-100, 104-110, 113, 114, 119-121, 125, 135, 140, 143-145, 148-151, 153, 156, 160, 163, 195, 200, 206, 207, 212, 213, 215, 218, 219, 221, 225, 240, 255, 259, 260, 270, 275-278, 280, 283, 286, 288-290, 295, 317-322, 325, 326, 330-333, 343, 345, 347-348, 353, 358, 384, 397, 398, 404, 424
성/성스러움(聖) 68, 69, 109, 202
성리학 46-48, 135, 138, 139, 150, 153,

154, 170, 171, 189, 192, 199, 200, 201, 206, 210, 232, 246, 265, 266, 268, 289, 324-328, 330, 332, 346, 348, 388
성선(性善) 95, 104, 200, 203, 221, 290, 302, 317, 331
성인(聖人) 69, 109, 115, 122, 124, 129, 157, 169, 186, 187, 189, 199, 202, 204, 223, 227, 231, 249, 250, 260, 291, 292, 296, 297, 302-304, 306, 339, 343, 356, 359, 408, 425, 428
성즉리(性卽理) 135, 200, 201, 268
소인(小人) 89, 116, 117, 126, 254-256, 356, 360, 407, 415
『시경』(詩經) 66, 67, 83, 99, 110, 113, 269, 326
신민(新民) 366, 367, 381
심즉리(心卽理) 47, 201
심지(心知) 271-274, 277, 279-287, 289, 290, 292, 295, 299, 302-304, 306
심학(心學) 199, 201, 206, 232

[ㅇ]

악덕 31
양계초(梁啓超) 44, 48, 49, 365-374, 376, 378-383, 385, 387, 390-392, 395-397, 399, 400, 402, 404-406, 408, 410-414, 416, 417, 419, 420, 422, 423, 426, 427, 430
양능(良能) 210
양명학 41, 44, 47, 199
양지(良知) 47, 103, 107, 202-204, 210-232, 237, 239, 245-251, 257, 260
여불위(呂不韋) 65
예(禮) 43, 64, 70-73, 79, 88, 107, 109-112, 127, 132, 163, 165, 166, 175, 257-258
오륜(五倫) 129, 338, 375, 376
왕도(王道) 125, 127, 192, 259, 260
왕수인(王守仁) 47, 197-261
욕구 96, 102, 108, 113, 114, 204, 212, 216, 218, 229, 234, 241, 255, 259, 260, 266-268, 272-277, 279-289, 292, 293, 300-302, 307, 317, 324, 359, 360, 396, 398
위선거악(爲善去惡) 226, 244, 247
유덕자(有德者) 65, 71, 77, 80, 84, 118, 125
유보남(劉寶楠) 92
의(義) 81, 101-103, 107, 109, 110, 112, 114, 115, 121, 123, 124, 130, 131, 141, 143, 158, 159, 163-166, 169, 186, 223, 224, 229, 257, 258, 281, 283, 289, 301, 302, 332, 335, 348, 349, 352, 353, 356, 361, 416
의리(義理) 175, 229, 357
의외설(義外說) 124, 224
이발(已發) 170
이학(理學) 199, 206
인/인간다움(仁) 34, 46, 64, 65-76, 81, 82, 98, 103, 104, 109-111, 116, 121, 130, 141, 143, 144, 150, 154, 160-165, 167, 186, 187, 202, 217, 250, 251, 254-256, 258, 276, 292, 293, 305, 314, 329, 331, 334-340, 342, 361, 388, 403, 414, 416, 421, 424
인도/사람의 도(人道) 276, 280, 301, 398, 400

인욕(人欲) 72, 173, 176, 229, 230, 275, 300, 307
인의(仁義) 99, 100, 103, 108, 271
인의예지(仁義禮智) 31, 107-112, 135, 151-154, 156, 160, 163-165, 167, 181, 267, 280, 289, 290, 294, 297, 300, 302, 313
인정(仁政) 126, 127, 415, 416, 418, 419

[ㅈ]
정약용(丁若鏞) 48, 313-318, 325-328, 331, 333-340, 345-349, 353, 355, 356, 358, 361
정이천(程伊川) 200
정전제(井田制) 126-128
조기(趙岐) 101
조리(條理) 218-219, 243, 257, 268, 380
존심(存心) 120-121, 348
주희(朱熹) 46-48, 72, 74, 76, 84, 92, 95, 129, 133-195, 200, 210, 212, 232-234, 238, 242, 243
『중용』(中庸) 95, 158, 170, 176, 206, 228, 296, 303, 330
지(知)/지각 182, 208, 211, 212, 243, 254, 258, 270, 277, 278, 281, 282, 317, 327
지덕/지극한 덕(至德) 90-92, 168, 305, 336, 414
지선/지극한 선(至善) 168, 204-207, 212-213, 221, 222, 227, 228, 319, 350, 358-360, 369, 380, 415, 421
지행합일(知行合一) 232-238
집의/의를 모으다(集義) 123, 347, 353, 354

[ㅊ]
천도/하늘의 길(天道) 95, 109, 137, 162, 276, 288, 289, 356
천리/하늘의 이치(天理) 72, 141, 176, 211, 212, 216-218, 227-229, 232, 248, 249, 259, 260, 266, 275, 283, 287, 307, 323, 331, 359
초순(焦循) 100
치양지(致良知) 202, 210-211, 220, 239, 244, 246-250
친민(親民) 241, 242
친친(親親) 103, 104
칠정(七情) 229-231

[ㅍ]
패술(霸術/伯術) 259-261

[ㅎ]
하안(何晏) 96
한유(韓愈) 95
함양(涵養) 174, 175, 177, 182, 342, 429
향원(鄕原/鄕愿) 79-81, 118-120
혈기(血氣) 169, 252, 271-275, 277, 278, 280-284, 289, 292, 294, 295, 302, 303
호연지기(浩然之氣) 31, 121-123, 340, 347, 348, 352-354

김경희

한국상담대학원대학교 조교수. 이화여자대학교 철학과와 같은 학교 대학원을 졸업하고 『장자』에 대한 연구로 박사학위를 받았다. 한국방송통신대학교 전임대우강의교수를 거쳐, 현재 한국상담대학원대학교에서 조교수로 재직하면서 철학상담을 연구하고 가르치고 있다. 『장자, 영혼의 변화를 위한 철학』, 『장자: 사유의 보폭을 넓히는 새로운 장자 읽기』를 번역했고, 『동양철학산책』을 공동 집필했으며, 「장자의 변화론」 등의 논문을 발표했다.

이혜경

서울대학교 인문학연구원 부교수. 중국 근대 세계관의 동요와 그에 따른 윤리의식의 동요에 관한 논문으로 일본 교토대학에서 박사학위를 받았다. 이후 동아시아 3국의 근대로 그 연구범위를 넓혀가고 있다. 그동안 쓴 책으로 『천하관과 근대화론: 양계초를 중심으로』, 『량치차오: 문명과 유학에 얽힌 애증의 서사』, 『맹자, 진정한 보수주의자의 길』 등이 있으며, 『역사 속에 살아 있는 중국 사상』, 『송명유학사상사』(공역), 『맹자사설』, 『신민설』 등의 번역·주해서를 출간했다.

❁ 문명총서 발간사

서울대학교 인문학연구원은 2007년 11월 한국연구재단의 인문한국(HK) 사업을 수탁하여 HK문명연구사업단을 출범시켰다. 한국과 아시아, 세계를 향한 문명연구의 허브를 구축하기 위해 '한국 인문학'의 정립을 목표로 인문학 제 분야는 물론 인근 분야의 전공자들까지 한 지붕 아래 모였다.

인문학연구원이 한국 인문학의 도약을 위해 핵심 과제로 주목한 것은 문명에 대한 새로운 이해이다. 문명이란 장구한 세월 동안 인류가 일구어 낸 정신적·물질적 성과들의 종합이며, 타 문명들과 서로 영향을 주고받으며 진화해온 복합적 실체이다. 이에 대한 심층적인 이해가 선행되지 않는다면 현재와 미래에 대한 유효적절한 준비와 대응은 불가능하다.

'문명텍스트총서'는 인문학 안팎의 다양한 전공을 가진 우리 연구원의 연구자들이 자신의 영역에서 과거와 현재 문명의 정수와 그에 대한 인식을 담은 중요한 텍스트를 선정하여 번역하고 주해한 결과물이다. 이는 긴 시간의 노동을 요하면서도 성취가 단기간에 가시화되지 않는 우직한 작업이지만, 인류의 유산을 한국화하는 이 같은 작업이 주체적으로 세계문명을 사유하고 새로운 문명을 개척하는 데 발판이 되리라고 믿는다. 문명텍스트총서가 현재와 과거를 엮는 씨줄 놓기 작업이라면, 문명공동연구총서는 인간과 세계를 총체적으로 이해하려는 날줄 엮기라고 할 수 있다. 오랫동안 자신의 분야에서 전문화를 추구했기에 공동연구가 쉬운 일은 아니지만, 문명 이해의 융합적 시각뿐만 아니라 한국 인문학의 새로운 전망을 써 내려가는 방법론을 제시할 수 있기를 희망한 결과물이다. 또한 문명지평총서는 연구원 안팎의 연구자들이 참여한 연구서와 교양서를 아우르고 있다.

아무쪼록 문명총서 시리즈가 동서고금의 문명을 더 깊고 더 넓게 이해하는 창발의 효과를 가져오길 기대하며, 국내외의 학자들이 참여하고 교류하는 열린 연구공간이 되길 바란다.

2014년 4월

서울대학교 인문학연구원 원장